JN310397

ヨーロッパ史学史　探究の軌跡

ヨーロッパ史学史

——探究の軌跡——

佐藤真一著

知泉書館

はじめに

ヨーロッパにおいて、歴史家たちは歴史をどのように捉え、叙述してきたのであろうか。歴史に目を向けるということは、単なる回顧的な事柄だったのだろうか。歴史的なものの考え方の特質は、どのようなものであるのか。歴史学はいかなる学問であろうか。こうしたことを念頭におきながら、古代ギリシアから現代のアナール学派にいたるヨーロッパ史学史を個々の歴史家とその著作に即して辿っていくことが、本書の課題である。

その際、本書でとくに留意した点を述べておきたい。まず第一に、本書は、歴史家たちをその時代との関連で理解しようとつとめ、どのような時代経験の中で、いかなる問題意識に目覚め、歴史叙述をすすめていったかを明らかにする。すなわち、彼らの歴史理論を抽象的に論ずるのではなく、歴史家が生きた時代および彼らの内発的な問題関心、ならびに執筆意図に注目しながらその歴史叙述を考察することである。

第二に、歴史家の相互関連に注目したい。ここで取り上げる歴史家たちは、それぞれ時代を異にするが、時代を超えて影響を受け、または先行者との違いを自覚しながら、その歴史叙述をすすめていった。こうした点も考慮したい。

第三に、ヨーロッパ史学史の大きな見取り図を描くことを目標と定めている。個々の歴史家について膨大な研究の蓄積があることを思えば、本書でなされているような概観が、きわめて荒削りな試みであることは、筆者自身がよくわきまえている。しかし、著しく専門化した学問状況の中で、それでもなお一人の研究者が一貫した筋を描くことは、意味のあることではないかと考えるからである。個別的な研究に取り組みながら、しかも全体への見通しを見失わないように務めることは、現在の歴史研究にとって重要な点であろう。

むろん、可能なかぎり歴史書そのものを熟読することを心がけた。なお歴史家の著作のうち、邦訳のあるものは私の知るかぎり参照し、ご教示を受け引用させていただいた。それぞれ専門家による貴重な訳書であり、そのまま引用した。ただし、文体の統一や訳語の問題で、わずかに変更を加えたところがあることをお断りしておきたい。

目次

Ⅱ　キリスト教の歴史観

Ⅳ　第一次世界大戦後の歴史学

ヨーロッパ史学史——探究の軌跡

I　古代ギリシアの歴史叙述

概観

英語の「歴史」（history）の語源が、ギリシア語のヒストリア（ヒストリエー）であることが示すように、ヨーロッパの歴史叙述の起源は、古代ギリシアに求められる。その時期にはヒストリアは、まだ「歴史」という意味合いより広く、「探究によって得られた知識」というほどの内容をもつ言葉であった。しかし、古代ギリシアの歴史家がなしとげた探究こそが、歴史叙述の発端となったのである。

第一部では、三人の歴史家を取り上げよう。まず第一が、「歴史の父」と呼ばれるヘロドトスである。彼は、イオニア文化の影響をうけるハリカルナッソスに生まれ、若き日に故国の僭主政からの解放運動に参加し、広く旅をし、東西の決戦であるペルシア戦争の叙述と取り組んだ。史料の無批判な受容を拒みながらも、興味深いエピソードをゆたかに盛りこんだ叙述をすすめた。その異民族への深い関心と公正さ、広い視野は、今日なお重要な示唆を与えてくれる。

第二は、ツキディデスである。ペルシア戦争の後、アテナイ民主政の黄金時代にソフィストと呼ばれる一群の知識人たちが登場する中で、彼は青年期をすごし、ヘロドトス以上に批判的な姿勢をもって、ペロポネソス戦争を叙述した。亡命者としての二〇年の歳月は、彼にアテナイ、スパルタ両陣営に距離をおいて考察する視点を与えることになった。彼は、面白さを犠牲にしても、厳密な事実を追求した。「科学的な歴史叙述の祖」といわれるゆえんである。一九世紀前半に、近代の学問としての歴史学が成立する際に、ツキディデスに対する評価が著しいのもこの点に由来するものであった。

第三番目は、ポリュビオスである。この歴史家が生きた時代である紀元前二世紀は、ギリシアとローマの歴史が一つに結びつけられる時代であった。彼は、ペロポネソス半島の中央部に位置するメガロポリスの名門の家に生まれる。若くしてアカイア同盟の騎兵長官となるが、反ローマ政策の疑いにより、ローマに人質として連行された。ローマで彼は小スキピオの家庭教師をつとめながら、共和政ローマの輝かしい発展をつぶさに観察する機会に恵まれた。この発展は何に由来するのであろうか。これが、ポリュビオスの問いかけとなった。彼の『世界史』は、この問いに対する歴史叙述を通じての答えであった。

一　歴史叙述の誕生
――ヘロドトス――

1　イオニアの自然哲学

キケロは、『法律論』の冒頭で、ヘロドトス（Herodotos 前四八五年頃―四二五年頃）を「歴史の父」（pater historiae）と呼んでいる。

「確かに、クイントゥスよ。それと言うのも、前者（歴史）においては万事が真実性に照らして判断され、後者（詩）においては大部分が面白さによって判定されるからだ。ただし、歴史の父ヘロドトスにおいても、テオポンポスにおいても、無数の物語が含まれているけれども」（藤縄謙三訳）。

キケロの指摘には、ヘロドトスの記述についての非難が含まれているとしても、「歴史の父」という尊称が見出されるのである。それではヘロドトスは、どういう意味で、またどの程度まで、この称号に値するのであろうか。本章では、この点を考察していくことにする。まず、ヘロドトスの知的背景から確認しよう。

紀元前八世紀の半ば以降、約二〇〇年にわたって、ギリシア人の植民活動が展開された。これは、おもに土地や食糧の不足により引き起こされたものである。この植民活動によって、ギリシア人の世界は飛躍的に拡大する。北は黒海沿岸からエーゲ海北岸、南はエジプトやリビア、西に向かっては、スペイン南岸に至るまで、彼らの活動は広がりをみせた。この植民活動によって、前七世紀から前六世紀にかけて、ギリシア世界では商工業が著しく発展し、それにともない高度な文化の展開をみるにいたる。とくにエジプトやシリア方面に進出し、ギリシア人の東方先進文化との接触がうまれ、その後のギリシア文化に大きな意義をもつことになる。

こうした植民活動の中心となったのが、小アジア西岸のミレトスであった。このポリス（都市国家）は、前七世紀には、東地中海および黒海の沿岸に七〇余りの植民市を建設し、エジプトとも交易を行ないギリシア世界第一の富を築くことになった。そして、前七世紀末には全盛期を迎える。こうした繁栄を背景にして、前六世紀には新しい知性の芽生えが生じた。ミレトス学派として知られるイオニアの自然哲学がそれである。ミレトスに生まれた三世代の哲学者、タースレス、アナクシマンドロス、アナクシメネスは、いずれも万物の根源（アルケー）を問い、それぞれ「水」、「無限定のもの」、「空気」と考え、万物の生成を説明した。すなわち、直接経験できる現象に満足せず、その根本にあるものを問い、それを合理的に説明しようと試みたのである。彼らの思索は素朴なものであったとしても、ここにヘシオドスの『神統記』に見られるような神話的世界観から脱して、合理的世界観への第一歩が踏み出された。

こうしてイオニアに、真理を探究する批判精神が生まれたのである。ヘロドトスはこのような知的背景に立ち、万物の根源への問いにかかわって、歴史の探究に携わることになるのである。その主題は、前五世紀前半に生じたペルシア戦争であった。それでは、ヘロドトスはどのような生涯を歩み、いかなる関心を抱きながら、歴史を執筆することになったのだろうか。

2　ヘロドトスの生涯

ヘロドトスの生涯に関しては、彼自身が執筆した『歴史』（松平千秋訳、岩波文庫、上、中、下。以下、引用はこの訳書による）から読み取られるわずかな手がかりを除けば、ほとんど知ることができない。そのわずかな手がかりを、時代史のなかに位置づけながら、またこれまでの研究の蓄積、とりわけ藤縄謙三氏の大著『歴史の父　ヘロドトス』（新潮社）から学びながら、生涯の概略を辿っていくことにする。

ヘロドトスは、紀元前四八五年頃、小アジアのカリア地方のポリス、ハリカルナッソスの名家に生まれた。親戚には、有名な叙事詩人パニュアッシスがいた。このような文化的な環境のなかに、ヘロドトスは成長することになる。ハリカルナッソスはドーリス人の建設になる都市であったが、イオニア地方、とくにミレトスに近く、早くからギリシア語のイオニア方言が使われていた。そして、ヘロドトスの時代にはイオニア方言が公用語になっていた。このように、「歴史の父」の生まれたポリスは、もともとドーリス系（『歴史』巻七、九九節。下、六五ページ）であったとはいえ、イオニア文化の影響をつよく受けていたのである。ヘロドトス自身、『歴史』をイオニア方言で記している。

彼の誕生の推定年代から言って、のちに主題として叙述することになるペルシア戦争中の重要な戦闘である、マラトンの戦いとサラミスの海戦のちょうど中間の時期に生を享けたことになる。従って、ヘロドトスは少年時代に、ペルシア戦争に従軍した人々の生々しい体験談を聞くことができたであろう。

青年期のヘロドトスに関して、注目されることは、彼が故国の僭主政からの解放運動に参加したことである。僭主は、植民活動が展開された時代の後半からペルシア戦争期、すなわち貴族政から民主政への転換期に、ギリシア各地に現れた独裁者であった。彼らのうちペルシアの支援を受けていた者も少なくなかった。ハリカルナッソスは前六世紀の半ば以降、ペルシア帝国の支配下に入っていた。したがって、ヘロドトスも故国の女性僭主アルテミシアのもとで、たとえ間接的であれペルシアの臣民として生まれたことになる。ヘロドトスは、一般的に言って、僭主政治には批判的であったが、アルテミシアについては絶賛している（巻七、九九節。下、六四ページ）。彼女は前四八〇年、ペルシア王クセルクセスのギリシア遠征に参加した（同箇所）。

サラミスの海戦と翌四七九年のプラタイアの戦いでギリシア軍が勝利したあと、アテナイが中心となって、ペルシアの再来に備え、デロス同盟が結成された（前四七八年）。ハリカルナッソスも、やがてペルシアの影響下から解放され、前四七〇頃にはこの同盟に加盟したと推定される。ヘロドトスが一五歳の頃である。

ペルシアの敗退によって、アルテミシアの僭主権も動揺したであろう。また、やがてハリカルナッソスもアテナイの支配下に入ることによって、僭主の権力は大きく制限されたであろうが、僭主政治そのものは、彼女の孫のリュクダミスまで続いた。この僭主リュクダミスからの解放運動にヘロドトスは立ち上がったのである。ヘロドトスはしかし、ペルシアの後援を受けたリュクダミスの追放に成功せず、そのためサモス島に亡命せざるを得なくなった。

サモス島はペルシアの大王ダレイオスに征服された最初の地域であり（巻三、一三九節。上、三七六ページ）、ペルシア戦争に深い関わりを持っていた。ペルシア戦争の発端となったイオニアの反乱の舞台であり、またこの戦争におけるギリシアとペルシアの最後の決戦であるミュカレの戦い（前四七九年）の岬も、このサモス島の間近に位置している。東西の激突の重要な中心地で、亡命者ヘロドトスは、前四六五年から十年余過ごすことになったと推定される。この時期は、アテナイとサモスとの間に一応の協力関係が成立していた。この滞在期間にヘロドトスは、ペルシア戦争に対する関心を一層深め、具体的な考察を進めていくのである。彼が尊敬するポリュクラテスは、このサモスの僭主であった。

さて、前四五五年以後、ヘロドトスは故国に戻り、彼が指導的な役割を果たして、ついに僭主リュクダミスの追放に成功する。こうした現実政治の経験は、ペルシア戦争の叙述をすすめていく際に、この戦争を内側から理解する素地となったにちがいない。

これ以後ヘロドトスは、ハリカルナッソスをあとにし、ふたたび亡命者として大旅行を行なう。その正確な年代や順序は不確かであるが、ほぼ十年に及んだと考えられる。このような長期にわたる旅行の資金はどこから出たのであろうか。おそらく不動産を処分して換金し、必要な額を携え、それ以外は信用できる人物や神殿に預けて旅に出たのであろう。名家の出であるから、相当な額を確保しえたはずである。さらに、船旅が主であったと推定されるから、貿易活動に従事することも可能であったろうし、ギリシア世界を旅するときには、自らの書物を朗読し、報酬を得ることもできたであろう。事実、ヘロドトスは、前四四五／四年頃、アテナイで自著を朗読し表彰されたと伝えられている。

ヘロドトスの足跡は、北に向かっては、おそらく海路ヘレスポントス海峡をへて、植民都市オルビアを中心とする黒海北岸のスキュティア地方に及び（巻四、一二節。中、一四ページ）、この地方で彼は調査を行なった（巻四、八一節。中、五〇—五一ページ）。この機会にヘロドトスは黒海南岸、トラキア、マケドニアも知るに至った。黒海方面やトラキア地方は、ギリシアとペルシア帝国の両勢力が接触する地域であり、ヘロドトスの研究にとって重要な地域であった。彼はサモトラケ島かタソス島を足場として、対岸のトラキアへと入って行ったことであろう。

南に向かってはエジプトに赴き、半年以上は滞在したと推定される。彼はピラミッドやスフィンクスを見、またナイル川を遡って、エレファンティーネ（巻二、二九節。上、一七八ページ）やその対岸のシエネに至っている。ヘロドトスはエジプト人を人類文化の最古の創造者として尊敬し、その文明に多大の関心を寄せていた。エジプト訪問の目的は国土の様子を知ることであり、ナイル氾濫の原因を探ることであった。メンフィスでは、神官からエジプトの歴史について聞いている。キュレネ訪問（巻二、三二—三三節。上、一八〇—八二ページ）がエジプトから行なわれたのか、あるいは独自の旅行であったかは明らかではない。

エジプト滞在のあと、ヘロドトスは東方に向かい、テュロス（巻二、四四節。上、一九〇—九一ページ）、ユーフラテス川（巻一、一八五節。上、一三八—三九ページ）流域を経て、オリエント世界を広く旅し、バビロンに至った（巻一、一七八節。上、一三四ページ）。この都市についての詳細な記述（巻一、一七八—二〇〇節。上、一三四—四九ページ）からして、ここが、東方旅行の主な滞在地であったと考えられる。さらに東へ進んでティグリス川を越えペルシア帝国の首都の一つであるスサに達したかどうかは、明らかではない。いずれにせよヘロドトスは、ペルシア帝国の支配下にある広大な地域を旅したのであり、彼は当時としては比類のない大規模な旅行を成し遂げたのであった。これは、異民族の習俗、文化に対する並々ならぬ関心や、ペルシア戦争の背景を知ろうとする強靭な探究心がなければ続けられなかった大旅行である。

ヘロドトスはその後、ギリシア本土に赴き、その大部分の地域に足を運び、調査を進めた。ギリシア最古の神託所とされる北西ギリシア、ドドネのゼウス神託所を訪れ、三人の巫女から太古のギリシアの神々に対する崇拝の歴史について教えを受け（巻二、五二―五五節。上、一九六―九八ページ）、また神託で名高く、数多くの歴史記念物のあるデルフォイでも多くの情報に接した（巻一、二〇、五一節、巻八、三九節。上、二二ページ、四二―四三ページ、下、一七一ページ）。テルモピュライ（巻七、一九八―二〇一、二二六節。下、一二七―一二八、一三八ページ）やプラタイア（巻九、二五、四九、五一―五二節。下、二五二、二七〇―七二ページ）では、古戦場のあとをその目で確かめた。コリントスおよびギリシア連合艦隊の根拠地であったコリントス地峡も訪れ、調査をしている（巻一、二三―二四節、巻八、九四、一二一節。上、二四―二五ページ。下、二〇三、二二〇ページ）。さらに、中部ギリシアのテーバイ（巻五、五九―六一節。中、一五二―五三ページ）、ペロポネソス半島のテゲア（巻一、六六節。上、五四ページ）、スパルタ（巻三、五五節。上、三一八―一九ページ）にも赴き、ペロポネソス半島の西に位置する島ザキュントス（巻四、一九五節。中、一〇九―一〇ページ）にも足を延ばしている。

しかしとくに重要なのは、かなり長期にわたったアテナイ滞在であった。ここでの調査研究が、彼の『歴史』執筆に大きな意義を持つことになる。ペリクレスのもとで黄金時代を迎えていたアテナイに、彼は惹きつけられ、悲劇詩人ソフォクレスとも交流する機会を得た。当時五五歳のソフォクレスは、ヘロドトスに詩を献呈している。両者は精神において近似していた。ソフォクレスは、彼の悲劇の中で、何度かヘロドトスの著作を引き合いに出しているが、とくに『アンティゴネー』の一節（九〇三以下）は、注目に値する。そこでテーバイのオイディプス王の娘アンティゴネーは語る。

「夫ならば、よしんば死んでしまったにしろ、また代わりも見つけられます。また子どもにしろ、その人の子をなくしたって、他の人から生みもできましょう。ところが両親ともに、二人ながらあの世へ去ってしまったうえは、もう兄弟というものは、一人だっても生れるはずがありませんもの」（岩波文庫、呉茂一訳、六三ページ）。

この一節は、ヘロドトスの『歴史』の巻三、一一九節に由来する（上、三六一ページ）。反対に、この悲劇のヘロドトスへの著しい影響も確認されている。たとえば、クロイソスの息子アドラストスの物語（巻一、三四節以下。上、三三―三八ページ）は、悲劇のスタイルで綴られているし、ペルシア戦争の指揮者であるクセルクセスも悲劇の人物として描かれている。また、ペリクレスと親交をむすんだ可能性も高い。ペルシア戦争についての情報は、このアテナイにおいて数多く入手することができたと推定される。

彼は、ペルシア戦争におけるアテナイの果たした貢献について深い敬意を抱いていたが、ソフィストの活躍する当時のアテナイの思想風土には距離をおいていた。この点は、ツキディデスとの比較において重要になるであろう。一方、当時のアテナイにおいては、ヘロドトスの著作を受容する素地がすでに整っていたと考えられる。繁栄するアテナイ民主政のもとで、多数の市民が国政に参与するにいたり、市民に広い政治的、歴史的な視野が求められていたからである。また、デロス同盟の盟主となったアテナイは、今やポリスの枠を越えて、国際的関心を深めていたからである。

ヘロドトスはすでに触れたように、このアテナイで自ら書き記した歴史を公衆の前で朗読したと伝えられる。彼の歴史叙述のなかに数多く見られる興味深いエピソードは、聴衆をあきさせないための工夫でもあったろう。

その後ヘロドトスは、南部イタリアにペリクレスの提案でアテナイが中心となって前四四四／四四三年に建設された植民市トゥリオイに、最初の植民者の一人として赴いた。この肥沃な植民市には、哲学者のエンペドクレスやプロタゴラスも移住している。ヘロドトスはここに十数年住み、『歴史』をほぼ書き上げることになった。

没年も正確には分からないが、彼の歴史書の中で、すでに始まっていたペロポネソス戦争に言及されている（巻九、七三節。下、二八四ページ、など）ので、前四三〇年以後であることは確実である。しかも、『歴史』の四つの箇所で（一、レオンティアデスの息子の死。巻七、二三三節。下、一四七ページ。二、デケレイア区がスパルタ軍の攻略を免れたこと。巻九、七三節。下、二八四ページ。三、ペルシアからの伝令の殺害事件に対するスパルタでの神意による応報。巻七、一三七節。下、八六ページ。四、アイギナ人の追放。巻六、九一節。中、二五二ページ）、ペロポネソス戦争（前四三一―前四〇四年）勃発当初の、アテナイにいなければ知りえなかったような事柄についての記述が見られることから、ヘロドトスは、戦争の勃発の頃にはトゥリオイからアテナイに戻っていたのではないかと推定される。

さらに、ペロポネソス戦争が勃発した直後の時期は、ペリクレスの政策によってアテナイ人が農村を捨て、都市部に流入したばかりの大混乱の時期にあたっており、やがて疫病がこの都市を襲った（ツキディデス『戦史』巻二、五二―五三節。岩波文庫、上、二三九―四一ページ）。これ以降、沈静期をはさみ数年にわたりこの疫病の流行がつづく（『戦史』、巻三、八七節。中、一〇六ページ）。こうしたアテナイの混乱の中でヘロドトス自身も亡くなったのではないか、という可能性も否定できない。

このような生涯の概略を確認した上で、ヘロドトスの史書の内容について考察をすすめていこう。

3　『歴史』の序文と構成

『歴史』の冒頭で、ヘロドトスは次のように記している。

「本書はハリカルナッソス出身のヘロドトスが、人間界の出来事が時の移ろうとともに忘れ去られ、ギリシア人や異民族（バルバロイ）の果たした驚嘆すべき事蹟の数々――とりわけて両者がいかなる原因から戦いを交えるに至ったかの事情――も、やがて世の人に知られなくなるのを恐れて、自ら研究調査したところを書き述べたものである」（巻一、序。上、九ページ）。

この一節は、ヘロドトスの執筆の意図と執筆を支える原因探究の精神を、はっきりと示している。いまやヘロドトスにおいて、人間の歴史が主題として取り上げられ、しかもギリシアとペルシア帝国の戦いであるペルシア戦争の原因が探究され、叙述されることになるのである。

エジプトやメソポタミアにおいて、王の事績を記した記録はあったが、それはあくまで王の命令によって記されたものであり、ここに見られるような個人の生き生きとした問いかけに基づく自発的な探究ではなかった。この点について、ブルクハルトは次のように指摘している。

「ギリシア人に対する古代オリエントの劣勢は、歴史の分野において紛うかたなく示されている。古代オリエントは、とにかく自国の民族を越えているような一切の歴史を書く能力はまったく持っていなかったのであり、また自国の民族の歴史について知るうえにもきわめて偏見を抱いていたが、これは、あらゆる記録が、それを委任された人たちの手によって公的に行なわれたという理由からだけでもこのことが言えるのである」（『ギリシア文化史』五、新井靖一訳、ちくま学芸文庫、一七五ページ）。

『歴史』の冒頭の箇所で、もう一つ注目すべきことは、ヘロドトスが異民族の文化や習俗に対して公平な態度をもって接し、また敬意を示していることである。当時のギリシア人は、異民族をバルバロイ（「聞き苦しい言葉を話すもの」）と呼んで、軽蔑していた。そうした中で、「ギリシア人や異民族の果たした偉大な驚嘆すべき事蹟の数々」という言葉が語られているのである。

このことを具体的に示す例を、ヘロドトスの史書の中からいくつか紹介しておこう。エジプト人の暦の計算方法について、次のような記述が見られる。

「さて人間界のことに限っていえば、彼らの一致していうところは、一年という単位を発明したのはエジプト人であり、一年を季節によって十二の部分にわけたのもエジプト人が史上最初の民族である、ということである。彼らはそれを星の観察によって発見したのだといっていた。暦の計算の仕方はエジプト人の方がギリシア人よりも合理的であるように私には考えられる。なぜかというと、ギリシア人は季節との関連を考慮して、隔年に閏年を一カ月挿入するが、エジプトでは三十日の月を十二カ月数え、さらに一年について五日をその定数のほかに加えることによって、季節の循環が暦と一致して運行する仕組になっているからである」(巻二、四節。上、一六三ページ)。

またヘロドトスは、ギリシアの神々の名の由来について次のように主張する。

「ディオニュソスのみならず、ほとんどすべての神の名はエジプトからギリシアへ入ったものである。ギリシアの神々がギリシア外の国から招来されたものであることは、私が自ら調査して確かめたことである。それも大部分はエジプトからの伝来であると私は考えている」(巻二、五〇節。上、一九五ページ)。

同じく、国民的大祭をはじめ、エジプト人の創始になるものでギリシア人が学んだものが少なくないことが指摘されている(巻二、五八、八二節。上、一九九、二一一ページ)。

さらに、ヘラクレスに関するギリシア人の説話の愚かしさを、エジプト人の性格や習慣から明らかにしている(巻二、四五節。上、一九一ページ)。また、テルモピュライの戦いで、迫りくるペルシア軍に対し「見事な働き」を示して倒れたスパルタ王レオニダスについて述べたあとすぐに、ペルシア側でも「名だたる人物が多数戦死した」と述べている(巻七、二二四節。下、一四二ページ)。

ヘロドトスは、プルタルコスによって「異民族びいき」と非難されているが(『ヘロドトスの悪意について』一二章)、それはヘロドトスが異民族の文化を尊重し、ペルシア戦争を異民族の立場からも見ようとしていることを逆に示しているといえよう。一〇年近くに及ぶと推定される大旅行も、異質な習俗・習慣に対する飽くなき関心と興味なしには成し遂げられなかったであろう。

こうしたヘロドトスの執筆意図と根本姿勢によって叙述される本書の構成は、いかなるものであったのか。次にこの点を確認しておきたい。

序文につづいて、ヘロドトスは主題であるペルシア戦争の背景を、東西の対決という観点から描いていく。まず最初に述べられるのは、イオニアに隣接するリュディアの王クロイソス(在位、前五六〇―四六)である。なぜならこの王が、ギリシア人に対する敵意を抱いた最初の人物であったからである。

クロイソス王についての記述がなされたあと、ギリシア人を支配することを試みたペルシアの諸王についての記述が本書の基本線となり、キュロス（王位、前五五九―二九）、カンビュセス（王位、前五二九―二二）、ダレイオス（王位、前五二二―四八六）、クセルクセス（王位、前四八六―六五）とつづいていく。とくに、イオニアの反乱（前四九九年）とマラトンの戦い（前四九〇年）を中心としたダレイオス治下のペルシア戦争が、巻五、二八節から巻七、四節で記され、テルモピュライの戦い（前四八〇年）、サラミスの海戦（同年）、プラタイアの戦い（前四七九年）と続くクセルクセス治下のペルシア戦争が、巻七、五節から巻九の終わりまで、叙述されている。

こうした叙述の大きな筋道の中で、著者は、さまざまな興味深い脱線を試みる。その分量は、ヘロドトスの史書全体の半分にも及ぶといわれる。しかも、ヘロドトスは、「もともと本書は余談にわたることを建前としている」とさえ述べている（巻四、三〇節。中、二二ページ）。

4　ヘロドトスの歴史叙述
――ペルシア戦争の背景と経過

東西の決戦であるペルシア戦争を叙述するにあたり、ヘロドトスはまずその背景を説明する。第一巻で大きく取り上げられる人物は、誰よりもリュディア王クロイソスである。ギリシア人に対する異民族からの最初の本格的な攻撃は、このクロイソスによる小アジア沿岸のギリシア人諸都市の征服に始まるからであった。「このクロイソスが、われわれの知る限りでは、ギリシア人をあるいは征服して朝貢を強い、あるいはこれと友好関係を結んだ、最初の異邦人であった。すなわち彼は、イオニア人、アイオリス人およびアジアに住むドーリス人を征服する一方、ラケダイモン（スパルタ）とは友好関係を結んだのであった。クロイソスの統治以前は、すべてのギリシア人が自由であった」と、ヘロドトスは記している（巻一、六節。上、一二―一三ページ）。

クロイソスが小アジア沿岸のギリシア人諸都市を征服したのは、前六世紀半ばであったから、ヘロドトスの記述は、神話時代を排し、知りうる時代に取り組んでいると言えるであろう。ここに、英雄や半神の時代を叙述した先達のヘカタイオスとの相違が認められるのである。ヘロドトスにおいては、英雄・神話時代に代わって、「人間の世代」（巻三、一二二節。上、三六二ページ）つまり歴史時代が考察の対象となっているのである。

ところで、クロイソスはリュディア王国の最盛期をもたらしたにもかかわらず没落することになるが、それは四代前のギュゲスが先王を殺害して新しい王朝（メルムナス家）を開いたことに対する先王家（ヘラクレス家）の報復であったという（巻一、九一節。上、七六―七七ページ）。ヘロドトスは、ギュゲスによる先王カンダウレス殺害についての興味深いエピソードを伝えている。

カンダウレスは妻である王妃を溺愛し、彼女が世界で最高の美女であると信じていた。彼は臣下のうち最も信頼していたギュゲスに妻の裸を見せようとする。ギュゲスは固辞するが、王の要求をついに拒みきれず、言われたとおり王夫妻の寝室に入り、扉の後ろから妃が衣服を脱ぐ様を眺めたのである。ギュゲスは妃が背を向けたすきに部屋の外にでたが、妃は彼の後ろ姿を見逃さなかった。彼女はこの恥辱が夫の仕業であると悟り、夫への復讐を心に誓う。妃は翌朝ギュゲスを呼び寄せ、夫を殺して自分とともに王国をわがものにするか、それとも許されぬことをしでかしたギュゲス自身が死ぬか、どちらかを選べとせまった。選択を強いられ呆然としたギュゲスは、とどのつまりは意を決し、主君を殺害する道を選ぶ。ギュゲスは妃に従って寝室に忍び込み、渡された短剣で、横になったカンダウレス王を殺し、妃と王国とをわがものにしたのであった。このギュゲスの罪悪に対する先王家の報復が四代あとのクロイソスに下り、彼の没落が生じたというのである。これはデルフォイの神託が告げていたことであった（巻一、七―一三節。上、一三―一九ページ）。

ここには、歴史のなかに「報復」や「因果応報」を見るヘロドトスの眼差しを見て取ることができる。ヘロドトスの史書は、大きく見れば、キュロス王による小アジアのギリシア人の征服、それに対するイオニアの反乱、イオニアの反乱を支援した本土のギリシア人に対するペルシア軍の遠征、それに対するギリシア人の反撃、という報復の連鎖を描いているのである。

さて、ここで、ヘロドトスの歴史理解の特徴を示す有名な「クロイソスとソロンの対話」（巻一、三〇―三三節。上、二八―三二ページ）についてふれておきたい。クロイソスは小アジア西部を制圧し、その権力の絶頂期を迎えた。その頃、リュディア王国の首都サルディスをアテナイの賢者ソロンが訪ねる。彼は王宮でクロイソスの歓待をうけ、宝物庫では豪華な財宝をことごとく見せられた。王は自分こそ最も幸せな人間であるとみなして、ソロンに「誰がこの世界で一番幸せな人間か」と尋ねる。しかし、ソロンは王にへつらうことなく、第一に幸せな人間はアテナイのテロスだと答えた。意外な答えに驚いたクロイソスは、その理由をソロンに質す。ソロンは言う。

「テロスは先ず第一に、繁栄した国に生れてすぐれた良い子供に恵まれ、その子らにまた皆子供が生れ、それが一人も欠けずにおりました。さらにわが国の標準からすれば生活も裕福でございましたが、その死際がまた実に見事なものでございました。すなわちアテナイが隣国とエレウシスで戦いました折、テロスは味方の救援に赴き、敵を敗走せしめた後、見事な戦死を遂げたのでございます。アテナイは国費をもって彼をその戦没の地に埋葬し、大いにその名誉を顕彰したのでございます」。

クロイソスは苛立ち、自分は少なくとも第二位にはなれると考え、テロスについで二番目に最も幸せな者は誰かと尋ねた。ところがソロンは、クロイソスの期待を裏切り、アルゴス生まれのクレオビスとビトンの兄弟であると答えた。この兄弟は、生活に不自由せず、体力に恵まれ、体育競技に優勝しており、さらに見事な大往生を遂げた者たちであったから、というのである。自分がアテナイやアルゴスの庶民に及ばぬ者であるとされたクロイソスはますます苛立ち、自分の幸福は何の価値もないと思うのかと、問い質す。ソロンの答えは次のようなものであった。神は妬み深く、人間を不運に突き落とす。したがってどんなに莫大な富をもっていようと、その生涯を終えるまでは、真に幸福であったかどうかは、語ることができない。どんなに富んでいても不幸な者もおり、富はなくとも良き運に恵まれた者もいる、と。クロイソスはこの答えに腹を立て、ソロンを立ち去らせたのである。しかしその後、クロイソスには恐ろしい神罰が下ったとヘロドトスは述べる。それは息子アテュスの死であり、クロイソスが自分を世界一の幸福な人間であると考えたゆえに下った神罰であった（巻一、三四節、四三節。上、三一―三六、三八ページ）。

クロイソスは失意のうちに数年を過ごすことになったが、やがて東方からキュロスのもとでペルシアの勢力が強大になり、リュディア王国に脅威が迫った。そしてついに、首都サルディスがペルシア軍によって攻略される。ここにリュディア王国は滅亡することになる（前五四六年）。火刑に処せられることになったクロイソスはこの時に及んで、「人間は生きる限り、何人も幸福であるとはいえない」というあのソロンの言葉を思い起こす。薪の上で深いため息を漏らして三度ソロンの名を呼んだクロイソスの姿を見て、キュロスは人の世の無常さを感じ、また応報を恐れ、火を消すように命じた。けれども、燃えさかる火は消し止めることはできなかった。しかし突然降りだした大雨によって薪の火は消え、クロイソスは一命をとりとめることができた（巻一、八六―八七節。上、七〇―七二ページ）。彼はそれ以後キュロスおよびカンビュセスの相談役となるのであるが、こうしたクロイソスの没落にヘロドトスは四代前のギュゲスによる主君殺害にたいする応報を見、また運命の変転を読み取るのである。

ところで、クロイソスとソロンの対話は年代的に見て史実とはみなされえないとされる。けれどもヘロドトスは受け継がれてきたクロイソス伝承に手を加え、『歴史』の冒頭部分に記すことによって、東方の君主の典型を描き出し、東西文明の違いを際立たせようとしたと考えられる。歴史と人間に対するヘロドトスのこうした洞察のもとで、ペルシア戦争は考察され、叙述されるのである。

リュディア王国の滅亡は、ギリシア人にとってキュロス王のペルシア帝国の登場であり、ペルシアの小アジアへの進出でもあった。キュロスの派遣したペルシア軍は、イオニア諸都市を次々に攻略し、小アジア全体をその支配下に置くことになった。

次代のカンビュセス王は自らエジプトに遠征する。ヘロドトスによれば、その理由は次のようなものであった。カンビュセスはエジプトのアマシス王に娘を求めたが、妃ではなく妾にすることが明らかだった。そこでアマシスは思案の末、先王アプリエスの娘を自分の娘としてペルシアに送った。やがてカンビュセスはそのことを知って激怒し、エジプト遠征に向かったという（巻三、一節。上、二七九—八〇ページ）。この遠征軍にはギリシア人の部隊も加わっていた。ヘロドトスは記している。「カンビュセスは、イオニア人およびアイオリス人を父から譲られた奴隷のごとく見做していたので、エジプト遠征に当っては、領内から徴収した兵力のほか、支配下のギリシア人をも遠征軍に加えたのである」（巻二、一節。上、一六一ページ）。この遠征軍は勝利をおさめ、カンビュセスはエジプトを征服する（前五二五年）。ヘロドトスの史書の第二巻全体を通じて、エジプトの祭司たちから聞いたエジプトの古い時代の歴史や地誌が詳細に叙述されている。ヘロドトスはペルシア人が、「偶像をはじめ神殿や祭壇を建てるという風習をもたずに、むしろそういうことをするものを愚かだとする」（巻一、一三一節。上、一〇六ページ）としているが、聖牛アピスの出現をめぐるエジプト人の祝宴に対するカンビュセスの反感（巻三、二七—二九節。上、二九七—九九ページ）にもそれが現われている。

カンビュセス死後の混乱を克服したダレイオス大王は、各地の内乱を平定し（前五一九年）、大帝国の秩序を回復する。その勢力はカスピ海および黒海の南岸、小アジア全体、エジプト全土やリビアの一部、そしてインドにまで及んだ。また二〇の行政区を制定し、その総督を任命したあと、民族別にその納税額を定めた。「キュロスおよび次のカンビュセスの治世には何ら定まった納税制度はなく、人民はただ献上品を納めていたのである。こうした課税制度やこれに類したその他の措置を理由として、ペルシア人はダレイオスは商売人、カンビュセスは殿様、キュロスは父であったといっているが、ダレイオスは万事に商売人のやり方を用い、カンビュセスは苛酷で思いやりの心が薄く、キュロスは心優しく人民のためにあらゆる福祉を計ってくれたからであるというのである」（巻三、八九節。上、三四六ページ）。

ダレイオスは、キュロス王の娘で自らの妃であるアトッサからギリシアに遠征するよう懇願された（巻三、一三四節。上、三七二ページ）。そのためダレイオスはまず、ペルシア人一五名を側近のクロトン人デモケデスとともにギリシアに遣わし、敵情を偵察させた。これらのペルシア人が、アジアからギリシアに赴いた最初の人々であった（巻三、一三四—三八節。上、三七三―七六ページ)。

ヘロドトスによれば、即位後ダレイオスが最初に征服したのはサモス島であった。そして、前四九九年イオニアの諸市はミレトスの僭主アリスタゴラスに率いられて、ペルシアに対する反乱に立ち上がった。アリスタゴラスはそれに先立って自ら僭主の地位を去り、アテナイから軍船二〇隻、エレトリアから五隻の援軍を取りつけて戦い、反乱軍はサルディスに進攻したものの退却する。ギリシア諸市は次々に屈服し、結局、前四九四年秋にミレトスも陥落し、反乱は失敗に終わった。「ペルシア軍は右の(ラデ島付近の)海戦でイオニア軍を破るや、海陸両面からミレトスを包囲し、城壁を掘りくずし、またあらゆる攻城用の兵器を駆使して攻め立て、アリスタゴラスの反乱以来六年目にとうとう完全にミレトスを攻略した。ペルシア軍は全市民を奴隷にしたが、かくして奇しくもこの受難はかつてミレトスに下された神託と符合することになったのである」(巻六、一八節。中、二〇八ページ)。

このイオニア反乱がペルシアのギリシア遠征を引き起こすことになった。ヘロドトスは記している。「アテナイ人はアリスタゴラスに説き伏せられて、軍船二〇隻をイオニア人の援軍として派遣することを議決し、その指揮官として、アテナイ市民のうち、あらゆる点で名声の高かったメランティオスを任命した。この艦隊派遣がギリシアとペルシアにとって不幸な事件の発端となったのである」(巻五、九七節。中、一八三ページ)。

こうして、ダレイオスは反乱を鎮圧しただけでは満足せず、ギリシア本土を征服することを意図して、海陸からギリシア遠征軍を派遣した。前四九二年の第一回遠征である。ペルシア軍はタソス島を占領し、トラキアの支配を再び確立することができたが、マルドニオスの率いる海軍はアトス岬で暴風に遭って難破し、陸軍も大きな損害を受けて帰国せざるをえなかった。

二回目の遠征は、前四九〇年になされた。ダレイオスはイオニア反乱を援助したアテナイとエレトリアに対する報復のため、ダティスとアルタフェルネスの率いる遠征軍を派遣した。ペルシア軍はキリキアを出発しイオニアに向かい、エーゲ海北岸を通らずに、まずナクソス、デロス両島を征服した。さらにエウボイア島に上陸してエレトリアを攻略し、都市を破壊した。

ペルシア軍はさらにアテナイを攻撃するためにアッティカ北部のマラトンの野に上陸する。ここでの戦いに大きな貢献をしたのは、アテナイの司令官の一人であったミルティアデスであった。アテナイ軍は来援に駆けつけたプラタイア軍とともにペルシアの大軍を迎え撃つことになるが、両軍あわせても、ペルシア軍に比べ弱体であった。そのため一〇名の指揮官の意見は割れ、交戦を控えるべきだとする意見が多くなった。

そこでミルティアデスは、投票権をもち決定を左右しうるカリマコスのもとを訪ね、戦うべきことをつよく訴えた。今や「アテナイを隷属の地位におとしめるか、あるいはその自由を確保し、ハルモディオス、アリストゲイトンの両名すら残し得なかったような金字塔をうち樹ててこれを万世に伝えるか」という重大な決断をせまられている時であり、アテナイは「建国以来最大の危機」に瀕しているのである（巻六、一〇九節。中、二六三ページ）。「もしそなたが私の説に与して下さるならば、わが祖国は独立を保つのみならず、ギリシア第一等の国となる」。こう説得され、カリマコスはミルティアデスの意見を支持するにいたり、ついに交戦の決定がなされたのである。

アテナイ軍は恐れられていたペルシア軍に駆け足で攻撃を試み、勝利をおさめることができた。マラトンの戦いでのペルシア軍の戦死者は六四〇〇人、アテナイ方は一九二人であったという（巻六、一一七節。中、二六七ページ）。マラトンの戦いは、ペルシア戦争の経過の中で最も輝かしいギリシア軍の勝利であった。

大敗したペルシア軍は、スニオン岬をまわって船を進め、アテナイ軍より先にアテナイ市に到達しようとした。しかしアテナイ軍は故国を救うべく急行し、ペルシア軍の到着以前に帰国しえた。こうしてペルシア軍はアジアに引き揚げていった。

ダレイオスはマラトンの戦いの報復を企てたが、遠征の準備の最中に世を去った（巻七、四節。下、九ページ）。離反したエジプトに対しても、アテナイに対しても、ダレイオスの報復の望みは叶えられなかったのである。

マラトンの戦いに対する報復のため、父王の遺志をついでギリシアへ大遠征を行なったのがクセルクセスであった。しかし彼には、はじめはギリシア遠征の意図はまったくなく、もっぱらエジプト討伐のために軍隊を集めたのであった。ところが従弟のマルドニオスがしきりにクセルクセスに進言した。「ペルシアに対して数々の悪事を働いたアテナイが、その悪行の処罰を蒙らぬというのはよろしくありません」と（巻七、五節。下、九ページ）。さらにマルドニオスによれば、ヨーロッパは世にも美しい国土であり、あらゆる種類の栽培樹を産し、地味もまた豊かで、これほどの国土の所有者たるべきものはこの世にペルシア大王を措いて他にはないのである。

クセルクセスはこう説き勧められて、エジプトをふたたび平定した後、アテナイ遠征に着手した。まず彼はペルシア人の重臣を集め、会議を催した。そして一同の前で次のように語った。

「キュロス、カンビュセス、およびわが父ダレイオスがどれほどの民族を征服併合されたかは、そなたらのよく知っておるところであるから、あらためて述べるにも及ぶまい。わしはこの王座を継承して以来、どのようにすれば先王たちに遅れもとらず、わがペルシアの国威を増強する上においても先王に劣らぬ功を樹てうるかと、常に苦慮してきた。……わしはヘレスポントスに架橋し、ヨーロッパを貫いて兵を進め、ギリシアを討つ所存でいる。その目的はアテナイ人どもに、彼らがペルシア国ならびにわが父に対して働いた数々の悪行の報いを思い知らせるためである。……わしは父王はじめペルシア国民に代り、わしならびに父王に対し数々の不正の行為をしかけてきたアテナイを占領し焼き払うまでは、断じて後へ引かぬつもりである。まず第一にアテナイ人どもは、われらの奴僕たるミレトス人アリスタゴラスと組んでサルディスに進入し、聖なる森や神殿に火を放った。第二にダティスならびにアルタプレネスの指揮の下、わが軍がかの地に進軍した時、彼らがわれらに加えた所業は、そなたらがみなよく存じているところであろう」（巻七、八節。下、一二―一三ページ）。

マルドニオスはクセルクセスの主張をつよく支持した。これに対してひとり反対を表明したのが、クセルクセスの叔父アルタバノスである。彼はアテナイが「スキュティア人よりも遙に優秀で、海に陸に最強を謳われている民族」であるとして遠征の危険を説き、また神は思い上がりを許さないと諭した（巻七、一〇節。下、一七―一九ページ）。

しかしクセルクセスはこの言葉に立腹し、叔父の制止をふりきってギリシア遠征を決意する。「わが国土がことごとくギリシア人の支配下に入るか、あるいは彼らの領土をすべてペルシアの版図に加えるかはそれによって定まる。われらと彼らとの敵対関係には中途半端な解決はないのだからな。されば今や、先に害を蒙ったわれらが報復の挙に出ることは当然のことじゃ」（巻七、一一節。下、二一ページ）と、クセルクセスは語った。

その後しばらくクセルクセスに気持の揺れはあったものの、アルタバノスも夢で遠征を阻まぬよう威嚇され、クセルクセスは遠征の意志をふたたび固めることになった。こうしてエジプト攻略後四年の準備期間をへて、彼はこれまでにない大軍を率いて、遠征の途についた。

サルディスに到着したクセルクセスは、すでに敵意を示していたアテナイとスパルタを別として、ギリシア各地に使者を派遣して国土を象徴する「土と水」を要求した。ペルシア陸軍はサルディスを発ちヘレスポントス海峡のアビュドスに向かう。軍勢がアビュドスに到着すると、クセルクセスは全軍の閲兵をしようと思い立つ。彼が小高い丘の上の展望台に座って海浜を見下ろすと、陸上部隊と艦隊を一望の下に眺めることができた。ヘレスポントスの海が軍船によって蔽い尽くされ、アビュドスの平地がことごとく軍兵に充ち満ちている様を見て、深い満足を味わった。しかしやがてペルシア王は涙をこぼした。これに気づいた叔父のアルタバノスがその理由を尋ねると、クセルクセスは答えた。

「これだけの数の人間がおるのに、誰一人として百歳の齢まで生き永らえることができぬと思うと、おしなべて人の命はなんとはかないものかと、わたしはつくづくと哀れを催してきたのじゃ」（巻七、四六節。下、四一ページ）。

これを聞いて、アルタバノスは語った。

「われわれが一生の間に会いますことの中には、それよりも外にもっと憐れむべきことがございます。ここにおります者たちばかりではございません、ほかの者についても同じことでございますが、かかる束の間の人生におきましても、生よりもむしろ死を願わしく思うことが、一度といわず幾度も起こらぬほど仕合せな境遇に生れついた人間は、唯の一人もおりません。不幸に見舞われ、病に悩まされるものには、この短い人生も長すぎるように思えて参ります。かくして煩い多い人生にありましては、死こそ人間にとり何にもまして願わしい逃避の場となりますわけで、かくてはわれらに人生の甘美の味を味わわせて下さった神の御心は、実に意地の悪いものであると申せましょう」（同、四二ページ）。

二人の人物の対話を叙述するヘロドトスは、こうした言葉に自ら共感を重ね合わせていたに違いない。一〇年におよぶ大旅行の途上、悠久の文明の跡をたどり、人間の営みの偉大さとともに、人生の悲哀を感じていたのではないだろうか。

さてペルシア軍は、船橋を通ってヘレスポントス海峡を渡り、ヨーロッパに入った。前四八〇年のことである。これ以後ペルシア軍は海陸ともに西へ進軍する。クセルクセスの率いる陸軍はトラキア、マケドニアを経て、南下しテッサリアに入る。一方、海軍はアトス（アクティ）半島の付け根に開鑿された運河を通過し、アンペロス岬、カナストロン岬、テルメ湾の諸市を経て、カスタナイアへと南下してゆく。すでにペルシアが送った使者に応えて、多くのギリシアのポリスが臣従のしるしとして土と水を献上した。また献上をしなかったもののペルシア軍に対抗するだけの軍船がないため、むしろペルシア側に加担しようとするポリスもあった。

こうした情勢の中でアテナイが果たした貢献の意義をヘロドトスは強調する。

「もしアテナイ人が迫り来る危難に怯えて祖国を放棄していたならば――、またよし放棄しなかったとしても留まってクセルクセスに降伏していたとすれば、海上でペルシア王を迎え撃たんとする者は皆無であったろう。海上でクセルクセスに当る者がなければ、陸上における情況は次のようなものとなったに相違ない。すなわち、ペロポネソス軍の手により地峡を横断して防禦壁が幾重にも張りめぐらされていたとはいえ、ペルシア海軍によって都市を次から次に占領されてゆけば、スパルタの同盟諸国も不本意ながらスパルタを見捨てるほかはなく、スパルタは孤立無援の状態に陥ったであろう。スパルタ軍といえども孤立しては、よしや目覚ましい働きを示したとしても所詮は玉砕するのほかはなかったと思われる。スパルタ軍としてはこのような運命に会うか、さもなくばそれ以前に、他のギリシア諸国がペルシア方に与するのを見て、クセルクセスと和議を結んだであろう。このようにして、いずれにせよギリシアはペルシアの支配下に甘んずることとなったに相違ない。……

かくてアテナイがギリシアの救世主であったといっても、それは真実の的をはずれたものとはいえぬであろう。事実アテナイがいずれの側に与するかによって、運命の秤がいずれに傾くかが決せられる情況だったのである。そしてギリシアの自由を保全する道を選び、ペルシアに服せずに残ったあらゆるギリシア人を覚醒させ、神々の驥尾（きび）に付してペルシア王を撃退したものこそこのアテナイ人にほかならなかった」（巻七、一三九節。下、八七―八八ページ）。

さて、迫り来るペルシアの大軍にそなえ、ギリシア連合軍はコリントスの地峡部に集結して協議を重ねた。その結果、最終的に、ペルシア軍を迎え撃つ場所として、陸上では通路の狭隘なテルモピュライ、海上ではアルテミシオン海峡が選ばれた。両地点は近く、相互に連絡を取り合うことも容易であるという判断が働いていた（巻七、一七五節。下、一一五ページ。巻八、二二節。一六二―六三ページ）。

ギリシアへ南下してくるペルシア軍は、陸路はテルモピュライまで、海路はマグネシア地方のカスタナイアまでは何の損害をも受けずに、予想外に早く進軍してきた（巻七、一八四節。下、一一九ページ）。これに対して、スパルタ王レオニダスの軍隊は踏みとどまり、断崖が海にせまるテルモピュライの隘路で侵入軍を撃退した。ヘロドトスは、スパルタ人の目覚ましい奮闘ぶりを伝えている。「中でも特筆すべき戦法は、敵に背を向けると一見敗走するかのごとく集団となって後退するのである。ペルシア軍は敵の逃げるのを見ると喊声を挙げすさまじい音響を立てつつ追い迫る。スパルタ軍は敵の追い付く頃を見計らい、向き直って敵に立ち向うのである。この後退戦術によってスパルタ軍は無数のペルシア兵を倒したのであった」（巻七、二一一節。下、一三四ページ）。

クセルクセスは現状の打開に苦慮したが、マリス地方の出身でエピアルテスと名乗る者が、莫大な恩賞を当てにして、ペルシア王に間道の所在を教えた。そしてその夜、ペルシア人部隊は山中の間道を進み、ついにレオニダス指揮下のスパルタ軍の背後を衝いたのである。窮地にたたされたレオニダスは、同盟国軍の諸部隊を帰還させ、スパルタ軍のほかテスピアス人とテバイ人の部隊のみをとどめて、玉砕を遂げることになる。「……大方のギリシア兵の槍は折れ、彼らは白刃を揮ってペルシア兵を薙ぎ倒していた。そしてレオニダスはこの激戦のさ中に、疑いなく見事な働きを示して倒れ、他の名だたるスパルタ人も彼とその運命を共にした」(巻七、二二四節。下、一四二ページ)。

前四八〇年夏のちょうど同じ時期に、海上でも戦闘がなされた。ギリシア艦隊は、エウボイア島の北端のアルテミシオン岬に集結した。一方ペルシア艦隊は、カスタナイア付近の海上で嵐の襲来を受け多くの犠牲を蒙ったにもかかわらず、さらに南下しアルテミシオンに迫った。そして艦隊の一部にエウボイア島を迂回させ、ギリシア艦隊を挟み撃ちする作戦に出た。ギリシア方は軍船の数でははるかに劣ったが、互角に戦った。さて夜になると激しい雷雨が襲い、ペルシア海軍は大きな損害を受けた。こうしてペルシア艦隊は二度にわたって嵐に見舞われたのであった。とくにエウボイア島の迂回を命じられた、航行中の部隊は暴風雨により全滅した。ヘロドトスは説明して言う。「これもすべて、ペルシアの戦力が格段に優勢にならぬよう、ギリシア軍と等しなみにしようとの、神の配慮のなせる業であった」(巻八、一三節。下、一五九ページ)。ヘロドトスに特徴的な理由づけといえよう。

その後になされた海戦は激戦で、双方の損害も大きかった。ギリシア艦隊、とりわけアテナイの部隊は善戦したが、テルモピュライの戦闘の結果が伝えられると、サラミスに向かって撤退していった。

テルモピュライの険を突破したペルシア軍はボイオティアをへて、同年九月にはアッティカに侵入した。アテナイ市民はすでに避難しており、アテナイ市街に人影はなかった。少数の人々だけがアクロポリスに籠城していた。アクロポリスの守りは固かったが、ペルシア軍はついにこれを攻略し、神殿を破壊し、火を放った(巻八、五一―五三節。下、一七七―一七八ページ)。

さて、サラミスにいたギリシア海軍は、ペルシア軍によるアテナイ占領の知らせを受けて動揺し、ギリシア艦隊をコリントス地峡に引き揚げ、地峡の前面で海戦を行なうことを決定した。これに対してテミストクレスは、ギリシア海軍を率いていたエウリュビアデスにサラミスにとどまって海戦を行なうことをつよく要請した。地峡付近でのペルシア海軍との交戦は、広い水域のゆえにギリシア軍にとって不利であることもその一つの理由であった。その結果、アテナイに近いサラミス島付近で決戦がなされることになった。しかし、ふたたび地峡で戦うべきであるという意見が強くなった。そこでテミストクレスは、一人の使者をひそかにペルシア軍の陣営に送り、ペルシアの指揮官に言わせた。ギリシア軍は恐れをなして逃亡を企てているので、今ギリシア軍を攻撃するなら、比類のない戦果をあげるであろう、と(巻八、七五節。下、一九一ページ)。この言葉を信じたペルシア軍は、夜半にサラミス湾で戦闘体制を整え、ギリシア艦隊を包囲した。こうしてギリシア軍も、戦わざるを得なくなった。サラミスの海戦の始まりである。

「サラミスのペルシア軍艦船の大部分は、アテナイ軍とアイギナ軍のために破壊され航行不能の状態に陥った。ギリシア軍が整然と戦列もみださず戦ったのに反し、ペルシア軍はすでに戦列もみだれ何一つ計画的に行動することができぬ状態であったから、この戦いの結果は、当然起こるべくして起こったのである」（巻八、八六節。下、一九八ページ）。

海戦での敗北に落胆したクセルクセスは、ペルシアに引き揚げることになった。クセルクセスは、マルドニオスに望むだけの将兵を与えて、帰国の途につく。翌朝ギリシア艦隊は、ペルシア艦隊がすでに退去したことを知ると直ちに追撃し、アンドロス島に至った。そこで指揮官たちの協議が行なわれた。その席上テミストクレスは、あくまで敵艦隊を追跡した上、船橋を破壊するためヘレスポントスに直行すべきであるとの意見を述べた。しかしエウリュビアデスは、ペルシア本国に帰すのが賢明であると反論し、これに他の指揮官たちも賛同した。そこでテミストクレスも態度を変えて、アテナイの兵士たちに説いた。

「戦いに敗れて窮地に追いつめられた人間は、ふたたび戦いを試みて先の失敗をとりもどすことがあるものなのだ。われわれが雲霞のごとき大軍を駆逐して、自国と全ギリシアを救うことができたのは、まことに思いがけぬ僥倖であったのであるから、逃げる敵を追うのはやめようではないか。それというのも今度のことは決してわれわれの手柄ではない。神々や半神がたが、ひとりの人間――それも神を恐れぬ極悪非道な人間がアジアとヨーロッパとに君臨することを快しとされずになされたことなのだ」（巻八、一〇九節。下、二一三ページ）。

アテナイ人たちもこの提案に従った。こうしてギリシア軍は、敵の艦隊を追跡することも、船橋を破壊するためにヘレスポントスに向かうことも中止したのであった。

ギリシアにとどまったマルドニオスが率いるペルシア陸軍の精鋭部隊は、アッティカから北ギリシアのテッサリアに退き、そこで冬を越す。マルドニオスは二度にわたってアテナイ人にペルシアとの和平を結ぶよう勧めたが、アテナイは断固として拒否した。これに応ずることは、「ギリシアの奴隷化」（巻八、一四四節。下、二三五ページ）だったのである。アテナイがスパルタから援軍をえたことを知ったマルドニオスは、翌四七九年春、アテナイ市を徹底的に破壊したあと、テーバイに引き揚げる。そして夏には、テーバイの南に位置するプラタイアで、アテナイ、スパルタをはじめとするギリシア連合軍とペルシア軍の激しい戦闘が繰り広げられた。プラタイアの戦いである。ヘロドトスの叙述を見ておこう。

「ようやくにして吉兆を得ると、スパルタ軍もペルシア軍に向かって進み、ペルシア軍も弓を捨ててこれを迎え撃った。はじめは盾の防壁をめぐって戦われたが、これが倒されると今度はデメテルの神殿の附近で激戦が長時間にわたって続き、遂には肉弾戦となった。異国軍の兵士は相手の長槍の柄をつかんではこれをへし折ったのである。ペルシア兵は勇気も力も劣らなかったが、堅固な武装を欠いた上に戦法を知らず、戦いの巧みさでは到底相手の敵ではなかった。彼らが単身または十人乃至その前後の人数が一団となって飛び出してゆき、スパルタ軍中に突入しては討ち果されたのである。

マルドニオスは白馬にまたがって戦い、そのまわりにはペルシア軍中からよりすぐった最精鋭一千を配していたが、彼の臨んだ地点では、敵を最も激しく圧迫した。マルドニオスが生存していた間は、ペルシア兵はよく踏みこたえ、力戦してスパルタ兵多数を倒した。しかしマルドニオスが戦死し、また彼のまわりに配置されていた最強部隊も討死にするに及んで、残存部隊も遂に反転し、スパルタ軍の前に屈して退却した。彼らが打撃を蒙った最大の原因は、武装を欠いたその服装であった。重武装の敵を相手に軽武装の兵が戦ったわけだからである」（巻九、六二―六三節。下、二七八ページ）。

マラトンの戦いについでこの戦闘においても、ギリシア軍の重装歩兵が重要な役割を果たし、ギリシアを勝利に導いたのであった。

さて、ヘロドトスによれば、このプラタイアの戦いが生じたちょうど同じ日に、ギリシア艦隊はイオニアのミュカレ岬でペルシア軍を撃破した。スパルタ人レオテュキデスに率いられたギリシア海軍がデロス島に停泊していたとき、サモス人から派遣された三人の者が使者としてギリシア軍を訪ね懇願した。「同じギリシア人である自分たちを隷属の状態から救い出し、ペルシア人を撃退してほしい」と（巻九、九〇節。下、一九四ページ）。これに応えてギリシア艦隊はサモス島に向かった。ペルシア軍はギリシア軍が接近してくるのを知ると、ギリシア軍に対抗することはできないと判断し、海戦を避けるのが得策であると考えた。そしてミュカレ岬に上陸し、そこの味方の陸上部隊に助けを求めたのである。

ギリシア軍はペルシア軍を追撃することを決意し、ミュカレ岬に向かった。ミュカレに近づくと、レオテュキデスは海上からイオニア人に向かって呼びかけた。「イオニア人諸君、この声の聞えるものはみな、私のいうことを心に留めてくれ。これから私がそなたらに指示することは、ペルシア人どもには全く判らぬのであるからな。われわれが戦いを交えることになったならば、そなたらは何よりも第一に自由ということを念頭に置かねばならぬ。……」（巻九、九八節。下、二九九ページ）。

ギリシア軍にとっても、ペルシア軍にとっても、「島々やヘレスポントスの確保」（巻九、一〇一節。下、三〇一ページ）がこの戦いにかかっていたので、両軍は闘志をあらわにして戦いに臨んだ。とりわけアテナイ軍の活躍が目覚ましく、それに続いて、コリントス、トロイゼン、シキュオンの諸部隊の働きも大きかった。またサモス兵をはじめペルシア軍の下にあったイオニア人部隊も、ギリシア人を援助するために奮戦した。「こうしてイオニアはまたしてもペルシアに反乱を起したのである」（巻九、一〇四節。下、三〇三ページ）。

ギリシア軍はペルシア軍に勝利をおさめたあと、サモス島に引き返していった。そこで、イオニア住民の移住について協議がなされた。ペロポネソス軍の中枢にある者は、ペルシアに加担したギリシア諸市の住民を立ち退かせ、その地域にイオニア人を住まわせることを提案した。これに対しアテナイ人は、自国の植民地であるイオニアを明渡すことには断固反対し、ペロポネソス人がイオニアに干渉することを好まなかった。そのため、ペロポネソス側もついに譲歩した。こうして、サモス、キオス、レスボスをはじめギリシア軍に加わって参戦した島の住民を、忠誠を守ることを誓約させて同盟国に加えた。

こののちギリシア艦隊は、ヘレスポントスに架かる船橋を破壊するため、ミュカレ岬をたち、北上した。しかし、逆風に妨げられながらもようやくアビュドスに達したギリシア軍は、まだ架かっていると考えていたはずの船橋がすでに破壊されているのを発見した。そこでレオテュキデス率いるペロポネソス部隊はギリシアへ引き揚げることになった。しかしアテナイ部隊は残留して、対岸のケルソネソスを攻撃することになった。こうして、アテナイ軍は、アビュドスからケルソネソスに渡り、セストスを包囲したのである。そこはペルシア軍の拠点の一つであり、クセルクセスの任命したアルタユクテスがこの地の独裁権をふるっていた。包囲は長引いたが、アテナイ軍はついにセストスの堅固な城を攻略した。このセストス陥落は、ヨーロッパからペルシアの勢力が退けられたことを意味した。こうしてアテナイ艦隊も、ギリシアへ向けて出発した。

一般に、前四四九年の「カリアスの和約」によってペルシア戦争の終結と見るが、ヘロドトスはこのセストスの陥落（前四七九年）をもって、ペルシア戦争の具体的経過の叙述を終えているのである。

5　伝承の保存と批判

東西の決戦であるペルシア戦争の背景を叙述し、戦争の経過を説明するために、ヘロドトスは、大旅行の途上、各地で収集してきたさまざまな伝承を、いま触れた大きな枠組みのなかに位置づけながら紹介している。その際の原則を、彼は次のように述べている。

「このようなエジプト人の話は、そのようなことが信じられる人はそのまま受け入れればよかろう。本書を通じて私のとっている建前は、それぞれの人の語るところを私の聞いたままに記すことにあるのである」（巻二、一二三節。上、二三九―四〇ページ）。

カルタゴ人から聞いたことに関しても、以下のように語る。

「カルタゴ人の話では、右の種族の国に相対して、キュラウイスという島がある。長さは二百スタディオンあるが幅は狭く、本土から歩いて渡ることができ、オリーヴと葡萄の樹が一面に生えているという。この島に湖があり、土地の娘たちは瀝青を塗った鳥の羽を用いて、泥の中から砂金をすくい上げるという。私はそれが事実であるかどうかは知らないが、伝えられるところを記すのである。しかし私自身ザキュントスで湖水中から瀝青が引き上げられるのを見たことがあり、それから判断すれば、あるいはこの話はすべて真実であるかも知れない」（巻四、一九五節。中、一〇九ページ）。

また次のようにも記している。

「さてクセルクセスが右のような口上を携えた使者をアルゴスに派遣したこと、およびアルゴスの使節がスサに上って友好関係についてアルタクセルクセスに質したことの真偽に関しては、私はこれを審らかにしない。また私はこの事件に関して、アルゴス人自身が表明している見解と相違するいかなる意見も述べるつもりはない。私が確信するところはただ、かりに人間がみな自分の不幸を隣人の不幸と交換したいと望んでそれぞれの不幸を持ち寄ったとした場合、隣人の不幸をつぶさに検討した結果は必ずや誰もが、持ってきた不幸を欣然としてそのまま持ち帰るであろうということである。このように考えれば、アルゴス人の行動も一概に最も卑劣なものであったとはいえないであろう。私の義務とするところは、伝えられているままを伝えることにあるが、それを全面的に信ずる義務が私にあるわけではない。私のこの主張は本書の全巻にわたって適用さるべきものである」（巻七、一五二節。下、九七―九八ページ）。

このようなヘロドトスの言葉に、われわれは歴史叙述にあたっての彼の根本姿勢を見ることができるであろう。すなわち、語られたままを伝える、ということである。ヘロドトスは異なった伝承を無理に調和させたり、自らの見解によって間違っていると思われるものを捨て去ることをしない。このことによって、古代の多くの貴重な伝承が今日まで保存されることになった。史料収集家としてのヘロドトスの貢献がここにある。

しかも同時に、彼はその伝承に対して無批判でなかったことが、いま紹介した文章の中にもよく示されていた。「それを全面的に信じる義務が私にあるわけではない」。つまり、彼は無批判な受容を拒んでいるのである。ここに、ヘロドトスの批判精神が明確にあらわれている。

むろん時には、伝承の誤りを指摘し明確に退ける場合もある。

「アルクメオン家の一族が、アテナイ人をペルシア人とヒッピアスに隷属させる目的で、ペルシア軍としめし合せて盾を掲げて合図を送ったらしいという説は、私にとっては誠に意外でとうてい真実と認めることができない。この一族がパイニッポスの子でヒッポニコスには父に当るカリアスと比しても勝るとも劣らぬ独裁者嫌いであったことは明らかなことだからである」（巻六、一二一節。中、二六九ページ）。

こうした記述には、彼の批判精神がより一層明確になっている。同様の見解は、『歴史』の巻二、四五節（上、一九一ページ）や巻七、二一四節（下、一三六ページ）にも現われている。彼自身が自らの目で見ている場合には、確信をもって記述する場合が多い。以下の例は、そのことを告げる箇所である。

「ペルシア人についてこれまで述べてきたことは、私自身の知識に基づくものであるから確信をもっていうことができる」（巻一、一四〇節。上、一一〇ページ）。

「これまでは私が自分の目で見たこと、私の見解およびわたしの調査したところを述べてきたのであるが、これからはエジプト人の話してくれたことを、私の聞いたとおりに記してゆくことにしよう。しかし私の実見したこともいくらかは、それに添えて述べるはずである」（巻二、九九節。上、二二九―二三〇ページ）。

「上層の部屋は、私自身一巡してみてきたので、次に述べるのは自分の見たままの報告であるが、地下室のことは話に聞いたところを記すのである。というのは係りのエジプト人が、地下にはこの迷宮を建てた諸王と聖なる鰐を葬った部屋があるといって、どうしても見せようとはしなかったからである。そのような訳で、地下の部屋については人伝てに聞いたところを記す他はないが、上層の各室は、その人間業とは思えぬ壮観さを私は目のあたりに見たのであった」（巻二、一四八節。上、二五七ページ）。

以上のような伝承の収集とそれらに対する批判的な姿勢に、われわれは、「歴史の父」と呼ばれるにふさわしいヘロドトスのすぐれた貢献を見るのである。

6　ヘロドトスと超越的なもの

ヘロドトスの歴史叙述のなかに、しばしば前兆や託宣、ギリシアの神々の意志などが話題になっており、しかもヘロドトス自身がそれらによって歴史の経過を説明していることが、読者の注意を引くところである。巻六の二七節にはこんな一節が見られる。

「町（国）にせよ民族にせよ、大難が降りかかるときには、なんらかの予兆があるものであるが、キオスの場合もこの災厄を蒙るに先立って、大変な前兆があったのである。その一つは、デルフォイに歌舞を奉納するために、キオスから百人の青年で編成した歌舞隊（コロス）を派遣したところ、そのうち無事に帰国したのはわずか二人だけで、残りの九十八人は疫病にかかって死亡してしまったという事件である。もう一つは町で起こったことで、右の事件と同じ頃、つまり海戦の行なわれるわずか以前のことであったが、読み書きを教わっている子供たちの頭の上に天井が崩れおちてきて、百二十人の子供のうち、難を免れたものがわずかに一人という惨事が起こった。神がキオス人に右のような前兆をお示しになってその後間もなく、海戦があってキオスの町は打ちひしがれてしまったのであり、海戦につづいてヒスティアイオスがレスボス軍を率いて来攻したのであった。すでに痛手を蒙っているキオス人を屈服せしめることは、ヒスティアイオスにとっては易々たることであったのである」（中、二一二―二一三ページ）。

同じく、前兆についてヘロドトスが語る二つの例を見よう。

「ダティスがデロスの海域から去ったのち、デロスに地震があったとデロスの住民は伝えている。そしてデロスにおける地震は今日に至るまで、これが最初であり最後であったという。これはなにか神が、来たるべき災厄を告げる予兆として人類に示されたものと思われる」（巻六、九八節。中、二五五ページ）。

「全軍が渡り終え進軍にかかろうとしている折しも、一大前兆が現われた。その意味するところが何かは容易に判断できるものであったのに、クセルクセスはいっこうにそれを気にとめなかった。前兆というのは馬が兎を生んだのである。この前兆の意味する所は容易に察せられるもので、すなわちクセルクセスははじめは意気も高らかに威風堂々とギリシアへ兵を進めるが、やがて命からがら元の場所へ逃げ帰るということだったのである」（巻七、五七節。下、四九ページ）。

神託についてもしばしば語られるが、ヘロドトス自身がこれに自分の見解を明らかにしている箇所もある（巻八、七七節。下、一九二ページ）。

「託宣というものが真実を告げるものではないとして、これに異を立てることは私にはできない。ことに次に記すような託宣の文句に注目するときには、実に明からさまに事実を告げている託宣に不信の念を懐くような気持にはなれぬのである」。

このように述べて、ヘロドトスは託宣の言葉を紹介する。

「しかれども、彼らが狂気の望みに駆られて輝くアテナイを亡ぼし、黄金の太刀佩き給うアルテミスの聖き浜辺と、海に沿うキュノスラとをば船の橋にて繋ぐとき、尊き正義の女神は「驕慢」の子粗暴なる「飽満」が、ものみなを呑み尽さんと猛り狂うを鎮め給うであろう。すなわち青銅は青銅と互いに撃ち合い、軍神は血潮にて海を紅に染むべく、その時こそは広きをみそなわすクロノスの御子と尊き勝利の女神が、ヘラスの国に自由の日をもたらし給うぞ」。

そして、彼は自らの見解を述べる。

「このようにバキスが実に明白に告げているのに対し、託宣に関して自ら異を唱える勇気はもとより私にはなく、また私としては他の人々にもそのような行為を容認することができぬのである」。

またヘロドトスは、トロイアの滅亡に関して神意を指摘している。

「ここに私の見解を述べれば、これこそ、大いなる罪過に対しては、神の降し給う罰もまた大きい理を、全滅の悲運を蒙ったトロイアを例として人間に明示しようという、神霊のはからいであったのである」（巻二、一二〇節。上、二三四―二三五ページ）。

同じように、アルテミシオンの戦い（前四八〇年盛夏）の一こまが、神の配慮によって説明される。

「その夜はこの方面の部隊には右のように惨憺たる一夜であったが、同じ夜がエウボイア迂回を命ぜられた部隊にとっては、それが洋上航行中に起こっただけ一層無残なものとなり、その結果は悲惨であった。すなわちこの部隊が航行してエウボイアの「凹み」のあたりにさしかかった時、暴風と豪雨に襲われ、風に流され行方も知らず漂ううちに岩礁に乗り上げてしまった。これもすべて、ペルシアの戦力が格段に優勢にならぬよう、ギリシア軍と等しなみにしようとの、神の配慮のなせる業であった」（巻八、一三節。下、一五九ページ）。

さらに、地形に関しても、同様の説明がなされている。巻七、一二九節（下、八一ページ）で、ヘロドトスは、次のように記している。

「テッサリアの住民自身のいうところでは、ペネイオスの流れているかの峡谷は、神ポセイドンの作られたものであるというが、もっともな言い分である。というのは地震を起こすのがポセイドンで、地震による亀裂をこの神の仕業であると信ずる者ならば、かの峡谷を見れば当然ポセイドンが作られたものであるというはずで、私の見るところ、かの山間の亀裂は地震の結果生じたものに相違ないのである」。

すなわち峡谷を生じさせたのは、地震の神ポセイドンであるというのである。こうした自然現象をも含む歴史の経過に、ヘロドトスはギリシアの神々の意志や超越的なものの働きを見ていたのである。

ヘロドトスは信仰心に篤い家庭に育った。「ヘロドトス」という名前自体が、「女神ヘラによって授けられた者」という意味であるという。史書のなかに数多くみられる神意による説明も、ヘロドトスにとって、自明の違和感のないものであったに違いない。また、「神意による応報」をはじめとする彼の人間観が、人生を見つめるある深さをそなえていることはわれわれも理解しうるのである。しかしながら、出来事の因果関係の説明がギリシアの神々の関与からなされる場合には、やはりヘロドトスの批判精神の不徹底な面を感じないわけにはいかない。そして、こうした点において一層批判的であったのが、次の世代のツキディデスであった。

二　批判的歴史叙述の追求
――ツキディデス――

1　生涯とその時代

「また伝承作者のように、あまりに古きに遡るために論証もできない事件や、往々にして信ずべきよすがもない、たんなる神話的主題を綴った、真実探求というよりも聴衆の興味本位の作文に甘んじることもゆるされない。……私の記録からは伝説的な要素が除かれているために、これを読んで面白いと思うひとはすくないかもしれない。……この記述は、今日の読者に媚びて賞を得るためではなく、世々の遺産たるべく綴られた」。

これは、ツキディデス（Thukydides 前四六〇年頃――三九八年頃）のペロポネソス戦争史（『戦史』久保正彰訳、岩波文庫、上、中、下。以下、引用はこの訳書による）の一節である（巻一、二二―二二節。上、七三、七四ページ）。このような言葉を綴るとき、ほぼ確実に彼はヘロドトスを思い浮かべていた。

この点は、多くの研究者が一致して指摘している。それでは、ツキディデスをこのように語らしめたものはなんであったのか。またそれを促した時代背景はいかなるものであったのだろうか。本章では、こうした点を念頭に置きながら、とくにヘロドトスとの比較に注目しつつ、ツキディデスの批判的歴史叙述を考察していきたい。

ところで、この歴史家の生涯についても、われわれは多くのことを知ることはできない。この場合も、彼の史書『戦史』の記述から若干のことを確認し、それらを時代史の中で検討することにしたい。

ツキディデスは、前四六〇年頃、アテナイの貴族の家に生まれた。父親のオロロスという名前やトラキアに金鉱石の採掘権を持っているという記述（巻四、一〇五節。中、一三四ページ）が示すように、トラキアに由来する家柄の出であろう。マラトンの戦いで輝かしい活躍をしたミルティアデスやその息子であるキモンは彼の親戚であった。こうした名門の出身であるということは、彼が確実な政治情報を得やすい環境にいたことを意味する。

さて、ツキディデスの歴史叙述を考える場合に重要なのは、彼の青年期がまさにアテナイ民主政の黄金時代であり、繁栄する民主政のもとに登場するソフィストと呼ばれる一群の知識人から彼がつよい影響を受けたということである。

ペルシア戦争においてギリシアの勝利に最も貢献したアテナイの興隆はめざましかった。前四七八年にはデロス同盟を結成し、ペルシアがふたたび侵入してくるのに備えるとともに、いわゆる「アテナイ帝国」を形成して同盟都市に民主政を強制し、同盟資金の金庫をデロスからアテナイに移して（前四五四年）、これを流用するにいたる。こうしたアテナイ帝国の実情は、ツキディデス自身が『戦史』の巻一で詳細に考察している。戦争直前の、スパルタにおけるペロポネソス同盟非公式会議におけるアテナイ人の演説は、そのあたりの事情を浮き彫りにしている。

「ラケダイモーンの諸君、われらは当時の勇気と明敏なる判断によって支配圏をさずかっている。いったい何のいわれがあって、他のギリシア人諸君はわれらの支配圏にたいしてかくも激しい嫉妬を抱いているのか。じじつまたこの支配圏とても、不正な暴力によって獲得したものではない。諸君がペルシア戦争の続行に参加を拒否したので、同盟者らがわれらに近づき、盟主の地位に立つことをかれらの方から要請したのだ。この事実を起点として最初は止むなく同盟維持を押しすすめ今日にいたった。もとより初めはペルシアの脅威が主因であったが、やがては名誉心、さらには利得心もこれに加わった。そして遂には大多数の者らの憎悪を買うにいたり、同盟内の叛乱と懲罰さえも幾度か生じ、諸君とももはや旧の如き友ではなく、ただ猜疑と紛争のみの仲となって、同盟諸国への圧力をゆるめることは、すでに自国の安全を危うくするにひとしい事態にたちいたった。ことに同盟離反者は、諸君の庇護を求めようとしたからだ」（巻一、七五節。上、一二五ページ）。

ところで、アテナイ民主政の発展にとってサラミスの海戦（前四八〇年）の意義は大きかった。下層市民がオールの漕ぎ手として加わり、この戦いに勝利をおさめたからである。

古代においては、軍事と政治は深く関連しており、外敵から国を守る者が政治にも参与する資格を得るということが通念であった。はじめは青銅でできた高価な武具を準備できるのは貴族だけであり、軍隊はもっぱら彼らで構成されていた。そのため政治的発言力をもつのも貴族だけであった。しかしやがて、市民の中で富裕になった者たちが武具を調達できるようになり、これにくわえて前七世紀の末には武具の大量生産が可能になり始めた。こうして上層市民たちも政治に参与する道が開けてきた。マラトンの戦いでの勝利をもたらしたのは、アテナイのこうした市民からなる重装歩兵であった。

したがって、この勝利は上層市民が発言力を強めるきっかけとなった。

　一方、ペルシア戦争が始まるとともに海上での戦闘が重要になった。海軍の強化をめざしていたアテナイのテミストクレスは、マラトンの戦いにおいてはミルティアデスの反対にあい、その意志を貫くことができなかったが、翌四八九年にミルティアデスが亡くなるとともに勢力を増し、前四八三年には一〇〇隻の軍船（三段櫂船）を建造させた。こうしてアテナイは一躍、大海軍国となった。軍船一隻には一七〇名もの漕ぎ手が乗り組んだという。彼らに高価な武具による重装備は必要でなかった。身一つで軍船に乗り込みオールを漕ぐことで海戦に参加できるのである。こうして彼らも戦争において力を発揮することが可能になり、サラミスの海戦（前四八〇年）で勝利に大きく貢献することができたのである。このことは同時に、下層市民たちの政治的発言力の拡大を意味した。ここにアテナイ民主政の輝かしい発展の礎が築かれた。

　民主政の時代を迎えると、貴族のアレイオスパゴス会議に代わって、全市民の総会である民会、五〇〇人の評議委員からなる評議会（プレ）、抽選で選ばれた六〇〇〇人の陪審官からなる民衆裁判所が重要な役割を担うことになる。多数の市民によって構成されるこのような機関において重視されるようになるのは、議論であった。ここに、政治集会で多くの者を説得する技術である雄弁術が重んじられるようになった理由がある。とりわけ、将来政治の世界で活躍しようと志す青年にとって、雄弁術の習得は不可欠のものとなった。この雄弁術の教師がソフィストである。この意味でソフィストは、民主政という時代の要請を受けて登場してきた知識人たちであった。彼らがきわめて高額の授業料を取ったということもそこから理解される。

　代表的なソフィストとして、プロタゴラス、ゴルギアス、アンティフォンがあげられる。彼らによれば、自分たちが教えるのは「裁判所では陪審員を、評議会では評議員を、民会では議員を、そのほかあらゆる政治的な集会で言葉を持って人々を説得する」雄弁術であり、「何事を論じても誰にも負けない工夫」であった。「何も知らないでもなんでも論じられる」とさえ、彼らは語ったのである。

　ソフィストの多くはアテナイの生まれではなく、植民市の出身であった。プロタゴラスはトラキア海岸のアブデラの生まれ、ゴルギアスはシチリア島のレオンティノイからやってきた。彼らは祖国を離れ、広い地域を旅してまわり、アテナイにやってきた人々であった。したがって彼らは、アテナイとは異なるさまざまな風俗や習慣が存在することを体験的に知っていた。ある地域で善と思われていることも、別の角度からみれば悪になりうること、またその逆も真であることを彼らは感じ取っていた。このような経験に基づいて、彼らは議論に勝つ術を青年たちに教えようとしたのである。彼らの相対主義は、『両論』という書物の次のような言葉によく示されている。

「たとえば、スパルタでは、娘が体操をしたり、袖なし下着なしで歩いたりすることも美なりとされるが、イオニアでは、それはみっともないことである。テッサリアでは、自分で牛を引いて来て、これを殺して皮を剥ぎ、肉を切るのも結構なこととされるが、シシリイ（シチリア――筆者）島では、それは奴隷の仕事で、自分がするのは醜とされている。マケドニアでは、結婚前なら娘が恋をして男と交わることも許されるが、結婚後はそれが許されない。しかしギリシアでは、両方とも許されない。……思うに、もしだれかがすべての人間に向かって、そのおのおのが醜と認めるところのものを一所に持ち寄るように命じ、次にふたたびその醜の集合中から、おのおのが美と考えるものを取るように命ずるならば、ひとつも残らず、すべての人がすべてのものを取り尽くすであろう。なぜなら、万人の認めるところ（ノモス）はかならずしも同じではないからである」（田中美知太郎訳）。

ツキディデスは青年時代にゴルギアスやアンティフォンから教えを受け、こうした相対主義に基づく懐疑精神を学んだのである。そのことによって彼は、アテナイの権威や伝統にとらわれずに、事実を批判的に考察する目を養った。ツキディデスが超自然的なものによる歴史の説明を排除するに至ったのも、こうしたソフィストの影響が大きかったからである。ここにヘロドトスとの相違がある。

さて、青年時代いらい、名門貴族の出であるという家系の問題を離れて、彼はアテナイ民主政の指導者であるペリクレスを深く尊敬した。『戦史』に次のような一節があることは広く知られている。

「……ペリクレースは世人の高い評価をうけ、すぐれた識見を備えた実力者であり、金銭的な潔白さは世の疑いをいれる余地がなかったので、何の恐れもなく一般民衆を統御し、民衆の意向に従うよりも己れの指針をもって民衆を導くことをつねとした。これはペリクレースが口先一つで権力を得ようとして人に媚びなかったためであり、世人がゆだねた権力の座にあっては、聴衆の意にさからっても己れの善しとするところを主張したためである。たとえば、市民がわきまえをわすれて傍若無人の気勢をあげているのを見ると、ペリクレースは一言放って彼らがついに畏怖するまで叱りつけたし、逆にいわれもない不安におびえる群衆の士気を立て直し、ふたたび自信を持たせることができた。こうして、その名は民主主義と呼ばれたにせよ、実質は秀逸無二の一市民による支配が行なわれていた。これに比べて、かれの後の者たちは、能力において互いに殆んど優劣の差がなかったので、皆己れこそ第一人者たらんとして民衆に媚び、政策の指導権を民衆の恣意にゆだねることとなった」（巻二、六五節。上、二五三ページ）。

前四三一年、スパルタ王のアルキダモスに率いられたペロポネソス同盟軍がアッティカに侵入する。ペロポネソス戦争がここに勃発した。アテナイとスパルタがそれぞれの陣営を率いて、ギリシア世界を二分して戦った戦争である。開戦とともにツキディデスは、これが大戦になることを予測し、直ちにこれを記録にとどめることを決意する。『戦史』冒頭の言葉がこのことを伝えている。

「アテーナイ人トゥーキュディデースは、ペロポネーソス人（スパルタ人——筆者）とアテーナイ人がたがいに争った戦の様相をつづった。筆者は開戦劈頭いらい、この戦乱が史上特筆に値する大事件に展開することを予測して、ただちに記述をはじめた。当初、両陣営ともに戦備万端満潮に達して戦闘状態に突入したこと、また残余のギリシア世界もあるいはただちに、あるいは参戦の時機をうかがいながら、敵味方の陣営に分れていくのを見たこと、この二つが筆者の予測をつよめたのである。じじつ、この争はギリシア世界にはかつてなき大動乱と化し、そして広範囲にわたる異民族諸国、極言すればほとんど全ての人間社会をその渦中に陥れることにさえなった」（巻一、一節。上、五五ページ）。

また、いわゆる「第二序文」には、次のように記されている。

「私はこの全期間（二七年間——筆者）を通じて、成年に達していたので分別もあり、また、正確に事実を知ることに心を用いつつ、体験を重ねてきた」（巻五、二六節。中、二九二ページ）。

これらの箇所には、著者がすでにこの戦争の意義を把握できるだけの洞察力を備えていたことが示されている。アテナイのめざましい発展と、アテナイ帝国のこれまでの歩みと今後の行く末についての感慨が彼の問題意識を支えていたに違いない（巻一、二二八節。上、一六〇—六一ページ）。またここで、同時代史叙述が問題になっていることに注目したい。ヘロドトスが主題としたのは人々の記憶になお鮮明なペルシア戦争であったが、ツキディデスの場合は戦争の経過と記録は並行しているのである。

さて、開戦一年目（前四三一年）の冬、慣習に従って、その年の戦没者たちを偲んでアテナイで国葬が挙行された。その席上、ペリクレスが追悼演説をおこなった。ツキディデスも実際にこの演説に耳を傾けたはずである。ペリクレスはここで、父祖の時代から今次大戦にいたるまで営々として築かれてきた祖国アテナイの着実な発展と支配領域の輝かしい拡大とをふりかえり、それを前提として戦没者の功績を讃えようとする。そのさい、政治と人間についてアテナイが追求してきた理想が明らかにされる。

「われらの政体は他国の制度を追従するものではない。ひとの理想を追うのではなく、ひとをしてわが範を習わしめるものである。その名は、少数者の独占を排し多数者の公平を守ることを旨として、民主政治と呼ばれる。わが国においては、個人間に紛争が生ずれば、法律の定めによってすべての人に平等な発言が認められる。だが一個人が才能の秀でていることが世にわかれば、無差別なる平等の理を排し世人の認めるその人の能力に応じて、公けの高い地位を授けられる。またたとえ貧窮に身を起そうとも、ポリスに益をなす力をもつ人ならば、貧しさゆえに道をとざされることはない。われらはあくまでも自由に公けに尽くす道をもち、また日々互いに猜疑の眼を恐れることなく自由な生活を享受している」（巻二、三七節。上、二二六ページ）。

また、アテナイでは苦しみを癒すさまざまな安らぎの場が備えられている。四季折々に競技と祭典が催され、家々の美しいたたずまいが喜びをあたえ、ひろい地域からアテナイにもたらされる万物の実りを享受することができる。

子弟の教育においても、アテナイとスパルタの違いは大きいという。

「かれらは幼くして厳格な訓練をはじめて、勇気の涵養につとめるが、われらは自由の気風に育ちながら、彼我対等の陣をかまえて危険にたじろぐことはない。……ともあれ、苛酷な訓練ではなく自由の気風により、規律の強要によらず勇武の気質によって、われらは生命を賭する危険をも肯ずるとすれば、はや此処にわれらの利点がある」（同、三九節。上、二二七―二八ページ）。

しかしアテナイの誇りはこれにとどまらない、とペリクレスは語る。

「われらは質朴なる美を愛し、柔弱に堕することなき知を愛する。われらは富を行動の礎とするが、いたずらに富を誇らない。また身の貧しさを認めることを恥とはしないが、貧困を克服する努力を怠るのを深く恥じる。そして己れの家計同様に国の計にもよく心を用い、己れの生業に熟達をはげむかたわら、国政の進むべき道に充分な判断をもつように心得る。ただわれらのみは、公私両域の活動に関与せぬものを閑を楽しむ人とは言わず、ただ無益な人間と見做す。そしてわれら市民自身、決議を求められれば判断を下しうることはもちろん、提議された問題を正しく理解することができる。理をわけた議論を行動の妨げとは考えず、行動にうつる前にことをわけて理解していないときこそかえって失敗を招く、と考えているからだ。この点についてもわれらの態度は他者の慣習から隔絶している」（同、四〇節。上、二二八ページ）。

このように述べてペリクレスは、アテナイがギリシアの模範であると明言する。

「われらのポリス全体はギリシアが追うべき理想の顕現であり、われら一人一人の市民は、人生の広い諸活動に通暁し、自由人の品位を持し、己れの知性の円熟を期することができると思う。そしてこれがたんなるこの場の高言ではなく、事実をふまえた真実である証拠は、かくの如き人間の力によってわれらが築いたポリスの力が遺憾なく示している。なぜならば、列強の中でただわれらのポリスのみが試練に直面して名声を凌ぐ成果をかちえ、ただわれらのポリスに対してのみは敗退した敵すらも畏怖をつよくして恨みをのこさず、従う属国も盟主の徳をみとめて非難をならさない。かくも偉大な証績をもってわが国力を衆目に明らかにしたわれらは、今日の世界のみならず、遠き末世にいたるまで世人の賞嘆のまととなるだろう」(同、四一節。上、二二九ページ)。

このように述べ、ペリクレスは戦没者の功績を讃える。

「われらは己れの果敢さによって、すべての海、すべての陸に道をうちひらき、地上のすみずみにいたるまで悲みと喜びを永久にとどめる記念の塚を残している。そしてかくのごときわがポリスのために、その力が奪われてはならぬと、いま此処に眠りについた市民らは雄々しくもかれらの義務を戦の場で果し、生涯を閉じた。あとに残されたものもみな、この国のため苦難をもすすんで堪えることこそ至当であろう」(同。上、二三〇ページ)。

アテナイ民主政の指導者ペリクレスが戦争にのぞんで示した高揚した精神と、アテナイに対する自負をここに見てとることができる。

さて開戦の翌年(前四三〇年)から数年間、アテナイでは疫病が猛威をふるう。ペリクレスが戦争直前にとったアテナイ市内への籠城作戦は人口の密集を生み、疫病の蔓延に拍車をかけた。アテナイの全住民の三分の一が亡くなったという。そして四二九年、ペリクレスがこの疫病の犠牲となった。同年、ツキディデス自身も、この病にかかるのである(巻二、四八節。上、二三六ページ)。自ら体験した疫病の惨状を史家は生々しく伝えている。

「それまで健康体であったものが、とりわけて何の原因もなく突然、頭部が強熱におそわれ、眼が充血し炎症を起した。口腔内では舌と咽頭がたちまち出血症状を呈し、異様な臭気を帯びた息を吐くようになった。これに続いてくさみを催し、咽頭が痛み声がしわがれた。間もなく苦痛は胸部にひろがり、激しいせきをともなった。症状がさらに下って胃にとどまると吐気を催し、医師がその名を知る限りの、ありとあらゆる胆汁嘔吐がつづき、激しい苦悶をともなった。ついに患者の多くは、激しい痙《けい》攣《れん》とともに、空《から》の吐気に苦しめられたが、これらの症状は人によって胆汁嘔吐のあとで退いていく場合と、さらに後まで長びく場合と、二通りが見られた。皮膚の表面に触れると、さほど熱はないが、蒼白味が失せ、赤味を帯びた鉛色を呈し、こまかい膿疱や腫物が吹きだした。しかし体内からは激しい熱が体をほてらしたために、ごく薄手の外衣や麻布ですら身につけると我慢ができず、裸体になるほかは堪えようがなく、できることなら冷水に身を投げいれれば、どれほど心地よかろうかと思うほどであった」(巻二、四九節。上、二三六ページ)。

ツキディデスの迫真の叙述がこの一節からも見て取れる。この疫病の終息から十数年をへた前四一五年ころになってようやく、アテナイは疫病の痛手から立ち直ったといわれる(巻六、一二節。下、三四—三五ページ。巻六、二六節。下、五〇ページ)ところから見ても、この疫病がいかに深刻な打撃をアテナイの人々に与えたかを推測することができよう。

さて、ペリクレス亡きあとのアテナイ政界は卓越した人物を欠いていた。クレオンをはじめとする「デマゴゴス(煽動政治家)」と呼ばれる指導者たちは、「能力において互いに殆んど優劣の差がなかったので、皆己れこそ第一人者たらんとして民衆に媚び、政策の指導権を民衆の恣意にゆだねることとなった。このことが禍して、アテーナイのごとく大きいポリスを営み、支配権を持つ国ではとうぜん、数多い政治的な過失が繰返される」こととなった、とツキディデスは記している(巻二、六五節。上、二五三ページ)。ツキディデスによれば、アテナイを敗北に導いたのは彼らであった。

クレオンはペリクレスの死後、主戦論者として国政の運営に当たった。彼は民衆を説得することにかけて何人にもまさる力をもち、絶大な信望をえていた(巻三、三六節。中、五二ページ。巻四、二一節。中、一五四ページ)。前四二五年、アテナイ軍はペロポネソス半島の西南部に位置するピュロスに砦を築き、すぐ近くのスファクテリア島を制圧した(巻四、二—四節、二六—四一節。中、一三六—三九ページ、一五九—七三ページ)。疫病によって意気阻喪していたアテナイ人は、このことによって気力を回復し、勢力拡大をめざす。敗北したスパルタ陣営は講和を申し出たが、クレオンは無理な要求を掲げてこれを拒否した(巻四、一五—二二節。中、一四八—五五ページ)。「強硬な和平反対論者」であったクレオンが和平に反対したのは、ツキディデスによれば、「平和がくれば己れの悪業を隠蔽する口実を失い、他にたいする誹謗的言動に耳を貸すものがなくなるに違いないと案ずる心から」であった(巻五、一六節。中、二八〇ページ)。クレオンに対するこの厳しい見方を先に引用したペリクレスへの賛辞と比較すると、ペリクレスに対する傾倒が一層浮き彫りになるであろう。いずれにせよ、クレオンの強硬論によって、アテナイは戦争を終結させる好機を逃したのである。

翌四二四年、「勇将の誉れ」高いブラシダス(巻四、八一節。中、二一一ページ)に率いられたスパルタ軍は、テッサリア、マケドニア、カルキディケ地方をへて、トラキアに遠征した。

その途上でブラシダスは、アテナイ同盟諸市と協調し、あるいは諸市を自らの陣営に引き込みながら進軍した。遠征の目的は、ギリシア解放の戦いをアテナイに対して挑むため、全ギリシアを救い自由を与えることであった（巻四、八五―八七節。中、二一三―一七ページ）。

もっとも、将軍ブラシダスのトラキア遠征をスパルタ本国は全面的に支持したわけではなかった。むしろ、アテナイ占領下にあるピュロスに見られるように、ペロポネソス半島で戦いが繰り広げられる中で、戦争の終結を求める気運がつよかった。したがって、このトラキア遠征は、ブラシダス個人の意欲に負うところが大きかった。

こうしたスパルタ軍の動きと相前後して、アテナイはトラキア方面に二人の将軍を派遣した。エウクレスとツキディデスである。すなわち、このような戦局の中で、同年（前四二四年）、ツキディデスはトラキア派遣軍の将軍に選ばれたのであった。そして、彼が軍船七隻を率いてタソス島付近にいた時、アテナイの植民市であり経済上の拠点でもあったアンフィポリスがブラシダスの指揮するスパルタ軍によって攻撃をうけた。同市の市民は、すでに守備隊長として同市に駐留していたエウクレスと協議し、ツキディデスに援軍を求めた。この地域を防衛する任務を帯びていたツキディデスは、ただちにアンフィポリス救援に赴く。このことについて彼自身が記している。

「開け渡しに反対した市内の者たちは、数に物を言わせて開城派を制し、今直ちに城門を開くのを押しとどめて、当時アテーナイからの守備隊長として駐留していた指揮官エウクレースと相談のうえ、その頃タソス島附近にいた（この島はパロス島市民の植民地で、アムピポリスから海路約半日の距離をへだてている）いま一人のトラーキア方面指揮官であり、この戦史の記述者である、オロロスの子トゥーキュディデースに知らせを送り、アムピポリスへの救援を要請した。知らせを受けたトゥーキュディデースは、ちょうど配下にあった七艘の船隊を率いて急遽出発、何とかしてアムピポリスが降伏してしまう前に城内に到着できるよう、もしそれが叶わなければエーイオーンを敵手から守り確保しよう、と望んだ」（巻四、一〇四節。中、二三四ページ）。

しかし、ツキディデスの船隊がエイオン港に到着したときには、わずかの差ですでにアンフィポリスはスパルタ軍によって占領されていた（巻四、一〇六節。中、二三六ページ）。エイオン港をかろうじて確保したとはいえ、アンフィポリスを失ったことは、将軍ツキディデスにとって軍事的な失敗を意味した。そしておそらく、将軍としてのこの失敗のゆえに、ツキディデスはアテナイから追放される。そしてこれ以後二〇年にわたって、国外に亡命せざるを得なくなったのである。二〇年とひとことで済ませるが、一人の人間の生涯にとって、この年月はいかに長い年月であったことか。しかも、やがて再び故国の地を踏むことができるかどうか、全く見通しは立たなかったのである。ツキディデスのうちに去来する思いはいかなるものであったろう。

ところで、この長きにわたる亡命生活の時期、彼はどこで生活をしていたのであろうか。それは、トラキア地方であった。彼はみずから、アンフィポリスに近いトラキア地方に金鉱石の採掘権を持っていたと述べている（巻四、一〇五節。中、二三四ページ）。これはその地におそらく所領を持っていたことを示すであろう。したがって、亡命者として窮乏生活を強いられていたということはなく、むしろ金山経営から上がってくる収入で、経済的には余裕を持って生活することができたはずである。

しかも、亡命者であるために、本来なら足を踏み入れることのできない敵方の地スパルタをも旅することができ、スパルタの実情に触れその歴史を考察することもできたのである（たとえば、巻一、一〇節、一三四節。上、六三―六四ページ、一七七ページ）。この点について、ツキディデス自身の記すところを聞こう。

「しかも、アムピポリス方面の作戦指揮後、二十年の生涯を亡命生活に過ごすこととなり、その間に両陣営の動きを観察し、とりわけ、亡命者たることが幸いしてペロポネーソス側の実情にも接して、経過の一々を一そう冷静に知る機会にめぐまれた」（巻五、二六節。中、二九二ページ）。

こうして彼は、故国アテナイにも距離をおきながら、両陣営の動きを冷静に観察することができたのである。ヘロドトスと同じく、ツキディデスも亡命生活を余儀なくされた。しかしその経験が、戦争の推移や事柄の経過を広い視野で考察することを可能にした。二人の歴史家は、いずれもその境遇を積極的にうけとめ、歴史叙述に生かしていったのである。

さて、前四二二年秋、クレオンに率いられたアテナイ軍は、アンフィポリス奪回のため出帆し、ブラシダスのスパルタ連合軍と戦い敗北を喫する。この戦闘でブラシダスはアテナイ軍への攻撃の最中に傷を負い、やがて味方の勝利を知ったのち息を引きとった。一方、クレオンは逃げようとして敵の兵士に捕らえられ、殺された（巻五、一〇節。中、二七六ページ）。こうして、クレオン、ブラシダスはともに戦死した。

好戦的なクレオンの死によって、アテナイでもようやく和平交渉を求める気運がたかまってきた。これまで以上に和平論を提唱し、この気運を現実のものとしたのが、クレオンの政敵であったニキアスである。前四二一年の「ニキアスの和約」（巻五、一八―一九節。中、二八二―八六ページ）は、彼の努力によって実現されたものである。

しかし、この休戦の期間を「戦争の名に値しないと考えるものがあれば、それは正当な根拠を欠いている」とツキディデスは指摘する。「なぜなら、その期間がはたしてその前後の時期と異っていたかどうか、事実をよく観察してみるがよい。これを平和期間とはとうてい見做しえないことにすぐ気付くであろう。なぜなら、平和条約で定められた領土物件が両国間で全部滞りなく授受されたわけでもなく、またその他にも、マンティネアの会戦、エピダウロス戦争をはじめ、両陣営は互いに幾多の条約侵害行為をおかしてきたし、さらにトラーキア地方の同盟諸国は依然として敵対関係を持続し、ボイオーティアにいたっては期間十日をもって更新するという休戦協定を結んでいたからである」(巻五、二六節。中、二九一ページ)。こうしてツキディデスは、第一期の一〇年戦争(アルキダモス戦争)、それに続く「猜疑にみちた休戦期間」、さらにその後再開される第二期の戦争(デケレイア戦争)を、二七年におよぶ纏まりのある戦争として見ているのである(同、二九一—九二ページ)。

さて、「ニキアスの和約」が締結されたあとに台頭し、アテナイの政局を左右することになるのが、アルキビアデスであった。彼は、スパルタとの友好関係を維持すべきことを説くニキアスに真っ向から対立し(巻五、四六節。中、三一—四ページ。巻六、一二節、一五節。下、三五ページ、三七ページ)、スパルタとの関係を悪化させた。ツキディデスはアルキビアデスを次のように評している。

「かれは市民の間でも高い階層に属していたところから、高価な馬を飼うなどその他の消費の面においても、己れの財産を超えて放恣な欲望をみたしていた。じじつかれのこの性癖が、後日アテーナイ人の国家を倒壊させた重大な一因となったのである。なぜなら、かれ個人の日常生活における異常な放恣ぶりや、どのようなことでもかれが手を下すや一つ一つ野心にみちた大計画に変っていくことが、大多数の市民に危惧の念を与え、かれが独裁者たらんと望んでいるのではないかと疑う者を敵に廻すこととなり、また、かれは公職にあって戦略指導に無二の才能を示しながら、その私的な性癖が個々の市民の憎悪を買うこととなり、そのために市民が他の指導者らに国事を委ねるに至るや、はや幾何かの月日を経る暇もなくして国家は壊滅に陥ったのである」(巻六、一五節。下、三七—三八ページ)。

そして、アテナイの「支配圏の拡大」(巻六、一八節。下、四三ページ)をめざすアルキビアデスに煽られたシチリア遠征(前四一五—一三年)が敢行された。しかし、この遠征は大失敗に終わる。シチリア島にまでアテナイの支配を拡大しようとする意図は潰えた。これがアテナイの没落を引き起こすことになる。遠征の失敗によって戦力を著しく消耗したアテナイは、前四一三年に再開された戦争(デケレイア戦争)において、ペルシアの財政援助をとりつけたスパルタに敗れ(前四〇五年のアイゴスポタモイの戦い)、翌年降伏した。二七年に及ぶペロポネソス戦争は、ここに終結する。

前四〇四年、アテナイ敗北の直後、「三〇人僭主」と呼ばれる寡頭派政権が短期に政権を握った時期に、ツキディデスは追放を解除され帰国した。それからの年月は、史書の完成に力を尽くしたはずである。彼の没年は、研究者によってまちまちであるが、ほぼ三九八年頃であろう。彼の『戦史』は、未刊のまま残された。叙述は四一一年の出来事で中断され、しかも巻五と巻八は、他の諸巻とは異なり推敲がなされていないままになっている。

アテナイの名門の家に生まれ、青年時代にアテナイ民主政の繁栄の時代を過ごし、ソフィストから懐疑的な批判精神を深く吸収したツキュディデスは、現実の軍事的体験と亡命生活を経て、どのような歴史叙述を進めていったのであろうか。つづいて、彼の歴史叙述の特性や独自な歴史観を取り上げてみよう。

2　真実の探究

『戦史』の最初（巻一、二―一九節。上、五五―七二ページ）に位置する、いわゆる「ギリシア古史」の箇所で、ツキディデスは太古からペロポネソス戦争にいたるギリシアの歴史を概観する。しかもその観点は、ヘロドトスとは異なってあくまで政治・軍事史である。習俗や文化には触れず、地誌に言及することもほとんどない。そしてその直後の二〇節で、彼は次のように記している。

「さて往古の事績について筆者の究明しえた概観は以上のごときものである。しかし、これに関する従来の資料をそのまま用いて信頼できる推論の基礎とすることは、ほとんど不可能であった。なぜなら人間は、古事にまつわる聞き伝えであれば、たとえそれが自分の土地に関わりをもつ場合でも、遠つ国々の物語と同様に、まったく無批判な態度でこれをうけいれるからである」（巻一、二〇節。上、七二ページ）。

伝承の安易な受容についてツキディデスは、ヒッパルコス暗殺の事例を挙げている。すなわちアテナイの民衆たちは、ヒッパルコスが独裁者であったからハルモディオスとアリストゲイトーンに暗殺されたと信じている。しかしツキディデスによれば、これは史実とはまったく異なり、実際は兄のヒッピアスが政治の実権を握っていたのである。さらにツキディデスは続ける。

「古事を歌った詩人らの修飾と誇張にみちた言葉に大した信憑性をみとめることはできない。また伝承作者のように、あまりに古きに遡るために論証もできない事件や、往々にして信ずべきよすがもない、たんなる神話的主題を綴った、真実探求というよりも聴衆の興味本位の作文に甘んじることもゆるされない」（巻一、二一節。上、七三ページ）。

ツキディデスによれば、ホメロスは「詩人としてありがちな誇大な修飾を用いて」トロイア戦争について歌っている（巻一、一〇節。上、六四ページ）。またツキディデスは次のように述べている。

「トロイア戦争以前の出来事がいずれも、物資不足のために貧弱なものでしかありえなかったように、この大遠征にしても、もちろんそれまでの事績に比べれば、最高の名に値するものであったにせよ、実際の成果をもって量るならば、その名声やまた今日なお詩人によって修飾され世人の信ずるところとなっているトロイア事績は、事実のはなはだしい誇張であることが判明する」（巻一、一一節。上、六五―六六ページ）。

こうした誇張や誤った伝承は、しかし、ただ古い時代にばかりでなく現在の事柄についても言えることであり、またアテナイ人だけに見られるものではない、とされる。

「このような誤伝はじつに多く、また必ずしも事柄の古さのために記憶に誤謬を生じたものばかりではなく、現在の出来事についてすら誤報が頻繁に生ずる。またこれはアテーナイ人にかぎらず、その他の人々も犯すあやまちである」（巻一、二〇節。上、七三ページ）。

その具体例を、ツキディデスはここで取り上げる。

「たとえば、ラケダイモーンの王たちは、決議にさいして、各々一票ではなく二票の投票権をもつ、とか、ラケダイモーンには事実上その影すら認められない〝ピタネー〟部隊なるものが存在するとか、いずれも広く信じられているが、じつは誤報である」（同、七三ページ）。

この二例は、いずれもヘロドトスの記述に関連している。彼は、『歴史』の巻六、五七節で次のように記している。

「王が欠席の場合には、長老の内で王に最も近い親戚に当るものが王の権利を代行し、自分自身の一票のほかに二票の投票権を行使した」（中、二三〇ページ）。

また、『歴史』の巻九、五三節でヘロドトスは、「ピタネー部隊」について当然のこととして書き記している（下、二七二ページ）。ツキディデスは、名指しはしていないものの、ここで明確にヘロドトスを批判しているのである。

「このように、大多数の人間は真実を究明するためには労をいとい、ありきたりの情報にやすやすと耳をかたむける」（『戦史』巻一、二〇節。上、七三ページ）。

このように述べるツキディデスはしかし、真実探究の困難さを痛感していた。いわゆる「方法論」の箇所で述べている。

「戦争をつうじて実際になされた事績については、たんなる行きすがりの目撃者から情報を得てこれを無批判に記述することをかたくつつしんだ。またこれに主観的な類推をまじえることも控えた。私自身が目撃者であった場合にも、また人からの情報に依った場合にも、個々の事件についての検証は、できうる限りの正確さを期しておこなった。しかしこの操作をきわめることは多大の苦心をともなった。事件の起るたびにその場にいあわせた者たちは、一つの事件についても、敵味方の感情に支配され、ことの半面しか記憶にとどめないことがおおく、そのためにかれらの供述はつねに食いちがいを生じたからである」（巻一、二二節。上、七四―七五ページ）。

この言葉には、ツキディデスの真実探究の姿勢がはっきりと示されている。ヘロドトスが伝えられているところを記すという原則によっていたのに対して、ツキディデスはそれらを吟味することに務めている。また、ヘロドトスの場合には、自分が目撃者である場合にはそれを信じる傾向が強いのに対して、ツキディデスにおいては、その場合にもあくまで正確さを期している。

むろん、ツキディデスのこうした批判的吟味の精神が、つねに長所であったとばかりはいえないであろう。事実に即していないと考える伝承や情報を彼は躊躇することなく捨て去っている。当時、その他にどのような史料があったか、しかもどのような理由から捨てられてしまったのかについては、ツキディデスは沈黙を守っている。今日から見て、その時代の情況を解明する重要な手がかりがそのようなものの中になかったとは言えない。この意味では史料収集家としてのヘロドトスの功績は大きいのである。

ところで、演説に関しては、ツキディデスの厳密さはどこまで貫かれるのであろうか。『戦史』には四〇におよぶ演説が紹介され、時代状況と演説者の見解がそれらをつうじて浮き彫りにされているが、厳密さを求めるツキディデスの姿勢は揺らがないであろうか。その点については史家自身がその難しさを指摘している。

「政見についての記録はやや事情がことなっている。戦闘状態にすでにある人やまさにその状態に陥ろうとする人が、各々の立場をふまえておこなった発言について、筆者自身がその場で聞いた演説でさえ、その一字一句を正確に思い出すことは不可能であったし、また他処でなされた演説の内容を私につたえた人々にも正確な記憶を期待することはできなかった」（巻一、二二節。上、七四ページ）。

これは正直で率直な述懐ではないだろうか。それではこの場合に、正確さは確保されるのだろうか。ツキディデスはつづけて述べる。

「したがって政見の記録は、事実表明された政見の全体としての主旨を、できうるかぎり忠実に、筆者の眼でたどりながら、各々の発言者がその場で直面した事態について、もっとも適切と判断して述べたにちがいない、と思われる論旨をもってその政見を綴った」（同）。

演説の逐語的な再現が、たとえツキディデス自身がそれを聞いた場合でも困難だとするなら、そこには彼による演説の創作という余地も皆無とはいえない。事実、有名なペリクレスの戦没者追悼演説（巻二、三五―四六節。上、二二四―三四ページ）にしても、どこまでがペリクレスの実際に語ったことか、ツキディデスの主張が織り込まれていないか、ということが問題となっている。また「メーロス対談」（巻五、八四―一一三節。中、三五一―六三ページ）に見られる強者による弱者支配の正当化は、史家の見解の反映ではないかという指摘もなされている。すなわち、次のような箇所である。

「諸君も承知、われらも知っているように、この世で通ずる理屈によれば正義か否かは彼我の勢力伯仲のとき定めがつくもの。強者と弱者のあいだでは、強きがいかに大をなし得、弱きがいかに小なる譲歩をもって脱し得るか、その可能性しか問題となり得ないのだ」（同、八九節。中、三五三―五四ページ）。時代情況を浮き彫りにするためとはいえ、あるポリスの代表や使者といった匿名の人物がおこなった演説が紹介される場合には、ツキディデス自身の見解が入り込む余地があったといえよう。

いずれにせよ、ツキディデスがあくまで正確さを追求したことは疑いないところである。こうした姿勢によって叙述された『戦史』は、興味深さを犠牲にしている面があろう。そのことをツキディデス自身が自覚しているし、それどころかそのことを自負している。

「私の記録からは伝説的な要素が除かれているために、これを読んで面白いと思う人はすくないかもしれない。しかしながら、やがて今後展開する歴史も、人間性のみちびくところふたたびかつての如き、つまりそれと相似た過程を辿るのではないか、と思う人々がふりかえって過去の真相を見凝ようとするとき、私の歴史に価値をみとめてくれればそれで充分であろう。この記述は、今日の読者に媚びて賞を得るためではなく、世々の遺産たるべく綴られた」（巻一、二二節。上、七五ページ）。

興味深い叙述を断念しても、正確さを追及しようとしているツキディデスの姿勢がこの一文からもうかがわれる。ヘロドトスがアテナイにおいて、ペルシア戦争史の一部を朗読して賞を得たということはすでに触れたが、「今日の読者に媚びて賞を得るためではなく」という一節は、ツキディデスが先達の歴史叙述を念頭におきながら書いているくだりであろう。彼においては、面白さよりも正確さが優位をしめていたのである。

しかも、ここでツキディデスは人間性が不変であるという前提にたって、将来においても同様の出来事が生ずるであろうという見通しをもっている。したがって、現在のこの戦争について正確な記録を残しておくことは、将来において必ずや価値をもつに違いないと確信しているのである。「世々の遺産たるべく」という言葉には、ツキディデスのそうした確信がこめられているのである。

3　ペロポネソス戦争の原因とアテナイの敗因

真実の探究という点においてツキディデスの吟味の厳密さは際立っており、それはヘロドトスとの対比において明瞭であった。さて、戦争の原因と敗因という面においても、二人の歴史家の捉え方は、はっきりとした違いを示している。次にこのことを考察してみよう。

「この大戦は、アテーナイ人とペロポネーソス人が、エウボイア島攻略ののち両者のあいだに発効した和約（四四六／五年、アテナイとスパルタのあいだに結ばれた三〇年の和約——筆者）を破棄したとき、始まった。私は、先ずこの和約破棄にいたらしめた原因を問い、両者の紛争の記述からはじめ、ギリシア人をおそったこの大動乱の原因を後日追究する人の労をはぶきたい。という訳は、この事件の真の動因は、一般におこなわれている説明によっては、捕捉されがたい性質をもつからである。あえて筆者の考を述べると、アテーナイ人の勢力が拡大し、ラケダイモーン人に恐怖をあたえたので、やむなくラケダイモーン人は開戦にふみきったのである。しかしながら、和約を解消し開戦にいたらしめた直接の誘因として、両陣営から公けにされた諸理由には、つぎに記すいくつかの事件がふくまれていた」（巻一、二三節。上、七七ページ）。

この一節でわれわれの注意を引くのは、ツキディデスがペロポネソス戦争の真の原因と誘因とを区別していることである。また、こうも記している。

「ラケダイモーン人が和約は破られたと認め戦争開始を決議した理由は、同盟諸国の説得に動かされたことにも多少はよるにせよ、主たる理由はアテーナイがすでにひろくギリシア各地を支配下にしたがえているのを見て、それ以上のかれらの勢力拡大を恐れたことにある」（巻一、八八節。上、一三五—三六ページ）。

こうした記述から明らかなように、ツキディデスによれば、ペロポネソス戦争を引き起こす真の原因は、ペルシア帝国の敗北とギリシア本土からの撤退（前四七九年）からペロポネソス戦争開始にいたる、いわゆる「五〇年期」におけるアテナイのたえまない興隆とそれに対するスパルタの恐怖であった。この点は、『戦史』巻一、八九—一一八節において詳細に跡付けられている。次の一節は、「五〇年期」の広い展望と、先行史家についてのツキディデスの評価を示しており、重要である。

「アテーナイ人は、最初は同盟加盟国は各々独立自治権を持ち、全員参加の議席上で衆議によって事を決する、という前提のもとに同盟盟主の議席を占めていた。しかるにペルシア戦争終結いらい今次大戦開始にいたる年月のあいだに、さまざまの事態を、戦争あるいは政治的な交渉によって決済しなくてはならなくなった。先ず、かれらとペルシア勢との紛争解決、次ぎには同盟内での離叛国に対する処置、さらには事ある毎に必らず容喙をこころみるペロポネーソス同盟加盟国との対決、などであった。この経過を詳述することは明らかに本旨逸脱である。しかし私があえてこれを記したのは次の理由による。すなわち、私より以前に著された史書は、その扱う時代がペルシア戦争前であれペルシア戦役そのものであれ、ことごとくこの戦後の時代の記述を省略している。またヘラニーコスはこの時期の事柄に『アッティカ記』中で触れてはいるけれども、関連記事は僅少であり、年代は正確さを欠いている。しかるにこの時代の歴史こそ、アテーナイ人の同盟支配権成立の段階を如実にしめしているからである」（巻一、九七節。上、一四四ページ）。

それでは戦争の「誘因」とみなされたものは何か。それは主に、戦争の数年前に遡る二つの出来事、つまりケルキュラ紛争とポテイダイア紛争であった（巻一、一一八節。上、一六〇ページ。その叙述は、巻一、二四―八八節。上、七七―一三六ページ）。これらはいずれも、アテナイとペロポネソス同盟に属する有力ポリスであるコリントスとの争いに関連している。これらの経過は複雑であるが、ツキディデスの叙述を辿ってみよう。

ケルキュラ紛争の経緯をツキディデスは、次のように説明する。アドリア海にのぞむエピダムノスは、ケルキュラの植民市であった。エピダムノスは時とともに勢力を拡大したが、境を接する異民族との戦争が原因となって、長年にわたり内乱がつづいた。そこでケルキュラに使節が派遣され、この内乱を調停し異民族との戦いを終結させるための援助を求める嘆願がなされた。ところがケルキュラはこの嘆願を拒否した。そこで、エピダムノス人は、ケルキュラの母市であり、植民地エピダムノスの建設にも関与したコリントスに救援を依頼した。当時ケルキュラは、富においてアテナイ、コリントスに肩を並べ、軍備においてはコリントスを凌いでいた。そしてケルキュラは母市を無視していたために、コリントスの反感を買っていた。こうした情勢の中で、コリントスはエピダムノス救援に応じたのである。やがてエピダムノスはコリントスの手に渡った。

ケルキュラはこれに憤るが、エピダムノスは母市の怒りを黙殺した。このためケルキュラは軍船でエピダムノスを包囲し、コリントスはこれに抗して遠征軍派遣を準備する。これを知ったケルキュラは、コリントスが武力行使をするなら、アテナイ側の同盟に近づかざるをえないと主張した。こうして、コリントスとケルキュラの海戦が生じた（前四三五年、レウキンメーの戦い）。この戦いは、ケルキュラ側の圧倒的な勝利に終わった。

この海戦後二年目を迎えたころ、コリントスは海軍の増強に努めた。一方ケルキュラは、これまでデロス同盟にも、ペロポネソス同盟にも属していなかったので、今や自国の兵力だけでは立ち行かないことを見て取り、アテナイに援助を求める決議をおこない、アテナイに使節を派遣した。これを知ってコリントスもアテナイに使節を派遣する。こうして、両市の代表がアテナイの民会で、それぞれの立場を主張した。

アテナイ人の決断にとって決め手となったのは、スパルタ陣営との開戦は時間の問題であり、したがって強力な海軍を持つケルキュラをコリントス人に委ねることは避けるべきであるという判断だった。また、ケルキュラが、イタリアやシチリアに向かう沿岸航路の拠点であるということも重要な要因であった。こうして、ケルキュラおよびアテナイ陣営が攻撃をうける場合には、相互に援軍を派遣するという防衛同盟が結ばれた（前四三三年）。

この後、アテナイはケルキュラに一〇隻の軍船を援軍として派遣した。コリントスもまもなく、軍船一五〇隻を率いてケルキュラに向かう。これに対してケルキュラは、一一〇隻の軍船をシュボタ群島に配備する。そして同年秋、シュボタの海戦が繰り広げられる。戦局がケルキュラに不利になったのを見て、アテナイ側も攻撃を開始した。ここにコリントスとアテナイの戦いが生じたのである。「こうしてアテーナイ人がケルキューラ人と組んで、和約期間中にコリントス勢と海戦をおこなったことが、アテーナイに対してコリントスが開戦を主張するにいたった第一の原因となったのである」（巻一、五五節。上、一〇七ページ）。

さて、このケルキュラ紛争の直後、「アテーナイ人とペロポネーソス人とのあいだに次の紛争が起り、両陣営を開戦にみちびく一因となった」（同）。これがポテイダイア紛争である。

ツキディデスによれば、ケルキュラ紛争後ただちに、コリントスは報復のために行動をおこす。この動きを察知したアテナイは、エーゲ海北西部のカルキディケ半島の陸峡部に位置するポテイダイアに介入する。この市はもともとコリントスの植民市であったが、デロス同盟に加入していた。アテナイは、ポテイダイアがコリントスやマケドニア王ペルディッカースにそそのかされて、同盟を離反することを危惧し、城壁の一部の取り壊しをはじめ三項目の要求を突きつけた（前四三二年一月）。これに対してポテイダイアは、一方ではアテナイに使節を派遣してこれまでの関係を維持することを求め、他方ではスパルタにも使者を送り、危機にそなえて救援者を確保しようと試みた。アテナイからは望ましい返答が得られなかったが、スパルタからはアテナイのポテイダイア進撃が現実のものとなるなら、アッティカに進攻するという約束を取り付けることができた。これを機に、ポテイダイアはアテナイから離反したのである。

コリントスはこの報に接し、ポテイダイアに援軍を派遣した。コリントスのポテイダイア派遣軍が現地に向かい、またトラキア地方の諸市にも反乱が生じていることを知ったアテナイは、軍隊を急行させることになった。ポテイダイア軍とペロポネソス同盟軍はアテナイ軍を待ちうけ、陸峡地帯で激しい戦闘が繰り広げられたが、アテナイが勝利をおさめる。アテナイ軍はさらにポテイダイアを南北から攻めたて、海路も封鎖した。

このポテイダイア紛争をきっかけに、両陣営のあいだでは非難の応酬がなされた。

「コリントス人の言分としては、アテーナイ人が、コリントスの植民地であり、コリントスとペロポネーソスの諸兵が立籠るポテイダイアに包囲攻撃をおこなっていることは言語道断の沙汰である。これに対してアテーナイ人は、自国の同盟者であり、同盟年賦金の支払国であるポテイダイアを指嗾して離叛させ、しかのみならず現地に兵を送りポテイダイア人と組して公然とアテーナイ勢と戦ったことを非としてペロポネーソス同盟を糺弾した」（巻一、六六節。上、一一四―一一五ページ）。

本国のコリントス人は、ポテイダイアとそこに立籠ったコリントス市民の安否を心配し、同盟諸国にスパルタに集まるように呼びかけた。コリントス、アイギナ、メガラからやってきた代表や使者たちは口々にアテナイの権利侵害を強く批判した。コリントス代表は発言した。

「諸君の眼前にはとくに自由を奪われた者たちがいる。またわれらに対して、諸君の同盟者たちに対して、侵略の策謀をめぐらし、久しく準備をかさねて攻撃開始の機を狙っている元凶もいる。加害者らにこの意図がなければ、どうしてかれらが、われらを蔑にしてケルキューラを掠めとり、ポテイダイアを城攻めにするはずがあろう。両地の戦略的意義はいわずと知れたこと、ポテイダイアはトラーキアの諸地を統治するかなめの地点、ケルキューラはペロポネーソスに最大の海軍力を供給し得たはずの国だ」（巻一、六八節。上、一一六―一一七ページ）。

その後、公式のペロポネソス同盟会議が開催された。コリントス代表を筆頭に、同盟諸国の使節の過半数はアテナイ非難の意見を述べ、開戦の決議がなされた。

このようにツキディデスは、二つの紛争を戦争の「誘因」として捉えているのである。ここで注目すべきことは、戦争の「真の原因」であれ「誘因」であれ、徹底して、軍事や政治の具体的経過から説明がなされていることである。同じことは、アテナイの敗因に関してもいうことができる。それは、すでに触れたペリクレス亡きあとの卓越した指導者の不在であり、また「市民間の内紛」が嵩じた末の「内部崩壊」であった(巻二、六五節。上、二五四ページ)。このことを、ヘロドトスの歴史叙述のなかに見られる、ギリシアの神々の介入による説明などと比較してみると、その違いは歴然としている。神々の妬みやはからい、神託、夢のお告げ。そのようなものから歴史の経過を説明することは、ツキディデスの史書からは排除されているのである。

「歴史の世紀」と呼ばれる一九世紀に、歴史学が近代の学問として基礎づけられる。その際、誰よりもツキディデスが「歴史家」としてその模範とされたことは、こうした点からもうなずけるところである。ツキディデスの歴史叙述の中には、ヘロドトスに見られるような豊かさ、多方面にわたる広さはない。しかし、ランケをはじめ一九世紀の歴史家たちにとって、ツキディデスこそ学ぶべき批判的歴史叙述の体現者であったのである。

三　問題意識と歴史家の条件
――ポリュビオス――

1　ローマの対外発展と地中海世界

紀元前の三世紀と二世紀は、共和政ローマの輝かしい対外発展の時代である。すでに前二七二年、ローマは南イタリアのギリシア人植民市タレントゥムをも占領し、イタリア半島の征服を達成した。それ以後、前三世紀の六〇年代には、シチリア島のメッサナ市における衝突をきっかけとして、ローマはカルタゴとの戦いを始め、西地中海世界の制覇に乗り出していく。これが、第一次ポエニ戦争（前二六四―四一）である。海軍国の雄カルタゴにたいしローマは急いで軍船を建造し、苦戦を強いられながらもよく耐え、ついに勝利をおさめる。ローマはカルタゴに多額の賠償金を課し、シチリア島を属州とした。こうしてローマは、はじめて海外領土をもつことになった。

その後カルタゴは、銀の資源に富むイベリア半島の経営に乗り出し、国力の回復に努めた。前二二一年、ハンニバルが将軍に選ばれる。彼は翌々年、ローマの同盟都市サグントゥムを攻略し、四万の兵と象をひきいてスペインを出発し、アルプスを越えてイタリア半島に侵入する。ハンニバル戦争として知られる第二次ポエニ戦争（前二一八―〇一）の始まりである。カルタゴの名将は、あいつぐ戦いに勝利をおさめつつイタリア半島を南下する。とりわけ、前二一六年のカンナエの戦いでは、ローマ軍に壊滅的な打撃を与えた。

しかし、こうした中でローマ人は愛国心にもえて苦境をしのぎ、ほとんどの同盟諸市も離反しなかった。ローマはやがて攻勢に転ずる。プブリウス・スキピオ（大スキピオ）はスペインに進軍し、前二〇六年にはスペインをローマの支配下におく。つづいて前二〇四年、彼は元老院の反対を押し切って、カルタゴ本国を衝くためアフリカに遠征し、祖国防衛のために帰還したハンニバル軍をザマの決戦で打ち破った。前二〇二年のことである。ここにローマの勝利が確定した。降伏したカルタゴは、すべての海外領土を失い、五〇年間にわたる巨額の賠償金を課せられ、軍船の保有をきびしく制限され、ローマの承諾なしに戦争をしないことを要求された。

敗北によって重い負担を課せられたカルタゴはしかし、商業活動を通じて急速に国力を回復する。これを警戒したローマは、隣国のヌミディアから攻撃されてやむなく戦わざるを得なくなったカルタゴにたいし、条約違反を口実にして攻撃を開始した。この第三次ポエニ戦争（前一四九―四六）の結末は劇的であった。ローマの将軍スキピオ・アエミリアヌス（プブリウス・スキピオの長男の養子。小スキピオ）に率いられたローマ軍は、ついにカルタゴを草一本残らなかったと言われるほど徹底的に破壊した。こうしてカルタゴは、歴史の舞台から完全に姿を消したのである。

それでは、東地中海世界の情勢はどうであったろうか。前三二三年、アレクサンドロス大王が若くして亡くなった後、アレクサンドロスの大帝国はあえなく分裂し、「後継者戦争」を経てヘレニズム三王国が成立した。セレウコス朝シリア王国、プトレマイオス朝エジプト王国、アンティゴノス朝マケドニア王国である。こうした東方ヘレニズム世界にもローマは進出することになる。第二次ポエニ戦争のさなか、マケドニアがハンニバルを援助したことがそのきっかけとなった。すなわち、前二一五年にマケドニア王国のフィリポス五世がハンニバルと同盟を結び、これ以後、四回にわたってマケドニア戦争が繰り広げられる。前一六八年、マケドニアはピュドナの戦いで、アエミリウス・パウルスの率いるローマ軍に敗れ、さらに前一四六年にはローマの属州となった。この間、前一九二年には、ローマはシリア王国のアンティオコス三世とも開戦し、マグネシアの戦いに勝利をおさめ（前一九〇年）、翌年には小アジアを奪う。

こうした経過の中で、ローマはギリシアにも勢力を伸ばし、両者は深く関連することになった。アテナイやスパルタをはじめ有力ポリスが昔日の勢いを失いつつあった時、ギリシア世界において活力を失わなかったのが二つの都市同盟、すなわちアイトリア同盟とアカイア同盟であった。両同盟は互いに対立しながら（ギリシア同盟市戦争、前二二〇―一七）、ローマ、マケドニア、シリアという強国の間で揺れ動くが、アイトリア同盟は前一八九年にローマの属州となる。アラトスおよびフィロポイメンという優れた将軍、政治的指導者のもとで発展をみたアカイア同盟も、前一四六年にはついにローマに開戦し、敗北してその支配下に入る。この年、アカイア同盟に属し商業活動で繁栄したコリントスは徹底的に破壊された。こうしてローマは政治的にはギリシアを征服するが、文化面ではギリシアから多くを吸収することになる。

このような時代を生き、ローマの輝かしい対外発展を目の当たりにし、その興隆の原因を探究しながら『歴史』（以下、巻、章、節の表記はロエブ古典叢書に収められている『歴史』にもとづく）を書いたのが、ヘレニズム時代のギリシアの歴史家、ポリュビオス（Polybios 前二〇〇年頃―一一八年頃）であった。

彼がローマの興隆をどのように描き、またその原因をどのように捉え、さらに彼にとって歴史家の課題とは何であったのか。このことを考察するに先立ち、彼の生涯を振り返ってみよう。

2 ポリュビオスの生涯

ポリュビオスはペロポネソス半島の中央に位置するメガロポリスの名門の家に生まれた。前二〇〇年頃のことである。ローマがついにカルタゴに勝利をおさめたザマの決戦とほぼ同時期であることは象徴的である。メガロポリスは、テーバイがスパルタを破ったレウクトラの戦い（前三七一）の後、テーバイのエパミノンダスの影響下にスパルタに対する前哨基地として建設された都市であり、前三世紀半ば以降アカイア同盟に属していた。この同盟は、とりわけ有能な政治家フィロポイメン（前二五三―一八三）のもとローマとマケドニアの対立から少なからぬ利益を引き出し、中立政策によってある程度の独立を保っていた。

ポリュビオスの父リュコルタスは、この同盟内で最高官職を務め、フィロポイメンと親交があった。リュコルタスもまたローマとマケドニアの紛争のなかで中立と独立に努めた。フィロポイメンが前一八三年に敵地のメッセニアで落命したとき、ポリュビオスは、葬列に加わりその骨壷をメガロポリスに運ぶことを許された。彼はこうした家庭環境の中で、若くして政治の世界に足を踏み入れることになる。父や、英雄とみなされていたフィロポイメンから現実政治や政治上の見識を学んだことであろう。事実、ポリュビオスはこの英雄の死後まもなく、三巻からなる『フィロポイメン伝』を執筆している（『歴史』一〇・二一・六）。これがポリュビオスの最初の著作である。本書は失われているが、大部分が、プルタルコスの書いたフィロポイメンの伝記の基礎となっている。こうしてポリュビオスは、若くしてすでにアカイア同盟の興隆の歴史に関心を抱き、考察していた。さらに彼は、『戦術』と題する軍事史的な著作も書いた。このように、若き日の彼はおもに政治や軍事にかかわる実践的な訓練を受けて成長したが、同時にホメロスに親しみ、エウリピデス、ピンダロス、そしてシモニデスの作品にもふれていたことはほぼ確実である。

前一六九年、ポリュビオスは、ほぼ三〇歳で同盟の二番目に高い地位である騎兵長官となった（『歴史』二八・六・九）。第三次マケドニア戦争（前一七一―一六八）のさなかである。彼の部隊はマケドニア支持を表明した。ローマがマケドニアを打ち破ったピュドナの戦い（前一六八）の翌年、戦争中の反ローマ政策（親マケドニア政策）の疑いをかけられた一〇〇〇名あまりのアカイア人がイタリアに連行されることになった。ポリュビオスもその一人であった。彼らは、「極度の落胆とどうすることもできない状態に陥った」（『歴史』三〇・三二・一〇）。

ほとんどの者はエトルリア南部の諸都市に送られたが、ポリュビオスだけはおそらくその文才と教養のゆえにローマにとどまることが許された。彼はピュドナの戦いの勝利者であるアエミリウス・パウルスのもとで、その二人の息子、ガイウス・ファビウスとスキピオ・アエミリアヌスの家庭教師となった。アエミリウス・パウルスは息子たちに対する軍事的助言者としての役割もポリュビオスに期待していたのではないだろうか。とくに当時一八歳であった小スキピオとは、ポリュビオスはこれ以後長きにわたる親交を結ぶことになった（『歴史』三一・二三・一―二五・一、三一・二九・一―一二）。

やがて、ポリュビオスはスキピオ家に迎え入れられる。ここにも、ギリシア的な教養に対する敬意のあらわれを見ることができよう。こうして彼は、ローマの二つの名門家庭でローマの政治や国制についての見聞を深め、このはるか年少の友の保護を受けながら、ローマの輝かしい発展とその原因を研究することになるのである。また、ギリシアやヘレニズム王国についてあらたに学ぶ機会も得た。そして、ローマにやってきてから数年間の間に、彼の主著『歴史』の構想は定まったであろう。ポリュビオスにとっても、祖国から追放されたということは、彼の歴史叙述を思うとき決して負の体験ではなかったのである。

さて、ポリュビオスは抑留者という身分であったにもかかわらず、比較的自由に活動することができたようである。ローマの南方ラティウムに出かけ、少年時代から愛好していた狩猟を楽しんだし、南部イタリアのロクリを訪問している（『歴史』一二・五・一―一三）。また様々な旅行をしている。前一五一年、スキピオ・アエミリアヌスがケルティベリ攻略のためスペインに赴いたときに、彼も同行している。その後、ともに北アフリカを旅し、ヌミディアの国王マシニッサと会見し、ハンニバルについても語り合った。イタリアへの帰路は大きく遠回りをし、アルプス経由の旅（『歴史』三・四八・一二）を敢行した。ハンニバルのアルプス越えに関しての直接の情報と証拠を得るためであったという。

ローマに連れて来られてから一七年の歳月が流れた。この間、告訴も裁判もなされなかった（『歴史』三〇・一三・一―、三〇・三二・一―一二）。すでに四回にわたってアカイア人自身によって彼らの釈放を要求する試みがなされたが、いずれも成功しなかった。しかし、前一五〇年、小スキピオの働きかけをうけて、元老院もついにアカイア人たちを釈放し故郷に帰すことに同意した（『歴史』三五・六）。ポリュビオスはこうして生き延びた三〇〇人の人質とともに帰国を許されたのである。しかし翌年には、第三次ポエニ戦争に従軍するよう小スキピオから北アフリカの戦場に呼び出され、前一四六年のカルタゴ滅亡に至るまで小スキピオの司令部にとどまった。彼が親友としてだけでなく、軍事専門家として重んじられていたことは確実である。そして、カルタゴ壊滅という世界史的な出来事を目に焼き付けたのである（『歴史』三八・二一・一―二二・三）。その後ポリュビオスは、ジブラルタル海峡のかなたのアフリカ沿岸を探検している。この探検旅行のために、小スキピオは彼に船を用意してくれた。彼の『歴史』第三四巻は、歴史の経過の叙述を中断して、地理について詳しく述べている。この巻はその一部しか残っていないが、この時のアフリカ沿岸旅行の調査結果も含まれていたに違いない。

さて、カルタゴが滅亡した同じ年（前一四六）に、ローマとアカイア同盟は突然、戦争を開始した。その背景には、数年前に同盟内のローマ支持の指導者カリクラテス――彼はもともとポリュビオスの父リュコルタスの反対者であった――が亡くなったこと（前一四九ないし一四八）、またそのことによってローマからの帰還者たちによる反ローマ扇動が容易になったことがある。つまり、戦争の直前には、反ローマ急進派が主導権を握っていたのである。このことはローマを強く刺激した。この戦いはすぐに決着がつき、ポリュビオスが急きょ帰国した時には、すでにローマの圧倒的な勝利に終わっていた。商業活動で繁栄していたアカイア同盟の都市コリントスは、元老院の命令を受けたローマ軍によって徹底的に破壊された。ポリュビオスは、こうした破局へと導いたアカイアの急進的な指導者たちとはまったく見解を異にしていた。彼はつづく二年間（前一四六―四四）、ローマ人とアカイア人との仲介者として行動する。アカイア同盟は解散した。ローマは軍隊を引き揚げる。その際ポリュビオスは、諸都市の関係を調整し、新体制が引き起こす諸問題を処理する仕事をローマによって委ねられた。

ポリュビオスはギリシアの復興に尽力した（『歴史』三九・五・一―二）。彼自身、この困難な仕事を、彼の「もっとも輝かしい業績」（『歴史』三九・五・六）とみなしている。彼のこうした貢献を顕彰するために、ペロポネソスの多くの都市に彼の彫像が立てられた。メガロポリス、オリンピア、テゲア、パランティウム、リュコルスラ、クレイトル、マンティネイアなどにおいてである。前二世紀の地誌学者パウサニアスはリュコルスラの碑文を引用している。「ギリシアがすべての点でポリュビオスに従っていたら、災難に遭うことは決してなかったであろう。災難に遭ったとき、ギリシアはポリュビオスによってのみ救助を見出したのであった」。

カルタゴ滅亡やコリントス陥落を目の当たりにしたこの経験が、彼の歴史叙述の枠を延長させることになる。

ポリュビオスの晩年については、ほとんど知られていない。

彼はアレクサンドリアやサルディスに赴いたであろう。また、キケロが『国家論』で伝えているところによれば、ポリュビオスは小スキピオやストアの哲学者であったロードスのパナイティオスとローマの国制についてしばしば語り合ったという。

前一三三年、スペインのヌマンティアを包囲するためにローマ軍が派遣された。その際、ポリュビオスは小スキピオに随行したと推定される。『歴史』には、ポリュビオスがスペインで自らの観察によって確かめ、先達たちの記述の誤りを修正している箇所が見られる（『歴史』一〇・一一・四）。『ヌマンティア戦争について』の書物もこの時期の経験にもとづく著作であろう。キケロがこの書物にふれている。

ポリュビオスの晩年、グラックス兄弟の改革が推進され、ローマの共和政社会に変動がすすむ中で、元老院擁護の立場にたった小スキピオが前一二九年に暗殺された。この事件は、彼に衝撃をあたえ、ローマの衰退を予感させることになる。

彼は老年に至るまで肉体的にも精神的にも健康であったが、八二歳で落馬のため亡くなった。前一一八年頃と推定されている。

3　『歴史』の執筆意図と構成

彼の主著『歴史』の冒頭には、次のように記されている。

「ローマ人がどのような手段で、またどのような政治体制のもとに、五三年そこそこで、人間の住む世界のほとんどすべてをその単独支配に服させることに成功したのか。それは人間の歴史に比類のない出来事であり、その理由を知りたいと思わないほど狭量な、あるいは怠惰な人がいるだろうか」（『歴史』一・一・五。この点については、一・二・一―二、三・一・一―三・三・九も参照）。

どの歴史家も、それぞれの時代環境の中で成長し、その中で課せられ育んだ自らの関心に促されながら過去の出来事を探究している。しかし、ポリュビオスのように明確に執筆動機を表現している歴史家は多くはない。

ここでポリュビオスが記す「五三年」とは、具体的にどの期間を指しているのだろうか。それは、第二次ポエニ戦争直前の前二二〇年（第一四〇オリンピア紀の始まりの年。ギリシア同盟市戦争の開始の年でもある。『歴史』一・三・一）から、ローマがマケドニアに勝利したピュドナの戦い（前一六八年）までの時期を意味する。この半世紀あまりで、ローマがいかにして地中海世界の支配者となったのかが問題となっている。

執筆の対象とする範囲はのちに拡大されるが、この期間が彼のもともとの関心の中核をなしている。

しかも重要なことは、ローマの地中海世界の支配が、ポリュビオスに「普遍史」という新しい視野をもたらしたことである。地中海世界がいまや一つに結ばれ、その歴史は「有機的な統一体」となり（『歴史』一・三・四）、各地域が密接に関連づけられるようになったからである。イタリアとアフリカの出来事は、アジアとギリシアの出来事と結びあわされ、すべてがローマとの関係で自らの位置を知るのである。こうして、普遍史こそが時代にふさわしいものとなった。これまでにそのような試みが皆無だったわけではない。ポリュビオスは、エフォロスをそうした「普遍史に真に着手した最初で唯一の著作家」とみなして、敬意を表している（『歴史』五・三三・二）。しかしそれにもかかわらず、ポリュビオスは普遍史的考察の開拓者と自認している。彼によれば、当時、数人の歴史家たちは、ポエニ戦争の歴史を数ページ記述しただけで、自分たちが普遍史を書いていると主張していた。しかし、重要な戦闘は、スペイン、アフリカ、イタリア、シチリアでなされたし、ギリシアにおいても、人々はその戦いに注目せざるを得なかったし、その結果をひどく恐れていた。また、同時代の誰も、普遍史を書こうと試みなかった。「もしなされていたなら、私自身そうした試みをしようなどとは思わなかったであろう」（『歴史』一・四・二）。

歴史家たちは個々ばらばらの戦争を、またそれに関係した主題を扱ってはいるが、誰も出来事の全般的で広範囲の概観を追求しようとはしてこなかったのである。個々ばらばらな出来事の報告から、公正で均衡のとれた広範囲な歴史の見方を得ることは不可能である。個々のものを相互に関連づけ、それらの類似性と相違を考察することが重要である（『歴史』一・四・四―一一）。このように述べ、さらにポリュビオスは記している。「私は、以前の著作家がなしたように、ギリシアやペルシアといった個々の国だけの歴史に限定しないで、世界の知られたすべての地域において生じたことを描写することにとりかかった」（『歴史』二・三七・四）。そして、ポリュビオスは、自分の『歴史』が個々の挿話をつづった作品とは異なると主張する（『歴史』三・三二・一〇）。個別の歴史を扱うものは、「取るに足らないものを誇張し」、「重要ではない全くの偶然の出来事を重要な出来事や行動に変えてしまう」（『歴史』二九・一二・二―三）。同様な指摘が、『歴史』七・七・六にも見られる）。そのようなわけで、「個々の挿話を扱う著作家から、歴史の全プロセスの普遍的見通しを得ることは不可能である」（『歴史』八・二・二）。

さて、全四〇巻からなる本書のすべてが今日まで残っているわけではない。完全な形で保存されているのは、一巻から五巻までである。一七巻、一九巻、三七巻、四〇巻はまったく伝わっていない。六巻はほとんどが、七巻から一六巻は相当部分が残っている。その他の巻は断片か、リヴィウス、プルタルコスをはじめとする後の著作家の引用によって知られるに過ぎず、その際の抜粋の量もまちまちである。全体としてほぼ三分の一が現存していると推定される。

つづいて全体の構成を見ておこう。一巻と二巻は序論である。冒頭の序文では、すでにふれた執筆意図が明確に述べられている。ついで、「五三年」の時期を理解する背景として、第一次ポエニ戦争が勃発した前二六四年から前二二〇年までを概観している。彼自身が指摘しているように（『歴史』一・五・一、三九・八・四）、この部分は、シチリア出身のティマイオスの『歴史』の末尾によっている。一巻は、前三世紀初期の南イタリアのギリシア人ポリスに対するローマの最初の介入から始まり、第一次ポエニ戦争の経過が記される。二巻では、スペインにおけるローマとカルタゴとの対立が語られる。カルタゴのハミルカル、ハスドルバル、そしてハンニバルが登場する。ついで、アカイア同盟について詳論される。アカイア同盟のアイトリア同盟との争い、スパルタとの戦争、マケドニアとの同盟が扱われている。なお、アカイアについての詳細な記述（『歴史』二・三七―七一）は、おそらくローマに来る前に書かれ、その後それほど加筆・修正をへずに『歴史』に組み入れられた、と推定されている。

三巻から二九巻までは、いかにしてローマが地中海世界の支配者となったかという本来の主題の時期が扱われる。すなわち、第二次ポエニ戦争の直前（前二二〇年）からピュドナの戦い（前一六八年）までである。具体的には、ハンニバル、フィリポス五世、アンティオコス三世そしてペルセウスにたいするローマの戦争が叙述されるのである。三巻は、第二次ポエニ戦争の経過が扱われる。戦争の一つのクライマックスである。ハンニバルのアルプス越え、ティキヌス河畔の戦い、トレビアの戦い、トラシメヌス河畔の戦い、とりわけ有名なカンナエの戦いにおけるハンニバルの大勝利が描かれる。

四巻は、ギリシアの情勢を叙述している。五巻が扱うのは、マケドニアのフィリポス五世とハンニバルとの間に交わされた条約の経緯であり、このことがローマの東方への干渉をもたらすに至る経過である。

六巻は、戦争の経過を追うことを中断し、ローマの政体を論じる。この巻は、ポリュビオスの問いに対する答えとなっている重要な部分なので、後に改めて取り上げることにする。

七巻から一五巻までは、再び前二一五年以降の第二次ポエニ戦争の経過をザマの決戦まで追う。その際、原則としてオリンピア紀（四年）ないし半オリンピア紀（二年）を基準として年毎に年代記的に東・西地中海世界の出来事が扱われる。注目されることは、これまでのローマの伝統と比較して、ポリュビオスがハンニバルを公平さをもって描こうとしていることである。彼は率直に記している。

「われわれが彼の軍事行動の存続期間を考慮に入れ、大小の戦闘、包囲攻撃、諸都市の寝返り、何度も直面した苦境、要するに彼の目論見とその遂行の広がりに余すところなく注目すると、ハンニバルの指導力、勇気、戦場での手腕にたいする感嘆の念を禁じえない。一六年にわたって、彼はイタリアでローマ人に対して絶え間なく戦争をおこない、その期間中一貫して決して軍隊を解散させず、戦場を去らせなかった。しかし、すぐれた船長のように、多数の兵士たちを掌握し、自らにたいする不満やお互い同士の不満を引き起こさせなかった。さまざまな国々ばかりでなく、さまざまな民族にも属する軍隊を雇っていたにもかかわらず、彼はこのことに成功した」（『歴史』一一・一九・一―三）。

一二巻ではまた出来事の叙述が中断され、先達の歴史家ティマイオス（前三五六頃―二六〇頃）に対する執拗とも思われるような詳細な批判を通じて、ポリュビオスの歴史叙述に関する見解が表明される。

一六巻から二九巻までは、第二次マケドニア戦争（前二〇〇―一九七）の詳しい叙述から始まり、シリア戦争（前一九二―一八九）、第三次マケドニア戦争（前一七一―一六八）を叙述する。この二九巻までが、ポリュビオスの本来の構想にあった叙述である。そしてここまでの部分は、ほぼ前一六〇年から一三〇年の間に執筆されたであろう。無論この部分への加筆や修正は、生涯にわたってなされた。

ところが、前一四六年にカルタゴの滅亡とコリントスの破壊という世界史的な事件を目撃して、彼は叙述の範囲を延長する。すなわち、三〇巻から四〇巻で、前一六八年から一四五年までの経過を付け加えるのである（『歴史』三・四・四―一三）。この時期に、ローマの地中海世界支配は一層強固になったのである。前一五〇年以降の出来事に自ら卓越した役割を演じたこと、とくに第三次ポエニ戦争への従軍やローマの属州アカイアの設立にあたっての尽力は、こうした枠の延長を促すことになったに違いない。この追加の部分は、前一二九年以後になされたと推定されている。

三〇巻から三三巻では、前一六七年から一五二年の時期を扱う。三四巻ではふたたび歴史経過の叙述を中断し、地中海周辺の地理について詳論する。彼以前に地理について書いた著作家を批判しながら、ルシタニア、スペイン、ガリア、イタリア、マケドニア、ギリシア、アジア、アレクサンドリアなどの地理について記している。ポリュビオス自身の実際の知見がここには生きている。三五巻から三九巻は、ローマによるスペイン、アフリカ、ギリシアの征服が叙述される。三五巻では、ケルティベリア戦争について叙述されたあと、ポリュビオス自身を含むアカイア人の釈放について簡潔にふれられる（『歴史』三五・六・一―四）。

三六巻の主題は、第三次ポエニ戦争と、第四次マケドニア戦争である。三八巻は、第三次ポエニ戦争の叙述がつづき、さらにアカイア戦争（『歴史』三八・九―一八）、そして『歴史』のもう一つのハイライトであるカルタゴの滅亡が記される（『歴史』三八・一九―二二）。三九巻では、コリントスの破壊が扱われる。四〇巻はまとめの部分であるが、すでにふれたように残存していない。

三〇巻以降の部分は、ピュドナの戦いからカルタゴの滅亡とコリントスの破壊に至る時期の叙述である。彼自身が目撃し、また積極的に関与した（『歴史』三・四・一三、四・二・二）出来事が展開したまさに同時代史である。

4　ローマの興隆と混合政体

ローマが地中海世界を支配下におきえた原因はどこにあるのか。これがポリュビオスの『歴史』の中心的なテーマであった。彼によれば、第一に高い道義（『歴史』六・五八）、第二に優れた軍隊（『歴史』六・一九―四二）、そして第三に均衡のとれたローマの「混合政体」にあった。これらの点が扱われているのが第六巻である。この意味で第六巻は、本書の不可欠な部分であるといえよう。そこでこの節では、ポリュビオスがとりわけ強調する混合政体論を中心に考察していくことにする。

ポリュビオスは、国家の興亡はその政体に依存すると捉えていた（『歴史』六・二・九）。したがって彼は、ローマの世界支配の原因も、何よりその政治制度に求めようとする（『歴史』一・六四・二）。その際、国家の形態として、君主政（王政）、貴族政、民主政の三つがあった（『歴史』六・三・五）。しかもこれらの三形態にはそれぞれの悪化した形態が存在した。暴君政、寡頭政、衆愚政がそれである。これら六つの国家形態が循環する（『歴史』六・四・六―一一）というのが政体の循環論である。すなわち、君主政→暴君政→貴族政→寡頭政→民主政→衆愚政へ、そしてそこから再び君主政へと立ち返り循環していくというのである（『歴史』六・八―九）。こうした考えは、プラトンをはじめギリシアの伝統的な国家観であり、この点でポリュビオスはとりわけストア学派の影響を受けていると推定される。

さてポリュビオスによれば、ローマはこれら六つの政体の一段階であったのではなく、「混合政体」であった。ここに彼はローマによる地中海世界制覇の原因を見ていたのである。すなわち、ローマは君主政、貴族政、民主政のそれぞれの良い面を兼ね備えていたのである。具体的には、ローマの政体には、君主政の要素である執政官、貴族政の要素である元老院、民主政の要素である民会が存在し、それらが相互に抑制しあい単一政体の暴走を阻んでおり（『歴史』六・一四―一七、六・一八・七―八）、ローマの政治に安定を与えていたのである。ここにギリシアのポリスに優る利点があったのである。

ポリュビオスは、ローマの混合政体に「既存のあらゆる政体のなかで最良のもの」を見ていた（『歴史』六・一〇・一四）。

ところで、こうした混合政体はローマだけに存在したものではない、とポリュビオスは指摘する。ほとんどすべての歴史家が、スパルタ、クレタ、マンティネイア、カルタゴの卓越した政体について賞賛し記してきた、という。アテナイやテーバイの政体に言及した者もいる（『歴史』六・四三・一）。

しかしアテナイやテーバイは、ポリュビオスによって度外視される。その覇権はいずれも、政体によるのではなく、テミストクレスやペロピダス、エパミノンダスといった卓越した指導者によるものだからである（『歴史』六・四三―四四）。アテナイはもともと混合政体をとらない。アテナイは、彼の観察では「指揮官のいない船」（『歴史』六・四四・三）の様相を呈し、民主政という美しい名の政体は、「最悪」のものである「衆愚支配」に転ずる危険をはらんでいた（『歴史』六・五七・九）。

クレタの政体に関しては、エフォロス、クセノフォン、カリステネス、プラトンといったもっとも学識のある人々が、スパルタの政体に似ているがゆえに賞賛に値すると述べているが、ポリュビオスはこうした主張はあたらないという（『歴史』六・四五・一―二）。それではクレタとスパルタの政体とはどこが相違しているのか。彼は三点を挙げる。第一は、土地所有に関する規定であった。スパルタ市民は他の市民より広い自分の土地を持つことはできないが、すべての人は公有地から同じ広さの土地を持たねばならないという土地法があった。第二は、金もうけである。金銭はスパルタ人には何の価値もないので、金銭の所有から生ずる競争はまったく問題にならない。第三は、スパルタでは国王の職務は無期限であり、長老会のメンバーは終身制である。彼らによって、また彼らとの協力によって国家全体が統治されている。クレタ人においては、これらは正反対である。そこでは、土地は無制限に所有しうるし、金銭に高い価値が置かれている。さらに官吏は一年任期で、民主政的な特徴を備えている（『歴史』六・四五・三―六・四六・四）。したがって、取り上げるに値しないとされる。

マンティネイアの政体についてはほとんど触れられていない。またプラトンの国家のような抽象的で、「生命のないもの」を取り上げることをポリュビオスは避けている（『歴史』六・四七・七―一〇）。ポリュビオスが混合政体に関して注目しているのは、ローマ以外では、スパルタとカルタゴである。

ポリュビオスは、三種類の政体をすべて含む混合政体を「最良の政体」とみなしていた。そしてこのことは、リュクルゴスの理論と実践において立証されたという。この人物こそ、スパルタの政体をこの原理に基づいて組織した最初の人であった（『歴史』六・三・七―八）。リュクルゴスは単一の政体を不安定であると考えていた。なぜならそれはたちまちそれに内在する堕落形態に退化するからである。どの単一政体も、固有の欠陥を備えている。リュクルゴスはこのことを見抜いていた。それゆえ彼は単一政体を良しとせず、それぞれの政体の良い部分を結びつけたのであった。それぞれの要素が、他の要素によって均衡を保たれるべきであった。そのようにして、どの要素もその堕落形態に陥らないですむのである（『歴史』六・一〇・二―一一）。

ポリュビオスはこのように、リュクルゴスの立法を高く評価する。市民相互の一致を生み出し、ラコニアの安全を確保し、スパルタの自由を保持するために、リュクルゴスの立法と見通しは見事なものであったので、彼の英知は「人間的というよりも神的なもの」（『歴史』六・四八・二）とさえみなしうる。

このようにリュクルゴスの政体は、安全と自由の確保にかんしては模範的であったが、それ以上の目標、すなわち地中海世界における主導権や統治や支配ということになると、スパルタの政体には欠陥があり、この点でローマの政体が優っていた。そしてスパルタ人がギリシアに対する覇権を獲得しようとしたとき、彼らはまたたくまに彼らの自由を失う危険をおかした。しかしイタリアの支配だけを目指したローマ人は、短期間に地中海世界全体を征服した（『歴史』六・五〇・一―六）。

しかもスパルタとローマに共通する混合政体にしても、それが生み出される経過が異なっていた。スパルタの場合には、リュクルゴスの熟慮に負うところが大きく、彼は出来事の自然な進展とその要因を予見することができた。したがってその政体は、不運が教える教訓によらずに建設することができた。一方ローマ人は同じ混合政体という結論に到達したにもかかわらず、それは抽象的な推論によってではなく、むしろ多くの戦闘や困難から学ばれた教訓を通してであった。そしてついには、災難から獲得された経験に照らしてより良い進路をつねに選び取ることによって、彼らはリュクルゴスと同じ目的地である最良の政体に到達したのである（『歴史』六・一〇・一二―一四）。

カルタゴについてのポリュビオスの見解はどうか。カルタゴの政体は、ポリュビオスには、その発端においてはそのもっとも重要な特徴において、よく工夫されていたように思われた。というのは、カルタゴ人たちには、王が存在したし、長老たちの会議は貴族政の権力を行使し、民衆は彼らに関する事柄については至上の権限をもっていたからである。したがって、国家の一般的な枠組みは、ローマやスパルタの政体と類似していた（『歴史』六・五一・一―二）。しかし、ハンニバル戦争が始まったとき、カルタゴの政体は衰退し始めていた。ローマの政体は、反対に興隆していた（同、三節）。「クセルクセスがギリシアを横断（前四八〇年――筆者）した時期から、とりわけ、そのあと三二年ほど経過した時代から、ローマの政体は細部にさらに申し分のない修正をたえず施され、ハンニバル戦争の時期には、最良のもっとも完成した形態を取るにいたった」（『歴史』六・一一・一―一二）。両者は、同じく混合政体といっても、その発展の別の地点にいたのである。

こうして、カルタゴの興隆と繁栄はローマのそれよりもはるかに早く生じており、当時すでに、最盛期を過ぎていた。一方ローマは、少なくともその政体に関する限り、最盛期にあった。したがって、カルタゴでは大衆が審議において最大の影響力をもっていた。これに対しローマでは、元老院がなお決定的な発言力をもっていた。ポリュビオスによれば、ローマでは最も卓越した人々によって政策が決定された。この点でローマはカルタゴに優っていたというのである（『歴史』六・五一・五―七）。彼がローマの混合政体を賞賛する場合に、元老院の指導に重点を置いていることは否定できないし、民主政の要素に大きな期待を寄せてはいないことも注目される。

「こうしてローマ人たちは、戦場においていくつかの圧倒的な災厄に見舞われたが、熟慮の知恵によって、戦争でついにカルタゴに打ち勝つことができたのである」（同、八節）。ポリュビオスが最良の政体とみなした混合政体は、すでにスパルタやカルタゴにおいても見出される政体であった。しかし、ローマにおいて混合政体は、単なる思考の産物ではなく、また時期的に見ても第二次ポエニ戦争期は、共和政ローマの最盛期であった。この混合政体にポリュビオスはローマ興隆の原因を見ていたのである。

ところで、ポリュビオスはこのような安定したローマも、決して衰退と無縁であるとは考えていなかった。この意味でポリュビオスのローマ観は微妙であると言わなければならない。「すべての組織体、すべての国家、すべての行動は、はじめは成長、ついで成熟、ついには衰退と自然の循環を経験していく」（『歴史』六・五一・四）。「存在するものはすべて衰退に定められているということは、ほとんど証明を必要としていない命題である。なぜなら、自然の情け容赦のない経過が、われわれにそのことを否応なく悟らせるに十分であるからである。いかなる国家も二つの原因から衰弱を免れない、と言ってよいだろう。一つは外的な原因で、もう一つは、それ自身の内的な発展である」（『歴史』六・五七・一―二）。こうして、ポリュビオスは輝かしい発展を示したローマさえも衰退を免れえぬものと予測しているのである。

彼がこのように述べる箇所は、後の加筆部分であると推定されている。こうした加筆の背景には、一つの事件があった。すなわち、彼が久しく親交を結んだ小スキピオが義理の兄弟にあたるグラックス兄弟の改革が進展していく中で、元老院支配を擁護したことのゆえに暗殺された。このことは、晩年のポリュビオスにとって、ローマの危機の兆しを予感させるものであったのである。

5　「実用的」歴史

ポリュビオスは、東地中海世界にも進出したローマによって故国アカイアの衰退を経験せざるを得なかった。その彼がローマに連行され名門の家庭でローマの繁栄を目の当たりにしたことは、彼の生涯にわたるテーマを意識させた。このことは、彼の歴史探究が、現実政治と密接に関連していたことを物語っている。その意味で、彼にとって歴史は有用性と不可分の事柄であった。

事実、古代ギリシアにおいてポリュビオスほど、歴史の「実用性」を語る歴史家はいなかった。彼は自信をもって自らの『歴史』が「現在と未来に有益」であると述べる。それは彼の叙述によって、「われわれの同時代人はローマの支配が歓迎されるべきものであるか、なんとしても避けられるべきものであるかを明瞭に見分けることができるようになるであろうし、後の世代はそれが賞賛に値するものであったのか、あるいはむしろ非難すべきものであったのかを判断しうるようになるであろう」からである（『歴史』三・四・七―八）。さらにポリュビオスは主張する。「私が記述したような過去の出来事についての知識は、単に役立つだけでなく、まったく不可欠である」（『歴史』三・三一・四）。

すでに『歴史』の冒頭で、ポリュビオスは本書に注目させ、「過去の知識にまさる行動の道しるべはない」と記し、歴史研究こそが「もっとも真実の意味での教育であり、政治的経歴のための訓練」であること、また「いかにして勇敢に運命の変転に耐えるかを学ぶ、最も信頼のおける、実際に唯一の方法は、他から蒙った災難を想い起こさせること」であるとしている（『歴史』一・一・一―二）。このことが軽視されていることを、ポリュビオスは深く憂慮している。「穀物や金銭を蓄え、防壁を建造し、奇襲に備えて飛び道具を用意することに労や出費を惜しまない」けれども、「まさしくもっとも容易な予防手段や危機に際して最も役に立つもの」、つまり「歴史研究や調査」をまったくおろそかにしている（『歴史』五・七五・五―六）、というのである。

たとえば、ポリュビオスはケルト人とローマ人との戦争について述べたあと次のように指摘する。運命のそうしたエピソードを記録し後世に伝えることは、歴史に固有の役割である。それは、まず後の世代が事実についての無知によって蛮族のこうした突然の予期しない侵入にたいする恐れに打ちのめされないためであり、しかしまた、そのような行動がいかに短命で容易に消え去るものであるかを理解するためでもある。こうしたことをわきまえて強くなるなら、彼らは侵入者に立ち向かい、彼らがもっとも大切にしているものをわずかでも放棄する前に、安全を確保する試みをぎりぎりまでなすことができるであろう、と(『歴史』二・三五・五―六)。

ポリュビオスにとって、過去の戦いの経過を記述することは、どんな状況におかれても決して希望を捨てないですむことを示すことでもあった。彼は記す。歴史はそうした事例に事欠かなかったからである。ペルシア人のギリシア侵入やガリア人のデルフォイ攻撃の物語を記録にとどめ伝えた著作者たちは、ギリシア共通の自由を維持するためのギリシア人たちの戦いに多大の貢献をした。なぜなら、多数の兵士、武器や糧食の点で敵がまさっていたとしても、そのことが祖国のために最後まで戦うという希望を断念させる理由にはならないからである。予期しないものがしばしば軍事行動においていかに大きな役割を演じたかに注目する限り、またいかに無数の軍隊が、どんなに巨大な軍備やどんなに傲慢な厚かましさが、知性や冷静な予測を持って危険に立ち向かった人々の堅忍不抜や能力によってくじかれたかを想い起こす限り(『歴史』二・三五・七―八)。彼によれば、過去を知ることは、自らの置かれた状況を冷静に客観化するために有益なのである。

こうしてポリュビオスは、「実際に生じた出来事の歴史」を書くことを自らの課題とする。その理由の第一は、新たな取り扱いを要求する新しい事件が絶えず生じているからである。第二は、そのような歴史こそが、「もっとも大きな実用的な有用性」をもっているからである。このことは過去においてつねにそうであったし、技術と科学の発達が非常に速いので、歴史の研究者が生じうる偶然性を科学的に扱う方法を身に付けている現在では特にそう言えるのである。したがってポリュビオスの目的は、何よりも歴史を注意深く重んじる人々を利することである(『歴史』九・二・四―六)。たしかに彼は、読者に「楽しみを与えること」を無視してはいない(同、六節)し、歴史の研究が「高貴な休息」や「われわれの心のための娯楽」をもたらすことにも言及しているが(『歴史』五・七五・六)、こうした歴史の有用性を何より重視しているのである。

こうしてポリュビオスは明確に指摘する。「歴史から実用的な教訓の要素を取り去るならば、残るものは取るに足らないものであり、読者に何の利益ももたらさない」、と(『歴史』一二・二五g・二)。

このように見てくると、歴史は有用であるというこのポリュビオスの確信は、ツキディデスの立場をさらに徹底したものであるように思われる。正確な事実を書きとめておくことが、将来必ずや役立つであろうというのがツキディデスの信念であった。しかし、ポリュビオスにおいては、一歩踏み込んで、事件の経過と原因を描くことによって、政治家や軍事指導者に直接役立つ指針を提供すべきものとされている。その意味で、教訓としての歴史という性格が前面に押し出されているのである。

6　事実の探究と歴史家の課題

このように歴史叙述の有用性を強調するポリュビオスであるが、そのためにも歴史家は正確さを追究しなければならないということを、彼ははっきり自覚している。歴史書において「事実が主要な役割を演じなければならない」と述べたあと、彼は次のように主張する。「歴史から事実を取り去るならば、残るものは無益な作り話だけである」（『歴史』一二・一二・三）。この点に関して、ポリュビオスがツキディデスを引用することは、残存テキストにおいてはない。彼がツキディデスについてふれているのは、わずか一箇所であり（『歴史』八・一一・三）、それもツキディデスが執筆を終えた時点が問題になっているにすぎない。しかし、あくまで事実を探究するツキディデスの精神は受け継がれている。

このことは、ヘレニズム期の歴史家に対するポリュビオスの批判に明確に示されている。たとえば、前四世紀半ばから前三世紀半ばまでを生きたギリシア人歴史家ティマイオスについて、次のように指摘されている。

「彼（ティマイオス）は、他者を非難するにあたって、きわめて手厳しくかつ大胆であるが、彼自身の見解は夢、不思議なもの、途方もない作り話に満ちている。つまり恥ずべき迷信と不思議なものに対する女々しい愛着に満ちている」（『歴史』一二・二四・五）。

さらに、ティマイオスの歴史家としての資質を疑わせるようなような厳しい批判がなされる。

「彼（ティマイオス）は語られたことを書き留めてはこなかったし、実際に語られたことについての感受性を持ち合わせていなかった。そのかわりに、何が語られるべきであるかということをまず決めた後で、彼はこれらすべての想像上の演説やそれに伴う詳細を分類する。あたかも学校でお仕着せのテーマで練習をしているかのようである。言い換えると、彼は自分の修辞的な能力を誇示しようとしてはいるが、何が実際に語られたのかについては説明を怠っている」（『歴史』一二・二五ａ・五）。

また、前三世紀後半のギリシア人歴史家であるフィラルコスの情緒に訴える歴史叙述も、ポリュビオスの酷評にさらされている。その指摘によれば、フィラルコスは読者の同情を呼び起こそうとして、髪をふりみだし、胸をあらわにした女性たちや、捕虜として連れ去られていく、子どもや年老いた両親を抱えた男女の悲嘆を描き出している。そうした叙述によって恐怖を繰り返し生み出そうとするフィラルコスは、歴史家の任務を逸脱しているというのである。

「誇張された描写によって読者を刺激することは、歴史家の務めではない。また歴史家は、悲劇詩人がするように、なされたかもしれない発言を描こうとすべきではないし、出来事の起こりうる結果のすべてを考慮に入れて列挙しようとすべきではない。実際に生じたことや語られたことを忠実に記録することが、まず第一に歴史家の任務である。たとえどんなに分かり切ったことであったとしても。というのは、悲劇のねらいは決して歴史のねらいと同じではないからである。むしろ正反対である。悲劇詩人は、登場人物を通じて可能なもっともまことしやかなせりふを語らせることによって、さしあたり聴衆をわくわくさせ魅了しようと努める。しかし歴史家の任務は、みずから示す言葉や行為の事実によって、まじめな研究家に教え、確信を与えることである。この効果は永続的であって、一時的なものではない。したがって、第一の場合には、最大のねらいは、たとえ語られることが事実でなくても、起こりそうなことである。つまり、観客を欺くという目的である。しかし第二の場合には、目的は事実であって、読者に益をもたらすことである。こうしたことはさておき、フィラルコスは彼の歴史において、ただ多くの大惨事を物語っているに過ぎない。その際、なぜ事柄がなされ、あるいはどうなったのかを示唆することはないのである。そのような分析が欠けているために、状況にふさわしい同情や怒りを感ずることは不可能である」(『歴史』二・五六・七—一四)。

このように、悲劇詩人と歴史家の任務の違いを明確に区別することによって、ポリュビオスは事実を探究する重要性を際立たせているのである。このことは、ヘレニズム時代に見失われたツキディデスの精神の回復をもたらすものであったと言えよう。

さて、正確さを追求するために、ポリュビオスは歴史家に三つの事柄を要求している。第一は、「回想録や諸文書の勤勉な研究とそれらの内容の比較」である。第二は、地形に関わるものであり、「都市、地域、川、湖、一般的にいって陸海の特徴の調査、ある場所と他の場所との距離の調査」である。第三は、「政治活動」である(『歴史』一二・二五e・一)。

第一は、史料および文献の批判的吟味と言ってよいだろう。ポリュビオスの『歴史』は、ツキディデスの『戦史』と同様、同時代史が中心となっている。否、むしろ『戦史』以上にその性格が強いと言いうるであろう。ポリュビオスの歴史叙述は、その多くが軍事・政治の重要な代表者として自ら参与し目撃した歴史である。スキピオおよびその周辺の名士たちとの交流も、生きた貴重な情報を彼に提供したに違いない。さらに、ローマにやってきた外交使節や人質からもさまざまなことを吸収したはずである。こうした体験を通じて得た知見を吟味しながら、ポリュビオスは叙述を進めていったのである。

一方、彼自身が体験しなかった時代に関しては、彼に先立つ歴史家や著作家の文献が利用された。エフォロス、テオポンポス、カリステネス、ティマイオスが、その例である。さらに、ローマとカルタゴとの関係については、フィリノス、ファビウス、ソシロス、シレノス、また匿名のハンニバル史家、アカイア史に関しては、フィラルコスとアラトス、ロードス島史についてはゼノンとアンティステネスが挙げられている。アキリウス、ポトゥミウス・アルビヌス、そしてポルキウス・カトーといった同時代のローマ人歴史家たちの著作も利用された。

こうした多くの文献を利用するさいにも、ポリュビオスはそれらを鵜呑みにすることはなく、批判的に読むことを忘れなかった。第二次ポエニ戦争の原因について論じている箇所で、彼はファビウスにふれながら記している。

「私の本当の関心は、彼の書物を読むかもしれない人々が、著者の名声の権威によって欺かれず、事実を重んじるよう警告することである。というのは、書物の内容よりも著者の人柄に注意をはらいがちな人々がいるからである。それらの人々は、ファビウスがハンニバルの同時代人であり、ローマの元老院議員であったという事実に注目し、彼の語ることはすべて信頼されねばならないと直ちに信じる。私自身の意見では、われわれは彼の権威を軽々しく扱うべきではないとはいえ、それを決定的なものとみなすべきでもない。また、ほとんどの場合に、読者は彼の主張を事実それ自体と突き合わせることによって検証すべきである」（『歴史』三・九・三―五）。

公文書や記録は、おもにローマで利用しえた。青銅板に刻まれたローマとカルタゴとの諸条約はその一例である（『歴史』三・二二・一―三・二六・一）。ポリュビオスは、南イタリアのラキニウム岬でハンニバルの軍隊について記された青銅版を発見した。彼はこれを大いに誇りとしている。こうした史料や文献を批判的に考察することが彼の歴史叙述の基礎であった。

第二は、地形や地理に関する知見である。彼は、これを歴史叙述の前提条件とみなして重視した。すでにふれたようにポリュビオスはさまざまな地域を旅し、歴史の舞台を自ら足で確かめている。この点では、彼はヘロドトスの継承者であると言える。第三四巻は、全体が地理に関する叙述であった。

この実地検証の重視ということに関連して、ポリュビオスは書斎に閉じこもり地理について無知であった歴史家たちを批判している。エフォロス、テオポンポス、ロードスのゼノン、とりわけティマイオスであった。「ティマイオスは生涯を通じ亡命者として一つの場所ですごした」し、「旅行や観察から得られるいかなる個人的な経験」からも疎遠であった（『歴史』一二・二八・六）。そのことによって叙述が不正確になるのである。ポリュビオスはさらに指摘する。

「実地の経験なしに、諸都市やさまざまな場所について詳細に書こうとするならば、結果は非常に似たもの（無価値なもの――筆者）となるであろう。なぜなら、取り上げる価値のある多くのものが省かれ、語るに値しない多くの事柄がくどくどと論じられるのである。ティマイオスはしばしばこうした誤りに陥っている。彼自身の目撃証言に頼らないからである」（『歴史』一二・二五ｇ・三―四）。

第三は、実際の政治的・軍事的経験の重視であった。彼自身、青年時代にアカイア同盟の要職にあってそのような経験をつんでいたし、その後の生活においてもそうした活動と無縁でいられなかった。歴史を考察する際に、そのような経験が不可欠であるというのが彼の信念であった。彼は記している。

「戦場における戦闘を経験していない人にとって、軍事行動について適切に書くことは実際に不可能である。それと同じく、政務やそれを取り巻く状況に一度も従事したことのない人にとってそうした主題について適切に書くことは不可能である。単なる本好きの著作は直接の経験と生き生きした表現をともに欠くので、彼らの著作は読者に何の価値もないのである」（『歴史』一二・二五ｇ・一―二）。

さらにポリュビオスは、「哲学者が王になるか、あるいは王が哲学を研究するなら、人間の事柄はうまくいくであろう」というプラトンの言葉を引用しながら、次のように述べる。行動の人が彼らの最も重要で高貴なものという確信をもって歴史叙述を企てるか、あるいは歴史の叙述を始めた人が政治経験を彼らにとっての不可欠な条件とみなすなら、歴史はよくなるであろう、と（『歴史』一二・二八・二―五）。

7　公平さの追求と党派性

情緒に訴えたり誇張によって読者をひきつけようとする歴史書が多く執筆されていた中で、ポリュビオスはあくまで事実を探究しようとした。実際の政治活動を通じて養われた現実感覚と批判精神によって支えられながら、彼は明確な問題意識を持って広く調査旅行をおこない、歴史を書いた。そこには、公平を重んじ、一面的な叙述を避けようとする努力の跡が見られる。敵をも賞賛しなければならないし、親友をも批判しなければならないのである（『歴史』一・一四・五）。ローマ一辺倒にもなっていない。

しかしその彼も、一種の党派性と無縁ではなかった。『歴史』には、アカイア的愛国心がたびたび前面に出てくる。彼の普遍史のなかでアカイア史に異例の比重がおかれているのもそのあらわれである。一面的で反アカイア的な叙述をしているフィラルコス（『歴史』二・五六―六三）に対しては反感を抱いており、クレオメネス戦争をめぐる政治的立場の相違が明らかになっている。また、アラトスのきわめて傾向的な『回想録』を真実とみなしている（『歴史』二・四〇・四）。アイトリア同盟にたいして敵対的であることは明瞭である。

さらに、ローマとカルタゴとの対決に関しても、ポリュビオスの立場は、ある種の偏りを見せている。この問題については、ファビウスがローマ支持、フィリノスがカルタゴ支持という立場で歴史を書いていた。ポリュビオスはローマ人たちに好意をよせ、フィリノスの偏りを説明することに力点がおかれ、ファビウスの偏った叙述に依拠している。すでにふれたように、ハンニバルの将軍としての力量を高く評価しているという点に彼の公平さを見ることができるが、しかし全体としては、こうした傾向を否定することはできない。この意味では、ポリュビオスは、自らの理想に必ずしも忠実ではなかったと言わねばならない。

古代ギリシアの歴史家の中でも、ポリュビオスの問題意識はもっとも鮮明である。ローマの輝かしい対外発展の原因は何か、がそれであった。自らの政治経験から生じてきたこの切実な問いをいだきつつ、彼は歴史を叙述しようとした。ギリシアの歴史叙述の伝統は、ポリュビオスを介して、ローマへと受け継がれていく。リヴィウス、サルスティウス、タキトゥスは、ポリュビオスから深く学んでいるのである。

Ⅱ　キリスト教の歴史観

概観

今日わが国でも広く通用している西暦という紀年法は、独特の時の観念を前提としている。「紀元前（B. C.）」は、「キリスト前（Before Christ）」、「紀元（A. D.）」は「主の年に（Anno Domini）」を意味する。すなわち、イエスの誕生という特定の時点を起点（元年）として、歴史を前後に分けて数えていくという年の算定の仕方なのである。「イエスの誕生後・・年」という紀年法がはじめて採用されたのは、五二五年、ディオニュシウス・エクシグウスによってであった。ただ、彼は算定の際に多少の誤差を生じさせたため、今日ではイエスの誕生は、紀元前四年であるとも言われる。イエスの誕生後、という考え方の中には、誕生前ということが当然含まれているが、実際にそうした紀年法が用いられたのは、ベーダの『イギリス教会史』（七三一年）においてであった。

いずれにせよ、西暦が独特の観念に基づくものであり、またこれは、世界の歴史のなかに一つの中心を見る考え方であり、しかもそれは、人間の救いに関わる宗教的な考え方に支えられた見方によるものなのである。ヨーロッパの歩みがキリスト教と密接に結ばれていることは言うまでもないが、「歴史」の理解においても、キリスト教の考え方は深く根をおろし、ギリシアの歴史観と並んでヨーロッパ歴史思想の源流となっている。

本章では、キリスト教の救済史観とその歴史叙述への適用を考察したい。まずはじめに、新約聖書の諸文書の中で最も歴史的な展望を備え、しかも救済史を骨子とするルカの歴史叙述を取り上げる。「ルカによる福音書」と「使徒言行録」という文書において、ルカはどのような歴史の描き方をしているのであろうか。その点を、とくに一世紀後半のローマ帝国と原始キリスト教史を背景にしながら考察していきたい。

次に取り上げるのは、アウグスティヌスである。新約聖書において基礎を置かれた歴史理解が、この教父のもとでより大規模な形で展開されたのである。二五〇年にわたって断続的に続けられたローマ政府による迫害の時代を経過し、四世紀末にキリスト教はローマ帝国の国教となったが、直ちにローマ帝国のすみずみにまで、キリスト教信仰が浸透したわけではない。四一〇年の西ゴートによるローマ市陥落の出来事は、伝統的なローマの宗教の信奉者たちにとって絶好の巻き返しの機会となり、この災厄に直面してキリスト教に対する批判が繰り広げられた。これに対して弁明の筆をとり、『神の国について』を完成させたのが、アウグスティヌスであった。彼にとってこの地上の歴史は、神の国と地の国が闘う舞台であった。近世のボシュエにまで直接の影響力をもったこのアウグスティヌスの歴史観を考察したい。

一「時の中心」と救済史
――ルカ――

1 紀元一世紀

内乱の一世紀が終りをつげ、地中海世界の全域にわたってローマ帝国の支配が及んだ紀元一世紀は、ヨーロッパ世界の胎動を告げる時期であった。「ローマの平和」が享受され、ラテン文学の黄金時代が出現する。帝国の北方では、西暦九年トイトブルクの森に近いカルクリーゼにおいて、ゲルマン民族の一派であったケルスキー族がアルミニウスに率いられてローマ軍を打ち破り、それをきっかけにローマはゲルマニア征服を断念し、ライン川を自然国境とすることになった。一世紀末に書かれたタキトゥスの『ゲルマニア』以後、ゲルマン人に関する文献史料が姿を消す。そのため、ゲルマン社会に生ずる変貌の様相を知る手がかりが乏しくなる。しかし四世紀の後半には、大部族に統合されたゲルマン民族は大移動を開始し、そのうちのフランクが西ヨーロッパ世界の形成に大きく貢献することになるであろう。

また、ローマ帝国の東部辺境地方に位置するパレスティナでは、ユダヤ教を母胎として新たな信仰が芽生える。イエスがガリラヤを舞台に伝道活動を開始したのは、西暦二八年ころと推定される。最古の福音書であるマルコによる福音書（七〇年ころ成立）によれば、イエスは次のような言葉で語りかけを始めた。

時は満ち、神の国は近づいた。悔い改めて福音を信じなさい（マルコ一・一五。以下、聖書からの引用は、新共同訳による）。

ユダヤ教には、歴史の終末に必ずや輝かしいメシア（救い主）が到来するであろうという信仰が存在した。しかし、長年にわたって外国（アッシリア、新バビロニア、ペルシア、マケドニア、エジプト、シリア、ローマ）の支配を受けつづけてきたパレスティナの民衆たちは、時とともに政治的な色彩の強いメシアを待望するにいたった。とりわけ、領主ヘロデ・アンティパスを介してローマ帝国の支配が深く及んでいたガリラヤでは、反ローマ感情が高まっていた。そのような時代環境のなかで、イエスの語りかけはなされたのであった。「神の国」という場合の「国」（バシレイア）は、領域というより支配というニュアンスがまさった言葉であるという。今や神の支配がすぐそこまで来ている。神との本来の関係にたち帰ることによって新たな生命に生きうる、充実した時が今来ている。しかし、民衆たちの多くは、この「神の国」の語りかけに、ローマ帝国の支配から解放された独立国家を見ようとし、イエスにその解放運動の指導者を期待した。イエスの真意と民衆の期待との乖離に、イエスの「受難」が生ずるひとつの理由があったのである。

ヨーロッパを形づくるギリシア・ローマ文化、キリスト教、そしてゲルマン民族の精神は、やがて高度な融合を遂げることになるが、紀元一世紀にはこうしてそれぞれが独自の展開を示すのである。

ところで、ヨーロッパの思想を問題にするとき、ギリシア思想とキリスト教は鋭い対立をはらむ二大潮流を形づくっているが、歴史理解においてキリスト教は、どのような特徴を具えているのか。ギリシアとの違いがあるとするなら、どのような点にあるのだろうか。

2　ルカ文書

新約聖書に収録されている二七の文書のうち、もっとも歴史叙述の体裁を整えた作品は、「使徒言行録」であろう。エルサレムにおける原始キリスト教会の成立に始まり、とりわけ前半ではペトロ、後半ではパウロを通じて、福音が首都ローマにまで伝えられていく経過が生き生きと描かれている。いわば最初期の教会史と言ってよいであろう。その序文は、次のような言葉で始まる。

テオフィロさま、わたしは先に第一巻を著して、イエスが行い、また教え始めてから、お選びになった使徒たちに聖霊を通して指図を与え、天に上げられた日までのすべてのことについて書き記しました（使徒言行録、一章一―二節。以下、使徒一・一―二、のように略記する）。

この序文を読むとき、福音書に親しんでいる者は、同様の記述が「ルカによる福音書」にもあったことを思い起こすに違いない。この第三福音書の冒頭には、次のように記されている。

わたしたちの間で実現した事柄について、最初から目撃して御言葉のために働いた人々がわたしたちに伝えたとおりに、物語を書き連ねようと、多くの人々が既に手を着けていますす。そこで、敬愛するテオフィロさま、わたしもすべての事を初めから詳しく調べていますので、順序正しく書いてあなたに献呈するのがよいと思いました。お受けになった教えが確実なものであることを、よく分かっていただきたいのであります（ルカ、一・一―四）。

ローマの高官と思われる同じ人物に宛てて書かれたこの二つの序文をあわせ読むとき、われわれは使徒言行録の序文で述べられている「第一巻」は「ルカによる福音書」を示すものであり、またこの二つの文書が同一人物によって書かれたものであると見なしうるであろう。じっさい、ギリシア語の語彙、文体、思想に照らして両著作は同じ著者の執筆になることが、研究者によって一致して確認されている。

ここでは、「ルカによる福音書」と「使徒言行録」という一続きの「ルカ文書」をとりあげ、その関連を念頭におきながら、ルカにおける歴史叙述ならびに歴史観を考察していきたい。そこでまず、著者の人物像を一瞥しておこう。

3　ルカ文書の著者問題

ヘロドトスやツキディデス、そしてポリュビオスにおいてもそうであったが、ルカ文書の著者についても、僅かなことしか知りえない。それどころか、ほとんど分からないと言ってよい。

紀元二世紀末の『ムラトーリ正典目録』ならびにエイレナイオスの『異端者駁論』は、新約聖書で三回言及される、医者でありパウロの協力者であるルカを第三福音書と使徒言行録の著者と見なし、それ以後これが伝統的な見解となった。すなわち、コロサイの信徒への手紙、四章一四節に見られる「愛する医者ルカ」、テモテへの手紙、二、四章一一節で語られるパウロのもとに一人とどまるルカ、そしてフィレモンへの手紙、二四節に登場するパウロの「協力者」の一人ルカが、久しくルカ文書の著者とされてきたのである。

しかし、この見解は一九世紀以降、多くの批判に曝されることになった。確かに、ルカ文書には医者の診療にかかわる言葉が見られる。瀕死の病から回復したヤイロの娘にイエスは「食べ物を与えるように指図」する（ルカ、八・五五）。また、ルカ福音書だけが伝える「善いサマリア人」の物語では、追いはぎに襲われて半殺しの目にあった人を、通りかかったサマリア人が近寄って「傷に油とぶどう酒を注ぎ、包帯をした」様子が描かれている（ルカ、一〇・三四）。さらに、マルタ島の長官プブリウスの父親が「熱病と下痢」で床についていたので、パウロはその家に行って祈り、「手を置いていやした」という（使徒二八・八）。「このことがあったので、島のほかの病人たちもやって来て、いやしてもらった」（二八・九）。パウロに同行し、その場に居合わせた医者ルカの働きがあったことも推測させる書きぶりである。また、マルコやマタイに出てくる「針」（マルコ一〇・二五、マタイ一九・二四）が縫い針であるのに対して、ルカ福音書の並行記事が記す「針」（一八・二五）は外科医が使う針である、と指摘する学者もある。こうした手がかりが、ルカ文書の著者を「医者ルカ」とするひとつの根拠となっている。

しかし、医療に関するこのような言葉や知識は当時の教養人であれば医者でなくとも心得ていたことが、同時代の著作家たちが残している作品の検討によって論証されるようになった。けれども、こうした論証によって、著者が医者のルカではなかったということになるのだろうか。

また、著者がパウロの協力者であったルカであるなら、真正のパウロ書簡の中に現われているパウロの思想や行動と使徒言行録にみられるパウロ像がなぜこれほど相違するのか、という指摘が多くの有力な学者たちによってなされている。

もっとも大きな違いとされるのは、パウロの信仰の中核をなす「信仰による義」をめぐるもの（信仰義認論）である。パウロはローマの信徒への手紙で語る。「人が義とされるのは律法の行いによるのではなく、信仰による」（三・二八）。ガラテヤの信徒への手紙においてもパウロは言う。「人は律法の実行ではなく、ただイエス・キリストへの信仰によって義とされる」（二・一六）。これに対して、使徒言行録でパウロは「わたしは生まれながらのファリサイ派です」とすら語っている（二三・六）。律法を厳格に守り抜こうとするファリサイ派を自負するのである。たしかに、使徒言行録が記述するパウロは律法の遵守に疑問を抱いておらず（二四・一四―一六）、真正のパウロ書簡であるガラテヤの信徒への手紙に見られるような（二・一一―一四）ペトロ批判をなしてはおらず、エルサレム教会の指導者たちと友好的である。

しかし、「わたしは生まれながらのファリサイ派です」という言葉は、律法問題とは異なる文脈において語られているのではないか。すなわち律法を厳格に遵守しようと務めるのとは別のファリサイ派の一面（復活思想）が語られているのではないか。また、使徒言行録、一三章三八―三九節に見られるパウロの言葉には、著者なりのパウロ理解が示されてはいないだろうか。「この方（イエス）による罪の赦しが告げ知らされ、また、あなたがたがモーセの律法では義とされえなかったのに、信じる者は皆、この方によって義とされるのです」。一五章一〇―一一節の言葉はペトロのものであるが、パウロ的な響きを聞き取りうるように思う。すなわち、「先祖もわたしたちも負いきれなかった軛《くびき》」という表現で律法が批判され、「わたしたちは、主イエスの恵みによって救われると信じているのです……」と語られている。信仰による義認というパウロの信仰理解に、著者がまったく感受性を持っていなかったとは言えないのではないか。

しかもパウロ書簡集が広く知られるようになるのが一世紀

末から二世紀初頭であり、著者自身もパウロ書簡を知っていなかったのはほぼ確実である。たしかに、新約聖書の中で三回ふれられている「ルカ」に関する記述からすると、彼はパウロの晩年に、かなりの期間パウロとともにいたということになる。それにもかかわらず、彼はパウロの信仰の本質を深く理解しえなかったのかもしれない。たとえ航海をともにしたとしても、あるいはまた獄中のパウロに親しく接していたとしても、教えそのものをどれほど聴く機会があったであろうか。それに加えて、パウロと著者との世代の違い、両者の課題の違いがニュアンスと力点のおき方の相違を生んでいるということをもっと考慮に入れなければならないであろう。

いずれにせよ、パウロの協力者で医者であったルカを、ルカ文書の著者であるとは断定できない。しかし、同一人物である可能性をまったく排除することも正当ではないであろう。われわれとしては、したがって異同の問題からいったん離れて、ルカ文書から窺える著者の生涯や思想に目を向けていきたい。しかしその前に、ルカ文書の成立年代について簡単に確認しておこう。そのことによって生涯の考察にもいささかの示唆が得られるであろう。なお、以下において第三福音書と使徒言行録の著者を便宜的に「ルカ」と記すが、これまでふれた理由からこのルカを「医者ルカ」「協力者ルカ」と断定しているわけではないことを断っておきたい。

4 ルカ文書の成立年代

ルカは彼の福音書の執筆にさいしてマルコによる福音書（七〇年ころ）を利用しているので、ルカ福音書の成立がそれ以後であることは確実である。また、ルカ福音書の二一章に見られるエルサレムの神殿の破壊（二一・六）やエルサレムの滅亡（二一・二〇、二四）についてのイエスの預言には、七〇年におけるエルサレム陥落の事実が反映しているとされる（事後予告）。イエスの時代に高まりを見せたユダヤ人のローマ帝国に対する抵抗は、やがて第一次ユダヤ戦争（六六―七〇年）を引き起こしたが、そのさいローマ軍によるエルサレム神殿の破壊とエルサレムの滅亡が起こり、この出来事の衝撃がこの記述に刻印されているのである。したがって、ルカ福音書がその事件以後に執筆されていることは明らかである。

さらにルカ福音書およびその続編である使徒言行録には、ヨハネ黙示録に見られるようなドミティアヌス帝晩年（九五年）の大規模な迫害の形跡が認められない。地域的な小規模の迫害は、たしかに様々に存在した。しかしローマ政府による大規模な組織的迫害は、ネロ帝時代のローマ市における迫害（六四年）以後、ドミティアヌス帝治下の迫害まではなかったのである。今や皇帝は「主にして神」と自称し、皇帝礼拝を強化する。すでに迫害の犠牲者が出ている情勢の中で（二・一三）、ヨハネ黙示録は、ローマ帝国を「獣」（一三・一）、「大淫婦」（一七・一）、「大バビロン、みだらな女たちや、地上の忌まわしい者たちの母」（一七・五）と呼び、「悪魔」（二〇・二）となったローマ帝国を見据えながら、キリスト教徒に神への信仰にとどまるように訴える。「ハレルヤ、全能者であり、わたしたちの神である主が王となられた。わたしたちは喜び、大いに喜び、神の栄光をたたえよう」（一九・六―七）。ルカ文書にはこうした緊迫感はみられない。したがって九〇年代半ば以前の成立と推定される。

またルカ文書には、「クレメンスの第一の手紙」（一世紀末）以降の著作に窺われる一層整備された教会制度に関する論述は見られない。したがって、ルカ福音書は八〇年代、その後に執筆された使徒言行録は九〇年ころに成立したと見なしてよいであろう。

5　ルカについて知りうること

さて、ルカの生没年はまったく不明である。今確認したルカ文書の成立時から判断して、一世紀後半を中心に生きた人物であると考えられる。聖書ではユダヤ人以外を「異邦人」と呼ぶが、彼は異邦人キリスト教徒である。イエスの直弟子ではないことは、ルカ福音書の序文（一・一―三）から明らかである。直弟子に続くパウロ（六〇年前後に没）の次の世代に属するキリスト教徒であろう。しかも、キリスト教徒になる前には、改宗こそしなかったがユダヤ教に親近感を抱いていたのではないか、と指摘されている。すなわち、彼自身、使徒言行録に何度か登場する「神を敬う」非ユダヤ人（一三・一六、二六、一七・四、一七、参照）であった可能性が高い。

ルカは、ギリシア人であったかもしれない。シリアのアンティオキアとその教会についての記述が詳しい（使徒、一一・一九―三〇、一三・一―三、一四・二一―二八、一五・二二―三五など）ので、アンティオキアの出身という可能性もある。さらにルカは、パレスティナの地理について詳しい知識を持ちあわせていない。たとえば、ルカ福音書、四章四四節の前後の舞台はガリラヤであるにもかかわらず、突然この節でイエスが「ユダヤの諸会堂」に赴いたことが記されている。他方、使徒言行録における東地中海世界についての記述は、それに比較して正確である。これは、ルカの活動の場を物語っている。

ルカは、新約聖書の中でもっとも格調の高い流麗なギリシア語（コイネー）の文章を書いた人物と見なされている。とりわけ福音書では詩情ゆたかにイエスの生涯を描いている。

ということは、ルカは青年時代に高度なヘレニズムの教育を受けたはずである。その語彙はプルタルコスに似通っているという。一方、彼は旧約聖書のギリシア語訳（七十人訳聖書、セプトゥアギンタ）に精通していた。ルカの文体はこれに強く影響を受けている。

　また使徒言行録の中に、「わたしたち」という一人称複数で記述がなされている箇所がいくつかある（一六・一〇―一七、二〇・五―一五、二一・一―一八、二七・一―二八・一六）。いずれも船旅にかんする叙述において出てくる表現である。これらは「われら章句」と言われ、研究史において多くの論議を呼んできた。この表現を字句どおりにとれば、ルカがパウロの船旅に同行したことになるわけで、ルカの生涯を考察するにあたって重要な手がかりとなるであろう。伝統的な見解は、「医者ルカ」ないし「協力者ルカ」をこれらの記述と結びつけるのである。しかし今日の研究によれば、こうした「われら章句」は、当時のヘレニズム文学にひろく見られる手法であり、とくに航海に関する叙述のなかに見出される表現である。情景を生き生きと描き出すために「わたしたち」を使うのである。そうだとすれば、著者が実際にパウロと航海をともにしたと推定することはできないことになる。

　しかし、使徒言行録の後半がほとんどパウロの言動で占められているように、ルカがパウロの働きに深い敬意を抱いていたことは無視することができない。むろん、すでに確認したように、パウロの信仰理解の本質をどれだけ深く捉えていたかについては、疑問が残る。しかし「律法と信仰」の問題に取り組むことがパウロの中心的関心事であったとするなら、一世代あとのルカは福音をローマ世界の文化と体制に橋渡しすることに努めたのである。この両者の課題の違いが、ルカのパウロ観を独自なものにしているのではないか。しかもその背景には、パウロにおいてはまだ切迫したものと捉えられていた終末（イエスの「再臨」。たとえば、テサロニケ、一、四・一五）が、まだ到来しないという意識が高まっていた。イエスの死からほぼ半世紀をへだてた地点にルカは立っている。

6　歴史家としてのルカ――（一）史料収集

ルカによる福音書と使徒言行録は、いずれもテオフィロなる人物に宛てられていた。このような序文は、他の三つの福音書には存在しない。高位の人物への献辞を含む序文は、ヘレニズムの歴史叙述にしばしば見出される。ルカが歴史叙述の伝統を意識し、歴史家として執筆しようとしていることが感じられる。それではどこまで、どのような意味でルカは歴史家であったのだろうか。そこでわれわれは、以下の三点について、ルカ文書を考察していきたい。第一に、ルカはどのような史料を収集し、ルカ文書をまとめたのだろうか。第二に、史料が語る一連の出来事をいかに時代の中に位置づけたのであろうか。第三に、歴史叙述の伝統において重視されてきた演説をどのように捉え、また記述しているだろうか。

第一の史料収集については、すでにルカによる福音書の序文から、われわれはルカの姿勢を読み取ることができる。

わたしたちの間で実現した事柄について、最初から目撃して御言葉のために働いた人々がわたしたちに伝えたとおりに、物語を書き連ねようと、多くの人々が既に手を着けています（ルカ、一・一―二）。

これまで紹介してきた三人の歴史家たちが目撃者の証言を重視したことを確認したが、ルカもこれを重んじていることが注目される。そして、ルカが自らの福音書を執筆するにあたって多くの伝承を史料として利用していることが記されている。今日の研究によれば、ここでルカが念頭においているのは、マルコによる福音書、イエスの語録集、ルカ特殊史料という三つの史料群である。

ルカはまず、マルコ福音書を自分の福音書の大枠として受け取っている。ただし、ルカがマルコによる福音書に満足していないことは、「わたしもすべての事を初めから詳しく調べていますので、順序正しく書いてあなたに献呈するのがよいと思いました」（一・三）という言葉から明らかである。

また、ルカはマルコ福音書の六章四五節から八章二六節の部分を削除している。

次に「イエスの語録集」である。これは、ルカがマタイと共有しており、マルコには見出されない。たとえば、イエスの幸福観が示された説教はそれに基づいている。

貧しい人々は、幸いである、
神の国はあなたがたのものである。
今飢えている人々は、幸いである、
あなたがたは満たされる。
今泣いている人々は、幸いである、
あなたがたは笑うようになる。
人々に憎まれるとき、また、人の子のために追い出され、ののしられ、汚名を着せられるとき、あなたがたは幸いである。その日には、喜び踊りなさい。天には大きな報いがある。この人々の先祖も、預言者たちに同じことをしたのである（ルカ、六・二〇―二三）。

これに対応するのが、マタイの「山上の説教」の一節（五・三―一二）である。

もう一箇所、イエスの語録集に由来するものを見ておこう。それから、イエスは弟子たちに言われた。「だから、言っておく。命のことで何を食べようか、体のことで何を着ようかと思い悩むな。命は食べ物よりも大切であり、体は衣服よりも大切だ。烏のことを考えてみなさい。種も蒔かず、刈り入れもせず、納屋も倉も持たない。だが、神は鳥を養ってくださる。あなたがたは、鳥よりもどれほど価値があることか。あなた方のうちのだれが、思い悩んだからといって、寿命をわずかかでも延ばすことができようか。こんなごく小さな事さえできないのに、なぜ、ほかの事まで思い悩むのか。野原の花がどのように育つかを考えてみなさい。働きもせず紡ぎもしない。しかし、言っておく。栄華を極めたソロモンでさえ、この花の一つほどにも着飾ってはいなかった。今日は野にあって、明日は炉に投げ込まれる草でさえ、神はこのように装ってくださる。まして、あなたがたにはなおさらのことである。信仰の薄い者たちよ。あなたがたも、何を食べようか、何を飲もうかと考えてはならない。また、思い悩むな。それはみな、世の異邦人が切に求めているものだ。あなたがたの父は、これらのものがあなたがたに必要なことをご存じである。ただ、神の国を求めなさい。そうすれば、これらのものは加えて与えられる」（ルカ、一二・二二―三一）。

三つ目が、ルカだけが用いている「ルカ特殊史料」である。ルカによる福音書には、マルコにはないイエスの誕生と少年期についての記述が存在し、イエスが復活後に弟子たちに姿を現し昇天する様を描くルカ独自の記事（二四章一節以下）が付け加えられている。また受難の叙述についてはマルコとかなり相違した叙述が見られる。さらに数多くの譬え話などもルカ特殊史料に由来する。これらの部分はルカ福音書の三分の一にも及んでいる。「罪深い女」（七・三六以下）、「善いサマリア人」（一〇・二五以下）、「放蕩息子」（一五・一一以下）、「徴税人ザアカイ」（一九・一以下）など、ルカ特殊史料に基づく印象的な箇所は多いが、具体例として一つだけあげておこう。

自分は正しい人間だとうぬぼれて、他人を見下している人々に対しても、イエスは次のたとえを話された。「二人の人が祈るために神殿に上った。一人はファリサイ派の人で、もう一人は徴税人だった。ファリサイ派の人は立って、心の中でこのように祈った。『神様、わたしはほかの人たちのように、奪い取る者、不正な者、姦通を犯す者でなく、また、この徴税人のような者でもないことを感謝します。わたしは週に二度断食し、全収入の十分の一を献げています。』ところが徴税人は遠くに立って、目を天に上げようともせず、胸を打ちながら言った。『神さま、罪人のわたしを憐れんでください。』言っておくが、義とされて家に帰ったのは、この人であって、あのファリサイ派の人ではない。だれでも高ぶる者は低くされ、へりくだる者は高められる」（ルカ、一八・九―一四）。

ファリサイ派は、父祖の律法の厳格な習得と実践のゆえに、ユダヤ社会において尊敬を集めていた。一方、徴税人はローマ帝国の徴税組織の末端を担い、しばしば民衆から不当に税を取り立てていた。したがって、民衆からも軽蔑の念をもって見られていた。イエスは、神に対する両者の姿勢のゆえにこの通念をくつがえす。ルカは特殊史料によりながら、このようなイエスを描き出すのである。

それでは、使徒言行録の執筆の際に、ルカはどのような史料を用いているのだろうか。この場合ルカは、福音書を執筆の際に用いたような史料群を手にしてはいなかった。むしろ数多くの断片的な伝承を収集したと思われる。エルサレムに成立した原始キリスト教会に関する前半では、とりわけ多くの口頭伝承が用いられた。パウロの伝道旅行を中心とした後半（一三章以下）の記述では、「わたしたち」を主語として綴られる「われら章句」がまとまりのある四つの部分で登場する。これは、すでにふれたように、現在では生き生きとした描写をねらいとするヘレニズムの文学的手法と見なされており、ルカ自身の実体験に裏打ちされた文章ではないと推定されている。パウロの同行者の旅行メモによるものであったのかもしれない。ただし、パウロの旅行ルートに関しては、何らかの伝承があったものと考えられている。

こうしてルカは、第三福音書と使徒言行録の執筆にあたって多くの史料を集め、前者にかんしては、マルコによる福音書に優る叙述をなそうと試み、後者に関しては様々な断片的な史料を自分の観点から編集し、原始キリスト教の足跡を描くというこれまで誰も手掛けなかった課題と取り組んだのである。

7　歴史家としてのルカ――（二）世界史への編入

ルカは、イエスの誕生について、次のように記している。

そのころ、皇帝アウグストゥスから全領土の住民に、登録をせよとの勅令が出た。これは、キリニウスがシリア州の総督であったときに行われた最初の住民登録である。人々は皆、登録するためにおのおの自分の町へ旅立った。ヨセフもダビデの家に属し、その血筋であったので、ガリラヤの町ナザレから、ユダヤのベツレヘムというダビデの町へ上って行った。身ごもっていた、いいなずけのマリアと一緒に登録するためである。ところが、彼らがベツレヘムにいるうちに、マリアは月が満ちて、初めての子を産み、布にくるんで飼い葉桶に寝かせた。宿屋には彼らの泊まる場所がなかったからである。

その地方で羊飼いたちが野宿をしながら、夜通し羊の群れの番をしていた。すると、主の天使が近づき、主の栄光が周りを照らしたので、彼らは非常に恐れた。天使は言った。「恐れるな。わたしは、民全体に与えられる大きな喜びを告げる。今日ダビデの町で、あなたがたのために救い主がお生まれになった。この方こそ主メシアである。あなたがたは、布にくるまって飼い葉桶の中に寝ている乳飲み子を見つけるであろう。これがあなたがたへのしるしである。」すると、突然、この天使に天の大軍が加わり、神を賛美して言った。
「いと高きところには栄光、神にあれ、
地には平和、御心に適う人にあれ。」
天使たちが離れて天に去ったとき、羊飼いたちは、「さあ、ベツレヘムへ行こう。主が知らせてくださったその出来事を見ようではないか」と話し合った。そして急いで行って、マリアとヨセフ、また飼い葉桶に寝かせてある乳飲み子を探し当てた。その光景を見て、羊飼いたちは、この幼子について天使が話してくれたことを人々に知らせた。聞いた者は皆、羊飼いたちの話を不思議に思った。しかし、マリアはこれらの出来事をすべて心に収めて、思い巡らしていた。羊飼いたちは、見聞きしたことがすべて天使の話したとおりだったので、神をあがめ、賛美しながら帰って行った（ルカ、二・一―二〇）。

瑞々しい筆致で描かれたこのイエス誕生に関する記事の冒頭で、ローマの初代皇帝アウグストゥス（在位、前二七―後一四年）の名前が挙げられていることに注目したい。四つの福音書の中で、唯一ルカ福音書だけがローマ皇帝に言及している。ルカはこのように、当時の皇帝の名を引き合いに出すことによって、イエスの誕生を時代史の中に位置づけるのである。そして、アウグストゥスの勅令によって「全領土の住民に」命じられた住民登録は、「キリニウスがシリア州の総督であったときに行われた最初の住民登録」（二・二）であったと、説明を加える。ただしこの記述は、史実としては正確ではない。アウグストゥスの治世にローマ帝国の「全領土の住民」を対象とする住民登録は存在せず、シリア州の総督であったキリニウスの住民登録が実施されたのは、西暦六年のことであった。しかも、ユダヤを対象になされたものであった。このような不正確さはあるが、ルカはイエスの誕生を世界史の広がりの中に描き出そうとするのである。

さらに、イエスの先駆者であった洗礼者ヨハネの活動も第二代皇帝、総督、統治者、大祭司の在位期間との関連で語られる。

皇帝ティベリウスの治世の第十五年、ポンティオ・ピラトがユダヤの総督、ヘロデがガリラヤの領主、その兄弟フィリポがイトラヤとトラコン地方の領主、リサニアがアビレネの領主、アンナスとカイアファとが大祭司であったとき、神の言葉が荒れ野でザカリアの子ヨハネに降った。そこで、ヨハネはヨルダン川沿いの地方一帯に行って、罪の赦しを得させるために悔い改めの洗礼を宣べ伝えた（ルカ、三・一―三）。

ティベリウス帝が即位したのは西暦一四年(三七年まで在位)であるから、「治世の第十五年」は、西暦二八年となる。ユダヤ総督ポンティウス・ピラトゥス(在位、二六―三六年)や総督たちを列挙することも、時期設定の試みと見なすことができる。イエスの誕生から八〇年、洗礼者ヨハネやイエスの活動の開始より五五年ほどたち、また先行するマルコ福音書には年代の厳密な表示がなされていない中で、統治者たちの在位期間との関連で時期を確定することはそれほど容易ではなかったはずである。

これらの例からも明らかなように、ルカは、イエスの誕生や洗礼者ヨハネの活動の初めを時代史との関連で物語ろうとしている。しかもそれらが、辺境パレスティナの取るに足らない事件ではなく、世界史的な出来事であるということを示そうとするルカの意図を見て取ることができるであろう。

このことは使徒言行録にも当てはまる。まず、クラウディウス帝の治世(四一―五四年)に生じた出来事についての言及が見出される。

そのころ、預言する人々がエルサレムからアンティオキアに下って来た。その中の一人のアガボという者が立って、大飢饉が世界中に起こると〝霊〟によって予告したが、果たしてそれはクラウディウス帝の時に起こった。そこで、弟子たちはそれぞれの力に応じて、ユダヤに住む兄弟たちに援助の品を送ることに決めた。そして、それを実行し、バルナバとサウロに託して長老たちに届けた(使徒、一一・二七―三〇)。

大飢饉については、ヨセフスが『古代誌』で触れており、四七年から四八年にかけて生じたものと推定されるが、ローマ帝国全域(「世界中に」)ではなく、ユダヤに限定されたものであった。バルナバとサウロ(パウロ)に託されたユダヤのキリスト教徒たちへの援助のきっかけとなった大飢饉の時期が皇帝の在位期と関連づけられている。

この第四代ローマ皇帝にかんしては、彼によって発せられたユダヤ人追放令(四九年ころ)によって、ローマからコリント(コリントス)に逃れてきたキリスト教徒の夫妻、アキラとプリスキラが同市でパウロと出会い、ともに仕事をしたことが記されている。

その後、パウロはアテネを去ってコリントへ行った。ここで、ポントス州出身のアキラというユダヤ人とその妻プリスキラに出会った。クラウディウス帝が全ユダヤ人をローマから退去させるようにと命令したので、最近イタリアから来たのである。パウロはこの二人を訪ね、職業が同じであったので、彼らの家に住み込んで、一緒に仕事をした。その職業はテント造りであった。パウロは安息日ごとに会堂で論じ、ユダヤ人やギリシア人の説得に努めていた(使徒、一八・一―四)。

さらに、総督ガリオン(ガリオ)に触れた箇所がある。

ガリオンがアカイア州の地方総督であったときのことである。ユダヤ人たちが一団となってパウロを襲い、法廷に引き立てて行って、「この男は、律法に違反するようなしかたで神をあがめるようにと、人々を唆しております」と言った。パウロが話し始めようとしたとき、ガリオンはユダヤ人に向かって言った。「ユダヤ人諸君、これが不正な行為とか悪質な犯罪とかであるならば、当然諸君の訴えを受理するが、問題が教えとか名称とか諸君の律法に関するものならば、自分たちで解決するがよい。わたしは、そんなことの審判者になるつもりはない。」そして、彼らを法廷から追い出した（使徒、一八・一二―一六）。

ガリオンは哲学者セネカの兄で、デルフォイで発見された碑文（「ガリオ碑文」）によれば、五一年から五二年までアカイア州総督であった。彼はこの間コリントに住み、パウロが第二回伝道旅行の途上で同市を訪ねユダヤ人たちに訴えられた際、パウロはガリオンの法廷に連れて来られたのである。パウロの生涯の絶対年代を確定することは困難であるが、この事実が例外的な基準となっている。

いずれにせよ、使徒言行録のこれらの記事においても、ルカは世界史の中に事件を位置づけようとしているのである。そして、ルカ福音書においてそうであったように、ルカは使徒言行録においても福音が伝えられていく経過の一つ一つを「どこかの片隅で起こったのではありません」（使徒、二六・二六）とパウロに言わせているのである。

8　歴史家としてのルカ――（三）演説の意義

古代ギリシアの歴史叙述において、演説が大きな役割を演じていたことはすでに述べた。ルカ文書でも、演説が重要であることは、これらの文書の中にしばしば記されている演説の多さによっても、明らかである。とくに使徒言行録には、二四の演説（ないし説教）が収められており、分量の点でも全体の三分の一に及ぶ。いかに演説に比重が置かれているかがわかる。

ところで、現代の新約聖書学によれば、これらの演説は、語り手の考えを再現するものではなく、ルカ自身の創作である。これらの背後に伝承の核を想定することはできるが、それによりながら、ルカは自らの思想に基づいて前後の叙述を意味付け、またまとめをするのである。

そうであるなら、すでに述べたように、ツキディデスの演説に対する姿勢とはだいぶ趣を異にすると言わなければならない。ツキディデスはヘロドトスを念頭におきながら、自分の叙述はたとえ面白さを犠牲にしても正確さを追求するものであると明言していた。そのツキディデスにとっても、演説の取り扱いは困難であった。たとえ自分がその演説を聞いていたとしても、一語一句そのまま再現することは不可能であったからである。まして他人から間接に聞いた演説の内容については、一層難しくなる。しかし重要なことは、ここでツキディデスがそのことを自覚し、そのことを率直に語っていることである。その意味では、ルカには、ツキディデスに見られた演説の再現の困難さに対する自省はない。むしろ、ルカは自らの意図と思想に基づいて演説を構成していくのである。

一つの演説を取り上げ、この点を考察してみよう。それは、パウロがアテネ（アテナイ）のアレオパゴスで行なった演説である。ペリクレス時代の繁栄と輝きを失っているとはいえ、今なお学問の中心であったアテネで、ルカの記すパウロはどのように語るのだろうか。ルカはまず、アテネの情景を描いている。

パウロはアテネで二人を待っている間に、この町の至るところに偶像があるのを見て憤慨した。それで、会堂ではユダヤ人や神をあがめる人々と論じ、また、広場では居合わせた人々と毎日論じ合っていた。また、エピクロス派やストア派の幾人かの哲学者もパウロと討論したが、その中には、「このおしゃべりは、何を言いたいのだろうか」と言う者もいれば、「彼は外国の神々の宣伝をする者らしい」と言う者もいた。パウロが、イエスと復活について福音を告げ知らせていたからである。そこで、彼らはパウロをアレオパゴスに連れて行き、こう言った。「あなたが説いているこの新しい教えがどんなものか、知らせてもらえないか。奇妙なことをわたしたちに聞かせているが、それがどんな意味なのか知りたいのだ。」すべてのアテネ人やそこに在留する外国人は、何か新しいことを話したり聞いたりすることだけで、時を過ごしていたのである（使徒、一七・一六―二一）。

エピクロス派やストア派の哲学者もいるアテネの広場の情景を描写するとき、ルカは自分自身が直面していた状況をも投影していたことであろう。キリスト教信仰とギリシア思想の邂逅と対決がここに描かれるのである。ルカの伝えるパウロの演説と聴衆の反応は次のようなものであった。

パウロは、アレオパゴスの真ん中に立って言った。「アテネの皆さん、あらゆる点においてあなたがたが信仰のあつい方であることを、わたしは認めます。道を歩きながら、あなたがたが拝むいろいろな物を見ていると、「知られざる神に」と刻まれている祭壇さえ見つけたからです。それで、あなた方が知らずに拝んでいるもの、それをわたしはお知らせしましょう。世界とその中の万物とを造られた神が、その方です。この神は天地の主ですから、手で造った神殿などにはお住みになりません。また何か足りないことでもあるかのように、人の手によって仕えてもらう必要もありません。すべての人に命と息と、その他すべてのものを与えてくださるのは、この神だからです。神は、一人の人からすべての民族を造り出して、地上の至るところに住まわせ、季節を決め、彼らの居住地の境界をお決めになりました。これは、人に神を求めさせるためであり、また、彼らが探し求めさえすれば、神を見出すことができるようにということなのです。実際、神はわたしたち一人一人から遠く離れてはおられません。皆さんのうちのある詩人たちも、

『我らは神の中に生き、動き、存在する』

『我らもその子孫である』と、

言っているとおりです。わたしたちは神の子孫なのですから、神である方を、人間の技や考えで造った金、銀、石などの像と同じものと考えてはなりません。さて、神はこのような無知な時代を、大目に見てくださいましたが、今はどこにいる人でも皆悔い改めるようにと、命じておられます。それは、先にお選びになった一人の方によって、この世を正しく裁く日をお決めになったからです。神はこの方を死者の中から復活させて、すべての人にそのことの確証をお与えになったのです。」

死者の復活ということを聞くと、ある者はあざ笑い、ある者は、「それについては、いずれまた聞かせてもらうことにしよう」と言った。それで、パウロはその場を立ち去った。しかし、彼について行って信仰に入った者も、何人かいた。その中にはアレオパゴスの議員ディオニシオ、またダマリスという婦人やその他の人々もいた（使徒、一七・二二―三四）。

ルカが記すアテネでのパウロの演説には、パウロ自身が書いた手紙に現われている思想とは大きく異なる語調や内容があることを感じないわけにはいかない。パウロの書いたコリントの信徒への手紙には次のような一節がある。

十字架の言葉は、滅んでいく者にとっては愚かなものですが、わたしたち救われる者には神の力です。それは、こう書いてあるからです。

「わたしは知恵ある者の知恵を滅ぼし、
賢い者の賢さを意味のないものにする。」

知恵のある人はどこにいる。学者はどこにいる。この世の論客はどこにいる。神は世の知恵を愚かなものにされたではないか。世は自分の知恵で神を知ることができませんでした。それは神の知恵にかなっています。そこで神は、宣教という愚かな手段によって信じる者を救おうと、お考えになったのです。ユダヤ人はしるしを求め、ギリシア人は知恵を探しますが、わたしたちは、十字架につけられたキリストを宣べ伝えています。すなわち、ユダヤ人にはつまずかせるもの、異邦人には愚かなものですが、ユダヤ人であろうがギリシア人であろうが、召

された者には、神の力、神の知恵であるキリストを宣べ伝えているのです。神の愚かさは人よりも賢く、神の弱さは人よりも強いからです（コリント　一、一・一八―二五）。

このようなパウロの真正の言葉と対比するとき、ルカが記すパウロの演説には汎神論的、自然神学的な響きを聴き取りうるし、エピクロス派やストア派の思想に近いものがある。「我らは神の中に生き、動き、存在する」は、エピメニデスの詩の一節、「我らもその子孫である」は、アラトスの詩に見られる言葉である。こうしたことは、ルカが自らの時代の課題を念頭におきながら、パウロにヘレニズム思想やギリシアの伝統的な感性に寄り添った演説を語らせていることを示している。テオフィロをはじめルカ文書の読者にふさわしい教養と言語が選ばれるゆえんである。

しかし、それはパウロに対するまったくの無理解に由来するものとは言えないであろう。確かに、ここではパウロの中心的な教えである十字架については触れていないが、創造者である神が語られ（使徒、一七・二四）、悔い改めが勧められ（三〇）、イエスの復活が述べられている（三一）のである。

演説は、古代ギリシアの歴史叙述において重要な役割を持っていた。その伝統を受け継ぎながら、ルカはその著作の中に多くの演説を盛り込んでいる。その際、ツキディデスに見られたような、少しでも語り手の論旨に忠実であろうとする姿勢は、ルカには乏しい。ルカは語り手の思想に理解を示そうとしながらも、自分の時代の問題意識を持って、自らの執筆意図によりながら、演説を構成することをためらわなかった、と言えるであろう。

ルカはたしかに、ヘレニズムの歴史叙述の伝統を意識しながら、高位の者に献呈の辞をささげ、史料を広く収集し、イエスや初代教会の足跡を世界史の中に位置づけ、また演説を多く叙述の中に盛り込んでいる。その意味でルカは歴史家であった、と言えるであろう。しかし、叙述の中にしばしば見られる超越的なものの描写をどう理解したらよいだろうか。ツキディデスが排除したような超越的なもの、ルカに即して言えば、歴史への神の働きかけ、「奇跡」、「復活」、「聖霊」といった事柄は、ルカにおいて、決して捨て去るべきものの残滓ではなく、むしろ中心的な事柄であったように思われる。それらを通じてルカは何を語ろうとするのだろうか。これまで確認してきた、ルカの歴史的手法は、本来ルカが示そうとしているものの手段であるように感じられる。ルカの叙述を支えていた意図とは何であったのだろうか。

9　救済史家ルカ

新約聖書には四つの福音書が収められているが、福音書は独特の文学類型である。最古の福音書であるマルコによる福音書には、イエスの誕生や少年時代の記述はない。イエスの生涯における最後の一週間が、克明に記されている。イエスの受難ということに特別の関心が注がれている。またもっとも遅く執筆されたヨハネによる福音書では、マタイやルカの福音書のような誕生の記事はなく、先在のイエスを荘重に語る。

初めに言《ことば》があった。言は神と共にあった。言は神であった。この言は、初めに神と共にあった。万物は言によって成った。成ったもので、言によらずに成ったものは何一つなかった。言の内に命があった。命は人間を照らす光であった。光は暗闇の中で輝いている。暗闇は光を理解しなかった（ヨハネ、一・一―五）。

わずかにこれだけのことに触れただけでも、福音書がある特定の意図を持ち、信仰に支えられた文書であることが明らかになる。ルカによる福音書や使徒言行録においてもこのことは同様である。そのことをルカの「時」の理解を通して考察してみよう。

ルカは他の福音書と比べても独自の時の区切りをしている。「律法と預言者は、ヨハネの時までである」（ルカ、一六・一六）と記しているように、彼は洗礼者ヨハネを律法と預言者、すなわち旧約の時の最後に位置するものとして捉えている。創造から洗礼者ヨハネまでが、一つの時なのである。これが第一の、「イスラエルの時」である。

創造については以下のように記される。バルナバとパウロはリストラにおいて語る。「あなたがたが、このような偶像を離れて、生ける神に立ち返るように、わたしたちは福音を告げ知らせているのです。この神こそ、天と地と海と、そしてその中にあるすべてのものを造られた方です」（使徒、一四・一五。四・二四も参照）。ルカは旧約の時代を一括して律法と預言者というが、ルカ文書にはこの時期についての詳しい記述はない。しかし、ステファノの長い演説に触れられている。この時期は救いが約束され、それを待ち望む時期である。

これに対して、旧約聖書の預言が実現する（ルカ、四・二一）時が第二の時、すなわち「イエスの時」である。イエスの公的活動からユダの裏切りまでの時期である。ルカ福音書によれば、イエスが荒れ野で四〇日にわたって悪魔から誘惑を受けたが、イエスはそれを退けた。そして「悪魔はあらゆる誘惑を終えて、時が来るまでイエスを離れた」（ルカ、四・一三）。これが、悪魔から解放された「イエスの時」の初めとされる。イエスの語りかけと働きが推し進められる。やがて悪魔は、活動を開始する。「十二人の中の一人で、イスカリオテと呼ばれるユダの中に、サタンが入った」（ルカ、二二・三）。こうして、受難を前にして「最後の晩餐」が催される。悪魔の働きから免れた時期が「イエスの時」とされる。

これが、「時の中心」（コンツェルマン）である。ローマ帝政初期の東方辺境で生じたささやかな出来事が、ルカの目には歴史の決定的な中心となるのである。使徒言行録で、ペトロは「イエスの時」の内容について語る。

神がイエス・キリストによって――この方こそ、すべての人の主です――平和を告げ知らせて、イスラエルの子らに送ってくださった御言葉を、あなたがたはご存じでしょう。ヨハネが洗礼を宣べた後に、ガリラヤから始まってユダヤ全土に起きた出来事です。つまり、ナザレのイエスのことです。神は、聖霊と力によってこの方を油注がれた者となさいました。イエスは、方々を巡り歩いて人々を助け、悪魔に苦しめられている人たちをすべていやされたのですが、それは、神が御一緒だったからです（使徒、一〇・三六―三八）。

なお、マルコによる福音書においてその接近が語られた神の国は、ルカによる福音書では、「イエスの時」において実現している。

ファリサイ派の人々が、神の国はいつ来るのかと尋ねたので、イエスは答えて言われた。「神の国は、見える形では来ない。『ここにある』『あそこにある』と言えるものでもない。実に、神の国はあなたがたの間にあるのだ」（ルカ、一七・二〇―二一）。

この「イエスの時」に続くのが、「教会の時」である。これが第三の時である。これは、イエスの「復活」（ルカ二四・一―一二）と「昇天」（ルカ、二四・五〇―五一。使徒、一・九）に続く「聖霊の降臨」で始まる。ルカは、それを次のように描写する。

五旬祭の日が来て、一同が一つになって集まっていると、突然、激しい風が吹いて来るような音が天から聞こえ、彼らが座っていた家中に響いた。そして、炎のような舌が分かれ分かれに現れ、一人一人の上にとどまった。すると、一同は聖霊に満たされ、〝霊〟が語らせるままに、ほかの国々の言葉で話しだした（使徒、二・一―四）。

教会の始まりを伝えるこの出来事から、イエスにおいて実現した救いが完成する終末、すなわち「再臨」に至る時期が、「教会の時」である。使徒言行録の初めの部分で、復活したイエスは使徒たちに語る。

あなたがたの上に聖霊が降ると、あなたがたは力を受ける。そして、エルサレムばかりでなく、ユダヤとサマリアの全土で、また、地の果てに至るまで、わたしの証人となる（使徒、一・八）。

使徒言行録は、まさに福音がエルサレムからユダヤとサマリアをへて、地の果てであるローマにまで伝えられる経過を描くのである。同書の末尾で、パウロは、ついにローマに到着し（使徒、二八・一四）、囚われの身であったにもかかわらず、「全く自由に何の妨げもなく、神の国を宣べ伝え、主イエス・キリストについて教え続けた」（使徒、二八・三一）。

ルカの叙述において注目されることは、エルサレムに誕生した教会がまず、ユダヤ人に福音を宣べ伝えたが、ユダヤ人はそれを拒否し、異邦人に向かうようになったという軌跡をくっきり描くことである。ペトロ、ステファノ、アンティオキアの教会、パウロの働きは、その発展の中で位置を占めている。使徒言行録の一節を引こう。

次の安息日になると、ほとんど町中の人が主の言葉を聞こうとして集まって来た。しかし、ユダヤ人はこの群集を見てひどくねたみ、口汚くののしって、パウロの話すことに反対した。そこで、パウロとバルナバは勇敢に語った。「神の言葉は、まずあなたがたに語られるはずでした。だがあなたがたはそれを拒み、自分自身を永遠の命を得るに値しない者にしている。見なさい、わたしたちは異邦人の方に行く。主はわたしたちにこう命じておられるからです。

『わたしは、あなたを異邦人の光と定めた、
あなたが、地の果てにまでも、
救いをもたらすために。』」

異邦人たちはこれを聞いて喜び、主の言葉を賛美した。そして、永遠の命を得るように定められている人は皆、信仰に入った（使徒、一三・四四―四八）。

律法はもはや救いの条件とはならないが、教会は「真のイスラエル」となる。

ルカは、第二の時をルカによる福音書で記した後、このようにして第三の時の初めを使徒言行録で叙述するのである。

さて教会の時は、ルカにとって「多くの苦しみ」を味わう時である（使徒、一四・二二）。したがって忍耐が求められるが、その苦難を耐えさせるのが、「聖霊」であった。この語はルカ文書を通じて実に八二回も使われていると言われ、新約聖書全体の中でも、群を抜いている。この聖霊が、イエスの時と教会の時をつなぐ働きをする。イエスは「聖霊に満ちて」（ルカ、四・一）行動し、パウロとテモテは「イエスの霊」（使徒、一六・七）に導かれる。それだけではない、聖霊はイスラエルの時と、イエスの時および教会の時をもつないでいる。聖霊について記される箇所で、旧約聖書に登場する預言者のイザヤやヨエル、またダビデの預言との関連が引き合いに出されている（ルカ、四・一八。使徒、一・一六、二・一七、二八・二五）。すなわち聖霊が、イスラエルの時、イエスの時、そして教会の時をつなぎ、その全体に連続性を与えているのである。その連続性に支えられて、預言、成就、完成という道筋が描かれるのである。

救いの完成の時、つまりイエスの再臨に伴う終末は、しかしルカによれば、すぐには来ない。終末は遅れている。

「人々がこれらのことに聞き入っているとき、イエスは更に一つのたとえを話された。エルサレムに近づいてお

られ、それに、イエスは人々が神の国はすぐにも現れるものと思っていたからである」（ルカ、一九・一一）。ルカの描くイエスは、別の箇所でも、世の終わりの近さを期待する者に警告する。

そこで、彼らはイエスに尋ねた。「先生、では、そのことはいつ起こるのですか。また、そのことが起こるときには、どんな徴があるのですか。」イエスは言われた。「惑わされないように気をつけなさい。わたしの名を名乗る者が大勢現れ、『わたしがそれだ』とか、『時が近づいた』とか言うが、ついて行ってはならない。戦争とか暴動のことを聞いても、おびえてはならない。こういうことがまず起こるに決まっているが、世の終わりはすぐには来ないからである。」（ルカ、二一・七―九）

その時は、「あなたがたの知るところではない」（使徒、一・七）とイエスは語る。しかし、確実に来るのであって、不意に来る。イエスは語る。

放縦や深酒や生活の煩いで、心が鈍くならないように注意しなさい。さもないと、その日が不意に罠のようにあなたがたを襲うことになる（ルカ、二一・三四）。

イエスの到来においてすでに実現した救いが、終わりの日に完成される。こうした期待が失われるわけではない。いつであるかはわからないから、目覚めていることが重要なのである。

このように、ルカにおいては、創造と終末を両極として、イスラエルの時からイエスの時へ、そして教会の時へと推移することになる。これが、ルカに独自な歴史の把握である「救済史」の展望であった。われわれがすでに考察したギリシアの歴史家たちに見られた、循環的な歴史観とは異なる直線的な歴史の把握がここにある。ルカ文書の著者のねらいは、この救済史を叙述することであった。すなわち、歴史は、神の摂理によって導かれ、救いの完成を目指す救済史なのである。その救済史の中心に位置するのがイエスの語りかけであり働きであったのである。

これはしかし、歴史家が実証できる歴史ではない。あくまで、信仰の目を通して把握された独特の歴史理解なのである。しかも終末が遅れているという事態の中で生じてきた捉え方である。終末が切迫しているなら、そこには歴史を展望する余裕はないはずである。現在の位置を歴史的に位置づける必要も生じないはずであろう。終末の遅延が、ルカの救済史観を促したのである。そして、イエスの時と終末の時との間の中間期の意義と課題を自覚させたのである。歴史が問題となるのも、信者の生き方（倫理）が問題とされるのも、その結果である。

旧約聖書の「創世記」には、人間の創造が描かれている。

主なる神は、土（アダマ）の塵で人（アダム）を形づくり、その鼻に命の息を吹き入れられた。人はこうして生きる者となった（創世記、二・七）。

これはきわめて素朴な書き方ではあるが、聖書の人間観をよく表わしている。神は取るに足らないものを取って、人間を創造したという。つまり人間は神の被造物と考えられている。しかも神の息吹きを受けて、人間は生きる者となったというのである。このように聖書は、人間を神との関係において捉えている。聖書で語られる「罪」も、こうした関係概念である。新約聖書で使われているギリシア語の「罪」（ハマルティア）は、もともと「的外れ」を意味するという。つまり、罪とは、神との関係における的外れということを意味する（英語で犯罪（クライム）と罪（スィン）が区別されていることにも注目したい）。神との関係ということが、聖書の人間観を特徴づけている。そして、人間観はその歴史の見方にも深く関連している。歴史は神が導くものであった。ルカは、七十人訳と呼ばれるギリシア語に翻訳された旧約聖書に青年期いらい親しんでいた。この伝統と時代の情況とが、彼の救済史観を形成している。

ルカのねらいは神の「救済史」を叙述することであった。それは、ヘロドトス、ツキディデス、そしてポリュビオスにおいて深められていった批判的歴史叙述とは明確に異なる、神の救いの歴史を物語ることである。このような歴史の理解がこれ以後のヨーロッパの歴史観を方向づけることになった。ギリシアの循環的歴史観に対するキリスト教に独自な直線的歴史理解は、他ならぬルカにおいて、明確になってきた歴史の捉え方である。新約聖書の約四分の一を占めるルカ文書の意義は大きいと言わなければならない。

二　「神の国」と「地の国」
——アウグスティヌス——

1　「永遠の都」ローマの陥落

四世紀の後半、ゲルマン民族の大移動が開始され、その波は時とともに高まっていった。そのような中で、四一〇年、アラリクスにひきいられた西ゴート族が、「永遠の都」ローマを攻略した。このローマ陥落はかつてない悲惨な出来事としてローマ帝国に住む人びとに衝撃を与えた。事実、ケルト人のローマ市侵入以来八〇〇年、こうした悲劇は生じなかったからである。「この世の光は消えた」とヒエロニムスは語った。この事件が、伝統的なローマの信仰になお生きる人びとに、キリスト教を非難する絶好の機会を与えることになった。

キリスト教はすでに三一三年のミラノの勅令によって公認され、三八〇年にはテオドシウス帝のもと、ローマ帝国の国教となっていた。キリスト教の立場は一八〇度の転換をとげたのである。三九二年には、伝統的なローマの神々への祭儀が禁じられ、それに従わない者には実刑が科せられると定められた。

しかし当然のことながら、キリスト教の国教化によってただちにキリスト教がローマ帝国に根をおろしたわけではない。高官の多くは今なお異教徒であった。元老院議員をはじめとする異教徒たちは、この機にキリスト教への攻撃を展開した。ローマの神々が信奉されているあいだは、ローマは安泰であり、戦争においてつねに勝利を収めた。しかし、テオドシウス帝がキリスト教をローマ帝国の国教にすることにより、多くの不幸が生じ、古来のローマの神々の怒りが爆発し、このたびの惨事を招いたのである、と。

こうした非難にたいして『神の国について』(四一三—二六)を執筆し、キリスト教の立場から反論をしたのが、アウグスティヌス(Augustinus 三五四—四三〇)であった。この書物は、時代の緊急の問題から生じてきたものであったが、それを超えて、ヨーロッパの歴史思想に多大の貢献をなすことになった。ここでは、この大著『神の国』(翻訳は、教文館版『アウグスティヌス著作集』第一一巻（一九八〇）から第一五巻（一九八三）に収められている。引用に関しては、巻数を⑪、⑮のように表示する）を取り上げ、アウグスティヌスの論旨をたどりつつ、彼の歴史観の意義を考察したい。まず彼の生涯を概観しておこう。注目されるのは、彼がはじめから信仰に篤いキリスト教徒ではなく、むしろ古代の思想・宗教を遍歴しながら青年期を過ごした人物であったことである。

2　アウグスティヌスの生涯

アウグスティヌスは、三五四年、北アフリカの小都市タガステに「ごくつつましい一市民」の子として生まれた。父パトリキウスは市参事会員であったが、かつてローマ帝国の繁栄を支えていたこの階層は、すでに没落しつつあった。父は異教徒であったが、母モニカはキリスト教徒であった。三七〇年、彼は一六歳にしてアフリカ第一の都市カルタゴで、「高尚な学問」と呼ばれ出世の道に通じる修辞学を学ぶことになった。彼は記している。「私はカルタゴにきた。するとまわりのいたるところに、醜い情事のサルタゴ（大鍋）がぶつぶつと音をたててにえていました。私はまだ恋をしていませんでしたが、恋を恋していました」（アウグスティヌス『告白』山田晶訳、中央公論社〈世界の名著〉、一九六八年、一〇六ページ）。大都会の誘惑は彼をとりこにした。「『恋し恋される』ということは、恋するもののからだをも享楽しえた場合、いっそう甘美でした。それゆえ私は友情の泉を汚れた肉欲で汚し、その輝きを情欲の地獄の闇でくもらせてしまいました」（同）。

やがて一人の女性と知り合い、ともに暮らすようになる。この女性とは「いわゆる合法的婚姻によって知り合った仲ではなく、思慮を欠く落ち着きのない情熱にかられて見つけだした相手」だった（一三二ページ）。この女性は身分が低かったので、正式の婚姻関係にはいることを許されなかった。早くも一八歳にして、アウグスティヌスは男の子の父親となった。「けれども私は、彼女一人をまもり、彼女にたいして閨《ねや》の信実をつくしました」とも彼は記している（同）。

一方、「雄弁で人にぬきんでようと熱望」していた彼の修辞学校における成績は首席であり、自信満々であった（一一〇―一一ページ。⑥一三六ページも参照）。修辞学の学習は、古典文学を吸収することでもあった。『神の国』執筆にあたって念頭におき、縦横に引用しているヴェルギリウスやキケロなど古典作家の膨大な著作の読書は、この時期に本格的に始まっているといえるであろう。

三七三年、彼は修辞学校のカリキュラムに従い、キケロの『ホルテンシウス』を読んだ。これが、彼の転機となった。「突然、すべてのむなしい希望がばかげたものになり、信じられないほど熱心な心で不死の知恵を求め、立ちあがって、あなた（神）のほうにもどりはじめました」（『告白』一一二ページ）。こうしてキケロの書物は「知恵への愛」に燃え立たせたのだった。これが彼にとって真理を探究する遍歴の発端となった。しかし、このように『ホルテンシウス』によって知恵の探求に燃え立たせられたものの、そこに幼い日いらい母の愛情とともに吸収していたキリストの名が見当たらないのには物足りなさを感じた。

このため彼は聖書を手に取るが、その文体の稚拙さに失望する。キケロの荘重さとは比べものにならなかったからである。また、理性的な探究を軽んじ、ただ教会の権威に服従することを求める当時の北アフリカのカトリック教会にも反発を感じた。

三七四年には学業を終え、タガステに戻って文法学を教え、二年後にはカルタゴで修辞学の教師となる。自由学芸を教えることがその任務であった。そうした中で、なお青春の迷いの中にあった彼を惹きつけたのがマニ教であった。善と悪、光と闇の二元論を説くペルシア起源のこの宗教は、アフリカにおいてキリスト教と融合していた。マニ教は、アウグスティヌスにとってその一見合理的な教えのゆえに魅力的であった。マニ教徒は、三つの点で旧約聖書を非難していた。第一に、悪の由来に関してである。もし神が万物を創造したのなら、悪も神が創造したことになるのではないか。第二に、神が身体を有するなどということがありえようか。旧約聖書で、人間が「神の似像《にすがた》として造られた」と記されているが、そうだとすれば神は人間に似ていて、人間のように「髪の毛や爪などをもっている」ことになる。第三に、旧約聖書では、さまざまな蛮行を行なった人々が義人とされている。

当時のアウグスティヌスは、悪が「善の欠如」であること、神が「容積をもつもの」ではなく、いたるところにおいて全体として存在するものであるという理解を持っていなかった。また、神の「真実の正義」をも知らなかった（一一八ページ）。そしてマニ教の教えに九年間とどまることになる。

しかしやがて彼は、マニ教の教えに疑問をいだくようになった。自然哲学者たちの多くの著作を読んだことも、その疑いを大きくした（一六〇ページ）。またマニ教の指導者であるファウストゥスが学芸について無知であることを知り失望する（一六八ページ）。こうして彼は一時、「いかなる真実も人間にはとらえることができない」と主張するアカデミア派の懐疑論に傾いた（一七八ページ）。アカデミア派の人々の論証は、「多くの人々を真理発見に対する絶望に陥し入れ、知者は何ものにであれ同意してはならず、またすべてのものは知者にとって不確実であるから、たとえ明瞭であり確実なものであろうと、いかなるものも認めてはならぬ、と教えていた」（①一五五ページ）。

カルタゴでの教師生活において経験した学生たちの粗暴さ

やだらしのなさに愛想をつかしたアウグスティヌスは、三八三年、二九歳にして、よりよい環境で修辞学を教えるためにローマにわたる。しかし、ローマの学生たちは乱暴ではなかったが、謝礼を支払わない者が多くいることを知った。翌三八四年には、彼はローマ市の長官シュンマクスに派遣されて、ミラノの修辞学の教師となる。

このミラノにおいて、悩み多いアウグスティヌスの精神に光がさしこむことになる。ひとつは、新プラトン派の書物、とくにプロティノスの書『エネアデス』を読むことにより、「非物体的な真理」(『告白』二四八ページ)に、つまり見えるものを超えて実在する目に見えない世界に導かれたことである。しかも、長く彼の問いであった悪の存在について明確な認識に達する。『告白』の著者は言う。「存在しているものはすべて善いのであって、私がこれまで『どこから生ずるのだろう』とたずねていたあの悪なるものは、実在ではなかったのです。……あなた(神)にとっては、悪などというものはまったく存在しません。あなたにとって存在しないばかりでなく、全被造物にとっても存在しない」(二四〇―四一ページ)。こうしたことはプロティノスの『エネアデス』によって教えられたことであり、マニ教から離れるのに大きな役割を演ずることになった

さてミラノの暮らしがアウグスティヌスにもたらした何より重要なことは、この帝都の司教アンブロシウスに出会ったことである。その説教を聴いたことが彼にとって新たな転機となった。とりわけアンブロシウスは、旧約聖書の章句を比喩的に解釈し、その霊的な意味を明らかにすることによって、マニ教徒が旧約聖書に対してなした非難が的外れであることをアウグスティヌスに示唆した。またアンブロシウスは、神は物体的形態ではなく霊的実体であり、「神の似像」についても人間の精神に関わるものであることを語ることによって、アウグスティヌスに新しい視野を開いた(一八五ページ、一九二ページ)。彼が旧約聖書に感じていた違和感もこうして薄れていった。彼は、幼い時期から育まれたカトリック信仰へと近づいていった。

一方アウグスティヌスは、一四年間暮らしをともにした女性と別れ、正式の結婚をねがう母のつよい勧めで一人の少女と婚約した。しかし結婚まで二年待たなければならないことに耐えられなかった彼は、他の女性と関係を結び(二一六ページ)、少女との婚約は成就しなかった。真理探究の意欲と青年期の欲望とのはざまにあって、彼は苦しんだのである。「初めて知恵の探究熱に燃え、知恵を見つけたならば、むなしい欲情にかかわるつまらない希望やおろかな欺瞞はいっさいかなぐりすてようと決心した十九の年から、何という長い年月がたってしまったことでしょう。しかもどうです。もう三十だというのに、同じ泥沼の中でうごめいて、気をちらすはかない現世的なものを貪欲に享楽しようとしながら(暮ら

していたのです)」、と彼は述懐する（二〇八―〇九ページ）。

そうしたなかで、三八六年の夏、隣の家から聞こえてきた子どものうたう童歌の「取りて読め、取りて読め」という一節を耳にした。彼はすぐさま近くに置いてあった新約聖書を手に取り、たまたま開いた箇所を読んだ。それはパウロの「ローマの信徒への手紙」の一三章一三、一四節であった。「日中を歩むように、品位をもって歩もうではありませんか。酒宴と酩酊、淫乱と好色、争いとねたみを捨て、主イエス・キリストを身にまといなさい。欲望を満足させようとして、肉に心を用いてはなりません」（新共同訳）。この箇所を読んだとき、彼の心に平安がおとずれた（二八四―八六ページ）。これが、彼の回心の時であった。三二歳の夏の出来事である。

「もう私の精神は、良い地位を得るために奔走したり、利得をもとめたり、肉欲の中をころげまわったり、情欲のできものをひっかいたりして、われとわが身をさいなむあの心労から解放されてしまいました」（二九〇ページ）。アウグスティヌスは今やこのように、「私の輝きであり富であり救いである主なる神」にむかって語りかけるのである（同）。

翌年、三八七年の復活祭に、彼はミラノでアンブロシウスから洗礼を受ける。それから一三年後、彼は『告白』の冒頭で記している。「あなた（神）は私たちを、ご自身にむけてお造りになりました。ですから私たちの心は、あなたのうちに憩うまで、安らぎを得ることができないのです」（五九ページ）。彼の告白は、キリスト者となったこの喜びに基づくものであろう。モニカにとって「涙の子」（一二九ページ）であったアウグスティヌスは、こうして母なるカトリック教会の懐に帰っていったのである。

新たな女性との関係もたち、少女との婚約も解消し、ミラノの教授職を辞したアウグスティヌスは、故郷タガステに帰り、友人たちとともに静かな共同生活をはじめた。彼は学究と修道の生活を望んでいたにもかかわらず、ヒッポ・レギウスの人々から、司祭になるよう強く求められる。こうして彼は三九一年にヒッポの司祭に、さらに三九六年には司教となった。アウグスティヌスはこれ以後、北アフリカにおける精神的な指導者として、カトリック教会が直面する困難な課題、すなわち異教や異端との闘いの中でその職務を果たすことになったのである。とりわけ、彼自身がその教えのもとに長くとどまっていたマニ教、北アフリカでカトリック教会を脅かしていたドナティスト運動、そして救いに関して人間の自由意志の役割を強調するペラギウス主義、これらとの対決に精力的に取り組むのである。

このような歴史的経過の中で、冒頭にふれた四一〇年の事件が生じ、伝統的なローマの神々の信奉者たちによるキリスト教攻撃が生じたのであった。その先頭に立っていたのが、かつてアウグスティヌスの推薦者であったシュンマクスであった（一八二ページ。⑪一〇三ページ）。アウグスティヌスはヒッポの町がヴァンダル族によって包囲されるなかで、四三〇年、この世の生涯を終えた。

アウグスティヌスの青年期は、時代が新たな局面を迎える時期にあたっていた。三七五年にゲルマン民族の大移動が始まった。三八〇年にはキリスト教がローマ帝国の国教となり、さらに三八一年には、異端との論争をへてニカイア・コンスタンティノポリス信条が制定され三位一体の教理が確定した。さらに彼の後半生は、マニ教、ドナティストやペラギウス主義者との激しい論争によって忙殺される。すなわち、回心直後からマニ教論駁、三九四年以降はドナティスト論争、四一一年以降はペラギウス論争に心血を注ぐことになった。こうした繁忙の中で、『神の国』は四一三年から四二六年にかけて執筆されるのである。

3　『神の国』の構成

四二七年、『再考録』においてアウグスティヌスは、前年に完成した『神の国』執筆の経緯について次のように記している。

「この間に、アラリクス王のひきいる乱暴なゴート人が殺到し、ほしいままに振る舞ったので、ローマは大いに傷つき、倒れてしまった。わたしたちがふつう異教徒と呼んでいる、多数の偽りの神々を拝む者たちは、この倒壊の責任をキリスト教に帰そうともくろみ、普段よりもいっそう激しく、いっそうの敵意をもって、真の神を冒瀆し始めた。そこでわたしは「神の家を思う熱心に」燃えて、彼らの冒瀆と誤謬とに対抗すべく、『神の国について』の書を執筆しようと決心した。この書は多くの年月にわたってわたしを拘束したが、それというのも、他の多くのこと――それを放置することが許されず、まっさきに解決するようにとわたしをとらえた――がこれを中断させたためである。この『神の国』の大著は二二巻でやっと終わった」（⑪三八六ページ）。

こう述べて、アウグスティヌスはさらに本書の構成にふれる。

「その中の最初の五巻は、人間社会の繁栄を欲し、そのためには異教徒たちが日ごろ拝んでいる多くの神々を祭ることが必要であると考え、またそれが禁止されたために、あのような多くの災いが生じ、氾濫するのだと主張する者への反駁である。続く五巻は、これらの災いが死ぬべきもの［人間］にとって過去においてなかったことはないし、また未来においてもなくなることはないこと、またこれらの災いが、所と時と人とによって大小さまざまに変化することを認めはするが、それにもかかわらず多くの神々を祭り、これに犠牲を供えることが死後の生のために有効だと主張する者への反駁である。要するに、以上の一〇巻は、根拠のないこれらの二つのキリスト教反対論への反駁である。

しかしながら、なんぴとにも、わたしたちがただ反対論者をやっつけるだけで、わたしたちの主張を明示しないという非難の口実を与えないために、以上に続いて一二巻から成るこの書物の第二部を書いた。だが必要な場合には、最初の一〇巻でもわたしたちの主張を明示したし、また後の一二巻でも反対論者に対抗した。この後の一二巻のうち、初めの四巻で二つの国――そのひとつは神の国、他のひとつはこの世の国である――の開始を論じ、続く四巻でその経過あるいは展開を論じ、さらに最後の四巻で、定められた終末について論じた。

このように、全二二巻によって二つの国に関することを書き上げたのであるが、題名は良いほうの名をとり、『神の国について』と呼ぶことにした」（⑪三八六―八七ページ）。

このようなアウグスティヌス自身による構成の説明によりながら、以下ではアウグスティヌスが歴史をどのようにとらえていたかを考察したい。

4　ローマの発展と災厄

アウグスティヌスが『再考録』において述べていたように、『神の国』の前半は、ローマの伝統的な神々を信仰する人びとの主張、すなわち、キリスト教を受け入れる以前はローマは安泰であったのに、ローマの神々の崇拝が禁止されたので災いが生じたとする主張に対して反論している。とくに、第一巻から第五巻では、世界史、具体的にはローマ史に関する歴史家たちの叙述によりながら、災いは過去にもあったことを論証する。すなわち、アウグスティヌスは、「彼ら（キリスト教を非難する人々）が考えていることとは、彼らの歴史家たちが過去の時代の歴史を知らせ、かつ記憶させるために書いた書物からはるかにかけ離れていることを証明しなければならなかった」のである（⑪二四〇ページ。三七四ページも参照）。これら五巻においてアウグスティヌスのローマ史のとらえ方が明瞭にあらわれている。帝政期ローマについての記述は少ないが、共和政ローマについては詳細に記されている。

アウグスティヌスは修辞学を学びまた教えた者として、古典的教養を豊かにそなえている。歴史書についてはどうであっただろうか。彼はすでにカルタゴで学ぶ以前に、サルスティウス、カエサル、タキトゥス、リヴィウスの史書を読んでいたが、自覚的に集中して取り組んでいたのは、西ゴートによる「永遠の都」の攻略とキリスト教批判に直面してからであろう。『神の国』の第一巻から第三巻までは四一三年にまず出版され、第四巻と第五巻は四一三年から四一五年にかけて執筆された（⑪三八四ページ、四九五ページ）のであるから、著者のローマ史理解というのは、四一〇年代前半に基礎づけられたといえよう。

アッピアノス、ヴァロ、エウトロピウス、オロシウス、サルスティウス、スエトニウス、プルタルコス、ポリュビオス、ヴァレリウス・マクシムス、マルクス・ユニアヌス・ユスティヌス、リヴィウスなどの歴史書を『神の国』の著者は読んでいる。とりわけ注目されることは、サルスティウス（前八七—三五）の歴史書によって、アウグスティヌスのローマ史像が深く示唆を受けていることである。彼にとってこのローマの歴史家は、「史実に忠実なことで有名」であり、「弁説の才にたけ」ていた（⑪三四ページ、⑫八七ページ）。

タキトゥスによってローマ最高の歴史家とみなされたこの共和政末期の歴史家は、護民官をはじめ顕職を歴任した。政治的には平民派であった。恩顧を受けたカエサルが暗殺された後は、公務をはなれ歴史叙述に専念した。彼は、ツキディデスを模範とし、ポリュビオスにも精通していた。彼は『カティリナの陰謀』、『ユグルタ戦記』、『歴史』を執筆したが、それらを貫く主題は国家の退廃であった。ポエニ戦争後のローマの政治的腐敗、とくに貴族の腐敗堕落を描写している。こうした道徳的な観点に基づくサルスティウスのローマ史像がアウグスティヌスの異教徒への反論に有利な歴史的論拠を与えたのである。

サルスティウスはローマが王制を廃止したのちに信じられないほどの短い間に勢力を拡大したとしてその時代を賛美している、とアウグスティヌスは指摘し、さらに述べる。

「しかし彼（サルスティウス）は『歴史』第一巻の冒頭で、国政が王から執政官に移り、その後短い中間時代の後、有力者たちが不正をしたこと、またそのために平民が貴族から別れたこと、およびその他の争いが都の中で起こったことを認めている。すなわち、彼は、第二次ポエニ戦争から最後のポエニ戦争までの間、ローマ市民は最高の道徳的水準を保ち、かつ最高の和合を保っていたと記述したとき、この望ましい状態の原因はローマ人が正義を愛したことによるのではなくて、カルタゴが健在である限り、平和はあてにならないという心配があったことによるのだということを言っている。（同じ理由から、あのナシカも恐怖によって悪徳を抑制し、それによって不正を弾圧し、最高の道徳的水準を維持するために、カルタゴを滅してしまうことに反対したのである）。さらに続けて、同じサルスティウスは次のような言葉を添えている。『しかしカルタゴの滅亡後、争い、貪欲、野心、その他一般に順境に際して起こりがちな悪が非常に増大した』。わたしたちはこのことから、以前にもこういう悪が生じ、かつ増大したということを理解することができる。そこで彼は、なぜこういうことを言ったかを説明して、次のように言っている。『有力者たちの不正、およびそのために生じた平民の貴族からの分離、またその他の争いは、すでに最初から国内に存在していた。王たちを追い出した後公正と節度のある法律が行なわれたのは、タルクィニウスに対する恐れがあり、エトルリアとの苦戦が続く間だけであった』」(⑪一三二ページ)。

さらに『神の国』の著者は、サルスティウスの次のような言葉にも注目する。

「その後、貴族は奴隷を支配するやり方でもって平民を働かせ、その生命と身体とを王の流儀にしたがって扱い、農地から追い払い、またその他財産の与えられない者たちに対してただひとり権力を有する者として振舞った。ことに絶え間のない戦争と共にこういう苛酷な仕打ち、ことに負債に苦しんだ平民は納税と軍役とを耐え忍んだが、ついに武装して聖山とアヴェンティヌムとに立てこもり、やっとのことで護民官およびその他の権利を獲得した。これら相互の不和や争いを終わらせたのは、第二次ポエニ戦争であった」(⑪一三三ページに引用)。

サルスティウスによって、ローマの国政の最善最美の時代が、すでに述べたようなものであるなら、それにつづく時代はどうなのか、とアウグスティヌスは問う。サルスティウスは、カルタゴの最終的な滅亡後に、ローマは「最善最美の状態から最悪の破廉恥きわまる状態へと、徐々に変わった」(『カティリナの陰謀』五・九)と記す。この時代をこの歴史家は彼の『歴史』の中で記述し、順境から生じた非常に多くの道徳的悪がついに内乱へと発展したことを示している、とアウグスティヌスは指摘する。サルスティウスは言う。「そのころから先祖伝来の道徳は、昔のように緩慢にではなく、奔流のように急速に低下し、とりわけ青年たちは淫蕩と貪欲とによって堕落したので、自ら遺産を保持することも、他人に保持させることもできなくなった人々が生じたのも、当然であった」(『歴史』一・一六)。つづいてサルスティウスは、スラの悪徳やその他国政に関する醜悪な事件について述べている。

このように、サルスティウスは、ローマはエトルリアやカルタゴといった敵対者が存在するときに、その緊張や怖れの中でかろうじて健全であったのであり、その危険が薄れると堕落していったと理解しているのである。

『神の国』の第二巻以降で、アウグスティヌスはローマが「建国の初めから国内あるいは征服した諸属州で、どのような禍いの下にあったかについて」、また「ローマの統治がどんな失敗によって、くり返しさまざまの仕方で痛めつけられてきたか」を述べている（⑪一〇二―四ページ）。以上に述べたことを前提として、アウグスティヌスがローマ史をどのようにとらえているかを概観してみよう。

ローマの王政期についてもアウグスティヌスは禍いを見ており、この時期に「心の悪、生活の悪、道徳の悪は非常に大きく」、プラウトゥスも「国家はこれらの悪によって滅びるだろうと確信するほど」であった（⑪一二八ページ）。サビニ人の娘の略奪事件もその例として彼は引き合いに出している。タルクィニウス王の追放にいたるまでの約二四三年間、ローマは諸王のもとで賞讃すべき状態であった。しかし、多くの血と度重なる残虐行為が見られた（⑪二〇一ページ）。

第二代の王ヌマ・ポンピリウスを除けば、「歴代の王のもとにおいても、ロムルスの兄弟殺しをひき起こした不和と相克の悪がいかに多くあったか」を、アウグスティヌスは指摘する（⑪一八九ページ）。

タルクィニウス王が追放され、執政官がたてられると、サルスティウスがローマ人を賞讃している時代が続く。「自由を獲得すると、国が短い期間にいかに大きく成長したかを述べてもそれは信じられないほどである。［だが同時に］高まった名誉欲も非常に大きかった」（『カティリナの陰謀』七・三）。この言葉を引用しつつ、アウグスティヌスは言う。「このような賞讃への渇望と名誉への欲望とがあのような多くの驚くべきことをなしたのである」（⑪三四二ページ）。

しかし執政官制の発足後、なおローマは数々の禍いに見舞われる。「公正と節度との法によって運営されていた」（サルスティウス『歴史』一・一一）時代が終わると、サルスティウスが次のように述べる時代が続いた、とアウグスティヌスは言う（⑪二〇四ページ。三四七―四八ページもほぼ同様）。「それから貴族は権力によって平民を奴隷状態にし、王制と同じやり方でその生活や身体を規制し、農地をとり上げ、その他のものも奪い、独裁的に支配した。これらの圧政、特に高利によって圧迫された平民は、うち続く戦争のために納税と軍役との負担に耐えかねて、武装して聖山とアヴェンティヌムの丘に陣どり、やっと自分たちのために平民の護民官およびその他の権利を獲得した。第二次ポエニ戦争が両者の不和と争いに終止符をうった」（『歴史』一・一一）。

こうしてアウグスティヌスは、第二次ポエニ戦争にいたる長い間、ローマが外では絶え間ない戦争により、内では不和と市民の反乱とによってどんなに悲惨であったかをサルスティウスに基づきながら指摘するのである。「したがって、しばしばかち取ったあの勝利も、幸福な者たちの確固たる喜びではなくて、悲惨な者たちの空しい慰めにすぎず、またほとんど休むことのできない者たちをして次々に無益な災いに耐え忍ばせるための、魅惑的な刺激なのであった」（⑪二〇五ページ）。

頻繁な戦争、反乱、飢饉、うちつづく疫病、ヴェイイでの一〇年に及ぶ（前四〇七―三九六年）悪戦苦闘と度重なるひどい打撃、これらに加えてガリア人のローマ市占領（前三九〇年）も生じた。その際、ガリア人はこの都市を荒し、焼き、死体で満たした。こうした禍いの中でローマの神々は人々を助けなかったではないかとアウグスティヌスは言う。

アウグスティヌスはさらに、ポエニ戦争の時代について記す。「ポエニ戦争当時、双方の国の間で勝利が長い間はっきりときまらず、二つの有力な民族が互いに持てるだけの戦力を投入して戦っていた間に、どんなに多くの小王国が打ち砕かれたことであろうか。どんなに多くの大きな名だたる町々が破壊され、またどんなに多くの国が倒され、あるいは抹消されたことであろうか。どんなに多くの地方や土地が長い間、広範囲に荒されたことであろうか。双方の間で何度勝敗が移動したことであろうか。戦闘員あるいは非戦闘員の中から、どんなに多くの人命が失われたことであろうか。どんなに多くの艦船が海戦によって破壊され、あらゆる方向からの嵐によって沈んだことであろうか」（⑪二一一ページ）。

アウグスティヌスによれば、第二次ポエニ戦争において最も痛ましく、かつ悲嘆に価するものは、戦争の発端をなすハンニバルによるサグントゥム人の壊滅（前二一九年）であった。「ローマ市民にきわめて友好的であったこのヒスパニアの国が、同じ市民に対する信義を守ったために滅ぼされたからである」（⑪二一六ページ）。サグントゥムは飢えに苦しみ、ある人びとは肉親の死体をさえ食べたといわれる。疲労困憊の末、人々は、ハンニバルの手にとらえられないため、剣で家族の者を刺したり、自分を刺したりして、燃えさかる火の中に飛び込んだ。このような時にもローマの神々はサグントゥムを滅びから守ることをしなかった。

ハンニバルはイタリアの峡谷を通って奔流のように流れ込み、流血の戦闘が行なわれた。カンナエでの敗北は、ローマにとって、筆舌に尽くしがたく恐ろしい禍いであった（⑪二一四ページ）。

第二次ポエニ戦争はローマに最大の損害と災難を与え、一八年間にわたってローマの力を費消し、ほとんど消滅させた。二度の戦闘（トアシメネ湖の戦闘とカンナエの戦闘）で約七万のローマ人が戦死した（⑪三七四ページ）。

こうした中で、第二次ポエニ戦争と最後のポエニ戦争との間（前二〇二年のザマの戦いから前一四六年のカルタゴ滅亡まで）は、「サルスティウスが言ったように、ローマ人が道徳的にも、人心の一致という点でも、もっとも良く行動した時代であった」（⑪二一九ページ）。

アウグスティヌスは第三次ポエニ戦争でカルタゴが滅亡（前一四六年）した後のローマの状況について記す。「ローマ国家は山ほど多くの諸悪に圧倒されることになった。こうして、繁栄と安泰のゆえに道徳的に腐敗した結果、多くの悪が山のように積み重なったので、カルタゴの崩壊によって生じた禍いは、カルタゴと長い間対峙していた時のそれよりもいっそうはなはだしいことが、ただちに証明されたのである」（⑪二二〇—一ページ）。

さらにアウグスティヌスは述べる。「カルタゴが滅亡したことによってローマの国政は深刻な恐怖から解放されたが、その後の繁栄からは実にひどい諸悪が立て続けに起こった。その結果、まず相互の和合が激しい流血を伴った反乱によって崩壊し、次いで間もなく諸悪の原因が互いに結びついて、内乱によるひどい虐殺が生じ、多くの血が流され、あの恐るべき貪欲にもとづく没収や盗みが生じた。こうして、生活が比較的安定していた時は、敵による害悪を怖れていたあのローマ人たちは、平穏な生活が失われると、同胞による残酷な仕打ちに苦しむことになった。人類が持っている他の悪徳にまさって、すべてのローマ人が特に強く持っていたあの支配欲は、少数の権勢家において勝利した後、踏みつけられて疲れ切った他の者たちをも、奴隷の軛の下に抑えつけたのである」（⑪八九ページ）。

ところで、アウグスティヌスによれば、「内戦によるもろもろの禍いの発端は、土地法によって引き起こされたグラックス兄弟の反乱であった。彼らは、貴族が不正に所有していた土地を市民に分配しようとしたのである。だが、昔からあった不正を一掃することは非常に危険なこと、否、事実そのものが教えているように、破滅につながることであった」（⑪二二四ページ）。しかも「グラックス兄弟は、叛乱によって国全体を混乱させたとき、この国に授けられた神々の法律を無視した」（⑪一四五ページ）。

グラックス兄弟の死後、反乱、殺戮といった一層不幸な諸事件が生じた。こうしてイタリアは大きな打撃を受け、荒廃して人の住めない所となった。その後、奴隷戦争（スパルタクスの反乱）と内戦（マリウスとスラの戦いによって始まった内乱）とが続いて起こった（⑪二二七—二八ページ）。

「極悪人である」マリウスは「内戦を起こし、かつそれを血で血を洗うような仕方で遂行した人間」であった（⑪一四八ページ）。スラについてはサルスティウスがその悪徳や国政に関する醜悪な事件について記しているが、それを読んで「誰が恐怖の思いを抱かないであろうか」とアウグスティヌスは問う（⑪一三四ページ、一四六ページ）。マリウスとスラとの戦いで、ローマ市内だけでも道路、広場、劇場、神殿には死体が満ち溢れた。この戦いがもたらしたものは、かつてガリア人が侵入した際（前三九〇年）の掠奪や最近ゴート人の侵入の際（四一〇年）に見られた野蛮な振舞いにまさって不幸で忌わしく、過酷であった（⑪一三二—三三ページ）。また、「スラの最終命令書は、ゴート人がその生命を奪うことができた元老院議員よりも、いっそう多くの元老院議員の生命を絶ったのである」（⑪一三三ページ）。

アウグスティヌスはローマ史を辿り、争い、反乱、悲惨、道徳的堕落を見、さらに指摘する。

「これらの残酷な内戦は、それを記録した作家たちが認めているように、外敵に対する戦争よりも苛酷なものであって、それによってあの国家が禍いにあったと言うよりも、むしろ完全に滅びてしまったと言えるのであるが、しかしそれはキリスト到来のはるか以前に起こったのである。そしてこれら犯行の因果の連鎖はマリウスとスラとの戦いから始まって、セルトリウスとカティリナとの戦いに及び（前者はスラによって養われた者であり、後者はスラによって追放された者であった）、さらにレピドゥスとカトゥルスとの戦いにまで及んだ（前者は、スラがつくり上げたものを何とかして破壊しようとし、後者はそれを何とかして擁護しようとした）。その連鎖は、その後もポンペイウスとカエサルとの戦いに及び（ポンペイウスはかつてスラの部下であったがやがてスラと同等の権力を持つ者となり、さらにそれを凌駕する者とさえなった。しかるにカエサルはポンペイウスの権力に我慢することができなかった。それは、彼がそのような権力を持っていなかったためである。しかし一旦ポンペイウスが敗れて殺された後は、それを上まわる権力を持つに至った）、それからまた、後にアウグストゥスと呼ばれた、いまひとりのカエサルにまで続いた。このカエサルの統治のころ、キリストが生まれたのである。

ところで、このアウグストゥスでさえも多くの敵に向かって内戦を起こし、その内戦で多くの高名な人士が死んだのである。その中にはあの雄弁家で、国家統治に精通したキケロがいる」（⑪二三四—三五ページ）。

こうしてアウグスティヌスは、共和政期を中心にローマ史を概観し、そこにはいたるところ悲惨な災厄が生じていたことを指摘するのである。飢饉、疫病、戦争、掠奪、捕囚、殺戮といった禍いを、ローマの神々は、ローマ人から親しく拝まれていたときでも彼らに起こらないように防止しなかった。すなわち、キリストの到来以前に、ローマ人は「無数の、また多く信じられないような災害によって、手痛い目にあっていた」のである。

「一体、キリストの名が宣べ伝えられて彼らを怒らせ、またそれが彼らの犠牲を禁止する以前に、なぜ彼らの神々はその礼拝者たちに、……災いが起こるのを許したのであろうか」（⑪一〇四ページ）

四一〇年の災厄をキリスト教の責任とし、ローマ帝国がキリスト教を受け入れて以来、ことごとくうまくいかなくなったのであり、それ以前はローマは順風満帆であったとして、キリスト教徒を非難することは、したがって愚かなこととされるのである。「あの連中はこれらの禍いを自分たちの神々の責任に帰さずに、最近の禍いをわたしたちのキリストの責任に帰しているが、それは一体どのような厚顔、どのような心、どのような無思慮、どのような愚かさ、否、むしろどのような狂気によるのであろうか」(⑪一三四ページ)。

多くの災厄に加えて道徳の衰退が著しい、とアウグスティヌスは指摘する。「すでにローマは、市民の道徳が最悪の状態になったことによって、国家としては消滅してしまい、もはや存在していなかったということを、ローマ人の作家たちが何の躊躇もなく口にし文字に記している」(⑪一五六ページ。一六七―六八ページも参照)。

過去に目を向ける人は、キリスト以前から、ローマが道徳的にどうにもならない悪のたまり場となっていたことを、ただちに洞察するであろう、とアウグスティヌスは指摘する。伝統的なローマの神々を信仰する人々は、ローマの初期の時代の「比較的我慢できる多くの悪、もしくはカルタゴ壊滅後の我慢できない恐るべき多くの悪を」、自分たちの神々の責任に帰そうとしないのである。「しかし事実は、彼らの神々が、このような悪徳を山のように発生させる原因となった想念を、悪意ある奸策をもって人々の心に植えつけたのである。それなのに、なぜ彼らは現在の禍いの責任をキリストに帰すのか」(⑪一三四ページ)。

こうして、「地の国」の現実を見据えながら、アウグスティヌスは問う。「彼らは、キリストの到来以前には、淫蕩と貪欲、また残酷で醜悪な習俗を導入して国政を「最悪の破廉恥きわまる状態にした責任を、自分たちの神々に帰することをしなかったのに、この時代になってその神々の高慢と快楽のおかげで苦しむに至った国政の禍いを、『これはキリスト教の責任だ』と大声で叫んでいるのである」(⑪一三六ページ)。

ところで、四一〇年の西ゴートのローマ市攻略にあたって、あらゆる劫掠、殺戮、強奪、放火、暴行がなされたことをアウグスティヌスも知っている(⑪三七ページ)。しかし、その際に野蛮な残酷さが和らげられたことに注意を向ける。「いくつかの大きな会堂が選ばれ、溢れ出るほどの民衆がそこで助けられるということになったのである。そこでは、だれひとり打たれることも奪われることもなく、かえって、あわれみの心を持つ敵によって、多くの者が助けられるためにそこに導かれ、またそこから、だれひとり捕虜にされるために残忍な敵によって連れ出されることもなかった。これをキリストの名に、またキリスト教時代に帰すべきことを知らない者はみな盲目であり、またそのことを知って賞讃しない者はみな恩知らずであり、また賞讃する者に言い逆らう者はみな気狂いである」(⑪三七ページ)。さらにアウグスティヌスは続ける。「彼ら(キリスト教を非難する者)はむしろキリストに感謝すべきである。というのは、蛮族たちでさえキリストの名の故にこそ、戦争の定めとならわしに反して、避難したものたちに広い礼拝堂を開放し、かつ多くの場合、たんにキリストに献身した真のしもべのみならず、恐怖のためにそのように擬装した者をも厚遇したからである。この場合、蛮族たちは、戦争法規に従えば彼らに対して行なっても差し支えないことを、むしろ許されないことだと判断したのである」(⑪一〇一ページ)。

したがって、「まったく特別な仕方でキリストにささげられた場所に逃げ込んだり、生きのびるために蛮族たちによってそこに連れてこられた者たちが、キリスト教時代を中傷しているのは実に不当なことである」(⑪二三六ページ)。

さらに、キリスト教時代になって戦争が長びくという攻撃に対しては、かつてのローマ人の戦争がどんなに長期にわたったか、またいかに悲惨きわまる損害をともなったかを引き合いに出してアウグスティヌスは反論する。すなわち、サムニウム戦争は約五〇年、第一次ポエニ戦争は二三年、第二次ポエニ戦争は一八年、ミトリダテス戦争は四〇年続いたとするのである(⑪三七四ページ)。

こうしてアウグスティヌスは、ローマ史には一貫して、四一〇年の事件以上に悲惨な禍いが生じていたことを歴史的に指摘することによって、伝統的なローマの神々を信仰する人々に反論する。しかもそうした禍いに対してローマの神々は無力であったとするのである。また、ローマの拡大はローマの神々によるものではない(⑪二九四ページ)。ローマの偉業が問題となる場合も、それは神々の力によるのではなく、サルスティウスが語るように「少数の市民の卓越した徳」が成し遂げたものであった(⑪三四八ページ)。

このような無力な神々に永遠の生命などを求めることは愚かなことであるということを(⑫二五ページ、三八四ページ)、アウグスティヌスはヴァロやポルフュリオスの主張を引き合いに出しながら、『神の国』の第六巻から第一〇巻で論じるのである。キリスト教信仰に近く、哲学者たちの中でも最も卓越したプラトン派の人びとも、神々を崇拝しているという点では変わりはなかった(⑫一七一ページ、一八九ページ、二三八ページ、二九二ページ)。

さて、以上その概略を考察したようなアウグスティヌスの道徳的色彩のつよいローマ史把握は、立ち入ったものであり、決して浅薄なものではない。しかし、これが彼の歴史理解のすべてではない。むしろ、聖書が示す神に対する信仰の目によって把握される「神の国」の歴史がここに問題とされるのである。それは、われわれが三人のギリシアの歴史家たちにおいて見たような戦争などに関する「内在的」な叙述ではなく、「超越的」な歴史理解である。しかし、「超越的」であることによって、逆説的に後のヨーロッパの史学史にも多大な影響力をもつことになるのである。

『神の国』の後半(第一一巻から第二二巻まで)では、二つの国、すなわち「神の国」(「天の国」)と「地の国」のそれぞれの起源、経過、終極が辿られる。そして、二つの国の混合のなかで救済の歴史が進展し(⑫三八四ページ。⑬二二―二三ページも）、最後には神の国の勝利が実現する、その道筋が考察されるのである。

5 「神の国」の系譜

歴史理解は人間理解と深く関連している。アウグスティヌスにおいて、その点はとくに顕著である。若き日に欲望と名誉欲にとらわれ（①一六七ページ）、創造者なる神から遠ざかり、そのことによって悲惨な状況に陥っていたと回顧する彼は、回心を通じて聖書の神への信仰に立ち帰っていった。新プラトン主義から聖書へというこのプロセスは、ヒッポ・レギウスの司祭、ついで司教に任じられることによってさらに深められ、とりわけパウロの書簡に深く沈潜することによって、キリスト教信仰の深化につながっていった。

アウグスティヌスは記す。「このいわば地獄にほかならぬ悲惨な生から解放してくれるものは、わたしたちの神にして主なる救済者キリストの恩恵以外にはない」（⑮三四五ページ）。したがって、「この世において、わたしたちがもろもろの罪から浄められるのは、ひとえに神の憐れみにあずかることによってであって、己れの力をもってしてではない」（⑫三四七ページ）。こうして『神の国』の著者によれば、「人間に幸福な生を与えることは人間から起こることではなくて、人間を超えたことである」（⑮九一ページ）。

このような人間の罪の現実と救いの確信から、聖書を通じて、歴史に対しても展望が開けてくる。つまり、救済史としての歴史である。史料に基づいて探究される歴史ではなく、目では確認できないが信仰にもとづいて、聖書によって構成される歴史である。アウグスティヌスは、この救いの歴史のなかに、「神の国」と「地の国」という二つの国（「社会」ともアウグスティヌスは述べる。⑬九三―九四ページ、一五三ページ。⑭二四ページ）が絡み合い、相互に混じり合いながら貫いているとする。

アウグスティヌスによれば、「神の国」を証しするのは聖書であり（⑬二一ページ）、旧約聖書の「詩編」、四六、四八、八七編にその具体的な箇所を確認しうる（新共同訳では、いずれも「神の都」と訳されている）。神の国は、地上の可死的な生をさすらう国ではなく、つねに天上にあって不死である国である。この国は、神に固着する聖い天使たちからなっている（⑬八〇ページ）。

さて、二つの国の起源は、天使たちの間に生じた相違から生じたとされる。神が天地創造のさいに「光あれ」といわれた時、光があったと創世記に記されているが（一章三節）、アウグスティヌスによれば、この光の中に天使の創造があった（⑬三九ページ）。一方、同じ創世記のすぐ後に、「神は光と闇を分けた」（一章四節）とあることに注目し、天使の二種の社会が示されているとする。一方は神を喜び、他方は神にそむき高ぶり傲慢になっている。後者は闇という名にふさわしい。これら二種の天使の社会は対立しあっている。一方は善い本性と善い意志のものであるが、他方は本性は善くても意志は転倒している（⑬八八―八九ページ）。こうした天使の相違し相反する二つの社会に、アウグスティヌスが語ろうとする人間における二つの国の起源も含まれている（⑬九二ページ）。

ついでアウグスティヌスは、理性的かつ可死的な存在者である人間界に関して二つの起源を明らかにする（⑬九三ページ）。その際、彼は二つの国の一方は善い天使たちと善い人間たちからなり、他方は悪い天使たちと悪い人間たちからなると指摘している。むろんこうした指摘は、検証可能な事柄ではないが、アウグスティヌスの論述をたどり、そこでどのように人間と二つの国が把握されているかを考察してゆこう。

アダムの創造にふれて『神の国』の著者は述べる。「わたしたちは最初に造られたこの［最初の］人間の中に、明瞭な事実としてではないが、神の摂理に従って、人類の二つの社会と二つの国の起源がすでに置かれていたと考え（る）。……すなわち、その一人から多くの人間が起こり、そのある者たちは悪い天使たちと交わって罰せられ、ある者たちは善い天使たちと交わって報いをえたが、このことは神のかくれた、しかし義しい審きによるものである」（⑬一五三ページ）。

このように述べ、さらに指摘する。最初の人間たちは、もし罪を犯さなかったならばいかなる死も味わうことがないように造られたが、罪を犯して死の罰を受け、そのため彼らの子孫もみな、同じ罰を受けてその呪われた起源を保持する（⑬一五八ページ）。

「人間を正しいものとして造った神はすべての自然本性の創造者であって、決して欠陥の創造者ではない。これに反し、人間は自分から進んで堕落し、その結果正当に罰せられ、同じように堕落し罰せられた子孫を生んだのである」（⑬一七七ページ）。すなわち、自由意志の悪用から一連の禍いが生じたのである。「まず霊魂が神を捨て、それから神に捨てられた……。なぜなら、霊魂の悪をもたらす第一のものはその意志であるが、善をもたらすものは創造者の意志だからである」（⑬一七八ページ）。神の意志を軽蔑するなら、自分自身を亡ぼす以外にはない、とアウグスティヌスは指摘する。「自分を愛する者は自分を自分に渡し、その結果恐れと悲しみに満たされるようになる」（⑬一九五ページ）。

「彼ら（人類の最初の二人、アダムとエバ）の犯した罪はまことに大きく、その罪によって人間本性は劣ったものへと変えられ、かつこの劣った本性が、罪の拘束と死の必然とのもとで子孫までも伝達されたのである」（⑬二一一ページ）。

「死の王国は人間たちの中に深く支配をおろし、そのためすべての人は、神の無償の恩恵によって解放されない限り、さまにつき落とされるに至るのである」（⑬二一二ページ）。

したがって、この世界には多数の諸民族が住んでおりさまざまに区別されるとしても、人間社会は二種類しかない、と言うのである。これを聖書、とくにパウロの書簡に従って、アウグスティヌスは二つの国と呼ぶ。すなわち、「肉に従って生きることを選ぶ人間たちの国」と、「霊に従って生きることを選ぶ人間たちの国」である（⑬二一二ページ）。ここで「肉」というのは、人間そのものと理解されている。アウグスティヌスによれば、エピクロス派ばかりでなくストア派も肉に従って生きるものとされる。「人間は、自分自身に従って正しくあるように造られたのではなく、人間を造ったかたに従って生き、自分の意志ではなくそのかたの意志に従って生きるように造られたのである。そのように生きるべく造られているのに、そのように生きないこと――これが虚偽なのである。……人間が善くなるのは自分自身からではなくて神からでなければならない……」（⑬二一八―一九ページ）。

こうして二つの相違し相反する国が生じたのである。アウグスティヌスにとって、罪とは何より高慢である。「人は自分自身に向かうことによって高慢となってはならず、むしろ神に向かうことによって従順となるべきである。……わたしたちを神に服従させる謙虚は、わたしたちを高くするのである」（⑬二四七ページ）。謙虚と高慢が二つの国を識別する指標である。

さて、アウグスティヌスは、二つの愛がこれら二つの国を造ったという。「すなわち、神を軽蔑するに至る自己愛が地的な国を造り、他方、自分を軽蔑するに至る神への愛が天的な国を造ったのである。要するに、前者は自分を誇り、後者は主を誇る。なぜなら、前者は人間からの栄光を求めるが、後者にとっては神が良心の証人であり最大の栄光だからである。前者は自分を栄光としてそのこうべを高くし、後者は神に向かって『わたしの栄光よ、わたしのこうべを高くするかたよ』と言う。前者においてはその君主たちにせよ、それに服従する諸国民にせよ、支配欲によって支配されるが、後者においては人々は互いに愛において仕え、統治者は命令を下し、被統治者はそれを守る。前者は自分の権能の中にある自分の力を愛するが、後者はその神に向かって、『わが力なる主よ、わたしはあなたを愛そう』と言う」（⑬二七七ページ）。

ところで、これまで辿ってきた第一一巻から第一四巻において、アウグスティヌスは二つの国の「起源」とそれらを造った二つの愛について記していたが、つづいて第一五巻から第一八巻において、二つの国の「進展」について叙述している。その際、神の国を際立たせるために、地上の国との対比を試みるのである（⑭四二ページ）。

さて、アウグスティヌスは創世記の冒頭に記されている六日にわたる天地創造と七日目の神の休息の記事（一章一節から二章三節まで）、およびマタイによる福音書の冒頭の系図とその三区分に基づき、この「進展」の時期をさらに六時代に区分している。すなわち、第一の時代はアダムから洪水まで（一〇世代）、第二の時代は洪水からアブラハムまで（一〇世代）、第三の時代はアブラハムからダビデまで（一四世代）、第四の時代はダビデからバビロン捕囚まで（一四世代）、第五の時代はバビロン捕囚からキリストの誕生まで（一四世代）、第六の時代はキリストの誕生から終末まで、とされる（⑮三七九ページ）。こうした時代区分も念頭に入れながら、アウグスティヌスが描いている二つの国の「進展」について確認してみよう。

創世記で最初の人とされているアダムは、「地の国と神の国との両方の子孫の父祖」（⑭六八ページ）であった。「人間の本性は最初の人間の罪によって真理から虚無へと落ち込んで（いる）」（⑭二三七ページ）。アダムとエバからまずカインが生まれたが、彼は人間の国に属した。しかし、その後に生まれたアベルは神の国に属した。「最初これらの二つの国が生と死の継起をもって進み始めたとき、まずこの世の市民が生まれ、その後でこの世にあっては寄留者である神の国に属する者、すなわち恩恵により預定され、恩恵により選ばれ、恩恵により下では寄留者であるが、恩恵により上では市民である者が生まれたのである」（⑭二五ページ）。カインは国を建てたが、アベルは寄留者であって国を建てなかった。「なぜなら、聖徒たちの国は上なる国だからである」（同）。カインは嫉妬によって弟アベルを殺した。このことは、「二つの国、つまり神の国と人間の国の間の敵対を明示した」（⑭三三ページ）。アベルはカインに殺されたが、「［この世に］寄留する神の国の一つの予表であった。彼は神の国が、不敬虔な、ある意味で地から出て来た者たち、すなわち地上的起源を愛し、地上の国の地上的幸福を喜ぶ者たちによって、不当な迫害をこうむることになるということを最初に示した」（⑭六二ページ）。またアベルは羊の群れの牧者として、人間の群れの牧者であるキリストを前もって表示した（⑭四一ページ）。

アベルが殺された後セツが生まれた。セツは「アベルの持っていた聖なるしるしを完全に満たすべきものとして生まれた」（⑭六三ページ）。カインとセツのそれぞれが二つの人類の父祖となった。そして彼らの子孫において、人間の中にあるこれら二つの国の特徴がいっそう明らかに示され始めた（⑭六八―六九ページ）。セツからの系図が洪水以前の神の国を示していた（⑭一二四ページ）。

こうしてカインの子孫とセツの子孫という分離が見られ、洪水の時まで続くが、混合も見られた。「善人たちが悪いほうへ堕落して、人類全体が洪水によって根絶されるほどの状態になったからである。例外はノアという名の一人の義人と彼の妻、それに三人の息子とその各々の妻たちであった」

（⑭四三ページ）。

さて、セツの子エノスにおいて、「神を頼みとして永遠の幸福に生きる」人間が示されている（⑭七二ページ）。神の国の市民となるためには、「望みを自分の中に置くべきではないのである。その国は、カインの息子［エノク］に従ってこの時代、つまりこの死すべき世の移り行く流れに献げられているのではなく、永遠の至福のあの不滅性に献げられているのである」（同）。

さて、アダムからセツ、その子孫を経てノア（ここまでは一〇代）、さらにノアの子孫からアブラハム、そしてキリストに至る系図の一方、カインの系図は洪水まで（アダムから八代）である。カインの子孫は洪水で全滅した。「それにより地上の国のすべての民は滅ぼされ、ノアの子らによって再び興されたのである。というのは、この地上の国、すなわち人間を頼みとして生きる人々の社会は、この世の終わりまでなくなることはありえないからである」（⑭七五ページ）。

ノアとその家族が箱舟によって洪水から免れた後、アブラハムまで誰も聖書でその信仰を賞賛されていない。ただ例外として、ノアは二人の息子セムとヤペテを祝福の言葉で推挙している。これに対しノアは、自分が酔って裸になっていた時、それを見て二人の兄弟に告げたもう一人の息子ハムに対しては、その子カナンを呪った（⑭一〇一—〇二ページ）。

アウグスティヌスは言う。「神の国は洪水と箱舟までたどられ、ノアの息子たちに対する祝福を通して、彼らの中に存続していたことが示されている。とりわけ一番大きい者、すなわちセムと呼ばれた者の中に存続していた」（⑭一一三ページ）。したがって、洪水後の神の国を明らかにするためには、セムからの系図を把握しなければならないと言う。そしてアウグスティヌスによれば、洪水からアブラハムに至るまでの年数は、七十人訳では一〇七二年になる（⑭一一六ページ）。

「ノアの二人の息子が祝福され、真ん中の息子が呪われた後、アブラハムに至るまで千年以上にわたって、神を敬虔に礼拝しようとする義しい人々については何も述べられていない。わたしの考えでは、こうした義人がいなかったからではなく、もしすべての人々について記述すれば、極めて長いものになり、そうした記述は預言的な予知というよりも、むしろ詳細な歴史という性格を持つものになるからであろう」（⑭一〇五—〇六ページ）。

しかし他方、不遜なバベルの塔を建てるという高慢によって、また地の国が姿を現した。したがって、ノアの三人の息子から生じた七二の民族の中に神の国を尋ね求めるとき、次のように言うのがよいのではないか、と語る。「あの二人の息子の子孫の中にもバビロンが建設され始める以前から神を軽んじる者がおり、またハムの子孫の中にも神を崇める者がいたのであろう」（⑭一二六ページ）。

さてアウグスティヌスの叙述は、セムの子孫である父祖アブラハムにおいて始まる時代からの神の国の進展に移っていく。「その時から神の国の知識はいっそう明らかになり始め、そこにおいては、今わたしたちがキリストにおいて成就されたのを見る神の約束が、いっそうはっきりと読みとれるのである」(⑭一三二ページ)。

アウグスティヌスによれば、アブラハムの生まれたテラの家だけが、唯一の真の神を礼拝していた。そして、ヨシュア記(二四章二節)の記述とは異なるが、次のように言う。「洪水でノアの家だけが人類の再興のために生き残ったのと同様に、全地に広まった数多くの偶像礼拝の洪水の中で、テラの家だけが残ったのであり、その家で神の国の育成は続けられたのである」(⑭一三二ページ)。アウグスティヌスはここで、ヨシュア記(二四章二節)よりも、旧約聖書「続編」のユディト記(五章五—九節)によっている。

「真の信仰深い人」アブラハムは、カルデアのウルからメソポタミアのハランに移住し、さらにカナンに進む(創世記一一章以下)。不妊の女であった妻サラは夫に女奴隷ハガルを与えイシュマエルを生ませたが、サラ自身高齢になってから神の約束によってイサクを産む(創世記一七章一九節)。アウグスティヌスはパウロに従って(ガラテヤの信徒への手紙四章二四—二六節)記す。「この二人の女はあの旧新二つの契約を表わしている。その際サラは上なるエルサレム、すなわち神の国を象徴している」(⑭一六八ページ)。

この最愛の子イサクを犠牲にささげるよう神に命じられたアブラハムは、この試練においても神の命令に信仰によって服従した。「イサクの中よりあなたの子孫が呼ばれるであろう」という約束を信じて堅持した信仰深い父は、「それが神の命令で殺されるイサクによって成就されるべきものであったので、イサクが一度ささげられても自分のもとにふたたび返されることを疑わなかった。それは望みもしなかったのに与えられた子であったからである」(⑭一六九ページ)。ここにアウグスティヌスは、「わたしたちすべてのために、その御子をさえ惜しまず死に渡された」神の似像を見ている(⑭一六九—七〇ページ、ローマの信徒への手紙八章三二節)。そして言う。「肉によればイスラエル民族が、信仰によればすべての民族が、神の約束によって彼(アブラハム)から由来する」、と(⑭一九五ページ)。

アウグスティヌスはさらに、それ以後どのようにして神の国の時代がアブラハムの子孫を通じて進展していくかを考察する(⑭一七五ページ)。イサクとリベカの間には、双子の兄弟エサウとヤコブが生まれる。すでに二人が胎内にあるとき、神はリベカに伝えた。「二つの国民があなたの胎内に宿っており、二つの民があなたの腹の内で分かれ争っている。一つの民が他の民より強くなり、兄が弟に仕えるようになる」(創世記二五章二三節)。パウロは、子供たちがまだ生まれてもおらず、善いことも悪いこともしていないのにこう述べられていることは神の自由な選びによるとしているが（ローマの信徒への手紙九章一一—一二節）、アウグスティヌスは、「大いなる恩恵の証し」を確認し、また「ヤコブに対する祝福は、すべての国民へのキリストの予告」としている（⑭一七五ページ、一七九ページ）。

父イサクはヤコブを祝福し、「アブラハムの祝福がお前とその子孫に及び、神がアブラハムに与えられた土地、お前が寄留しているこの土地を受け継ぐことができるように」と語った（創世記二八章四節）。ここに、アウグスティヌスはヤコブの子孫とエサウの子孫の区別を見ている（⑭一八一ページ）。ヤコブの子供は一二人いたが、その中にユダとヨセフもいた。ヨセフは父ヤコブからとりわけ寵愛されたため兄たちから憎まれ、エジプトへ奴隷として売られるが、そこで宰相となり、飢饉のためエジプトへやってきた兄たちやヤコブを助けることになる。エサウとヤコブについてもアウグスティヌスは比喩的に解釈をする。「イサクの二人の息子、エサウとヤコブは、ユダヤ人とキリスト教徒という二つの民を象徴的に表わしている」（⑭一九〇ページ）、と。

アウグスティヌスは広く展望する。「神の国は地上においてはキリスト教徒の民の中に寄留しているのであるが、この民のためにわたしたちが、キリストの肉をアブラハムの子孫の中に探し求めようとするならば、妾たちの子孫は斥けられ、イサクが浮かび出てくる。もしイサクの子孫にそれを求めるなら、エドムとも言われるエサウは斥けられ、ヤコブ、つまりイスラエルが浮かび出てくる。もしこのイスラエルの子孫の中に求めるなら、他のものは斥けられてユダが出て来る。なぜならキリストはユダ族の出だからである」（⑭一八七ページ）。アブラハム、イサク、ヤコブ、ユダ、そしてキリストという筋道でイスラエル民族の歴史が辿られているのである。

ヤコブとヨセフが死んだ後、イスラエルの民は著しく増加した。そのためエジプト王によって男児殺害がなされたが、ナイル河畔の葦の茂みの間に置かれ、ファラオの王宮に連れてこられそこで成長したのがモーセであった。彼はイスラエルの民を過酷な奴隷状態から解放する出エジプトの指導者となった。その後四〇年間、民はモーセに率いられて砂漠の中を進んだ。エジプトを出てまもなく、モーセはシナイ山で十戒を授けられた。「モーセは民を導き出してから、シナイ山で神から受けた律法を伝えた。この律法は古い契約と呼ばれるが、それは天の王国を約束した新しい契約がイエス・キリストによってもたらされるのに対して、この世の約束を含んでいるからである」（⑭二八八ページ）。

モーセの死後、ヨシュアが民を率いて約束の地カナンへ導いた。モーセとヨシュアという卓越した指導者の後に出たのが士師たちである。「そのころ、この民族はすでに約束の地に住み、アブラハムに成された、一つの民、すなわちヘブライ民族とカナンの地に関する第一の約束はその間に成就され始めていたのである。しかしすべての国民と全世界に関する約束のほうはまだであった。キリストの肉における来臨と、古い律法の順守ではなく福音の信仰が、やがてそれを成就することになっていた。このことを予表するのは、民を約束の地に導き入れた者は、かつてシナイ山でこの民のために律法を受け取ったモーセではなく、神の命令で名を変えてヨシュアと呼ばれた者であったということである」（⑭一九三ページ）。

士師たちの時代に続いて王たちの時代が来た。「その最初の王としてサウルが君臨した。彼が神に棄てられ、戦いに負けて倒れ、彼の一族から王が出ないようにその子孫が排斥された後、ダビデが王位を継いだ。キリストはとりわけこのダビデの子と言われる。このダビデにおいて一つの時代が刻まれ、ある意味で神の民の青年時代が始まった。この民の青年前期といった時代は、アブラハムからこのダビデの間に過ぎていた」（⑭一九三ページ）。そのように見ると、アブラハム以前の、ノアからこのアブラハムに至る時代は神の民たるこの民族のいわば「少年時代」であった。

「こうして、進展する神の国は、王たちの時代、すなわちサウルがしりぞけられてダビデがはじめて王位を獲得し、それ以後彼の子孫が長い間王位を継承しながら地上のエルサレムを支配するようになった時代にまで至った」（⑭二〇二ページ）。

つづいてダビデ王の時代からキリストの時代までの神の国の歴史が辿られる。サムエルが預言を始めた時から、バビロン捕囚、イスラエルの民のエルサレム帰還と神殿再建までの時代を、アウグスティヌスは「預言者の時代」ととらえている（⑭一九六ページ）。すなわち、サムエルが預言を開始し、サウルに、ついでダビデに油を注いで王とし、さらにダビデの子孫が王位継承をしていた時期までである。預言者たちが語ったことの中に、キリストと神の国に関するものを見るのである。

サウルは不従順によって重ねて罪を犯し、サムエルからもはやイスラエルの王ではないと告げられる（⑭二二四ページ）。サウルの後王位を継いだダビデにおいて、最終的な変更が象徴されている、とアウグスティヌスは語る（⑭二二八ページ）。「ダビデは、天上のエルサレムの子として、地上のエルサレムを治めたが、聖書の証言によって高く称讃されている。……彼の罪過も、悔改めにみちた健全な謙遜さにおいて示される、偉大な信仰によって償われた」（⑭二五七ページ）。ダビデは詩編（二二、四五、六九、一一〇編）において、キリストとその教会について、多くのきわめて重要な預言をしている、とアウグスティヌスは指摘する。

ソロモンは名高い神殿を築き、治世の初めは讃えられていたが、終わりは悪かった。栄華が彼を損なったのである。ソロモンの家は偽りの神々を拝む外国の女たちで満ちており、かつて知者であった王自身が彼女たちによって偶像礼拝へ誘われ落ち込んだ（⑭二二九ページ）。しかしアウグスティヌスは、彼がソロモンの書とみなす「箴言」一章と九章、「伝道の書」（「コヘレトの言葉」）八章、「雅歌」一章と七章の、それぞれ数節にキリストについての預言を見ている。

ソロモンの子レハベアムの即位とともに分裂した南王国ユダと北イスラエルにおいて、ソロモン王以後の王たちが言葉や行為の象徴によって、キリストと教会に関係したことを預言した形跡はほとんどない、とアウグスティヌスは言う（⑭二六二ページ）。

イスラエル王ヤラベアムや後継者の神に対する背信が続く中で、預言者のエリヤとエリシャが出た。バアルに膝をかがめない七〇〇〇人がいるといわれたのも、この国である（⑭二六四ページ。列王記上一九章一八節）。ユダ王国においても、北イスラエルほどではなかったが神への背信があった。アウグスティヌスによって一二（小）預言者と同時代とされているイザヤは、不義を非難し、義を教え、苦難の僕としてのキリストを預言した（⑭三二一ページ。イザヤ書五二章一三節から五三章一二節）。北イスラエルの人々がアッシリアの地に連れ去られ、その後ユダの住民もバビロン捕囚を経験した。預言者たちは民の不義と不信を非難し、この捕囚を前もって告げていたが、とくにエレミヤはその期間を七〇年とまで明らかにしていた（⑭三一五ページ。エレミヤ書二五章一一節）。アウグスティヌスによれば、この大預言者はキリストについて預言をし、キリストによる新しい契約について語った（⑭三三三―三四ページ。哀歌五章一一節。エレミヤ書二三章五―六節、三一章三一節）。

バビロン捕囚時代には、ダニエルがキリストの来臨と受難について語り、エゼキエルもダビデに擬してキリストを預言している。バビロンから帰還後は、帰還のころに預言していたマラキ、ハガイ、ゼカリヤ、エズラの後には、キリストの誕生に至るまで、預言者はいなかった。

以上の概観の中で、アウグスティヌスは、創世記を中心に、旧約聖書の諸文書によりながらイスラエルの歩みを「神の国」と「地の国」との進展を浮彫りにするように考察してきた。その際、神に選ばれたとされるイスラエルの歴史にも「地の国」の要素がさまざまに確認されたのである。これに対しイスラエルを取り巻くアッシリアやローマは、「地の国」の代表であった。

さて、アウグスティヌスは、第一八巻の冒頭で次のように述べている。

「（第一五巻から第一七巻までの）書き方では、ただ神の国だけが進行してきたように思われるかもしれない。だが、この世においてただ神の国だけが進行してきたのではなく、始まりと同じように、人類において両者は同時にそれぞれの経過をたどりながらさまざまな時代を経験してきたのである。それにもかかわらず、わたしがこのような叙述の方法を取ったのは神の約束が明らかにされはじめた時から、最初に約束されたことが成就するようになった処女降誕の時まで、対立するもう一つの国の物語によって中断することなく、神の国の進行する経過をいっそうはっきりと明らかにするためであった。……そこで今度は、わたしが省いてきたことをとりあげるべきであろう。すなわち、アブラハムの時代からもう一つの国がどのように進んできたかを、読者が両者をそれぞれ比較考察するのに十分と思われる程度に、論じておくことにしよう」（⑭二七〇ページ）。

しかし、こうしたアウグスティヌスの意図は第一八巻で必ずしも十分に貫かれていないように思われる。つまり、この箇所で、旧約聖書に沿ったイスラエルの歴史が、その同時代の隣接したアッシリア、バビロニア、エジプト、ギリシア、ローマの出来事を引き合いに出して考察されているが、ただ同じ時代に他の国ではどうであったかという言及にとどまっている面が強いのである。そこでは、二つの国がどのように「混ざり合いながら」進展してきたかというその関連（⑭三八四ページ）も、「地の国」の現実についての考察も見られない。その点では、すでに確認した第五巻までの共和政ローマの現実に対する考察のほうが生き生きとした叙述となっている。

たとえば、次のように記されている。「モーセはアテナイ王ケクロプスの治世の終わりにエジプトから神の民を導き出したが、そのころアッシリア人の間ではアスカタデスが、シキュオン人の間ではマラトゥスが、アルゴス人の間ではトリオパスがそれぞれ支配していた。……ヌンの子ヨシュアがモーセの後を継いで民を約束の地に導き、そこを占有していた民族を征服して、神の権威に基づいてその地に住まわせた。彼もまたモーセの死後二七年間民を治めてから死んだが、そのころアッシリア人の間では第一八代のアミュンタスが、シキュオン人の間では第一六代のコラクスが、アルゴス人の間では第一〇代のダナオスが、アテナイ人の間では四代目のエリクトニオスがそれぞれ支配していた」（⑭二八八―八九ページ）。

また言う。「ヘブライ人の間ではゼデキヤが治め、ローマ人の間ではアンクス・マルキウスの後を継いだタルクィニウス・プリスクスが治めていたころ、エルサレムと、ソロモンによって建てられた神殿とは破壊され、ユダヤの民はバビロニアに捕囚となって連れて行かれた。預言者たちは民の不義と不信のゆえに彼らを非難し、この出来事が彼らに起こるだろうと前もって告げていたが、特にエレミヤは、年数までも明らかにした。同じころ、七賢人のもう一人のミュティレネのピッタコスが生きていたと伝えられる。……同じころ、カルデアとアッシリアをも支配したペルシア王キュロスは、ユダヤ人の捕囚をある程度まで解き、神殿を復興させるために彼らのうち五万人を帰国させた。彼らはただ最初の基礎工事を始め、祭壇を築いただけであった。敵が侵入してくると、工事を進めることができず、ダリウスの時代まで延ばされた。また同じころ、「ユディト書」に記されているような出来事が起こった」（⑭三一六ページ）。

このように、「同じころ」、「そのころ」という記述が多い。ここには、アウグスティヌスのイスラエルの歴史を世界史の中で考察しようとする努力の跡を見ることができるものの、同時代の他の国々との関連、「地の国」との交錯というところまでは、深められていないように思われる。

むしろ、アウグスティヌスはローマの歴史に立ち戻り、ローマ帝政期の皇帝たちの反キリスト教的な政策や、彼を悩ませた異端運動の中に「地の国」の表われをより切実なものとして感じ取っていたように思われる。

当時、教会は反キリストの時代までは、これまでこうむった一〇回の迫害以上に迫害をこうむることはなく、一一回目の最後の迫害は反キリストによるものであると主張する人びとがいた。彼らは、出エジプトの前にエジプトで生じた一〇の災厄と紅海に呑み込まれた一一回目の災厄とに似たものとして、そう主張した。すなわち、第一回はネロの迫害、第二はドミティアヌス、第三はトラヤヌス、第四はアントニヌス、第五はセヴェルス、第六はマクシミヌス、第七はデキウス、第八はヴァレリアヌス、第九はアウレリアヌス、第一〇はディオクレティアヌスおよびマクシミアヌスによる迫害であった（⑭三七五―七六ページ）。

これに対してアウグスティヌスは言う。キリストが十字架にかけられた迫害、キリストの昇天後のエルサレムでの使徒たちに対する迫害、ステファノの殉教に加え、ヨハネの兄弟ヤコブは剣で殺され、ペトロは牢に入れられ、かつて教会を荒らしまわったパウロもキリスト教徒となってからは迫害を受けた。こうした厳しい迫害をうけてネロの時代に至ったのに、なぜ彼らはネロの時代から始めるのか。さらに、彼らはユリアヌスについて触れていない。しかし、「彼はキリスト教徒が自由学芸を教えたり学んだりすることを禁じて、教会を迫害したのではなかったか。彼のもとで、彼の三代後に皇帝になった長子ヴァレンティニアヌスは、［迫害に際して］キリスト教信仰を告白する者となり、そのため軍隊での地位を奪われた」（⑭三七七ページ）。さらにヴァレンティニアヌスの弟で、アリウス派のヴァレンスは、オリエント地方でカトリック教会を大迫害で荒らした。アウグスティヌスが数え上げているこうした迫害の事例の中にも、彼の「地の国」への眼差しを確認しうるであろう。

それでは「身体にではなく、心に受ける」迫害である異端についてはどのように記されているだろうか。これはヒッポ・レギウスの司教として、アウグスティヌスが苦闘した問題であった。キリスト教信仰がローマ帝国に受け入れられることになる中で、「悪魔は異端をそそのかし、キリスト教の名のもとにキリスト教の教えに抗うようにした。彼らは、……何の咎めを受けることもなく無差別に神の国に入れられているかのように思っていた。こうして、キリストの教会において、何か不健全で邪悪な考えをもち、健全で正しい考えをもつように咎められても頑強に拒み、自分たちの有害で死をもたらす教義を正そうとしない者は、異端となり、外に出ていって、教会を鍛錬する敵の間に数えられている」(⑭三七二―七三ページ)。

しかし、彼は異端の力を過大視することはない。「不信の国の君主である悪魔が、この世に寄留する神の国に対して自分の軍隊を動員しても、いかなる危害を加えることも許されていない。疑いもなく、神の摂理は、教会に対して、逆境にあってもくじけることのないように、逆境には慰めを、そして順境によって堕落しないように、逆境には訓練を用意する」(⑭三七三ページ)。すなわち、万事を益とする神(ローマの信徒への手紙八章二八節)は異端の悪をも善用すると言うのである。

アウグスティヌスは、ローマ帝政期に見られる教会に対する内外からの「地の国」の攻撃についてもこのような観察をし、次のように指摘するのである。「この世にあって、またこの悪しき日にあって……不信心な兄弟によって殺された最初の義人アベルから、この世の終わりに至るまで、教会は世の迫害と神の慰めのうちに寄留しているのである」(⑭三七五ページ)。

以上のように、二つの国の戦いと混合との経過を辿ってきて、アウグスティヌスは次のように言う。「信仰と希望と愛において異なりながら、両者は同じようにこの世の善を用い、同じように悪をこうむり、最後の審判に至ってはじめて分けられ、けっして終わることのない自らの終極をそれぞれ受け取るのである」(⑭三八四ページ)。

続いて第一九巻と第二〇巻において、二つの国、つまり「神の国」と「地の国」の終極について、また最後の審判についてアウグスティヌスは論じる。その際、ヨハネ黙示録(一一章や二〇章など)やダニエル書(七章)、イザヤ書(二六、六五、六六章)などの黙示文学的色彩の強い文書によりながら叙述を進める。その記述は理解が容易であるとはいえない。しかしそれは、かつてアカデミア派の懐疑論に惹かれていた時期もあったアウグスティヌス自身も心得ているところであった。

キリストの復活や昇天について彼は、次のように語っている。「(キケロの時代の後の)アウグストゥスとティベリウスの治世は文明のもっと開けた時代であったから、人々の心は、キリストの肉の復活や昇天などは全然起こりえないこととしてこれに耐えられず、聞いても一笑に付し、心に浮かんでも退けるだけだっただろう。というのも、真理そのものである神の力、あるいは神の力である真理が不思議な徴でもって確証し提示するのでなければ、そのことは起こりえないし、また事実起こらなかったのである」（⑮二九四ページ）。キリストの復活や昇天も、信じがたいことの一つであるが、それが全世界に信じられている、と言うのである（⑮二八七ページ）。

ここで問題になっている最後の審判についても、アウグスティヌスは同様に述べる。「聖書に予告されている通りに、イエス・キリストによって最後の審判のあることは、だれも否定したり疑ったりしないであろう。……したがってあの審判において、あるいはあの審判に関して、わたしたちはこれらのことが起こるのを理解する。つまり、テシベびとのエリヤ、ユダヤ人たちの信仰、反キリストの迫害、キリストの審判、死者の復活、善人と悪人の分離、世界の炎上と更新。これらすべてが確実に起こることを信じなければならない。しかしいかなる仕方でいかなる順序で起こるかは、いま人間の認識によって完全に捉えることができるというより、むしろその時できごとの経験によって教えられることであろう。しかしわたしは、それらはわたしのあげた順序で起こると考えている」（⑮一九五―九六ページ。一五九ページも参照）。

キリストによる最後の審判により二つの国が定められた終極に達したとき、それぞれに対してなされる祝福と罰が、第二一巻と第二二巻で論じられる。「創造者にしてかつ保持者である神の憐れみが、どれほど大きな恵みをもってその創造したすべてのものを満たしているかを考えなければならない」とアウグスティヌスは語っている（⑮三四八ページ）が、この言葉はこの大著を貫く通奏低音とも言えるのではないだろうか。

6 『神の国』の史学史的意義――循環説の批判

「神の国」と「地の国」の起源から終極まで考察してきたアウグスティヌスの論述において、天地創造から終末に至るまでの経過が記述されてきた。それは信仰の立場から展望された壮大な救済史であった。一つの終極を目指すこのような直線的な歴史の見方が、古典古代の伝統的な「時代の周期的循環」の考えとは著しく異なっていることに、注目しなければならない。

アウグスティヌスは、ストア派の循環説を念頭におきながら記している。「この説によると、例えば哲学者プラトンは紀元前四世紀にアテナイのアカデメイアと呼ばれる学園で弟子たちを教えたが、過去の無数の世紀にわたり、無限の広さと無限の長さの中で、同じプラトン、同じ国、同じ学園、同じ弟子たちが次々に現われ、未来の無数の世紀においても次々に現われるということになる」（⑬一一二ページ）。こうした循環説を彼は「偽りの循環」、「偽りの教え」として批判するのである。

そして、とりわけ信仰にとって、これは重要な問題をもつのである。なぜなら、信仰は繰り返しを超えた新しい生へと解放されることであり、その「至福の中にかたくとどまって」(⑬一三六ページ)もとの悲惨に戻らないことを確信しているからである。「宇宙全体がその循環の中で常に同じ姿に新しくされ反復され、そのようにして過ぎ去って現われる時代の回転が休みなく続くのだ、と彼らは主張した。その循環は永久に続く宇宙の中で行なわれるか、あるいは一定の周期ごとに常に同じ宇宙が消えては現われるのに、それが過ぎ去ったのちにやがて起こるであろう新しいものの姿を呈するのであるという。しかし彼らは、知恵を得た不死の霊魂をすら、その回転遊具から解放させることができず、偽りの至福とほんとうの悲惨との間をいつも行き来するのにまかせているのである。なぜなら、霊魂が真理についてまったく無知なためにやがて訪れる悲惨を知らず、あるいは至福の中にあっても恐怖に襲われるほどみじめな状態にあるとすれば、このように永遠の至福を確信できない状態が、はたしてほんとうの至福でありえようか」(⑬一二〇―一二一ページ)。

つまり、悲惨から至福に至っても再び悲惨に陥るのであれば、永遠の至福を確信できないのである。「しかしもし霊魂が悲惨から至福へ移り、二度ともとの状態にもどらないときは、時間の中で時間の終わりのない新しいものが始まるのである」(⑬一二一ページ)。

こうした循環説の批判は、歴史の終極における「神の国」の勝利、すなわち救いの完成を目指す歴史把握をもたらすことになる。歴史的出来事の一回性もその意義を基礎づけられる。ここに、ギリシア的な循環史観とは異なる歴史観を見ることができる。

循環史観は、すでにツキディデスの『戦史』で確認したような、将来同様な出来事が生ずるという観念に典型的に現われているし、ポリュビオスがローマの強みとして混合政体について論じたとき念頭にあったのも、ギリシアの政体循環論であった。これに対比される直線的発展的歴史観はこうして、アウグスティヌスにおいて大規模な形で基礎づけられたのである。

一八世紀の啓蒙主義の進歩史観も、一九世紀のマルクスの唯物史観も、キリスト教批判において鋭いものがある。しかしそれらは、決してギリシア的な循環史観に帰っていくものではなかった。世俗化された形でキリスト教の歴史観を継承しているものとみることができるであろう。「輝かしい未来」、「階級のない社会」という目標をめざす歴史の把握であるからである。

いずれにせよ、「神の国」と「地の国」の戦いの経過として歴史を捉える超越的な歴史観は、ヨーロッパ中世の歴史叙述に多大な影響を与えることになった。とくに『世界年代記』というジャンルにおいてそれが明確に現われている。中世初期の世界年代記の代表者はベーダである。世界年代記の完成者とされるオットー・フォン・フライジングの書物の表題は『二つの国の歴史』であった。世界年代記は多くの場合、天地創造からキリストにいたる記述から始まり、そのあと著者の時代に近い部分が詳細に記されるという二重構造になっているのが特徴である。このアウグスティヌスの伝統は、近世フランスのボシュエの『世界史論』（一六八一年）にまで及んでいる。

Ⅲ　近代歴史学の形成

概観

「歴史の世紀」といわれる一九世紀の前半に、ヨーロッパの近代歴史学が確立された。それは、主にドイツが達成した学問的な貢献である。その推進者となったのが、レーオポルト・フォン・ランケ（Leopold von Ranke 一七九五―一八八六）であった。この「近代歴史学の父」は、救済史観に基づく歴史叙述と歴史学とを区別し、あくまで経験的に歴史を考察する。また史料の批判的吟味を一層厳密にするとともに、さらに「個性」と「発展」に対する歴史的な感覚を深めて、近代歴史学の思想的基礎を据える。そしてこれらを結びつけることによって、近代の学問としての歴史学を確立させた。

しかしこうした近代歴史学が確立されるに至るまで、長い助走の時期が積み重ねられた。第三部ではまず、その時期の研究の道筋を振り返ってからランケについて考察する。

第一に、ルネサンス末期にフィレンツェの官吏として活動したマキァヴェッリを取り上げる。『君主論』に見られるような現実感覚は、中世を支配したキリスト教的救済史観とそれに基づく歴史叙述を排し、生々しい人間の利害がぶつかり合う歴史への眼差しを育てた。彼の歴史的著作に即して、そうした歴史叙述の世俗化を検討しよう。

第二に、宗教改革後の宗派戦争時代の教会史に注目したい。カトリック、プロテスタント両陣営の対立が深まり、それぞれの陣営がみずからの正当性を歴史的に確認しようとする中で、過去に対する関心が深まってゆき、長い間注目されてこなかった、教理や教会制度の歴史に関心が注がれることになった。フラキウスとその仲間たちの『マクデブルクの諸世紀教会史』、およびバロニウスの『教会年代記』は、その輝かしい成果であった。そこには宗派的な狭さがあったし、伝統的な救済史観からも脱していなかったが、大きな一歩を踏みしめた一時期であった。

第三に、いわゆる「博識の時代」のフランスの一群の古文書学者たちの学問研究が考察される。近代歴史学が確立されるためには、史料の収集と批判が欠かせない。これを通じて歴史学は、学問としての地位を得ることになる。この学問的な基礎を築き上げたのが、これらの学者たち、とくにマビヨンであった。彼の『古文書学』（一六八一）は、その徹底した史料の吟味において卓越した書物である。それは、やがて一九世紀の歴史学の前提となるものである。

第四は、啓蒙主義の時代の歴史叙述を取り上げる。理性を重んじ、因習的なもの、不合理なものを克服しようとする啓蒙主義において、いっそう徹底したキリスト教的救済史観の批判がなされるようになる。その代表例はヴォルテールであった。彼は、これまで顧みられることの少なかった文化史・社会史（「人間精神の歴史」）に注目し、また東洋にまで視野を広げた。さらに市民階級の興隆とともに深められた自信が、進歩史観を生み出していった。

これらを前提として、第五章でランケにおける近代歴史学の成立を確認したい。

一　現実政治と歴史叙述の世俗化
――マキァヴェッリ――

1　『君主論』の反道徳性

「悪徳の書」とも非難された『君主論』（一五一三）において、ニッコロ・マキァヴェッリ（一四六九―一五二七）は、次のように記している。

「君主にとって、信義を守り奸策を弄せず、公明正大に生きるのがどれほど称賛されるものかは、誰もが知っている。だが、現代の経験の教えるところでは、信義などほとんど気にかけず、奸策をめぐらして、人びとの頭を混乱させた君主のほうが、むしろ大きな事業［戦争］をやりとげている。しかも結局は、信義に基づく君主を彼らのほうが圧倒していることが分かる」（池田廉訳、『マキァヴェッリ全集』一〈以下、『全集』一、のように略記する〉、筑摩書房、一九九八年、五八ページ）。

このように述べたあとマキァヴェッリは、戦いに勝つには二種の方策があることを心得るようにと勧める。一つは法律によるもの、他は力によるものである。前者が人間本来のものであり、後者は獣のものである。

「だが多くの場合、前者だけでは不十分であって、後者の助けを借りなくてはならない。したがって君主は、野獣と人間をたくみに使い分けることが肝心である。この事がらについては、昔の著作家が暗示的に君主に教えてくれている。彼らの書き残したものによると、アキレウスを初め古代の多くの王たちが半人半馬のケイロンのもとに預けられて、この獣神に大切にしつけられたとある。この話の意味は、つまり半人半獣が家庭教師になったというのは、君主たるものは、このような二つの性質を使い分けることが必要なのだ。どちらか一方が欠けても君位を長くは保ちえないと、そう教えているわけだ」（同）。

さらにマキァヴェッリは、野獣のなかでも、狐とライオンに学ぶようにしなければならない、という。なぜなら、ライオンは策略の罠から身を守れないし、狐は狼から身を守れないからである。「罠を見抜くという意味では、狐でなくてはならないし、狼どものどぎもを抜くという面では、ライオンでなければならない」(五九ページ)。こうした『君主論』の主張の背景には、著者の冷徹な人間理解がひそんでいる。「人間は邪悪なもので、あなたへの約束を忠実に守るものでもないから、あなたのほうも他人に信義を守る必要はない」(同)。

マキァヴェッリはこうした信義の不履行は無数に見られるとするが、際立った実例としてアレクサンデル六世のことを引き合いに出す。

「この教皇は人をだますことしか考えず、それだけでやってきた人物だが、それでいて材料に不自由しなかった。この教皇ぐらい効果的に約束し、物事を大げさに誓約し断定しておきながら、見事に約束を守らなかった人物はいなかった。しかも彼のごまかしは、思惑どおりに運んだから、よほど彼は世間のこうした面を心得ていたのだろう」(同)。

慈悲深いとか信義に厚いとか、人情味があるとか裏表がないとか、敬虔だとか、そう思わせる必要性をマキァヴェッリは否定しない。しかしこうした態度が不要になったときには、まったく逆の気質に変わる術を心得ていなければならない、というのだ。そして強調する。

「国を維持するためには、信義に反したり、慈悲にそむいたり、人間味を失ったり、宗教にそむく行為をもたびたびやらねばならないことを、あなたは知っておいてほしい。したがって運命の風向きと、事態の変化の命じるままに、変幻自在の心がまえをもつ必要がある。そして……なるべくならばよいことから離れずに、必要に迫られれば、悪に踏み込んでいくことも心得ておかなければいけない」(六〇ページ)。

こうした言葉に、中世の理想の君主像とは著しく異なる響きを聞き取ることができる。

『君主論』の末尾近くで、マキァヴェッリは次のように指摘する。

「さて結論をくだすとすれば、運命は変化するものである。人が自己流のやり方にこだわれば、運命と人の行き方が合致する場合は成功するが、しない場合は不幸な目を見る。わたしが考える見解はこうである。人は、慎重であるよりは、むしろ果断に進むほうがよい。なぜなら、運命は女神だから、彼女を征服しようとすれば、打ちのめし、突き飛ばす必要がある。運命は、冷静な行き方をする人より、こんな人の言いなりになってくれる。要するに、運命は女性に似て若者の友である。若者は思慮を欠いて、あらあらしく、いたって大胆に女を支配するものだ」(八四ページ)。

眉をひそめさせるようなこうしたマキァヴェッリの言葉に

は、冷徹な人間観に支えられた、悪を犯すことをもはばからない強力な君主像が示されている。ここにわれわれは、ルネサンス思想の政治的で現実的な一面を見ることができるであろう。

『君主論』（一五一三年執筆、一五三二年公刊）は、その内容から推測されるように、それ以後のヨーロッパの政治世界で多くの反論を呼び起こし、激しく議論された。一例を挙げよう。フリードリヒ大王は、プロイセン国王に即位する前年の一七三九年に、『反マキァヴェッリ論』を出版した。本書でフリードリヒは『君主論』の各章を取り上げ、マキァヴェッリの書物の反道徳性を厳しく批判した。若き皇太子にとって、このフィレンツェの政治思想家は「犯罪の教師」であった。ここに、フリードリヒの青年らしい潔癖さを見ることができるであろう。

ところが、一七四〇年に即位すると、フリードリヒの態度は一変する。オーストリアで皇帝カール六世が亡くなったあと、男の後継ぎがなく、マリア・テレジアが即位する。このとき、ザクセンやバイエルンの諸侯など、自らの相続権を主張する者が現われた。こうした状況の中でフリードリヒは、突然「オーストリアの宝庫」シュレージエンに侵入し、不法に占拠する。マリア・テレジアの継承権を認める代わりに、シュレージエンの割譲を要求したのである。これをきっかけとして、オーストリア継承戦争が勃発する。このようにしてフリードリヒは、即位直前につよく非難していたことを自ら強行したのであった。プロイセンの国力増大という「目的のためには手段を選ばない」、まさにマキァヴェッリズムの立場がここに現われている。

本章ではまず、『君主論』の中に見られるマキァヴェッリの毒のある言葉がいかなる時代背景の中で発せられたのかを確認し、彼の歴史的諸著作のヨーロッパ史学史における位置を考察してゆきたい。

2　イタリアと国際情勢

われわれはここで、『君主論』における「悪の勧め」を確認しつつも、そうした言葉がなぜ語られなければならなかったのかを、当時のイタリアを取り巻く国際情勢を考慮しながら検討してみよう。

一五世紀後半のイタリアは、衰退の兆しを見せ始めていたとはいえ、なお繁栄と安定を謳歌していた。とりわけロレンツォ・デ・メディチの治世には、金融業にもとづく莫大な財産を背景に、文化の保護、奨励がなされ、フィレンツェのルネサンス文化は最盛期を迎えたのである。ところが、ロレンツォの死（一四九二年）から二年後、フランス王シャルル八世がナポリ王国の支配権を要求してイタリアに侵入するという衝撃に見舞われる。ミラノ公国、ヴェネツィア共和国、フィレンツェ共和国、教皇領、ナポリ王国などに分裂し統一を欠いていたイタリアは、すでに統一国家への歩みを進めていたフランス、イギリス、スペインの狙うところとなっていたのである。シャルルの侵入はイタリア史の一大転機となり、イタリアにおける勢力均衡の崩壊を意味した。ロレンツォの不肖の息子ピエロは、フランス王の侵入軍に恐れをなし屈辱的な和議に同意したため、市民によって追放された。こうしてメディチ政権は崩壊する。

マキァヴェッリの同時代人で歴史家であったフランチェスコ・グイッチャルディーニは、『イタリア史』において、一四九四年の衝撃を次のように記している。

「彼（＝シャルル八世）とともに無数の災厄や恐るべき事件の種がまかれ、すべての事柄に転変が生じた。なぜならば彼の通過は権力者たちの変動、王国の転覆、農村の荒廃、都市の殺戮、そして極めて残酷な殺害が生じたのみならず、新しい習慣や習俗、新しい血なまぐさい戦闘の様式、さらにはそれまで知られていなかった病気をもたらした。そしてイタリア流の静穏と調和とを保つ道具立ては解体し、その後このイタリア流の静穏と調和とは回復されず、外国の野蛮な軍隊がイタリアを悲惨な状態に陥れ、それを破壊することになった」（佐々木毅『マキアヴェッリと『君主論』』講談社学術文庫、一九九七年、五〇ページからの引用。この書物には、マキァヴェッリとその時代が詳しく描かれている）。

フィレンツェは情熱のドメニコ会修道士サヴォナローラの指導のもと共和政に復帰した。フランスと結んだフィレンツェは一五一二年まで共和政を続けることになる。マキァヴェッリが歴史の舞台に登場してくるのはこうした状況においてであった。すなわち、一四九八年五月二八日、二九歳の彼はフィレンツェ政庁の第二書記局の書記官に就任する。爛熟した社会の腐敗を糾弾し、教皇をも断罪したサヴォナローラが政庁の立つシニョーリナ広場で火刑に処せられた五日後のことであった。続いてマキァヴェッリは、六月半ばには第二書記局長に、さらに一月後には「軍事十人委員会」担当の書記官になった。

第二書記局の任務は内政と軍事問題の処理であったが、外交問題とも無縁ではなかった。マキァヴェッリは軍制改革を自己の重要な課題とし、頼りにならない傭兵軍を廃して、市民軍の創設に力を尽くした。一五〇九年のピサ攻略はその成果であった。また国際政治の脅威をしのぎ、フィレンツェの独立を維持するために、一四九九年以降一五一一年まで、イタリア各地はもとよりフランスやドイツ（神聖ローマ帝国）へ外交使節あるいは視察者として足繁く赴くのである（派遣先については、岩波文庫版『君主論』（一九九八年）の河島英昭氏による訳者解説、三六六―三七一ページ参照。マキァヴェッリの報告文書や提言は、『全集』五および六に収められている）。この間彼は、各国の君主と折衝し、一五世紀末から一六世紀初頭にかけての緊迫するヨーロッパ国際関係の荒波にもまれ、現実政治にたいする感覚を磨くことになる。フランス王ルイ一二世、神聖ローマ帝国皇帝マクシミリアンとも会見したが、とりわけ一五〇二年に、二度にわたって交渉に臨んだヴァレンティーノ公チェーザレ・ボルジアは、冷酷果敢な性格のゆえにマキァヴェッリに強い印象を残した（たとえば「セニガリア顚末記」藤沢道郎訳、『全集』六。とくに一八―一九ページ参照）。

しかし、一五一一年にはマキァヴェッリの公人としての活動の終わりが近づいてきた。教皇ユリウス二世が対仏神聖同盟を結成し、フランス軍の一掃をはかる。フィレンツェは、一五〇二年に終身の市政長官に就任したソデリーニの主張により、フランス王ルイ十二世の側に立った。ラヴェンナ近郊での戦いの結果、総指揮官の戦死によりフランス軍は敗走する。これにともないソデリーニは失脚し亡命する。一五一二年八月末のことであった。ここに共和政は崩壊し、メディチ家の復帰が生ずることになる（この点については、一五一二年九月一六日以後に記されたとされるマキァヴェッリの書簡に生き生きと描かれている。『全集』六。一九二―九七ページ、和栗珠里訳）。

これはソデリーニ政権を支え共和政のために尽力してきたマキァヴェッリの没落をも意味した。彼は官職から追放される。この一五一二年という年は、マキァヴェッリの人生にとって重要な節目となった。しかも反メディチ陰謀が発覚し、そのグループのメモにマキァヴェッリの名があったために、彼は投獄され拷問を受けることになった。しかし、ジョヴァンニ・デ・メディチ枢機卿が教皇レオ一〇世として即位した祝賀による大赦により、出獄を許された。「私は牢を出ました。町中が歓喜に沸き返る最中のことでした。……私に降りかかったこの災難についてくどくどお話はいたしません。ただ、運はあらゆる手を尽くして私をいたぶったとだけ申し上げましょう。でも、神のお恵みにより、災難は去りました」。一五一三年三月一三日付のフランチェスコ・ヴェットーリ宛の書簡にマキァヴェッリはこう記している（『全集』六。二〇二ページ）。

出獄後、彼はフィレンツェの南に位置するサンタンドレーア・イン・ペルクッシーナの山荘にこもる。「不当な運命の虐待」（『全集』一。六ページ）を耐え忍び、あらゆる幸福から遠ざかり「不遇をかこつ身」（『全集』六。二一〇ページ）であることを嘆きつつ、マキァヴェッリは記す。「私はといえば、自分にとっても、親類縁者にとっても、友人にとっても、無用の長物となってしまった。悲惨な運命がそう望んだせいだ。私は何もかも失った」（『全集』六。二八八ページ、松本典昭訳）。このような屈辱の日々の中にあって、彼はひたすら読書と著述に専念することになる。フィレンツェの官吏として現実政治のただなかを東奔西走していたマキァヴェッリであったが、この隠棲の日々においてもその唯一の関心事は政治の世界であった。「私には、政治を語るのが性に合っているのです。私には、じっと黙っているか、政治の話をするか、二つにひとつなのです」(『全集』六。二〇六ページ、和栗訳)。

そうした中で、マキァヴェッリはふたたび政治の世界で仕事をなしうるようにメディチ家に望みをつないでいる。「メディチ家の方々が私を採用して下さるのではないかという望みもあります」(『全集』六。二四五ページ)。「もし運命の女神(フォルトゥーナ)の思し召しによって、メディチ家が私に仕事を与えてくだされば――フィレンツェ国内のことであれ、国外のことであれ、また私的なことであれ公的なことであれ――うれしいのですが」(『全集』六。二八二ページ)。

しかしマキァヴェッリのこの希望は、教皇レオ一〇世(大ロレンツォの次男)の警戒心に阻まれ、一五二一年のレオの死をへて枢機卿ジュリオ・デ・メディチ(一五二三年には教皇クレメンス七世となる)の好意を受けるまでは、容易に満たされなかった。この失意の私人としての暮らしの中で、ヨーロッパ政治思想史上画期的な著作である『君主論』をはじめ、歴史を論ずる諸著作が生み出されるのである。

3　強力な君主の待望

一五一三年一二月一〇日、マキァヴェッリは友人で教皇庁駐在フィレンツェ大使ヴェットーリにあてて次のように書いている。

「晩になると、家に帰って書斎に入ります。入り口のところで泥や汚れにまみれた普段着を脱ぎ、りっぱな礼服をまといます。身なりを整えたら、古《いにしえ》の人々が集う宮廷に入ります。私は彼らに暖かく迎えられて、かの糧を食します。その糧は私だけのもの、そして私はその糧を食べるために生まれてきたのです。私は臆することなく彼らと語り合い、彼らがとった行動について理由を尋ねます。すると彼らは誠心誠意答えてくれます。四時間もの間、退屈など少しも感じません。あらゆる苦悩を忘れ、貧乏への怖れも死に対するおののきも消え去って、彼らの世界に浸りきるのです。学んだことも覚えなければ知識とはならない、とダンテは言っています。だから私も、彼らとの会話で得たものを書き留め、『君主論』と題する小論にまとめました。君主というテーマについて私にできうる限り深く考えを掘り下げ、君主国とは何か、どのような種類があるのか、いかに獲得され、いかに維持された、なぜ失われるのかを論じた作品です」（『全集』六。二四四ページ、和栗訳）。

さて『君主論』は、すでに述べたように、分裂しヨーロッパの強国から深刻に脅かされているイタリアの現状から発せられた警告の叫びであり、強力な君主を待望する書であった。マキァヴェッリはこの書物において、当時のイタリアを「世情の激変の拠点、ないし震源地」（『全集』一、八二ページ）とし、「どん底の姿に落ち、……指導者なく秩序なく、うちのめされ、まる裸にされ、引き裂かれ踏みにじられ、ありとあらゆる荒廃に耐えている」（八五ページ）と描いている。こうした「息絶えだえのイタリア」（同）になんとしても必要なのは、マキァヴェッリによれば強力な君主であり、自国軍であった。ここでいう自国軍は、「家臣とか市民、あるいはあなたが庇護する人びとによって組織された軍事力」（四八ページ）のことである。

イタリアの弱体と混乱の大きな原因を彼は、傭兵制に見ている。『君主論』の第一二章はまさにこの問題を取り上げている。マキァヴェッリは指摘する。

「君主が国を守る戦力には、自国軍、傭兵軍、外国支援軍、混成軍とがある。傭兵軍および外国支援軍は役に立たず、危険である。ある君主が、傭兵軍のうえに国の基礎をおけば、将来の安定どころか維持もおぼつかなくなる。というのは、傭兵は無統制で、野心的で無規律で、不忠実だからである。仲間うちでは勇猛果敢に見えるが、敵中に入れば臆病になる。神への畏れを知らず、人にたいして信義を守らない。……傭兵が戦場に留まるのは、ほんの一握りの給料が目あてで、ほかになんの動機も愛情もない」（四一ページ）。

このように述べて、『君主論』の著者は、当時のイタリアの没落が「永年にわたって傭兵軍のうえにあぐらをかいてきた」（四二ページ）ことに原因をもつとしている。シャルル八世が難なくイタリアを占領したのもこのためである。イタリアは傭兵軍のために、シャルル八世による蹂躙（一四九四―九五年）をはじめ、ルイ十二世の略奪（一四九九年）、フェルナンド五世のナポリ併合（一五〇一年）、スイス軍の南下による辱しめ（一五〇〇年と一五一二年）を受けることになった（四五ページ）。「こうして、傭兵はイタリアを奴隷と屈辱の地と化してしまった」（同）。

マキァヴェッリによれば、ローマ帝国が崩壊したのもゴート族を傭兵に使いだしたことにもっぱら由来する。「これを手始めにローマ帝国の勢威は衰えはじめ、かつてのあの勇猛ぶりがすべてローマ帝国の手を離れて、ゴート族へ移ってしまった」（四八ページ）。

したがって賢明な君主は傭兵軍や外国支援軍を避け、自国の軍隊に基礎をおく（四七ページ）。その好例として、マキァヴェッリはチェーザレ・ボルジアを挙げる。

「ボルジア公はみずから外国支援軍とともに、ロマーニャにはいり、フランス人だけの兵力を率いて、その軍勢によってイモラとフォルリを奪った。だが、やがて彼はこの軍隊に不安を感じ、傭兵隊のほうが危険性が少ないと判断して、傭兵を使おうとした。で、オルシーニ家とヴィテッリ家の兵を雇いいれた。だが、いざ使ってみると、彼らに不審な気配や不誠実で危げなところが見えてきた。そこでその兵制を廃止して、自国軍にたよることにした。それにしても、それぞれの軍事力の違いは、さきにボルジア公が仏軍だけにたよったとき、オルシーニ家やヴィテッリ家の傭兵を使ったとき、さらには自国の兵力と自分自身を拠りどころとしたとき、それぞれの場合の評判を較べてみれば、一目瞭然であろう。彼の声望がこの上なくあがったのは、彼が自分の兵力を完全に掌握していると衆目が一致したときだった」（四七ページ）。「みずからの武力をもっていなければ、どんな君主国であっても安泰ではない」（四八ページ）、というのが『君主論』の著者の基本的な考えであった。

マキァヴェッリはさらに、自国軍を組織する手段については、チェーザレ・ボルジア、シラクサのヒエロン、シャルル七世、旧約聖書に登場するダヴィデの軍事組織を思い起こせばよいし、アレクサンドロス大王の父フィリッポスをはじめ、多くの君主や共和国がどのように軍備を固め組織づくりをしたか、よく考えればよいとしている。「わたしは、この制度に全幅の信頼をおいている」（四九ページ）と著者は言う。

さて、自国軍の建設にもまして、イタリアをその窮状から解放してくれる強力な君主がマキァヴェッリによって待望された。その際、彼がとりわけ注目するのは、ヴァレンティーノ公チェーザレ・ボルジアである（一一四ページ）。すなわち「新君主にとって、この人物（チェーザレ）の行動にまさる指針は考えられない」（同）のである。

「ヴァレンティーノ公は驚くほどの無謀さと力量の人だった。民衆をどのようにすれば、手なずけられるか滅ぼせるかを、知りつくしていた。あれほどの短期間で築いたのに、土台はいたって堅固だった。……運や他人の武力で政権につくすべての君主にとって、ぜひとも鑑とすべき人物として、彼を推したいと思う。その理由は、彼のすばらしい勇猛心とその雄図からすれば、それ以外の対処の仕方が考えられないからである」（一一八ページ）。

チェーザレの冷酷さについても、マキァヴェッリは冷徹な判断をくだしている。

「チェーザレ・ボルジアは、残忍な人物とみられていた。しかし、この冷酷さが彼にロマーニャ地方の秩序を回復させ、この地を統一し、平和と忠誠を守らせる結果となった。……あまりに憐れみぶかくて混乱を招き、やがては殺戮や略奪をほしいままにする君主にくらべれば、冷酷な君主のほうは、ごくたまの見せしめの残酷さを示すだけで、ずっと憐れみぶかい人物になる……」（五五ページ）。

こうして、危機の中にあるイタリアに、チェーザレという一条の希望の光が差し込んだ時があったことを『君主論』の著者は感じていたのである（八五ページ）。しかしチェーザレは活動の最盛期に運命の手から見放されてしまった。「彼の計画をさえぎったのは、教皇アレクサンデル（六世）の短命と彼自身の病気にほかならなかった。……ただ一つ非難されるのは、彼が選び方を誤ってユリウス（二世）を教皇につけたことであろう」（二一九ページ）。

したがって息絶えだえのイタリアは「野蛮な外敵の残酷さと横暴から救ってくれる人物」を切に待望しているのである（同）。しかも待ち望まれる人物は、冒頭に紹介したような、悪の道をも心得た力強い君主であった。そして今や、マキァヴェッリは小ロレンツォ・デ・メディチにその役割を期待しているのである。小ロレンツォこそ『君主論』が献呈されている人物であった。

4　『君主論』と歴史

それではマキァヴェッリは『君主論』において、歴史をどのように捉えているのであろうか。

まず第一に、教訓の宝庫として歴史を考えている。この書物は、過去の一時期を取り上げ史料批判に基づいてその発展を考察する歴史書ではない。しかし本書には、マキァヴェッリが卓越した人物とみなすモーセ、キュロス、ロムルス、テセウスをはじめ数多くの人物が登場する。著者が豊かな歴史的知識をそなえていることが、行間から伝わってくる。しかもイタリアが直面している危機を打開しようとしている著者が、過去を振り返らざるを得なかった時に眼前に思い描くことのできた人々の姿がそこにはある。現代の問題から出発して過去を問うというのは、人が歴史に向き合う根本的な姿勢であろう。その姿勢がマキァヴェッリにおいて明瞭にあらわれている。歴史への切実な関心がそこには見られる。

『君主論』のなかには、「実例」という言葉がしばしば使われている。過去のさまざまな実例から現代へ教訓を引き出そうとする姿勢がはっきり読み取れる。この意味で、歴史は彼にとって教訓を引き出す宝庫であった。したがって君主は歴史書に親しみ、読書を通じて英傑の成し遂げた行為を考察することが肝心であった（五〇ページ）。

第二に、マキァヴェッリには、事柄の背景を歴史的に理解しようとする姿勢が見られる。たとえば、君主が国を安全に保持しようとして行なう方策を問題としている箇所がある。そこで彼は、領民の非武装化、統治下の諸都市の分断、仮想の敵の想定、政権当初自らに不信感をもった連中の懐柔、城塞の建築、城の破壊などを挙げている。これらに関する次のような指摘は、マキァヴェッリの歴史的思考を示す重要な言葉であろう。「それぞれの対策について一定の判断をくだすのは、それぞれの君主がそうした決断に至ったその国の個別の事情をふり返らなくては無理であろう」（七〇ページ）。

第三に、マキァヴェッリは本書のねらいを「読む人が役に立つものを書くこと」としているが、その際「生々しい真実」を追究することを重視していることである。「これまで多くの人は、現実のさまを見もせず、知りもせずに、共和国や君主国のことを想像で論じてきた。しかし、人が現実に生きているのと、人間いかに生きるべきかというのとは、はなはだかけ離れている。だから、人間いかに生きるべきかを見て、現に人が生きている現実の姿を見逃す人間は、自立するどころか、破滅を思い知らされるのが落ちである」（五一―五二ページ）。あるべき姿と現にある姿とを区別し、利害が絡み、勢力が相い争う生々しい現実の政治世界を直視すること、これがマキァヴェッリの追求する事柄であった。したがって、歴史を超越的な神との関係において救いの歴史として捉えたり、道徳との関係で考察することはなされない。そこに、中世の年代記やルネサンスの人文主義者の著作との違いが現れている。

すでに『君主論』の中に、マキァヴェッリの歴史にたいするこのような基本的姿勢が明確に示されているが、つぎに彼の歴史的著作をも考察していきたい。

5　『ディスコルシ』と共和政ローマ

『君主論』が執筆されるに先立って、一五一三年、もう一つの書物が構想され執筆が始められていた。その執筆を中断して、一五一三年の後半に一気に『君主論』が書かれたのであった。その後執筆が再開され、ほぼ一五一九年には完成をみたのが『ディスコルシ』（『ローマ史論』）、正確には、『ティトゥス・リヴィウスの初めの一〇巻についての論考』である。

マキァヴェッリによれば、古代芸術に対する崇拝の風潮は広く行きわたっていた。

「これに対して、歴史がわれわれに伝えてくれる、あの古代の王国や共和国が演じた気高い役割についてはどうであろうか。現代人ときたら、古代の国王、軍人、市民、立法者、そのほか祖国のために身を投げだして活躍した人びとに対しては、彼らの行為を手本としようとはせず、口先で褒めるだけである。すなわち、そこには誰も古代の美徳の痕跡すら認めようとはせず、しごく軽くとりあつかっている始末である。私には、この風潮がいぶかしく思えるとともに、残念に思えてならない」（『全集』二、永井三明訳、九ページ）。

古代の国家を無視するこのような過ちを正すために、マキァヴェッリはリヴィウスの『ローマ史』にもとづいて、考察を進めていくのである。「ティトゥス・リウィウスの歴史を読んで、そこからなんらかの利益を引きだそう」（二八二ページ）というのが著者の意図であった。こうしてマキァヴェッリは、たえず「古代の実例」と「現在の事例」（三三二ページ）のあいだを頻繁に行き来しながら、論を進めていく。その際、マキァヴェリは共和政ローマに国家としての理想を見ている。「ローマほどの発展をとげた共和国が二度と現れなかったことは、もとをただせば、いかなる共和国でも、ローマと同じ大目的に向かって国家体制を整備したものがなかったからである」（二六九ページ）。「国を建設するのにはローマの組織に範を求めるべきで、その他の国家の例はならうに値しないと私は信ずる」（三二一ページ）。

これにたいして、同じ古代ローマでも、帝政時代は衰退の時代であった。「帝政時代にはいると、皇帝たちは腐敗堕落して、明るい太陽の下〔の戦場〕よりも、日陰の〔宮廷生活に〕愛着を示しはじめた。そしてさらに、ときにはパルティア、ときにはゲルマン、またあるときには近隣の人民たちから、平和を金で買いとるようになりはじめたのだった。これこそ、あれほど偉容を誇った大版図の崩壊開始を告げるものでなければならなかった」（二七四ページ）。マキァヴェッリによれば、ローマ帝国は、「その軍事力と権力とに物を言わせて、すべての共和国や、すべての民主的な制度を破壊してしまった」（一七九ページ）のである。

官吏としての経験と思索に支えられながら、マキァヴェッリは、フィレンツェ、さらにはイタリアの救いがたい状況を打破するために、共和政ローマの実例を浮き彫りにすることによって、人々に役立てようとするのである。こうした試みを彼自身、「いままで誰もがはいっていったことのない道」とみなし、この道を「切り開こうと決心した」のである（九ページ）。

さて、それでは『ディスコルシ』の著者は、理想とする共和政のローマの政体をどのように捉え、ローマの強みをどの点に見ているのだろうか。ここでマキァヴェッリは、われわれが第三章で考察したポリュビオスの政体論とその循環説を念頭においている。

すなわち、政体には、君主政、貴族政、民衆政（ここでは永井三明氏の訳語に従う）の三種類があり、しかもそれぞれの堕落形態がある。すなわち、僭主政、寡頭政、衆愚政である。こうした堕落形態への移行は容易になされる。そのようなわけで、君主政→僭主政→貴族政→寡頭政→民衆政→衆愚政へ、そして衆愚政から君主政へ立ち戻り、繰り返し循環していくのである（一五―一八ページ）。無論、こうした循環がなされず、混乱状態にある国家がより強力な隣国に従属されることも多い、と述べられる。

いずれにせよ、六つの政体はどれも欠点にみちている。よい三政体は生命の短さのゆえに。悪しき政体はもって生まれた邪悪さのゆえに。したがって、慎重に法律を制定しようとする人は、こうした欠点をわきまえているので、単一政体を適用しようとはせず、よき政体の持つ性格のどれをも含んだ政体を選び、それをもっとも堅実で安定した政体と判断するのである。その理由は、国内に「君主政、貴族政、民衆政があれば、おたがいに牽制しあうからである」（一八―一九ページ）。マキァヴェッリはまず、このような政体を築いた人々のなかでも、スパルタのリュクルゴスを挙げている。「彼は国王、貴族、民衆に、それぞれ本来の機能を十分に発揮できるように割りふりを考えながら、スパルタの法律を組み立てた人物である。その国家は、八百年以上も永続したが、［この法律のおかげで、］彼の名声は後世にまでとどろきわたり、その都市は静穏を楽しむことができたのだった」（一九ページ）。

マキァヴェッリは、これと反対の人物としてアテナイに法律を制定したソロンを挙げる。彼は民衆政体のみを樹立し、君主政や貴族政の要素を取り入れなかった。そのため、アテナイはスパルタにくらべ短命に終わった。

ローマはリュクルゴスのようなよき立法者をもつという一番の幸運には恵まれなかったが、それにつぐ利点をそなえていた。

「ローマ本来の法律はすきだらけのものではあったが、それを完成の域へと高めていく道筋から、一歩も踏みはずすようなことはなかったのである。ロムルスをはじめ、ほかの国王すべてが多くのすぐれた法律をつくったが、それはなお自由と両立しうるものであった」（一九ページ）。

しかし、それらの法律のねらいは、共和国のためのものではなかった。それで、ローマが自由な政体になったとき、自由のために必要な制度が欠けていた。そして王たちが王位を失うと、それを追放した人びとは、王位に代えて二人の執政官をおいた。こうして、ローマでは国王の実権は保持されたのである。

「ローマの政府は執政官と元老院からなっており、それらはすでに指摘した三つの要素のうちの二つ、すなわち君主政と貴族政を混合したものであり、民衆政は取りいれられないままであった。そのためローマの貴族は、……横暴になり、人民を貴族に対して立ち上がらせることとなった。そこで貴族はすべてを失うことを避けるために、人民に対して自分のもつ権能の一部を譲らざるをえなくなった。

他方、元老院と執政官は共和国での自分たちの地位を維持しようとして、権力の多くを手放そうとしなかった。

ここで護民官の創設がもたらされて、ローマ共和国はより安定したものとなり、上述の三つの政体の要素が、すべてそれぞれ所を得ることとなった」（二〇ページ）。

ここに、ポリュビオスに示唆を受けながら、混合政体をもつ共和政ローマの安定性を強調するマキァヴェッリの主張が見られる。

「……権力の所在が国王や貴族から人民へと移行したにもかかわらず、好運に恵まれたローマは、貴族に権力を与えるために王から全権力を奪うこともなく、貴族の権力をけずってそれを人民に分かち与えることもなかった。かえって、それら三者がまざり合って完全な国家をつくりあげていたのである。このような完璧な状態に到達しえたのも、……平民と元老院との軋轢という事態をとおしてなのである」（同）。

ところで、強力な君主の待望を内容とする『君主論』と共和政ローマを理想の国家形態とみなす『ディスコルシ』が同時に執筆されたこと、すなわち君主政と共和政を同時に理想として掲げたマキァヴェッリの立場をどう理解すべきであろうか。これはこれまで多くの研究者を悩ませてきた問題である。マキァヴェッリの書物のなかには、矛盾するような言葉、微妙な発言の揺れやニュアンスの変化が見られるが、根本的には、共和政を支持していることは疑えない。著者は語る。

「共和国は君主国にくらべてはるかに繁栄し、かつ長期にわたって幸福を享受できることが理解できよう。なぜなら共和国では国内にいろいろな才能をそなえた人間が控えているので、時局がどのように推移しようと、これにより巧みに対応していくことができるが、君主国のばあいはそうはいかないからだ」（三二五ページ）。

さらに、次のように記される。

「国家が領土でもその経済力でも大をなしていくのは、かならずといってよいほどその国家が自由な政体のもとで運営されているばあいに限られているのを、われわれは経験から知っている……。

事実、ペイシストラトスの僭主政治の束縛を打破したアテナイが、その後の百年間のうちに全盛期を迎えたのも、まこと驚嘆すべきことである。けれどもそれにも増して、その国王の絆から脱したローマが、あの大帝国へと成長をとげていったことを考えれば、讃嘆のあまり言うべき言葉を知らないほどである。

その理由はいとも簡単に理解できる。つまり個人の利益を追求するのではなくて、公共の福祉に貢献することこそ国家に発展をもたらすものだからである。しかも、このような公共の福祉が守られるのは、共和国をさしおいては、どこにもありえないことは確かである」（一七五ページ）。

このようにマキァヴェッリは、ローマ共和国を念頭に置きながら共和政の利点をさまざまな表現でしているが、とりわけ注目しているのは、前三九二年に執政官になったマンリウス・カピトリヌスの例である。

「その理由は彼が心身ともに卓越した資質（ヴィルトゥ）をそなえ、それによって祖国にどれほどすばらしい貢献をしたとしても、そのあとで心中に生じた醜い支配欲のために、すっかり帳消しになってしまったからである。明らかに、マンリウスの支配欲は、カミルスに与えられた栄誉に対する嫉妬がもととなって起こってきたものだが、このため、彼はすっかり分別を失い、ローマの風俗習慣を無視して、一度としてくだらない政体を採用したことのない共和国の性格をもかえりみずに、元老院と祖国の法律に弓を引くような騒動を、ローマにおいて引き起こしたのであった。

ここでわれわれは、当時のローマがいかに完全で、人民がいかにすばらしい良識をそなえていたかが了解できる。貴族たちは本来、事あるごとに仲間同士で助けあうものだが、誰ひとりとしてマンリウスに味方しようとはしなかった。そのうえ親類の者でさえも、マンリウスにそっぽを向いたままであった。他の被告人に対しては、慈悲を請うために知人縁者が喪服やよごれた衣服を身にまとい、謹慎の色を表わして被告人のそばに付きそって出廷するのがならわしであった。ところが、マンリウスに付きそうものは誰ひとりとしていなかった。

そもそも護民官という職は、人民の利益になることならいつでもなんでも推進するもので、人民の利益を追求するあまり、貴族と対立するものである。しかし、このばあいに限って、護民官は貴族と手を結び、共通の敵〔マンリウスのこと〕にあたったのである。

またローマ人民は、本来自分たちの利害にはたいへん敏感であり、好んで貴族と対立した。このときも、当初はマンリウスにきわめて好意的だったはずだ。にもかかわらず、護民官がマンリウスを喚問し、事件を人民の裁判にゆだねると、その同じ人民が正義の擁護者となり、ためらわずにマンリウスに死刑判決をくだしてしまったのである」（三二一ページ）。

このように述べてマキァヴェッリは、史上この事例ほどローマ共和国の制度のすぐれていることを見事に示しているものはない、と指摘する。

「この例によると、この都市のなかの誰ひとりとして、あらゆる才能（ヴィルトゥ）をそなえ公私にわたって数々の称讃すべき業績を残した一市民〔マンリウス〕を、弁護しようとはしなかったのである。

つまり、国を思う心がほかのいかなる感情にも優先していたからだ。そして過去の実績よりは、マンリウスによってもたらされている現在の危機に多くの考慮をはらった。したがって、現在さらされている危機を救うためには、人民はマンリウスを殺すほか方法がなかったのである。ティトゥス・リウィウスは、次のように言っている。『共和国にさえ生まれていなければ、名声を歴史にとどめたであろう人物〔マンリウス〕が、その生涯を終えた』と」（三二二─二三ページ）。

ところで著者は、同じ共和政においても古代と当時の共和国では著しく異なることを指摘する。「現代の共和国と古代の共和国との行き方の相違は、いかにもはなはだしいものである。さらには、現代の共和国が呆れるばかりの不振におちいっているのに対し、古代ローマの驚異的な発展の秘密についても、思いあたるふしがあることだと思う」（二七六ページ）。

さて、共和政を強化し健全に機能させるためにも、さしあたり時代の緊急の課題として、強力な君主が望まれたに違いない。国内に内紛を抱え、互いに分裂し抗争を続け、つねにヨーロッパの諸強国の脅威が迫るイタリアの現状では、それ以外にイタリアの救済はありえないと判断したのではないだろうか。

根本的に支持する共和政も、決して絶対視されてはいない。彼は言う。「なにごとであれ人間のつくった制度には、本来なにかしら固有の欠陥が隠れている」（三三二ページ）。「どんなよいことにも、なにかと都合の悪いことが背中合わせとなっている」（三九〇ページ）。著者の冷静な言葉はつづく。「永遠に繁栄を続ける共和国の建設は不可能だ。どの道をたどっても、行きつく先は国家の破滅だからである」（三四六ページ）。

「歴史がわれわれに伝えてくれる、あの古代の王国や共和国が演じた気高い役割」（九ページ）とも、「君主政体にしろ、共和政体にしろ、それが長期にわたって存続するためには、いずれもが法律によって秩序づけられていなければならない」（一五九ページ）とも、記されている。

「君主国であろうと、共和国であろうと、その国内の二つの勢力を同時に味方につけることはできない。なぜなら、人間は本来二つの党派のどちらかに加担する性質を持っており、かならず一方に好意をいだくことになっているからである」（三六七ページ）。

また、「非常事態のもとで方針を決定するばあい、なによりもひとりの人間に指導権を集中することが大切である」というリヴィウスの言葉を引きながら、共通の欠点も指摘する。「ところが、現在の共和国ならびに君主は、これとまさに正反対のことをしている。彼らは事態を好転させようとして、一つの任務に複数の代表や指揮官を送っている。このため、はかりしれないほどの混乱を引き起こす。今日、イタリア軍やフランス軍がさんざんの目にあっている最大の理由を探すなら、右のことが最も有力である」（三四二─四三ページ）。

共和国の問題性も見ている。「共和国は時代に応じて法律を変えることをしないから、失敗するのである。しかも共和国の場合、［君主国にくらべ］遅々とした変革しかできない。しかも、より多くの困難を伴なう。つまり変革のためには、共和国全体が革命を必要とする情勢になるまで待たなければならないからだ」（三二六ページ）。

『ディスコルシ』には膨大な過去の事例が盛り込まれており、マキァヴェッリが並々ならぬ歴史的知識の持ち主であったことがうかがわれる。この点で、『君主論』をはるかに上回る。しかし本書には、ある特定の時代を取り上げ、史料を批判的に吟味をすることを通じて、その史的発展を考察することはなされていない。リヴィウスの歴史書の史料批判もなされてはいない。しかも、時代の歴史的理解よりも、過去の実例から何を教訓として引き出しうるのか、ということが彼の最大の関心事であった。

小都市国家として発足し、やがて大帝国へ向かって躍進するローマの興隆は、彼にとって輝かしい範例であった。危機のうちにある現代から、過去へと目を向け、共和政ローマという範例に注目したマキァヴェッリは、一人の力量のある人物を同じく理想像として提示し、その伝記を記すことになる。それが『カストルッチョ・カストラカーニ伝』であった。

6　『カストルッチョ・カストラカーニ伝』

『ディスコルシ』はザノービ・ブオンデルモンティとコジモ・ルッチェッライにささげられていた。彼らはいずれも、民衆政時代に反ソデリーニ派として知られたベルナルド・ルッチェッライによって一五〇〇年頃に組織された文人サークル「オリチェッラーリの園」のメンバーであった。このサークルは大ロレンツォ時代の文化的伝統を継承しようとしていた。当初、文学が関心の中心であったが、やがて歴史や政治をも論ずる傾向がつよくなった。一五一二年のメディチ家の復帰以来、このサークルは黄金時代を迎える。彼らはしかしメディチ家の権力があまりに強大化したことに幻滅し始め、やがて独自の政治的主張を唱えるようになる。とくに一五一九年の小ロレンツォの死後、新しい共和国論が構想されるようになる（佐々木著、一三二―三三ページ、参照）。

マキァヴェッリはこのサークルに一五一六年に加入を許され、その知的交流を享受するのである。ヤコポ・ナルディは回想している。

「ニッコロ・マキァヴェッリはコシモ（ルッチェッライ）と他の同僚にあてて、誰も試みなかったまったく新しい議論にみちたあの『論考』を執筆し、献呈した。こうしてマキァヴェッリはこれらの人々によって非常に慕われ、さらに彼らからなにがしかの経済的援助を受けたのを私は知っている。彼らは彼との対話を非常に喜び、彼のすべての著作を非常に高く評価した。したがってこれらの若者たちの考えや行動に関してマキァヴェッリもまた責めを負わざるをえないほどであった」（佐々木著、一三三—三四からの引用）。

『カストルッチョ・カストラカーニ伝』（一五二〇）をマキァヴェッリが献呈したのもこの知的グループの若き友人たち、ザノービ・ブオンデルモンティとルイージ・アラマンニであった。

一五二〇年七月、マキァヴェッリはルッカに赴いた。この土地はカストルッチョ・カストラカーニ（一三二八年没）の故郷であった。そこで彼はこの機会にルッカの傭兵隊長であり、専制君主であったカストラカーニの伝記を執筆する。イタリアの窮状を救う英雄の模範を描き出そうとする意図からであった。マキァヴェッリはこの人物の生涯のなかに、「誰もが祝福する幸せな生まれにはほど遠かった」が「力量についても運命についても、とてつもなく偉大な例証を数多く発見した」（『全集』一、服部文彦訳、二六七ページ）。そこで、彼の生涯を人々の記憶にとどめようと、この伝記を書いたのであった。マキァヴェッリはこのように叙述している。

「カストルッチョはその一時代においてたぐいまれな人物であっただけでなく、はるか時代を遡ってみてもそうであった。身の丈は中背以上、四肢は体と釣り合っていた。容貌は気品にあふれ、人間味豊かに人びとを受け入れたため、何かを不服として彼にくってかかる者は誰一人としていなかった。……

友には感謝を忘れず、敵には怖れられ、領民には公正、よそ者には信義を欠いた。策略で勝てるときには、むやみに武力に訴えようとはしなかった。勝ち方ではなく、勝利が栄光をもたらすのだ、と彼は言っていた。

危機に飛び込むのに、より大胆な者など他にはいなかった。そこから脱出するのに、より慎重な者も他にはいなかった。よく口にしていたのは、人間は途方に暮れてなどいないで何でもやってみなければならない、ということだった」（二八八ページ）。

さらに次のようにも描かれている。

「彼（カストルッチョ）は四四年間生きた。そしていかなる運命にあっても君主であった。自分のよい運命については、その記憶が鮮やかに残され、悪い運命についてもまたはっきりと記憶に留められることを望んだ。なぜかというと、彼が牢獄につながれていたときの鉄鎖は今でも彼の屋敷の塔に打ちつけられ、それを目のあたりにすることができるからである。自らの逆境の証に、彼によってその場所に据え置かれたのであった。それゆえ、生きていれば、カストルッチョはアレクサンドロス大王の父であるマケドニアのフィリッポス大王に劣らず、また ローマのスキピオに劣ることもなかった。が、両者と同じ歳で彼は死んだ。もしも彼がルッカではなく、マケドニアかあるいはローマを祖国としていたなら、明らかに両者を凌駕していたことであろう」(二九二ページ)。マキァヴェッリはカストルッチョの器の大きさを伝える多くの機知にとんだ受け答えも伝える。

「長ったらしく退屈な演説をぶつ、ある人物に彼が捕まったときのこと、男は最後に『あなた様には話が長すぎて、お疲れになられたかもしれません』と言うと、彼は『そんなことはない、わたしはおまえの言ったことを聴いていなかったから』と答えた」(二九〇ページ)。

「カストルッチョがナポリ王の大使と国外追放者の財産配分について討議しているときのことだった。カストルッチョが少し気色ばむと、大使は彼にこう言った。『じゃあ、あなたは王のことが恐くはないのですか?』と。すかさず彼は『あなたがたの王は善い方なのか、それとも悪い方なのか?』と言った。善い方です、大使が答えると、カストルッチョは切り返した。『それではどうしてわたしが善い人を恐れる必要がありましょうか?』」(二九二ページ)。

こうしたエピソードがさらに三〇あまり紹介されている。しかし、その大部分が、ラエルティウスの『ギリシア哲学者列伝』から取られたエピソードなのである。ここには、この伝記の歴史書としての意義の疑わしさが象徴的にあらわれている。

事実、ぶどう園の木下に葉で包まれて置かれていたという赤子のカストルッチョの出生(二六八ページ)をはじめ、幼少期の記述は著者の創作であり、カストルッチョの後見人となったとされるフランチェスコ・グイニージ(二六九ページ)も架空の人物である。またパヴィーアへの遠征も史実ではない。さらに人物は混同され、いくつもの戦闘の様子や勝敗も創作であるとされる。カストルッチョは四三歳で亡くなったが、大スキピオやフィリッポスと同じ四四歳で死なせた(永井三明、解説、六四—六五ページ)。このように、この伝記は、カストラカーニを英雄とするあまり、史実に手を加え、著しく歴史を歪めている。歴史書と言うより文学と言ったほうがよいものとなっているのである。しかし、読者を楽しませ、教訓を引き出すことを狙って歴史を歪曲することは、当時の伝記作者にとっては当然のことであった。その意味でマキァヴェッリは時代の要求に合わせ、またそのことによって好評を博し、フィレンツェの歴史を書くことを求められることになる。

7 『フィレンツェ史』

一五一九年五月、マキァヴェッリが『君主論』を献呈した小ロレンツォが亡くなった。こうしたなかで、フィレンツェの統治を委ねられたのが枢機卿ジュリオ・デ・メディチであった。彼はコシモ―大ロレンツォ時代の統治様式を復活させ、それによりメディチ家の権威が回復されることになる。マキァヴェッリに対し警戒心をいだいていた教皇レオ十世（ジョヴァンニ・デ・メディチ。一五一三年に教皇）とは異なり、ジュリオ（一五二三年、教皇クレメンス七世となる）はマキァヴェッリに好意を持って注目し（両者は一五二〇年三月に会見する）、その後押しもあってマキァヴェッリは、一五二〇年一一月、フィレンツェ大学から『フィレンツェ史』の執筆を依頼される。

一五二五年に、『フィレンツェ史』は一書にまとめられた。教皇クレメンス七世への献呈の辞で著者は記している。

「至聖にして至福なる、私たちの父たる聖下が、まだ枢機卿であらせられたころ、フィレンツェの市民によって行われた事績を書くようにと、不肖私にお命じ下さいました。……こうして書き進めますうちに、ついに偉大なるロレンツォ・デ・メディチ殿の死によってイタリアの政体が一変し、その後の事態はさらに高度でかつ大規模となり、したがって、より高度で広大な精神で書かれるべき時代まで到達いたしました」（『全集』三。在里寛司・米山喜晟訳、五ページ）。

本書においてマキァヴェッリは、「まずローマ帝国が西方においてその力を失った後、どのような破壊に遭い、どのような君主の下でイタリアがその政体を変化させたか……、また、どのようにして教皇、ヴェネツィア市民、ナポリ王国、ミラノ公国がその地方の至高の地位と支配権を獲得したか……、さらに聖下の祖国が国家の分裂によって皇帝の支配下から独立いたしましたものの、聖下のご実家の保護下での統治が始まるまでの間、いかに分裂したままであったか」（五ページ）を叙述した、とクレメンス七世に語りかけているのである。

叙述にあたって著者が心がけたことは、メディチ家の先祖におもねることを避けることであった。すなわち、「ジョヴァンニの善良さ、コジモの叡智、ピエロのやさしさ、ロレンツォの偉大さと深慮」などを記した場合にも、それが「偽りの賛辞」となり、おもねりと受け取られることを自ら恐れているのである（同）。

「そこで、もしもご先祖の方がたの立派な行為の下に、ある人びとが言うような公共の利益に反する野心が隠されていた場合には、私がいったんそれを知った以上、聖下のために遠慮して書かないでおくような真似は決してしないことに致しました。なぜなら、私のあらゆる叙述において、不正な行為が正しい意図を口実にして覆い隠されたり、称賛されるべき行為が、実は反対の目的でなされたものとして、隠されてしまうようなことを私は決して望まなかったからです」（六ページ）。

叙述にあたってのこうした姿勢は、とりわけ引用される演説や私的な議論のなかにあらわれているとマキァヴェッリは語る。「それらは言葉も語順もそのままで、話している人物の気質の美点を、何の留保もなしにそのまま止めている」（同）とされるのである。「歴史の尊厳と真実」を重んじ、憎悪のこもった言葉を避けようと努めた、というのである。「真理を汚すことなく」叙述をすすめることが著者の意図であり、「大勢の人びとを怒らせずに、彼らの時代について記すことは不可能だ」ということも覚悟していたのである（同）。

さて、こうしたマキァヴェッリなりの真理探究の姿勢をもって叙述に向かうのであるが、当初はメディチ家の支配の始まる一四三四年から、つまり「メディチ家がコジモとその父ジョヴァンニの功績によって、他のどの家よりも権威を得た時点から」（八ページ）執筆しようと考えていた。その理由は、紀元から一四〇二年まで『フィレンツェ人の歴史』を書いたレオナルド・ブルーニ（一三六九頃―一四四四）と『フィレンツェ人の歴史』で一三五〇年から一四五五年を扱ったポッジョ・ブラッチョリーニ（一三八〇―一四五九）という優れた歴史家が一四三四年以前について詳しく記していると思い込んでいたからである。しかし、それらを丹念に読んでみたところ、対外戦争については詳細であるが、都市内部の争いについては不十分であることを発見した。この点は偉大な人物にはふさわしくないものと映ったのである。

「なぜなら、もしも歴史において、何か人を楽しませたり、人にものを教えたりすることがあるとすれば、それこそ特に書かれる（べき）事がらだからである。また共和国を統治する市民にとって、何か有益な教訓があるとすれば、それは他人の経験によって賢明になり、団結が保てるよう、憎しみや都市の分裂の原因を示す事がらだからである。そして、あらゆる共和国の実例が興味を引くとすれば、自分の共和国について読むことは、それよりもはるかに多くの興味を引き、またはるかに有益である」（八ページ）。

このように述べ、著者はここでも「教訓」や興味を引く「実例」ということを語っている。

そして、とくに多くの分裂を抱えたフィレンツェに注目をする。ここでは貴族と平民の分裂が生じた古代ローマやアテナイとは異なり、「まず最初に貴族の間で分裂し、続いて貴族と平民の間で分裂し、そして最後に、平民と下層民の間で分裂した。多くの場合、両派の内で優位に立って生き残ったほうの党派が、二つに分裂するという事態が生じた。そうした分裂から、記録が得られるいかなる都市にも生じなかったほど、多数の死者と亡命者と家族の破壊とが生じた」(九ページ)。

しかしこうした分裂にもかかわらずフィレンツェはますます大きくなったと、マキァヴェッリはとらえるのであり、ここにこの都市国家の能力を証明する実例を見る。フィレンツェ市民の力量によって祖国を高めることができたのである。この特記すべき「分裂」を記すことを控えるブルーニやブラッチョリーニを、マキァヴェッリは批判するのである。

「人間の野心や、自分たちの先祖と自分たち自身の名前を永遠のものにしたいという、人びとの願望を彼らがほとんど知らないことを証明している。彼らは多くの人びとが、何らかの賞賛すべき事蹟によって名声を得るチャンスがない場合、恥ずべき出来事によってなんとかそれを得ようとすることをも悟っていないのである。そして彼らは、政治や国家に関する事件がそうであるような、それ自体の内に偉大さを含む行動は、たとえそれがどんな結末に至ろうとも、とにかくそれに関係してさえいれば、人びとに非難よりもむしろ名誉をもたらすことをも考慮していないのである」(一〇ページ)。

このようなわけでマキァヴェッリは、フィレンツェ史をその起源から書き始める決意をする。そして一四三四年までは市内で起こった事実を中心に詳細に叙述し、一四三四年以降の出来事については、内外の事柄を詳しく記すのである。またこれに加えて、フィレンツェ史のよりよい理解のために、最初の四巻で「いかなる経過でイタリアが、当時それを支配していた君主たちの支配下に入ったか」を記す。

すなわち、第一巻は、ローマ帝国の滅亡から一四三四年までの間にイタリアで起こったすべての事件を簡潔に語り、第二巻はフィレンツェ史の起源からアテネ公(一三〇五―五六)の追放後に教皇に対して行なった戦争を叙述する。第三巻は一四一四年のナポリ王ラディスラーオの死とともに終わり、第四巻で一四三四年に到達する。それ以後の時代については著者にとっての現代まで、フィレンツェの内外で生じた出来事が詳細に記される。

さて、フィレンツェ史の叙述に際して、マキァヴェッリがイタリア全体の動きのなかでそれを考察しようとしていたことが、第七巻冒頭の次のような言葉にうかがわれる。

「おそらく前巻を読まれた人びとは、筆者がフィレンツェの事がらよりも、ロンバルディーアならびにナポリ王国で起こった出来事を語るのに、時間をかけすぎたと思われるかもしれない。しかし、私はこのような記述を避けようとも思わなかったし、また以後も避けるつもりはない。なぜなら、私はイタリアの出来事を書くとは約束しなかったものの、この国に起こる注目に値する出来事を語ることを避けようとは思わないからだ。それらを記述しなければ、わが国の歴史への理解が深まらないし、また人の興味をひくこともないからで、とりわけフィレンツェ市民が参戦せざるをえないような戦争は、ほとんどの場合、イタリア国内の他の国民や、君主たちの行動によって生じているからである」（三二五ページ）。

さて、マキァヴェッリの歴史叙述の重要な着眼点であった「貴族と平民の対立」にかんするローマとフィレンツェの比較を見ておこう。支配することを望む貴族と服従を望まない平民とのあいだの敵意が、市内で生じるあらゆる災いの原因である、と著者は言う。このことが古代ローマばかりでなくフィレンツェをも分裂させた。ただし、これらの都市では異なった結果をもたらした。ローマでは両者の敵意が討論によって、フィレンツェでは戦いによって決着がついたからである。前者では法律によって、後者では多くの市民の追放と死によって結末を迎えた。ローマでの敵意は軍事力を高めたが、フィレンツェでは軍事力を完全に消滅させてしまった。「ローマの敵意は、市民がお互いに平等な状態から、このうえない不平等へとその都市を導いたが、フィレンツェのそれは、不平等から驚くべき平等へそれを導いた」（二一九ページ）。

こうした差異は、二つの都市の平民たちが持っていた異なった目標による、とマキァヴェッリは指摘する。

「なぜならローマの平民が、貴族とともに最高の名誉を享受しようとしたのに対して、フィレンツェの平民は、貴族をまじえずに、単独で政権を握るために戦ったからである。ローマの平民の願望の方がより道理にかなったものだったから、貴族への攻撃もより耐えやすいものとなった。だから、その貴族階級は容易に、武力に頼らずに譲歩した。そしていくらかの不和の後に、平民も満足でき、貴族もその権威を失わずに済む法律をつくることで妥協したのである。他方フィレンツェの平民の願望は、無礼であり不正であった。だから貴族は、より大きな戦力で防御の準備を整え、その結果、市民の流血や追放に至ったのだ。またその後に制定された法律も、公共の利益のためよりは、すべて勝利者の利益になるよう制定された。そしてこのことから、平民の勝利の後に、ローマの都市はいっそう強力になる結果が生じた。

なぜなら平民たちは、貴族とともに役職や軍隊や統帥権の管理に加わって、彼らが十分に備えていたまさにその力量によって、首位を占めることが可能となったからだ。だからあの都市では、力量が高まることによって、戦力も高まった。しかしフィレンツェでは、平民が勝つと貴族は役職につけなくなった。そして、それを取り戻そうとすると、政治や意志や生き方においてただそうであるだけでなく、その見せかけにおいても、平民と等しくなることが必要となった。だから平民だと見せるために、貴族が紋章を改めたり、家名を変えたりすることになった。その結果として、貴族階級特有の武勇や高邁な精神が消滅し、貴族ではない平民の間では決してそれが蘇ることはなかった」（二一九―二〇ページ）。

次に、マキァヴェッリがコジモとロレンツォをどのようにとらえているかを見ておこう。

「コジモは武人を職業としない人たちでは、フィレンツェ国のみならず、他のおよそ記憶に残るどの都市国家においても、最も名望があり、評判の高い市民であった。なぜなら彼は権威と富においてだけでなく、寛大さおよび賢明さにおいてもまた、当時の他の誰よりも優れていたからだ。彼をその祖国において君主たる存在にならしめた、すべての性質にまじって、他の誰にもまして寛大でかつ鷹揚だという事実があった」（三三二ページ）。

彼の気前のよさは、彼が建てさせた建造物にもあらわれていた。すなわちフィレンツェのサン・マルコ、サン・ロレンツォ両修道院および付属教会をはじめ、多くの聖堂および礼拝堂、さらに個人邸宅を建てた。

「こうした屋敷、彼の業績、および行為のすべてはまるで王侯にふさわしかったし、また彼はフィレンツェの唯一の支配者であったけれども、その慎重さによって自制しており、市民としての謙遜をけっして超えることはなかった。その話しぶりも、召使いも、馬の数でも、その暮らしぶりのすべてに、さらに縁組においても、どれをとっても普通の質素な市民のそれと変わらなかった。

……

当時の君主国および共和国において、知性の点で彼に匹敵する人物は皆無であった。非常に紆余曲折の多い運命のなかで、またこれほど変わりやすく、不安定な都市国家において、三十一年もの間権力を握り続けた秘密がここにあった。非常に慎重であったので、遠くから悪を察知でき、それらが大きくならないように、あるいはそれらが拡大しても自分に有害にならないように備える余裕がもてたのである。

……コジモがフィレンツェの内外において遭遇した困難は、彼にとっては栄光ある形で終わり、敵方にとっては損な結果となった。したがって、市内の紛争によって彼の地位は上がり、外敵との戦争は彼の権力と名声を高めた。……彼の力量と幸運はそのすべての敵を消し、味方の立場を高めたのである」（三三二―三三ページ）。

コジモが学者を愛し、賛美する人物であったことにも言及されている。彼はフィレンツェの若者たちのために、学識に富むギリシア人、アルギュロプロスをフィレンツェに招聘し、プラトン哲学の第二の父である敬愛するフィッチーノを自宅の屋敷に迎え、人文主義の学問をより徹底的に追究できるよう配慮した。

「こうして、このコジモの思慮深さ、その富、その生き方と幸運が、彼をフィレンツェの市民たちから恐れられ、かつ愛され、そしてイタリア国内のみならずヨーロッパ全土の君主たちから異常なほど尊敬される存在にしたのである。彼がこうした基盤を子孫に残したからこそ、子孫は力量において彼に匹敵でき、幸運においてはるかに彼を凌ぐことができ、なおかつ彼がフィレンツェで維持してきた権威を、この都市国家ばかりかキリスト教世界全体で保つことが可能となった」（三三四ページ）。

大ロレンツォに対してはどのような叙述がなされているだろうか。一四七八年、「パッツィ家の陰謀」によって、ジュリアーノが殺害され、兄のロレンツォはかろうじて殺害を免れた。ロレンツォは多くの武装した市民に導かれて自宅に戻った。市内ではメディチ家の名前が歓呼され、パッツィ家の人々は迫害された。フィレンツェでの政体の変化を望んでいた教皇シクストゥスとナポリ王は陰謀の失敗のあと、ロレンツォ一人だけの追放を宣言して、フィレンツェ共和国攻撃の軍勢を集め進軍を開始した。これに対しロレンツォは、市民と執政府の人びとを前に演説をした。彼は、市民の一致団結のもと弟の復讐がなされ、自分の身が守られたことを喜ぶともに、メディチ家が市民からつねに賞賛されてきたのは、その善良さによってであると述べる。そのような一族がパッツィ家を侮辱することがあろうか。それにもかかわらず、自分たちに憎悪や羨望をいだくとするなら、それはメディチ家ではなく、自分たちを後押ししてくれた市民を責めていることになると述べる。

「私の祖父コジモは、武力や暴力によってではなく、皆さんの一致した同意に基づいて、追放から帰国いたしました。私の年老いて病弱な父親は、多くの敵に対してその地位を守れませんでしたが、皆さんがあなた方の権威と好意とによって、彼を守って下さいました。父の死後、私もまだ子供と呼んでもよい年頃だったので、もしも皆さんのご助言やご好意がなければ、とてもわが一族の地位を保つことはできなかったでしょう。また皆さんが私たちの一族とともにそれを支え、さらに支え続けていて下さらなければ、私の一族もこの共和国を支えられず、今もそうすることは出来ますまい。したがって私は、彼らが私たちに対していかなる憎しみの原因が持てたのか、あるいは嫉妬のいかなる原因があったのかを知らないのです」（三八九―九〇ページ）。

この演説は市民に深い感動を与えた。代表の一人は大ロレンツォとメディチ家の功績をたたえ、心から彼の評判や地位を守りたいと願っていると語った。そして、「彼（ロレンツォ）を失う時は、同時に祖国を失う時だ」（三九〇ページ）とさえ述べた、とマキァヴェッリは伝えている。

マキァヴェッリは学問の保護についても述べる。

「彼（ロレンツォ）の目的とは都市を豊かにし、人民を結束させ、貴族が尊敬されることにあった。彼は一芸に秀でた人であれば、それが誰であれ驚くほどに愛し、学者を優遇した。……だからこそ、ほとんど神のごときジョヴァンニ・（ピーコ・）デッラ・ミラーンドラ伯は、ロレンツォの雅量の大きさに対する感動のあまり、彼が遍歴したヨーロッパの他のあらゆる地方を見捨てて、その居をフィレンツェに構えたのであった。彼は建築も音楽も詩も、驚くほどに愛した。彼自身詩作を行なっただけではなく、さらに自ら注解を加えて公表した。またフィレンツェの若者たちが学芸の研究にいそしめるように、ピサの町に学園を開設し、そこには当時のイタリアにおける最高に優れた人びとが招聘された。優れた説教師だったので、聖アゴスティーノ教団のフラ・マリアーノ・ダ・ギ（ジェ）ナッザーノのために、フィレンツェの近くに修道院を建設した」（四二六ページ）。

ロレンツォの足跡に深い敬意をいだきながら、マキァヴェッリは本書を閉じる。

「フィレンツェだけではなく、イタリア全土においても、これほど思慮深いという名声を得て、その死が祖国を悲しませた人はいなかった。また彼の死からどれほどの破滅が生じねばならないかを、天は多くのとても明白な兆しによって示した。……イタリアは彼の助言を受けることができなくなったため、残された人びとの力では、ミラノ公の後見人であるロドヴィーコ・スフォルツァの野心をなだめることも抑えることもできなくなった……。そのためロレンツォの死後間もなく、悪い種子が育ち始め、それをえぐり取ることができる人が生きていないために、それは程なくしてイタリアを破壊させ、さらに今なお破滅させせつつある」（四二七―二八ページ）。

さて、この『フィレンツェ史』を通読する者は、細部にまで及ぶマキァヴェッリの豊富な歴史的知識に敬意を感じざるを得ない。しかし、今日の研究によれば、その叙述は、多く先行する歴史書に大きく依存している。すなわち第一巻は、フラヴィオ・ビオンドの『ローマ人の没落以来の歴史十巻』をもっぱら便利な資料として利用し、第二巻では、ジョヴァンニ・ヴィッラーニの『年代記』に依拠している。フィエーゾレやフィレンツェの伝説的な時代から書き記されたこの年代記を、マキァヴェッリはきわめて自由に取捨選択して、生彩に富んだ中世市民の世界を描き出しており、マキァヴェッリの見事な脚色の才能がわかるという。第三巻の叙述の主要資料は、マルキオンネ・デイ・コッポ・ステーファニが書き残した『フィレンツェ年代記』である。さらに、ブルーニの『フィレンツェ史』や、ジーノ・カッポーニの『回想録』、『チオンピの反乱』、ミネルベッティの『年代記』を資料に用いている。第四巻と第五巻のもっとも重要な資料は、ジョヴァンニ・カヴァルカンティの『フィレンツェ史』というあまり注目されていなかった書物であった。とくに第四巻は、この書物に大きく依存しているとされる。第五巻ではさらに、ビオンドの前述の作品やジョヴァンニ・シモネッタの『フランチェスコ・スフォルツァ戦記』が利用されている。つづく第六巻では、このシモネッタの記録が十分に生かされている。第七巻は、時代も近づき、かなりの程度マキァヴェッリ独自の構想と調査にもとづいて執筆されたとされる。「だから今日的な意味でマキァヴェッリによって執筆された、と言えるのは最後の二巻だけ」とも指摘される。第八巻では、傭兵隊長モンテセッコが記した『告白』がその一次史料である。このように、マキァヴェッリの『フィレンツェ史』は、その大部分を、伝統的な年代記や人文主義者たちの歴史書を用いて完成させたのであった（米山、解説、五一七―二三ページ）。しかも、それらの文献に対する批判的な吟味はなされておらず、さらには文書館での史料研究はなされていないのである。

8　シャルル八世のイタリア侵入と歴史の教訓

一四九四年のシャルル八世のイタリア侵入という衝撃は、マキァヴェッリにフィレンツェならびにイタリアの危機を深く自覚させた。彼の歴史への眼差しはこの危機から生まれたといってよいであろう。古代、とりわけ古代ローマ共和国への注目がなされた。その過去から教訓を引き出し、益を得ることが切実な関心となる。そして危機感に支えられた過去への関心が切実であればあるほど、マキァヴェッリの歴史的知識は深くなった。こうした歴史とのつながりを誰が軽んじることができようか。有力な君主を過去にたずね、共和政ローマの統治の巧みさを追究し、フィレンツェ共和国やイタリアの衰退の原因を探る。それは歴史との対話によってのみ、マキァヴェッリの前にその見通しを与えたであろう。しかし、教訓を引き出すことに急なあまり、歴史的事実の正確な把握、典拠の批判的吟味、一次史料の研究はおろそかにされてしまったのではないだろうか。倫理的な判断から事柄をいったん切り離し、生々しい現実を見ることができたがゆえにその点が惜しまれるのである。「歴史は人生の教師である」という言葉は、批判的吟味をくぐりぬけたとき、より一層の輝きを見せることであろう。

二　宗派時代の教会史叙述
――フラキウスとバロニウス――

1　ヴォルムス帝国議会（一五二一）以後の宗派対立

ロマネスク様式の大聖堂で名高いライン川中流域の古都ヴォルムスにおいて、一五二一年四月、帝国議会が開催されていた。マルティン・ルターが皇帝カール五世に召喚されたのは、この帝国議会であった。

「九五か条の論題」の提示（一五一七年）から三年半、事態の展開はルター自身の予想をはるかに超えるものであったに違いない。救いの確信を求める内面的な苦闘をへて、「信仰によってのみ」義とされるという認識へと導かれたルターは、贖宥状の販売に異議を唱えざるを得なかった。そのことがドイツ国民に大きな波紋を投げかけ、彼を歴史の舞台に否応なく立たせることとなった。ライプツィヒ論争（一五一九年）においてルターは、ローマ教皇の至上権に疑念をさしはさみ、またフスの教えにも福音的でキリスト教的な要素を認めることによって、異端とみなされることになった。一五二一年初めには、教皇レオ十世はルターを正式に破門に処した。

教皇からルターの追放を要求された皇帝カール五世はしかしながら、政治的な解決をめざし、ヴォルムスの帝国議会にルターの出頭を命じたのであった。審問にあたって、ルターはこれまで説いてきた教えを撤回することを求められた。しかし彼は、聖書に照らし良心に従ってそれを拒否したのであった。「私はここに立つ。こうするよりほかはない。神が私を助けたまうように。アーメン」（ヴォルムスの広場に立つルター像の台座が伝えているルターの言葉）。これに対しカール五世は、「ヴォルムス勅令」を発してルターを帝国追放に処し、彼の書物を禁じた。ここにカトリック、プロテスタントへの宗派分裂の発端がある。

しかしヴォルムス勅令の実施は、当時の国際情勢から困難であった。イタリアをめぐるフランスとの戦争は急を告げ、さらにオスマン・トルコの脅威が迫っていたからである。しかも、フランスとトルコは友好関係にあった。二〇年余に及んだ東西から迫る脅威に直面して、皇帝としても繰り返しルター派の協力を取り付けなければならず、そのことが宗教改革の展開を有利にしたのである。こうしてルター派の教会形成が進んだ。

一五三〇年、カール五世は国際的な緊張がつづく中で、カトリックとルター派の調停に乗り出し、両派が共有しうるような信仰箇条の作成をルター派陣営に求めた。主にこの任にあたったのがルターの良き理解者であるメランヒトンであった。人文主義的教養を身につけた優れた古典語学者でもあった彼は、カトリック側も歩み寄れるように穏やかな文面の「アウクスブルク信仰告白」を起草した。しかしそれにもかかわらず彼は、「信仰によってのみ義とされる」というルター派の信仰理解を盛り込んだのである。そのためカトリック諸侯は一致してこれを拒否した。こうして両派の敵対関係は一段と強まり、ルター派がトリエント公会議（一五四六―一五六三）に代表を派遣することを拒否した後は武力衝突が避けられなくなり、ついにシュマルカルデン戦争（一五四六―一五四七年）を引き起こした。ミュールベルク近郊の戦いはルター派の敗北に終わった。

さて、権力の絶頂に立った皇帝と教皇との協調は進まず、カール五世はドイツの教会問題を自らの手で規定し始めた。その経過の中で、一五四八年五月にアウクスブルク帝国議会によって採択されたのが「アウクスブルク仮信条協定（インテリム）」である。ここでは、教理面でカトリックの見解が大幅に取り入れられ、ルター派に不利な内容であった。今やルター派は危機にさらされた。

南ドイツではルター派は皇帝に屈してこの仮信条協定に服したが、北ドイツ、とくにマクデブルクにおいては、これにたいする強い抵抗が見られた。その中心にいたのがフラキウスである。

このような状況の中で、ザクセン選帝侯モーリッツが「アウクスブルク仮信条協定」の後、ルター派勢力を結集して皇帝に突然反旗を翻した（一五四八年）。この「マイセンのユダ」はメランヒトン等に、より一層ルター派に理解を示す「ライプツィヒ仮信条協定」（一五四八年一二月）を作成させた。ここでは、信仰による義認の立場が示されたが、「アディアフォラ（信仰にとって本質的ではなく、どちらでもよい）」の名のもとに、カトリック教会の礼典や儀式が維持された。フラキウスはこれを「弱腰」として強く抗議した（アディアフォラ論争、一五四八―一五五二年）。こうして、カトリックとの協調を重んずるメランヒトンのグループ（「フィリップ派」）と「純正ルター派」は鋭く対立し、ツヴィングリやカルヴァンの改革派との相違も加わりプロテスタントの不一致が目立つようになった。

一方カトリック教会は、プロテスタント陣営が内部争いに消耗している間に、トリエント公会議をきっかけに立ち直り、宗教改革に明確に反対する教理を打ち出してこれを確認し、とりわけイエズス会を推進力として強力な反宗教改革を展開していく。こうした大きな流れの中で、敬虔の涵養と教会の刷新をめざすオラトリオ会（一五五二年にフィリッポ・ネリによりローマに創設され、一五七五年に教皇グレゴリウス一三世から認可された）も少なからぬ役割を果たした。

さて、シュマルカルデン戦争に勝利した後、カール五世は専制的な態度を見せたために、カトリック、プロテスタントを問わず、ドイツ諸侯の間につよい反発を呼び起こした。その中心にいたのがザクセンのモーリッツであった。彼に率いられたルター派諸侯は、一五五二年春、インスブルックに皇帝を襲った。カールはかろうじてケルンテンに逃げのびた。

一五五五年秋、カール五世によって召集されたアウクスブルクの帝国議会において、「アウクスブルクの宗教和議」が結ばれた。ここにようやくルター派のカトリックとの同権が承認された。しかしこの政治的な解決にはいくつかの問題が含まれていた。同権を認められたのはルター派だけであり、改革派や再洗礼派は除外されていた。またどちらの宗派を選ぶかは、領邦君主あるいは帝国都市当局の決定に委ねられていた。こうしたカトリックとルター派の平和共存は、宗派対立そのものを消滅させるものではなかった。それどころか、こうした対立がやがて生ずる三十年戦争（一六一八—四八年）勃発のきっかけともなるのである。

本章では、このような宗派戦争時代の歴史家、フラキウスとバロニウスを取り上げ、一連の教会史家の研究に拠りながら、その歴史叙述の特徴を考察してみたい。

2 宗教改革と教会史叙述

教会史叙述は、ルターの宗教改革によって一大転機を迎えた。すなわち宗教改革は、一つの教会史叙述を登場させた。興隆する人文主義的な歴史叙述の影響を受けた多様な個別的叙述が生じたばかりではない。教会史の全体を扱う包括的な著作が現れた。こうしたものは、エウセビオス（二六〇—三三九）以来、すなわち一二〇〇年以上も見られなかったものである。

ルター自身は教会史を執筆することはなかった。その時間もなかった。しかしカトリック教会に対する闘いは歴史に目を向けさせた。彼は、教会史に関する知識を身につけた。そのさいルターは、歴史叙述を教育的説明手段として重視し、歴史家を最良の教師とみなした。けれども救いの確かさをめぐって苦闘を続けた宗教改革者にとって、歴史の考察自体は副次的なものであった。彼にとって信仰に関わる教理こそ、主要な関心事であった。

ルターにとって歴史叙述は教育的手段であるばかりでなく、

論争の手段でもあった。贖宥状の拒否によって、ルターはカトリック教会との衝突に巻き込まれた。見える教会は純粋性を失い没落のプロセスをたどった。どの時点で教会の没落が始まったかについては、ルターの見解は明確ではないが、没落を示すために歴史研究が必要になった。歴史の研究により、ルターは教会はかつてはそうではなかったということを発見した。教会は数世紀以来、誤った発展の中にあった。ルターは没落の考察と教皇制についての彼の見解を結びつけた。教皇において反キリストが現れたというのである。教皇制との闘いにおいて歴史叙述が利用され、闘いにふさわしい手段とみなされた。ルターのこうした見解に、ルターの弟子たちも従った。こうして、プロテスタント教会史叙述には初め宗派的色彩が強かった。歴史は論争手段として利用されたのである。

このような性格をルターの良き協力者メランヒトンも変えることはできなかった。それでも彼はプロテスタント教会史叙述を実りゆたかにし、宗教改革内部で最初に歴史の意義を指摘した。「神はわれわれが歴史を学ぶことを望む」というポリュビオスの言葉を、メランヒトンは好んで引用した。キリスト教徒は教会の様々な段階を知らねばならない。歴史の無知は恥ずべきものである。しかしメランヒトンもまた、歴史を実例の貯蔵庫、倫理の絵本とみなした。有益な教えを引き出しうるので、メランヒトンは歴史叙述を好んだ。良き制度に倣い、悪しき行為を避けるためであった。

しかしメランヒトンは、歴史研究においてルターに優っていた。彼自身が歴史叙述に従事したからである。彼の歴史研究はかなりの数に及び、その分野の主著は『カリオンの年代記』である。弟子のヨーハン・カリオンが世界史の原稿を推敲してくれるようメランヒトンに依頼したさい、メランヒトンはこの書を根本的に書き直したのである。これは彼の作品とみなされてよいものになった。一五五五年以来メランヒトンは、ヴィッテンベルク大学で学生たちのために教会史を含む世界史を講義した。

メランヒトンは、人文主義と宗教改革の偉大な調停者であった。彼は若き日に人文主義を深く吸収した。ただし、彼の人文主義は不完全であった。彼は古代の歴史家たちにたいする正当な理解をもっていない。彼のクセノフォンにたいする過大評価やツキディデスの軽視がそれを示している。古代の歴史叙述は、彼にとって本質において疎遠なものにとどまっていた。

そうした制約にもかかわらず、メランヒトンが人文主義思想の助けを借りてプロテスタントの歴史叙述に貢献したことは見過ごされてはならない。ドイツの諸大学で歴史研究が導入され、神学者たちも歴史に取り組まねばならなかったことは、メランヒトンに多くを負っている。学科内部において、彼は明確に教会史と世界史を区別している。政治史においては神の怒りだけが、教会史においては神の怒りと神の恵みが明らかになっているという。ルターとメランヒトンの打ち立てた基礎の上に、宗派的教会史が樹立されることになった。

3　フラキウスの生涯

一六世紀にルター、メランヒトンと並んでドイツ教会に最も大きな影響を及ぼし、またプロテスタント教会史の創始者となったのが、フラキウス・イリリクス（Matthias Flacius Illyricus、一五二〇―七五）であった。『マクデブルクの諸世紀教会史』（一五五九―一五七四）は彼が構想し、計画を推進したものであった。この書物を考察するに先立って、まず彼の生涯を簡潔に辿っておこう。

フラキウスはスラヴ人であり、アドリア海に臨むアルボナに一五二〇年三月三日に生まれた。出身のイストリア地方にちなんで、イリリクスという名をもつ。ヴェネツィアにおいてバプティスタ・エグナティウスのもとで人文主義教育を受け、一五三七年、修道士となることを志してフランチェスコ会の修道院に入ろうとするが、彼のおじで密かにルターを尊敬する修道院長バルド・ルペティーノから、「真の教えの国」ドイツに行くように勧められた。そこで彼はまずバーゼル、テュービンゲンに赴き、人文主義者たちと親交を結んだ。しかし彼の目的地はヴィッテンベルクであった。この宗教改革の牙城で、彼はルターの深い感化を受けることになる。この時期フラキウスは抑うつ症に苦しんだ。この精神状態から彼を救ったのはルターの義認論、すなわち「信仰によってのみ義とされる」という信仰理解であった。この経験が、これ以後生涯にわたって彼をルターの教えの毅然たる擁護者とする。一九歳にして彼はルター派に改宗する。このことはまた、贖宥状の販売によって民衆に救いへの道を開き、同時に教皇庁の財源を確保しようとした教皇に対する反発にもなった。

一五四四年、フラキウスはわずか二四歳で、ヴィッテンベルク大学のヘブライ語教授となった。フラキウスはルターの死（一五四六年）後、福音主義教会を動揺させた闘いにおいて、屈することなくルターの純粋な教えのために尽力した。シュマルカルデン戦争が迫り、ヴィッテンベルク大学が一時閉鎖されたのは、この時期である。一五四八年、「ライプツィヒ仮信条協定」における「メランヒトンの「妥協的な」態度に強く反対した彼は、翌一五四九年の復活祭にはメランヒトンと袂を分かち、ヴィッテンベルクの教授職を辞し、マクデブルクに移り住んだ。彼はこの都市で印刷所の管理人として暮らしを支えた。ここに「アディアフォラ論争」が繰り広げられた。つづいて「マヨール論争」（一五五一―五二年）や「オジアンダー論争」（一五五二―五三年）をつうじて、彼は義認論を中核とするルターの信仰理解を堅持しようとした。

ザクセン選帝侯モーリッツはなんとかフラキウスをフィリップ派と協調させようと試みた。しかし、その努力は功を奏さなかった。このマクデブルクが純正ルター派の拠点となり、またフラキウスが推進者として『マクデブルクの諸世紀教会史』を生み出す本拠となった。本書の表題もここに由来する。彼はこの都市からたびたび研究旅行に出かけた。

一五五七年にはイエーナ大学の新約聖書学の教授として招聘されるが、一五六一年には解任される。彼はなによりも信仰に関する教理を重んずる神学者であった。そのために彼は激しい論争をも厭わなかった。しかも彼の論争の仕方はしばしば粗野で攻撃的であった。従って彼は不快な人物とみなされた。こうした闘士としての性格により、彼は家族を引き連れて放浪生活を続けなければならなかった。すなわち、さらにレーゲンスブルク（一五六二）、アントワープ（一五六六）、シュトラスブルク（一五六七）、フランクフルト・アム・マインへと居を移さねばならなかったのである。安住することのなかった彼は、一五七五年三月、フランクフルトでさし迫る国外追放の直前に亡くなった。

4　『マクデブルクの諸世紀教会史』

フラキウスは闘いの人であったが、類いまれな活力を備えた卓越した学者でもあった。彼は、一五七一年、最古の古高ドイツ語の記念碑であるヴァイセンブルクのオトフリートの福音書を編纂した。これに劣らぬ名声を博したのは、解釈学の分野であった。『聖書の鍵』（一五六七）は、聖書の権威を基礎づける試みであった。彼はルターに倣って聖書の文法的な理解と、それに結びついた内容の追体験を要請した。この点はディルタイもその価値を高く評価している。また『新約聖書・簡約語彙辞典』（一五七〇）も、同じ分野の仕事である。

しかし後世への影響力の点では、フラキウスの最大の業績は教会史叙述の領域にあった。彼の最初の教会史研究は、「仮信条協定」がもたらした危機を背景に執筆された『真理の証人の目録』（一五五六）であった。本書は福音主義の教説がルターの発明や新しいものではなく、ルターによって新たに発見されたものであると指摘した。教会はもともとの真理から逸脱し、教会の歴史にはさまざまな堕落が見られたが、どの時代にも真理の証人である真実のキリスト教徒がいた。そう記して、彼は四〇〇人以上の人々を列挙している。その際フラキウスの念頭にあったのは、旧約聖書の列王記（上、一九章一八節）に見られる「バアルにひざまずかなかった七〇〇〇人」の故事であった。

ところでこの書物は、フラキウスがすでに思い描いていたはるかに大規模な著作、すなわち『マクデブルクの諸世紀教会史』の準備作業にすぎなかった。彼は神学論争にとって教会の過去がもつ意義を認識していた。フラキウスは、教会史の全体を叙述するというエウセビオスの仕事を継承する者がいなかったということを感じ取った最初の人物であった。この確信は時とともにつよくなっていった。彼によれば、宗教改革の信仰理解は、教会の過去についての新たな叙述を要求した。

フラキウスはすでに一五五二年に、広い範囲にわたる教会史の著作の構想を抱いていた。それによれば、年代順の統一的な叙述であり、内容は教理・典礼の歴史を中心とするものであった。その際の最も重要な史料は古い祭式書であった。年代順ということは年代記の伝統に立っているということを意味する。しかし、教理や典礼に光を当てるということは、新しいことであった。イタリアの人文主義者たちは、教会そのものを叙述の対象とすることはなかった。教会史という表題をもつ書物でも、教理や典礼を扱うものはなかった。同時代のバーンズやジョン・ベイルの書物も同様であった。古代の「教会史の父」エウセビオスの教会史も、教理についての考察が乏しかった。

フラキウスは一五五二年一一月一〇日、友人でありヴィーンの王室顧問官であったカスパル・フォン・ニートブルックに教会史の計画についての根本的な考えを綴った最初の覚え書き（Scheda）を送った。ニートブルックは一五四六年秋の短い期間ヴィッテンベルク大学でフラキウスのアリストテレス政治学の講義を聞き、それ以来彼と親交をもった。マクデブルクの教会史に多大の援助を与えることになる人物である。フラキウスはこの覚え書きの中で自らの計画が熟していないことを記しながら、ここでも計画中の教会史の史料としてまず第一に祭式書に言及していることから、彼が教理ばかりでなく典礼をも叙述に含めようとしていたことが明らかである。一五五三年三月七日、フラキウスは、友人のバイヤーに宛てて書いている。

「私は一つの大きな計画に取り組んでいます。その計画というのは、むろん私の力をはるかに超えていますが、それが完成されるならば、教会に際立った益をもたらしうることでしょう。……その場合、確実な配列で年代順に以下のことが説明される教会史が書かれることを願っています。いかにして真の教会とその宗教が使徒時代に見られたあの本来の純粋さと単純さから徐々に憂慮すべき誤った道に陥ったのか、そして一部は教師の怠慢と無知から、また一部は不信心な者たちの悪意によってそうなったのか。ついで、いかに教会が時折、若干の真に敬虔な人びとによって再建されたか、そしていかに真理の光がときにはより明るく輝き、ときには深まる暗闇のもとで神を信じない人びとに多かれ少なかれ再び覆い隠されたか、ついには我々の時代にいたって真理がほとんど完全に破壊されたように思われたので、神の計り知れない恩恵によって真の宗教がその純粋さをいかに再び回復されたかが示されることを願っています」。

ここには、フラキウスによって計画された教会史の意図が明らかにされているとともに、その仕事が彼自身の力をはるかに上回るものであることを彼がはっきりと自覚していたことが示されている。そこで彼は、すでに一五五三年に協力者を探し始めた。その結果、翌年末には五人の監修体制が整った。最初に白羽の矢が立ったゴットシャルク・プレトリウス（マクデブルクの校長）を初め、ヨーハン・ヴィガント（マクデブルクの牧師、地方監督）、マテーウス・ユーデックス（ヴィガントのもとでの牧師補）、マルティン・コープス（マクデブルクの医師）、そしてフラキウスである。ヴィガントは一貫してマクデブルク教会史の監修と執筆に携わった。彼は一五六〇年にはイエーナの神学教授となったが、反メランヒトンの立場のゆえに翌年には職を追われ、六二年にはヴィスマルの教会監督に就任した。ユーデックスは聖書の教理について造詣が深く、フラキウスは彼を尊敬していた。ユーデックスもヴィガントとともに教会史の監修と執筆に多大の関与をなした。プレトリウスは、メランヒトンに近い立場であったことが理由となってユーデックスの批判を受け、早くも一五五七年には監修陣から身を引くことになった。そのかわりに、エーベリンク・アレマン（市長）が加わった。これにより再び五人体制が回復した。アレマンはこの事業のために一種の法律顧問としての役割を果たした。

一五六四年五月、ユーデックスが過労により亡くなり、彼に代わりコルヴィーヌス（ヴィガントの義理の息子）がその任務についた。執筆者としてはプレトリウスの後を受けてバジリウス・ファーバー（教師、生涯にわたる純正ルター主義者）も加わったが、一五六〇年にはクヴェトリンブルクの校長になるためこの職務から退いた。一五六一年にフラキウスがレーゲンスブルクに移ると、『諸世紀教会史』の編集は実質的にヴィガントとユーデックスに委ねられた。一五六五年以来、ホルトフーターが執筆に協力を始める。教会史の一三世紀の巻にはヴィガントも名を連ねているが、執筆を担当したのは主にコルヴィーヌスとホルトフーターであった。しかしこの二人も教理の面での相違により、不和になった。従って一四世紀から一六世紀についてはヴィガント一人に執筆が任されることになった。しかし、多忙のゆえに筆が進まず、未完となった。このように教会史をまとめ上げる中核となる監修・執筆陣にはメンバーの異動が頻繁に生じ、またルター派内部の教理上の対立も影を落とし、安定していたとはいえない。

けれどもそうした中で、初めから教会史執筆の計画に深い理解を示し、精力的な助力を惜しまなかった人物として、すでに言及したニートブルックがいた。彼はその地位を利用してマクシミリアン大公の蔵書、および教皇に反対の立場から書かれた書物が数多く収められた彼自身の蔵書を閲覧する便宜を与え、また修道院所蔵の史料を収集するための援助もした。そればかりでなく、フラキウスと緊密に意見交換をしつつ、計画されていた教会史叙述の方法に大きな影響を与えた。彼が一五五七年の九月に三〇歳を少しすぎた若さで突然亡くなったことは、教会史執筆の事業にとって多大な損失となった。

さらに宮中伯オットハインリヒは、よく整えられた彼の蔵書を自由に利用させ、場合によっては必要な書物の購入も約束した。

膨大な史料の収集を専任者として集中的に遂行したのは、マルクス・ヴァーグナーであった。彼はフラキウスの委託を受けてヨーロッパを広く旅し、多くの図書館で史料探索の仕事に携わった。彼は数ヶ月間、ニートブルックの蔵書から抜書きをした。可能な限りの人々が援助を求められ、神聖ローマ帝国各地、デンマーク、スコットランドなどの数多くの図書館や文書館で調べがなされた。敵対者のもとにある史料も手に入れるため、協力者たちが変装して修道院の図書館に入り込む場合もあった。あらゆる古い写本、古文書、大型本がくまなく探索された。

収集にあたって、人々は古い典礼儀式書、異端者裁判に由来する異端審問文書、反キリストに反対する諸著作などに注目した。フラキウスは研究の熱意に燃えて語った。「最古の文書記念物の中に、教会史の足跡が追求されるべきである。泉の最下層の深みから真の歴史が明るみに出されるべきである」。こうした言葉に、人文主義の影響を認めることができるであろう。

七、八名の学生たちも教会史作成に協力し、抜粋作りに貢献した。ヴァーグナーは一五五七年九月に個人的な理由によりその務めから退いたが、この一五五七年から一五六〇年の期間は、一五人の協力からなる教会史作成グループが組織された最良の年であった。さらに一五六二年から一五六八年の期間もヴィスマルにおける実りゆたかな時期となった。

こうした学問的な協力体制は、かつてのアレクサンドリアの学者たちのもとで見られたが、その後途絶え、宗教改革後のローマの修道会によって再興されたような組織であった。組織のまとめ役として、すでに触れた五人の監修者がおり、彼らは協議の場で議事を進めた。執筆の拠点はマクデブルクであったが、その後イエーナに、そしてヴィスマルへ移された。フラキウスがこの企て全体の推進者であった。

『マクデブルクの諸世紀教会史』の最初の三世紀分は第一巻として一五五九年にバーゼルで出版されたあと、第一三世紀の巻(一五七四)まで公刊された。その構成、出版年、扱われる世紀、執筆者を見ておこう。

第一巻(一五五九)。第一―三篇。一―三世紀。フラキウス、ヴィガント、ユーデックス、ファーバー。

第二巻（一五六〇）。第四篇。四世紀。同。

第三巻（一五六二）。第五篇。五世紀。フラキウス、ヴィガント、ユーデックス。

第四巻（一五六三）。第六篇。六世紀。同。

第五巻（一五六四）。第七篇。七世紀。同。

第六巻（一五六四）。第八篇。八世紀。同。

第七巻（一五六五）。第九篇。九世紀。同。

第八巻（一五六七）。第一〇、一一篇。一〇、一一世紀。フラキウス、ヴィガント、コルヴィーヌス。

第九巻（一五六九）。第一二篇。一二世紀。フラキウス、ヴィガント、コルヴィーヌス、ホルトフーター。

第一〇巻（一五七四）。第一三篇。一三世紀。ヴィガント、コルヴィーヌス、ホルトフーター。


第九巻まではフラキウスの名があがっているが、彼の関与は主に最初の数年であったといわれる。

『マクデブルクの諸世紀教会史』は、素材を単純に各世紀ごとに分類している。そのために、「諸世紀」教会史の名称がある。どの世紀も一六章から構成されている（ただし第一世紀だけは前半〈イエスの歴史〉と後半〈使徒の歴史〉に分けられ、前半には一一、一二、一四章がない。つまり一三の章から成っている）。各章のテーマは次のとおりである。

第一章　各世紀の歴史の性格と内容概観。
第二章　各世紀のキリスト教の規模と普及。
第三章　教会の外的状況の詳述。教会に対する迫害ないし平穏。
第四章　教会の教理。
第五章　教会の純粋な教理を歪めた異端と謬説。
第六章　典礼と慣習。
第七章　教会組織と統治。
第八章　教会分裂。
第九章　公会議。
第一〇章　司教や教会教師たちの生涯と著作。
第一一章　異端者。
第一二章　殉教者。
第一三章　奇跡。
第一四章　ユダヤ人。
第一五章　キリスト教以外の諸宗教。
第一六章　政治的出来事。

という構成である。

ここで注目されることは、各世紀ごとにこうした一六の主題が設けられ繰り返しそれについて記されていることである。これは、伝統的な年代順の叙述とは異なる新しい叙述形態である。こうした主題別の叙述方法（Lokalmethode）は、すでに引用したバイヤー宛てのフラキウスの書簡において「確実な配列で年代順に」と記されているように、フラキウスが初め構想していたものではなかったことに注目しなければならない。その変化は、ニートブルックの影響によるものであった。

フラキウスから教会史叙述の計画を知らされたニートブルックにとって、教会史は教理の歴史であり、福音からの離反として特徴付けられるべきものであった。その意味で教皇制に対する直接的な論駁を目指すべきであるとした。しかも単なる時代の流れにそった叙述ではなく主題に基づく構成であるべきであった。フラキウスは、教会史は教理と並んで典礼にも注目すべきであるとし、また年代順に統一的に記されるべきであるとした。この第二の点にとくにフラキウスは見解の違いを感じ取っていた。しかし時とともにニートブルックの構成の長所も承認するようになる。すなわち、まず時代の流れにそった連続した統一した叙述と収集された史料を主題別に体系的に分類し叙述するという二つの方法を結びつけようとするのである。このような考えを彼は一五五三年の一一月末には表明している。そして、一五五三年暮ないし一五五四年の新年に『熟慮』(Consultatio) をまとめ、教会史の事業に協力を求めた人びとに彼の計画の詳細を述べた。

この文書の中で、彼は純化された教会（ルター派の教会）には二つのことが欠けていると指摘する。第一は学問的な聖書注解であり、第二はキリストから現代までの綿密な教会史である。今この第二の点が問題となっているのである。その際、どのような教理、慣習、そして敬虔がその都度さまざまな教会において存在したかが、時間的な順序で記されるべきである。教理は救いのための手がかりであり、教会史の中核をなしていなければならない。これまで重視されてきた個人史は、教理史にたいして背後に追いやられた。フラキウスが従来の教会史を批判するのはまさにこの点である。それらが人物の経歴の描写と賞賛に尽きており、一方でそれらが教理を軽視しているからである。フラキウスがヴィッテンベルクで教えを受けたメランヒトンも、過去から教訓を引き出すために個々の人物に目を向けていたのである。

したがってフラキウスが個人史よりも教理や慣習を取り上げようとするとき、これまでの教会史叙述から影響を受けることはなかった。むしろ、ベアートゥス・レナーヌス（一四八五―一五四七）の『ゲルマニア事情』（第二版、バーゼル、一五五一）やレナーヌスの弟子を自認するヴォルフガング・ラージウス（一五一四―一五六五）のローマ帝国属州の研究（バーゼル、一五五一年）からの刺激が大きいとされる（シャイブレ）。前者では個々の人物は無視されており、後者では支配者や彼らの行為ではなく、公共機関、官職、軍隊の装備、文化的習慣が扱われている。後者の構成を見ると、一二巻のうち、第一巻だけが通常の意味での歴史を論じており、そこでは属州の状況や征服の時代が報告されている。その他の巻は、属州や諸都市の行政、軍隊の組織、軍団、歩兵隊、騎兵、艦隊の編成と配置、識別標識、衣服、武装、装飾、遊び、宗教的慣習、その地域の個々の都市について記されている。『マクデブルクの諸世紀教会史』の創始者はこうした叙述から、制度、組織、慣習への関心を深めたと推定される。

フラキウスが構想する教会史で扱われるべきことは、まず、キリストと使徒による教会の設立。つづいて、いかに原初の純粋さと単純さが失われ、最初の異端者たちが出現したか。さらに、個々の教師たちや公会議による真理の部分的回復。それにもかかわらず存続し繰り返される誤謬（独身制、聖者、聖遺物、聖像礼拝、教皇の首位権）。教師たちの教理についての把握とその影響。最後に、絶えず数千の敬虔な人々によって真理が尊重されてきた様子、である。

さらにフラキウスは、こうした教会史の書物が教会に対してもたらす益を数え上げる。

第一に、「教皇の教理ではなく、われわれの教理」がもともとの教理であり、あらゆる時代に、若干の敬虔な人々が誤謬にたいして闘ったことを示すこと。そのことによって、ルター派の教理が「新しいもの」であるという教皇派の議論が論駁される。その際、論駁を支えているのが第一に聖書であり、歴史は好ましい補足となっている。純粋な教理がもともと存在したことは慰めであった。そのための史料をこの教会史は提供しようとする。

第二に、今日、異端が生ずるなら、教会史からただちに古代の教師たちがその時々に何を考えたかを学びとることができる。同じ誤謬は繰り返されるからである。

第三に、すべてのキリスト教徒が教会史の知識をもつべきであるが、それらを誰もが自らの史料研究から習得できるわけではない。この教会史は関係文献をすべて利用しているので、まず手始めに情報を得るために、また示唆および自らの研究の補助手段として役立てることができる。教理を軽視しているエウセビオスのような古代の叙述の欠陥を補うためにも有益である。

第四に、この教会史は教会・教理史のあらゆる出来事や部分の参考書である。その中に、教皇の教理や要求を反駁するための歴史的な批判材料を見出しうる。

『熟慮』が提示されたあと、教会史の仕事はいよいよ滑り出した。しかし仕事の具体的な開始は、どのような歴史叙述をなすべきかという原則的な問題を再び緊急のものとした。

一五五五年三月、フラキウスは『歴史の方法についての告知』（Indicium de Methodo Historiae）を起草した。ここでの問いは、計画されている教会史を事柄の断片に従って叙述すべきかどうかである。例えば、一世紀ないし二世紀の出来事を教皇、司教、教会教師に関する章、異端者の章、公会議の章、聖書や奇跡の章に配分するのか。それともリヴィウスをはじめほとんどの歴史家たちが一国民あるいは国家の政治的・内的問題を一つの経過として時代順に叙述しているように、すべての意味関連として、一箇所にまとめて読者に提示すべきであるのかということである。これはすでに触れた、時代の経過にそった伝統的な叙述方法をとるのか、主題別叙述方法を取るのかという問いである。この『告知』においては、フラキウスはまだ、教理と典礼からなる教会の一般的形態の時代順による統一的叙述を優位におき、教会の全体にとって必要でない詳細を提供すべき第二部において主題別叙述方法を適用しようとする。すなわちフラキウスは、一般的なものから個別的なものへ進展しつつ、どの世紀の叙述からも二つの主要部分を区別すべきである、というのである。

第一部では、各時期における教会全体の理解のために必要なすべての事柄が関連づけられて描かれるべきであり、そこに主眼点が置かれなければならない。第二部は、個々の人物、公会議等に関連し、それゆえ一般的な部分に収めるならば秩序を妨げるようになる事柄を扱うべきである。したがって第一部はリヴィウス的な歴史叙述の途切れることのない様式において書かれ、第二部はスエトニウスのやり方で、より一層個別的な事柄を関連にとらわれることなく扱うのである。第二部において、ニートブルックの助言に従う考察がなされることになる。こうしたことは、フラキウスが『熟慮』の中で示したもののより根本的で拡充された叙述を意味する。

『告知』において述べられていたことは、一五五五年の夏には主題別叙述方法がより比重を増すことによってほぼ最終的なプランに近いものとなった。すなわち、計画されている教会史は内容的には教理と教会制度を優先的に扱い、外形的には主題別叙述方法が適用される。『教会史の方法』というフラキウスのメモにそれは表現されている。ここで章区分はほぼ確定している。第一章から第八章までが第一部を、第九章から第一四章までが第二部を構成する。第一三章の奇跡に関しては、修道士の作り話が報告されないように慎重に選択されなければならない。第一四章で、キリスト教以外の諸宗教やイスラムについて記されることは有益である、とされる。出版された際には、この章は二つの章になった。世俗の歴史、つまり政治的事件に関する後の第一六章は、まだこの段階では設けられていない。

教会史全体は五巻に分けられ、それぞれ次のような内容とされた。

第一巻　コンスタンティヌス帝およびニケーア宗教会議までの時代。
第二巻　カール大帝まで。
第三巻　ほぼハインリヒ四世まで。
第四巻　ウイクリフないしフスまで。
第五巻　現代（一六世紀）まで。

しかし実際に出版された段階では、第一巻だけがここで予定されていたとおり最初の三世紀を含んでおり、その他の巻はほぼ世紀ごとの構成となった。

『方法』の最後で、フラキウスは三つの点に注意を促している。第一に、各主題を論じる章では、必要に応じて節を設けることが可能である。第二に、重要な典拠箇所は注意深く示されるべきである。第三に、叙述の範囲は残存する史料によって左右される。

こうしたフラキウスの提案に関して、監修陣の一人であるプレトリウスは全面的に同意してはいなかった。彼は、一五五六年の二月に短い所見を提出した。彼は時間的経過に結びつけられた叙述を要求する。主題別叙述方法はこれまでなされてはおらず、出来事の流れを遮断するからというのがその理由であった。しかしこのプレトリウスの反対は計画の実施に影響を及ぼさず、結局彼を含む五人の監修陣によって、フラキウスの提案は承認された。

翌一五五七年には、各章の内容に関してより正確な内容が確認され、ヴィガント、ユーデックスによる修正、削除も加えられ、すでに紹介した章立てで出版されることになった。一五五九年に刊行された『マクデブルクの諸世紀教会史』の序言で、本書の構成が著者たちに「特別な労苦」となったと記されているのは、こうした背景を指しているのである。すなわち、教会史叙述においてこれまでに見られなかった試みがなされたということである。こうして、『諸世紀教会史』の著者たちだけが、時代的な順序と実質的な関連を重視する主題別叙述方法とを結びつけたのである。

この方法は、年代順の歴史叙述を当然とする同時代人にとって違和感があったし、多くの人々によって拒否された。世紀ごとになされた時代区分と反復される章分けは、耐えがたいものと感じられた。個々の章が相互に関連づけられておらず、緊密に関連している事柄が恣意的にばらばらにされていると受けとめられた。また、各世紀の主要な動きが中心に据えられることがなかったと非難された。どの世紀をもつねに同じ観点で区分することは、図式主義と見なされた。『諸世紀教会史』以後の教会史の主流、つまりボシュエ、ティユモン、マビヨン、ムラトーリなどの教会史がいずれも年代記的方法によっていることも、このことと無縁ではないであろう。

こうした『諸世紀教会史』の欠陥は確かに否定されえないであろう。しかしこの形態を著者たちが自覚的に選び取ったことを見過ごしてはならない。フラキウスが彼の時代区分と叙述方法に固執したのは、彼なりの理由があった。この独特な形態は、本書の意図に即して理解されるべきであろう。そうしなければ、宗派的な教会史叙述の独自な意義を見誤ることになる。

『諸世紀教会史』の不適切な分類についての非難はすべて、つねにこの書物のなかに、時期区分による歴史書を見ようとする誤解に基づく。執筆者たちは近代の歴史家がその時代区分によって得ようと務めるような歴史書を決して書きえなかったし、書こうともしなかった。彼らは歴史のための歴史学に従事しなかったし、材料を歴史叙述に加工する関心もなかった。彼らの関心はまったく実際的なものであった。すなわち、教会のあらゆる争いや出来事を記録し収める宝庫を創設することである。実際的な有用性の観点に全時代区分が従属させられた。有益な記録機関を創設するという彼らの関心に対して、彼らはよりふさわしい形態を見出しえなかった。望ましい史料を容易に発見することをどの世紀にも可能にする書類ファイルを作ることができたのである。すべてがその中で正確に分類されている項目分けシステムに教会史全体を収めることに彼らは成功している。本書の形態は、ニッグによれば、膨大な素材をわかりやすく明瞭に蓄積しうる「扱いやすいカード目録」と評価されなければならない。

執筆者たちの最深の意図は、この著作が成立した時点が考察されるなら、さらに一層理解しやすいものとなる。それは「仮信条協定（インテリム）」の時代であった。プロテスタンティズムは危機にさらされていた。メランヒトンは、ふたたび強固になっているカトリシズムに対抗して力を発揮するには弱々しかった。そのような時点に不屈な人物が必要とされた。そのような人物がフラキウスであった。彼はインテリムの規定にたいする最大の闘士であり、抵抗の真の推進者であった。ルターの死後、反キリストが今や全面的に猛威を振るっている。これに対して容赦のない闘いが始められなければならない、というのである。この闘いに教会史も加わらねばならなかった。その課題は、学識にふけることではなかった。教会史叙述は闘争手段とみなされなければならなかった。著者たちには、純然たる歴史に従事する時間はなかった。フラキウスの教会史叙述は、抗議するプロテスタンティズムの著作、危険にさらされた教会の助けを求める叫びである。『諸世紀教会史』は、インテリムにたいする最も強力な答えとなった。

カトリック陣営はプロテスタンティズムを「新しいもの」として拒否し、歴史的な価値あるものとはみなさなかった。初期のキリスト教護教家が異教の非難に対してキリスト教を最古の宗教と称したように、『諸世紀教会史』の著者たちは宗教改革がもともとの使徒の教会と一致していると主張する。フラキウスは、プロテスタンティズムが数世紀の経過の中に、真の伝統を形成し彼らの先行者とみなさなければならない一連の証人を見出すことができるという確信を抱いていた。

とりわけフラキウスたちにとって論争の中心は教理をめぐるものであった。信仰箇条はフラキウスたちの主要関心事となっていた。彼らにとって教理の規範かつ基準は、新約聖書であった。カトリック教会が聖書と並んで伝承を重視する（トリエント公会議の第一会期における決定）のに対して、彼らは新約聖書の中に決定的な真理と純粋な教理が啓示されているのを見ている。彼らはその聖書主義的な立場にしたがって、聖書をその後のキリスト教の全段階にとっての規範および基準として据える。その規範や基準に添って、諸世紀のあらゆる教理形成が判断されなければならない。ルター派的でないどんな聖書理解も――カトリックもカルヴァン派も――誤謬として拒絶される。

こうしたルター派の教理に照らして、今や教会史全体が巨大な「堕落」の過程として立ち現れる。義認論はすでに早くから教師たちによって軽視された。意志の不自由についての正しい解釈はあいまいにされ、悔い改めについての真の教理は曇らされた。世紀をへるとともにこのあいまいさは増大した。中世にはこれが一般的なものになる。ローマ・カトリック教会の全過去はこうした見方によれば、原始キリスト教の恐るべき変造であることが明るみに出る。堕落の考えとともに、キリスト教会の公式の歴史像は一挙に崩れる。エウセビオスが教会史叙述で示した「伝統」の理念は破壊された。フラキウスたちがこうした考察を初めて行なったわけではない。中世の唯心論的分派はこの歴史像を熟知していた。ヴィンケンティウス・フェレリウスのような人もダニエル書のネブカドネツァルの夢にしたがって、教会史を堕落のプロセスとみなした。しかし、これは単なる主張にすぎなかった。マクデブルクの学者たちは、外見上疑いを入れない膨大な史料によってこれを基礎づけようとした。

この堕落の原因をフラキウスたちは教皇制の中に見ている。教皇制にたいする手厳しい論駁こそ、この著作の中核をなすものである。教皇の機関にたいする公正な歴史的評価はここでは期待しえない。ペトロの首位性には激しく異議が唱えられ、教階秩序は容赦なく非難された。個々の教皇は邪悪な詐欺師、サタンの盟友にほかならない。グレゴリウス七世は、地獄の火炎に陥る悪人である。教皇権と皇帝権の闘争にあたって、フラキウスたちは国民的熱情を煽る。フリードリヒ・バルバロッサが教皇の足下に這って行かねばならず、また教皇が足で打ち倒された者の首を踏みつけた様子を、彼らは憤りをもって叙述している。彼らは教皇制に対してなした抵抗の強さに応じて王たちを讃え、教皇たちに関して報じられた破廉恥な行為をすべて受け入れる。教皇制に対する憎悪が彼らの研究の原動力となっており、巨大な業績を完成する。一九世紀の教会史家バウルは、フラキウスの歴史観がマニ教的な色彩をそなえている指摘するが、善と悪を峻別するフラキウスの把握の一面を浮き彫りにするものであろう。

この闘いのために適切な素材の選択がなされ、批判がなされている。彼らは多くの虚構を破壊し、人文主義者たちの批判精神を受容する。

しかしフラキウスらの批判的な立場には、ある種の制約が存在する。彼らは同時代の史料と後の時代の史料とを区別しない。彼らにとって量が質を上回る。根本において彼らはカトリック教会に対してのみ批判的である。教皇制に反対して証言をしている史料はどれも正当である。教皇制の不法な主張を暴く必要がある場合や教皇教会をさらしものにするのに役立つ場合には、鋭い批判的精神をもって精査される。その他の点では彼らの批判的素質は発揮されない。中世の修道士のように、宗教的な伝承にたいして彼らは無批判な態度をとる。奇跡はためらいなく受け入れられており、そのためどの巻でもこの問題が取り上げられている。奇跡が聖遺物や聖者の賛美のためになされた場合にのみ、それらの奇跡は否定される。こうして歴史的批判は、自らの立場を確保しカトリック教会との闘いに役立つときにだけ使用される。それが期待できないときは使用されない。イタリアの人文主義的歴史叙述と比べれば、『諸世紀教会史』は留保つきで批判的であるにすぎない。徹底して批判的ではないのである。

『諸世紀教会史』は論争のハンドブックであり、形態も内容も論争的性格をそなえている。教会史の素材はすべて論争の視点から色づけられている。はっきりと宗派的な教会史叙述がなされている。したがって『諸世紀教会史』は、留保をつけて歴史書と呼ばれるに過ぎない。彼らの第一の関心は、学問的認識ではない。フラキウスは歴史をもっぱら目的のための手段として利用しているに過ぎない。彼はプロテスタント教会に論争的戦闘のための壮大な兵器庫を提供している。彼は教会史叙述によって教義学のための護教的な下働きをするのである。

それにもかかわらず『諸世紀教会史』を過小評価してはならない。さまざまな不完全さにもかかわらず、明白な長所をそなえているからである。論争はまず素材の蘇生をうながす。歴史叙述はそれによって現実性を増す。『諸世紀教会史』が最も重視する教理を浮き彫りにすることによって、著者たちは歴史に人文主義者たちが軽視した分野を回復する。人文主義者たちは主として人物の歴史を書いた。人間の個性がとりわけ彼らの関心をひきおこした。フラキウスもまたこうした関心を知っている。彼も偉大な教師の生涯を叙述する。しかし彼にとって、これらの個性が代表する精神内容はこれに劣らず重要となる。フラキウスは、教理、教会制度、敬虔などの歴史をその全過程において叙述しようとした。それは歴史におけるこうした事柄の意義についての認識であり、特定の共同体、特定の時代が発展させる諸形態が本来重要なものであるという洞察である。フラキウスは間違いなく教理史や制度史に対する理解をもっている。

『諸世紀教会史』はたとえ不十分な仕方であれ、近代における精神史研究の発端となっている。このことは正当に評価されてはいない。それどころか、キリスト教以外の諸宗教に関する記述は、不十分なものであれ、ある程度宗教史研究の基礎をすえている。

それにもかかわらず、『諸世紀教会史』を「あらゆる近代の教会史の基本的な著作」と見なすことは誤りである。この教会史と古代キリスト教教会史との一致は、無視できない。著者たちは、近代の教会史叙述よりも、古代キリスト教の歴史叙述に密接に結びついている。彼らはまったく超越的な歴史考察に固執している。エウセビオスのように、フラキウスもまた真の教会を変わることなくゆるぎない真理とみなしている。この静的存在の中に一つの動きが紛れ込んだことは、カエサリアの司教に見られたように、サタンによってのみ生じた。サタンは『諸世紀教会史』において、古代キリスト教の教会史叙述におけると同じ役割を演じていた。教会は依然として、神とサタンがその上で人間の魂を手に入れようと努力する舞台である。

異端者の理解においても、著者たちはエウセビオスの地盤に立っている。彼らは教会の理念に反対する人々に対する共感を抱いてはいない。彼らが教会史叙述の中で紹介する真理の証人たちは、異端者とは無関係である。いかなる異端者も彼らにとって嫌悪すべき者とみなされている。

彼らの歴史哲学的考察の全体において、歴史的思考はまだ少しも変化しなかった。基礎はまったく同じである。ただしこの基礎の上に築かれた建物は、エウセビオスの建物とは異なっている。『マクデブルクの諸世紀教会史』は宗教改革全体と同様、近代の見解の始まりを意味せず、古代教会史叙述と近代教会史叙述とのあいだの幕間劇を意味するのである。

5　バロニウスと教会史

『諸世紀教会史』の影響は多大であった。むしろ、衝撃的と言ってよいものであった。アウクスブルクの司教顧問官のコンラート・ブルヌスは言う。「あの時代の異端者たちの無数のきわめて有害な著作のすべての中で、有害性や危険性の面で、この種の教会史と比較しうるようなものは何も出現していない」と。フェリペ二世の宮廷にまで『諸世紀教会史』は入り込み、それどころかそこで注目された。カトリック教会はこの著作に沈黙を守ることはできなかったし、挑戦に立ち向かわなければならなかった。多くの歴史家たちがこの任務を引き受け、『諸世紀教会史』に対して反駁しようとした。それらの中で、ひときわ重要な意義をもっているのが、カエサル・バロニウス（Caesar Baronius 一五三八―一六〇七）の著作『教会年代記』（一五八八―一六〇七）であった。

バロニウスは一五三八年一〇月三〇日にナポリ王国の小都市ソーラに生まれた。宗教改革がすでに広く普及した時代であった。ヴェロリで人文主義の教育を受け、ついで一五五六年にはナポリで法学の勉強を開始する。翌一五五七年の秋、法学の勉強を続けるため、ローマに赴く。この「永遠の都」で、彼はオラトリオ会の創立者フィリッポ・ネリ（一五一五―一五九五）と出会い、多大の感化を受けるようになった。この出会いが彼の一生を決定づけることになる。父の期待に応えるために一五六一年には法学博士号を取得するが、ネリの集会に通いすでに新たな道を歩み始めていた彼は、一五六四年には司祭となった。彼はオラトリオ会の改革グループの中で、その職務を遂行していく。

さて、バロニウスは早くから静かな学究生活に愛着を示していた。この青年の素質を見抜いたネリによって、彼は教会史研究に導かれる。すなわち師は、オラトリオ会の集会において、教会史の講話をするように彼に命じたのである。バロニウスの『教会年代記』第一巻の序言によれば、この申し出を受けたのは、一五五八年のことであった。『諸世紀教会史』の第一巻が出版される一年前である。ネリが、一五五六年に公にされたフラキウスの『真理の証人の目録』を知っていたかどうかは明らかではない。しかし、反宗教改革、トリエント公会議（一五四五―一五六三）におけるカトリック教理の明確化、カトリック教会の刷新が進む中で、ネリは教会史研究の重要さを深く意識していた。ネリが開くローマのサン・ジロラモ教会の集会は一五人から二〇人のメンバーからなり、沈黙、祈り、聖書朗読に続いて、いくつかの講話がなされた。バロニウスは週三回、半時間ずつ、教会史の講話を担当した。護教的なねらいは明瞭であった。この講話は三〇年にわたって、つまり一五八八年まで続けられ、教会史全体が七回繰り返された（『教会年代記』第八巻に寄せられたネリへの「謝辞」）。バロニウスはこの集会を、「原初的教会」を理想として掲げたカトリック改革に沿ったものと見ていた。

このようにバロニウスはネリの要請に応じ、聴罪や説教で多忙な日々を過ごしつつ死に至るまで歴史研究に従事した。カトリック教会に対する攻撃をもって『諸世紀教会史』が公刊されたとき、バロニウスはこの挑戦に応じるにふさわしい人物であった。彼は反宗教改革の精神によって捉えられていたからである。枢機卿アントニオ・カラッファから彼はカトリックの教会史叙述をもって答えるという公式の委託を受けた。バロニウスはこの委託をしぶしぶ受けたにすぎない。しかし、ここに『教会年代記』が執筆されることになった。本書の第八巻の前置きとして書かれた「謝辞」（一五九七年執筆）においてバロニウスは、ネリを『教会年代記』の「最初の著者にして創案者」と呼び、この人物に、「ある意味でわれわれの仕事全体の著者」としてこの大著の功績を帰すべきである、と述べている。イェディンはこの賛辞がやや過大であると指摘し、ネリの念頭に当初から『諸世紀教会史』に対する論駁があったとは考えがたく、バロニウスに教会史についての講話を依頼した動機は、司牧的・護教的なものであったとする。教会史講話は、オラトリオ会の創設にあたってネリの念頭にあった刷新プランの一部であったと言うのである。バロニウスは徐々に、講話を史料に基づいて基礎づけ、それによって講話に学問的な基礎を与えていき、そのことが『教会年代記』執筆につながっていくとイェディンは推測している。いずれにせよ、ネリによって教会史の研究を促されたことは、バロニウスにとって決定的なことであった。

ところで、教会史執筆の困難をバロニウスは深く意識していた。この課題の指針となるような教会史の全体的叙述は存在しなかったからである。中世歴史叙述は、数多くの司教区年代記や修道院年代記を生み出していた。それらにおいては、これら教会施設の外的な運命、数多くの司教や大修道院長が扱われていた。また世界年代記が存在した。ここでは旧約聖書から出発し、しばしばアウグスティヌスの『神の国について』の影響を受けて、世界史が救済史として考察された。エウセビオスを受け継ぐ『教会史』と自称する若干の歴史書はあった。フルリのフーゴ、オルデリクス・ヴィターリス、ルッカのトロメオ等の書物である。しかし、これらの歴史書も、表題が期待させるようなものを提供しなかった。ゼバスティアン・フランク、メランヒトン、スライダンといったプロテスタントの年代記は新しい類型を生み出さなかった。

こうしてバロニウスが頼ることのできる、教会史全体におよぶ叙述は存在しなかった。教会史講話を始めた時、彼には関連する一冊の書物だけが参考になった。若くして亡くなった博識の人、オノフリオ・パンヴィニオ（一五三〇―六八）の『ローマ教皇伝の抜粋』（一五五七）であった。この書物に見られる古代ローマの詳細な記述に彼は注目した。しかし本書も、厳密な意味で「教会史」ではなかった。カトリックの立場からする、神学的論争を考慮に入れた教会史は依然として未開拓の仕事であった。バロニウスはこの大胆な企てを敢行したのである。

さて、次々に出版される『教会年代記』によりカトリック世界全体から高い賞賛をうけ、すでに一五九三年にオラトリオ会の総会長に就任していた彼は、一五九六年には枢機卿の地位についた。さらに翌年、彼はローマ教会の司書の職務を引き受けることになった。この枢機卿司書は、ヴァティカン図書館の本来の管理者であり、膨大で貴重な史料を自由に利用する特権を有することになった。これは教会史家バロニウスにとって、まことに恵まれた環境に身をおくことができたことを意味する。

一六〇五年、教皇クレメンス八世が亡くなった。その後の教皇選挙秘密会議で、彼は三二票をえて教皇に選出された。しかし教皇座への即位は、スペイン王の異議のために実現しなかった。その理由は、バロニウスが『教会年代記』の第一一巻において、両シチリア王国の国王の広範な教会上の要求が拠り所としているウルバヌス二世の特権を、真正でないと明言していたからである。フェリペ二世はフランスの史料に依拠しているバロニウスの著作の関係する巻をマドリッドの刑吏によって焼却させ、自国で禁止した。バロニウスは冷静に対応した。自分は証拠をヴァティカン図書館から取り出した。スペイン王に反対してではなく純然たる学問的関心のために行動しているのである、と。こうした言葉に学究としてのバロニウスの姿勢を見ることができる。その後、一六〇七年には第一二巻を完成させたが、一貫してつづけられた夜半の研究や、厳格な生活態度による体力の衰えは著しく、彼は一六〇七年六月三〇日にこの世の生を終えた。

6 『教会年代記』

バロニウスの『教会年代記』は、すでに触れたようにその第一巻がローマで一五八八年に、第一二巻は彼の亡くなった一六〇七年に刊行された。キリストの誕生から一一九八年に至るまでの膨大な教会史である。まずその構成を見ておこう（カッコ内は出版年）。

第一巻（一五八八）　一世紀。トラヤヌス帝の治世にいたる教会史。

第二巻（一五九〇）　一〇〇―三〇六年。コンスタンティヌス大帝までの教会史。

第三巻（一五九二）　三〇六―三六一年。コンスタンティヌス大帝を中心に。

第四巻（一五九三）　三六一―三九五年。

第五巻（一五九四）　三九五―四四〇年。

第六巻（一五九五）　四四〇―五一八年。フランク族のキリスト教への改宗。

第七巻（一五九六）　五一八―五九〇年。ラテン教会とギリシア教会との論争。

第八巻（一五九九）　五九〇―七一四年。「聖フィリッポ・ネリへの謝辞」も含む。

第九巻（一六〇〇）　七一四―八四二年。八世紀における教皇権のフランスへの注目とカール大帝。

第一〇巻（一六〇二）　八四三―一〇〇〇年。「ドイツ帝国」の発端。ベーメン、ハンガリーのキリスト教への改宗。

第一一巻（一六〇四）　一一世紀。

第一二巻（一六〇七）　一二世紀。

バロニウスの教会史においては、フラキウスの教会史よりも時代についての記述が多いが、この場合にも教会史が政治史に吸収されることはなく、教会史の自立性が強調されている。また、第一巻、第一一巻、第一二巻は、それぞれ一世紀を扱っていることも、『諸世紀教会史』との類似性が感じられる。

バロニウスの『教会年代記』は、『諸世紀教会史』にたいするカトリックの側からの明確な応答となった。すなわち、バロニウスは慎重に『諸世紀教会史』に言及するのを避けているにもかかわらず、プロテスタントの主張にたいするカトリックの反対命題を表明している。バロニウスは『教会年代記』がフラキウスの異端的な教理を撃退するという目的にのみささげられているという印象を可能な限り隠そうとしている。したがって彼は直接的な論争を避けている。しかし、まさしくマクデブルクの歴史家たちを念頭においていたことは明らかである。マクデブルクの教会史からほとんど一字一句忠実に引用している箇所も時折見受けられるという。

それでもバロニウスは彼らを可能な限り無視し、ひたすら遠まわしに論争を行なっている。論敵の見解と主張にたいする反駁はバロニウスにとってあくまで副次的なことであるに過ぎない。彼は彼らの見解や主張が根拠をもたないことを論駁によって明らかにしようとするのではなく、カトリック教会の真理が明瞭になる積極的な叙述によって明らかにしようとする。これは疑いなく品位ある立場である。著作が無条件にローマ教会に有利になるように教会史家はただ真理だけを書く必要がある、という幸福な信念をバロニウスは持っていた。

『教会年代記』は、内容において『諸世紀教会史』に直接反対している。これはとくにその根本的な理念に表れている。この理念はもっとも簡潔に、「教会の歴史は真理の歴史と呼ばれなければならない」というパスカルの命題で言い換えられうる。このような見解は、プロテスタントの「堕落」考察に対する対極をなしている。バロニウスの歴史観においては教会史を堕落として考察する余地はない。教会史の経過の中に、少数の過度なものや堕落が起こったことを教皇の聴罪司祭は確かに否定しない。それらはしかし、一時的なものであった。したがってそれらを不快に思ってはならない。バロニウスはふたたびエウセビオスの伝統についての考察を、カトリック信仰にもっぱらふさわしいものとして、教会史叙述に導入する。彼は教会史叙述の分野で、教会にその歴史的正統性の意識を返還した。

バロニウスの出発点はあくまでカトリック教会であった。「教理」よりも「教会」が彼の著作の中心となる。もちろん彼にとって教理が教会と矛盾することはどこにもない。彼は教理をカトリック教会の壮大な組織の一部とみなす。一方、彼の注意はカトリック教会の全体性にとどまり続ける。教会の中に彼はつねに同一不変の真理を見ている。カトリックの真理がはじめから現代まで変わらず同一であり続けている、と彼はくりかえして語っている。教会は時の経過の中でどんなにわずかな変化も受けなかった。バロニウスは教会の真理が暗くなったり、明るくなったりするということを考えなかった。教会が静的な本質をもち、自足しているということをバロニウスは確信していた。絶対的真理の見える表現である教会は、高尚な静寂によって担われている。教会の中には、真理の探究も手探りも行なわれていない。教会の最も内的本質において、嵐も運動も存在しない。教会は必要とするすべてを備えている。教会はつねに同一である。教会は今日なお千年前と同じである。「つねに同一」が教会の印である。変化はなく、動くこともない。成長することを教会は必要としない。教理の発展ないし交代を教会は知らない。

バロニウスはためらうことなく、のちのカトリックの教理形成を新約聖書に読み込んでいる。彼は正典の中に、カトリックの見解の全真理が証明されているのを見出す。

カトリック教会はその代表的な表現を、教皇制の中に見出す。事実、バロニウスの最大の注意は、教皇制に向けられている。教皇以外ではありえない目に見える長を教会は必要としている、という見解を彼は断固として擁護する。彼がその教会史叙述によって博した多大な賞賛は大部分、彼が繰り返し教皇制を擁護した強靭さのおかげであった。バロニウスが教皇に反キリストを見る見解に嫌悪の念をもって背を向け、そうした見解を議論可能なものとすら見なさないことは当然である。彼によれば、教皇制はキリストによって設立されており、キリストはマタイによる福音書の一六章一八節で、シモンに語りかけた。「あなたはペトロ。わたしはこの岩の上にわたしの教会を建てる。陰府《よみ》の力もこれに対抗できない」。キリストからペトロは解きかつ結ぶ全権と最高の権能を受け取った。これらは、ペトロのすべての後継者たちに受け継がれた。

若干のふさわしくない代理人が教皇座を占めたことは時折の乱用であって、それは制度自体を冒瀆するものではなかった。それどころか、教皇制の堕落は、まさしく機関の神性を実証する。というのは、神は目に見える仕方で、繰り返しその腐敗から助け出したからである、とバロニウスは誇らしげに述べる。さらに堕落は、敵対者たちが主張するようにひどいものではなかった。グレゴリウス七世は残忍な人ではなく、女教皇ヨハンナの存在は愚かしい作り話である。バロニウスは教皇制のあらゆる要求をあくまで弁護する。彼はプロテスタントと世俗権力にいささかも譲歩しない。教皇側の歴史家にとって教皇制の支配力を支えるすべてのものはそれ自体正当なものとみなされた。

コンスタンティヌスの寄進状が偽造であるという事実に直面すると、彼はたくみに困惑を回避する。彼もまたこの寄進状を信じようとはしない。その際、人文主義者やプロテスタントとはまったく別の理由からである。神的権利によって教皇制に属していたものが教皇制に人間から贈られるべきだということ自体がふさわしいことではないように思われたのである。こうした詳論によって、バロニウスは自分にとって好ましい教会史叙述を生み出したのではなく、カトリック教会史叙述そのものを生み出したのである。彼の著作は確かにローマ教会内部でも様々な批判をうけた。とりわけ多くの年代学上の誤りが指摘された。しかしそれらの非難は、すべて、細目や副次的な問題に関係していた。彼の原則的な立場は決して異議をはさまれず、論駁されることもなかった。なぜなら、この立場はカトリックの地盤において唯一可能なものであるからである。バロニウスの年代記においてカトリック教会史叙述はその見解にふさわしい表現を見出したのである。カトリック教会史叙述は、本質的にこの立場にとどまり続けたと言ってよい。カトリック教会史叙述もバロニウス以来無限に多くを学び、より完全なものに近づいた。しかし内容的には、バロニウスの立場を離れることは決してなかった。ヨーハン・ペーター・キルシュ（一八六一―一九四一）によって編纂された教会史に至るまで、バロニウスはすべてカトリック的なものを基礎づけ、擁護し、正当化し、弁護する教会史叙述の模範を提供した。バロニウスの『教会年代記』は、幾世紀もつづく教会史叙述の原型をなし、カトリック教会の見解を表現する。

教会史叙述の方法に関して、バロニウスは独創的とは言えない。彼は、自ら軽視した古代キリスト教の教会史家が所有していたものよりも広い視野をもってはいない。

バロニウスは彼の著作に『年代記』という表題を古代の著作家の模範にしたがって付ける。古代の著作家たちは、「年代記」と「歴史」との区別を知っていた。ゲリウスの見解にならって、バロニウスは「歴史」は著者自身が見たか、見たかもしれない出来事を記述し、「年代記」は著者自身が体験していない過去の報告を叙述する、と述べている。

彼の史料の分類は適切とは言えない。バロニウスの著作の構想は中世の「編年記」に相当する。バロニウスは、歴史的出来事を年毎に追究し、史料をまったくの断片にひき裂く。そのことによって彼は、歴史の内部に特定の運動をはっきり際立たせるあらゆる可能性を放棄する。外面的な図式主義によって、事実がつぎつぎに配列され、ついには内的な関連をもたない膨大な史料が集められることになる。

一方、賞賛に値するのは、バロニウスがその叙述を基礎づける多数の史料である。源泉への帰還を宣言し、どの歴史家もその影響を免れ得なかった人文主義のスローガンにしたがって、バロニウスもきわめて熱心に図書館での研究に取り組んだ。この点で彼は恵まれた環境にいた。というのは、彼ほど多くのものから汲み取る機会のあった教会史家はほとんどいなかったからである。教皇の文書館やヴァティカン図書館をすべて彼は自由に利用できた。それどころか、彼はヴァティカン図書館長に任命された。おびただしい数の未公刊の文書、写本、書物の抜粋などを、バロニウスは彼の教会史叙述に生かすことができた。『教会年代記』はそのことによって、莫大な知識の計り知れない宝庫となり、この史料収集こそ本書の主要価値となった。

批判的な立場において、バロニウスはブロンドゥス学派に近い。しかし、彼にはブロンドゥス学派の精神的独立はもはやない。それでも彼は自ら利用する数多くの古文書史料を厳密に吟味する。とくに中世の史料はより綿密に精査されている。彼の同時代人はもはや中世の証人とはみなされない。この点でバロニウスは学問的歴史叙述の代表者である。しかし彼は教会問題では彼の批判精神は徹底しない。聖遺物や実際の奇跡が真正かどうかといった問題については、黙って無視しようとする。しかしある文書がカトリック教会の見解に明らかに不利である場合には――通常、彼は自分の目的に役立つ文書だけを選ぶのだが――、彼はそれをギリシア人あるいは異端者の偽造と説明することによって逃れようとする。ローマ教会が違法の文書を拠り所にしていることをバロニウスが承認することはありえない。こうした立場に関してフューターは手厳しい判断を下している。「バロニウスは初めて近代の隠蔽方法を大規模に教会史に導き入れた。可能であれば彼は注意を主要問題からそらし、副次的な事柄に向けようとした。バロニウスはそれを説明する代わりに、諸問題を混乱させせた」。

このような考察から明らかになることは、カトリック教会史叙述の人文主義とのつながりは、プロテスタント教会史叙述におけると同様に、わずかであったということである。イタリアの人文主義的歴史叙述からわずかな刺激しか受け取れなかったのである。バロニウスの『教会年代記』は、その存在を人文主義に負ってはいない。一六世紀のカトリック教会史叙述は『諸世紀教会史』というプロテスタントの攻撃に対する防衛の純然たる産物であった。そして一六世紀のカトリック教会史は、プロテスタント教会史叙述によって従来の中世的歴史叙述の修正を余儀なくされた限りにおいて、人文主義を引き継ぎ、人文主義の刺激を受け入れたに過ぎなかった。

7 二大教会史叙述の相違と共通点

宗教改革と反宗教改革の生み出した二大史書が相互に比較されると、それらの史学史的な位置はより一層明瞭になるであろう。そこで、両書の相違と共通点を確認してみよう。

フラキウスの『諸世紀教会史』とバロニウスの『教会年代記』とは、彼ら自身の立場に立って見ると、まったく対極的な著作である。一方が攻撃するものを他方は深く崇拝している。とくに教皇に対する理解は正反対である。どちらも、唯一の真理を代表していると主張し、敵対する立場を厳しく批判する。

両者の相違は、すでに外面的に二人の著者の人生において明らかになっている。フラキウスは彼の業績の偉大さにもかかわらず、貧窮のうちに亡くなった。一方、バロニウスの堂々とした経歴は彼の著作に負っている。歴史観における主要な相違は、フラキウスの悲観主義とバロニウスの楽観主義にある。フラキウスは教会がその歴史において数世紀にわたって続く堕落の過程を辿ったと見ており、一方バロニウスはいかなる堕落にも一時的なかげりを見ているにすぎない。そうした時期の後には、そのつど一層輝かしい教会の勝利がつづくのである。まったく異なる教義学のゆえに、個々の歴史的諸現象に彼らはまったく正反対の評価を下す。歴史の客観性は疑わしいものとされる。まったく経験的に確認される歴史的出来事はなく、あるのは歴史的事実にたいする解釈だけである。この解釈は人によってまちまちなのである。そのような懐疑的な判断をひきおこさせるのは、『諸世紀教会史』や『教会年代記』に見られるような、同じ歴史的出来事の非常に異なる理解である。

しかし、著しい対立にもかかわらず、二大著作は明白な類似性をそなえている。まず、両者は超自然的な歴史観を叙述の基礎としている。教会史の目的は、歴史における神の働きを示すことであった。ついで、みずからの信仰の立場を客観化することができていない。このことは、教皇制問題のような激しく論議された領域において明瞭に確認されうる。フラキウスは教皇が果たした歴史的な役割と意義を正当に考察しえなかった。他方バロニウスは教皇制が陥った悪弊に対する冷静な眼差しをそなえてはいない。フラキウスとバロニウスはいずれも、先入観にとらわれずに教皇に向かい合ってはいなかった。彼らは歴史における光か影かを知るにすぎず、歴史的人物の光と影の謎にみちた交錯を知らない。

こうした相違と一致の由来は、これらの書物が生じた宗派的論戦の中に見出される。両著が明瞭に示す多大な学識にもかかわらず、過去の純粋な研究はその成立の主要な原因ではなかった。フラキウスもバロニウスも、それぞれの教会の真理性と正当性を主張し擁護しようとした。教会史叙述が闘争手段として有益な貢献をなしうることを、彼らは認識していたのである。そのことが、教会史叙述を護教的な奉仕へと向かわせることになった。この点で、フラキウスとバロニウスは共通している。両者ともに自己の宗派主義の制約にとらわれたままである。

しかし宗派主義の時代は、救いを求める自覚的な真理探究の時代でもあったことを忘れてはならないだろう。その熱意に接するとき、今日のわれわれは一体何を真剣に探究しているのかとさえ思うのである。そうした熱意が、ともすると過剰な排他性を生み出したにせよ、歴史叙述の歴史の中で軽視されてきた教理や教会制度、典礼や敬虔に光をあて、膨大な史料を収集することによって歴史像を豊かなものにした事実も確認しなければならないであろう。

この宗派的教会史叙述は強靭な生命力をもっていた。それはついに精神的態度としての宗派主義が時代に合わなくなるまで、なおしばらく維持されたのである。

三　「博識の時代」における史料の収集と批判

――マビヨン――

1　一六八一年の意義

マルク・ブロックはその著書『歴史のための弁明』で、一六八一年を特別に意義のある年と指摘し、次のように述べている。

「その年――一六八一年、『古文書学』の出版されたこの年は、人間精神の歴史においてたしかに画期的な年である――、文書史料の批判が決定的に創始されたのである」（松村剛訳、岩波書店、二〇〇四年、六一ページ）。

この『古文書学』の著者が、ベネディクト修道会のサン・モール修族（同じ戒律と総大修道院長のもとに立つ複数の修道院の連合体）に属するジャン・マビヨン（Jean Mabillon 一六三二―一七〇七）であった。彼は修道会を揺り動かしていた古文書の真偽という実際問題をきっかけとして、古い文書の批判的な吟味という学問的な方法を確立した人物であった。

世俗を離れて祈りと禁欲、そして労働を追求した修道院は、ヨーロッパの学問の歴史においても重要な意義をもっている。とくに一二世紀に大学が成立する以前には知的伝統の継承に大きな役割をになった。その後、宗教改革運動や国家の介入により、修道院の数は減少したが、それでも、近世ヨーロッパの歴史研究において果たした役割を見逃すことはできない。とりわけイエズス会に属するボランディストや、ベネディクト会の流れをくむサン・モール会士の学問は注目される。

ボランディスト学派は、ベルギーのイエズス会士によって組織された。一六〇三年頃、彼らはそれまで写本の形でのみ保存されていた聖人たちの記録の収集と出版の仕事を始めた。著名な『聖人伝集』の第一巻は、一六四三年に公刊された。一方、サン・モール学派は、フランスのベネディクト会士によって組織された。ボランディストが聖人研究に限定したのに対し、サン・モール会士たちはそれに留まらず、教父学、典礼、公会議史、フランス史へと研究を広げた。古文書学、古字体学、年代学、碑銘研究のようないわゆる歴史補助学の開拓は、サン・モール学派の独自な貢献によるものであった。

一七世紀後半から一八世紀初頭までの時期は「博識の時代」（グーチ）と呼ばれ、史料の収集と批判が推し進められ、近代歴史学の基礎が築かれた時期である。本章では、サン・モール学派の傑出した学者であったマビヨンを取り上げ、広範な史料収集と史料批判が一七世紀を代表するこの古文書学者・歴史家においてどのようになされたかを、とくに彼の著作『古文書学』（『ヨーロッパ中世古文書学』宮松浩憲訳、九州大学出版会、二〇〇〇年。以下での引用は、『古文書学』の第二版（一七〇九）からの翻訳による。翻訳書には、第四巻と第六巻は訳出されていないが、それでも大判七五五ページの大著である。翻訳はまさに労作である。）を中心に考察してみよう。

2　修道士マビヨン

一六三二年一一月二三日、マビヨンはランスに近いシャンパーニュの小村サン・ピエルモンに、質素な農家の息子として生まれた。早くから才能を見せはじめたマビヨンは、近隣教区の司祭であった伯父からラテン語の手ほどきを受け、この伯父の経済的援助により、一二歳でランス大学付属の教育施設で学ぶことになった。彼の卓越した才能とはつらつとした精神はまたたくまに教師や学友たちの注目を集めた。この時期すでに古い書物や写本に対する関心が芽生えていたという。六年にわたる人文学の課程を修了し、一六五〇年の夏、マビヨンは大学に付属していたランスの教区神学校に入学した。ここで哲学と神学の研究を始める。一六五二年八月にはランス大学より修士号を授与された。すでに前年に彼は剃髪を受け助祭としてランス大司教区の聖職者となったが、司祭への叙階の前に神学校を中退し、同地のサン・レミ大修道院に入る決意をかためた。一六五三年八月末に、マビヨンは修道志願者として受け入れられる。

一六二六年以来サン・モール修族に所属していたサン・レミ修道院の模範的な修道生活、およびこのサン・モール修族が当時獲得し始めていた学問的名声もマビヨンをひきつけたと推定される。修練士として一年間を過ごした彼は、一六五四年九月初めには、最初の修道請願を行なった。修道会の戒律に厳格に従う姿勢と学問への熱心さのゆえに、上長の信頼は厚く、彼は早くも修練士たちの模範として修練長に任命された。

しかし、生来の病弱が彼を苦しめる。たびたび襲われた頭痛のためにこの任務に耐えられず、マビヨンは転地療養を命じられた。サン・モール会士は、一所定住の義務を負っていなかったから、このことが可能となった。最初は二年にわたってノジャンの大修道院で鶏の世話をした。しかし上長たちは学問を愛するマビヨンにふさわしい活動の場を与える必要を感じ、一六五八年の夏には彼を由緒あるコルビー大修道院に送った。割り当てられた門衛や食糧保管係の仕事に励むかたわら、ふたたび彼は正規の神学研究に従事することができるようになった。とくにフランスでもっとも充実した図書館の一つとされていたコルビーの図書館は、彼の学問への熱意を満たすものであった。

ところが、またしても病魔が彼を襲う。典礼に携わっている最中に彼は大喀血に見舞われる。その後奇跡的に回復したマビヨンは、一六六〇年三月二七日に、コルビー修道院が所属する司教区のアミアンで司祭に叙階された。彼は、残りの人生を祈りと研究に専念することだけを望んだ。その健康は少しずつ快方にむかうが、快癒することはなかった。「衰弱した健康状態」(『古文書学』四五〇ページ)の中で、しかし精力的な仕事が続けられるのである。

一六六三年七月三日、マビヨンはパリ郊外の大修道院サン・ドニに移ってきた。彼の研究を再開させるためによいとみなされたからであった。サン・レミは歴代のフランス王が戴冠式を挙げた場所であったが、今や彼は王たちが埋葬されたサン・ドニにやって来たのである。ここで、マビヨンの古代研究にたいする好みを知った修道院長は、彼に宝物庫の管理を命じた。そこには多くの貴重な宝が保存されていた。サン・ドニは、彼にとって教理教師および説教師として司牧活動をする最初の場ともなった。

マビヨンは病弱であったにもかかわらず、すでに教父や修道士、そして年代記作者の著作に精通しており、その卓越した知性は学識のある知人たちに広く知られていた。サン・ジェルマン・デ・プレ修道院の司書として『ガリア文書拾遺集』(一六五五—七七)の刊行を進めつつあり、新たな助力者を探していた病身のアシェリ(ダシェリ、一六〇九—八五)がマビヨンに白羽の矢を立てたのも驚くにはあたらないのである。

こうして一年後の一六六四年の七月、マビヨンはアシェリを助けるために、サン・モール修族の本拠であるパリのサン・ジェルマン・デ・プレ大修道院にやって来たのである。これ以後一七〇七年一二月二七日の死に至るまで、四三年間にわたって、この修道院が彼の主要な働きの場となるのである。

3 サン・モール会の学問研究とマビヨン

西欧の修道制は、一五、六世紀には頽廃と弛緩の時期を迎えていた。コンスタンツやトリエントの公会議における修道制の再建の動きは修道院改革を促したが、フランスにおいては改革の動きは緩慢であった。教皇レオ十世とフランソワ一世との間に結ばれた一五一六年の政教協約での合意に従い、大修道院長の任命は多くの場合、君主に委ねられていた。

こうした中で、新しい修族がフランスにおいて修道院の改革を推し進めていくことになった。それが、一六一八年に国王ルイ十三世から特許状が出され、一六二一年には、教皇グレゴリウス十五世から公式の認可を受けたサン・モール修族であった。この修族はまたたくまにフランス中に広く普及し、一七世紀末期には一八〇以上の修道院、二五〇〇人の会士を数えるまでになった。その組織化にもっとも貢献したのが、一六三〇年にサン・モール修族の初代総会長に満場一致で選出されたグレゴアール・タリス（一五七五―一六四八）であった。サン・モール修族の名声や栄光は主としてタリスの傑出した才能に負っているといわれる。

サン・モール修族はベネディクト会の一派であったが、修道院の歴史において独自な性格を備えていた。修道院長の選出方法、ベネディクトのもともとの理念への従順に加えて、学問研究の重視がそれであった。その規定によれば、研究と知的な仕事は、この修族に加入する者の欠かしえない義務であった。哲学、神学、聖書、教会法の研究は、タリスによって修族の修道院に導入された。教父の著作の研究、ヘブライ語やギリシア語の習得が奨励された。批判的歴史的性格の仕事、とくに教父の著作の新しい刊行、修道会史に着手することが決定された。タリスは亡くなる直前の一六四七年、大規模な著作事業の計画に関する回状を修道院長たちに送り、文書館や図書館で、修道会の一般史に関する文書を探索することを指示した。これがアシェリによって着手され、マビヨンによって継続された『聖ベネディクト修道会聖人伝』（一六六八―一七〇一）の起源であった。

タリスは修族の図書館、とりわけサン・ジェルマン・デ・プレの名高い収集物に注目した。この図書館はすっかり修理された。ここに所蔵されているすべての書物、文書、写本を配列し直し分類するという骨の折れる仕事を課せられたのがアシェリであった。新たな修族を組織の面で基礎づけたのがタリスであるとすると、学術の面でその推進力となったのが司書のアシェリであった。

アシェリの周りには、聖俗を問わず当時のフランスを代表する学者たちが集まってきていた。彼らは日曜日の午後、修道院の晩課に参列したあとアシェリの居室に移動し、そこで当時の学術情報、最近の出版物や彼ら自身の著作について語り合うのを常としていた。デュ・カンジュやティユモンもその集まりのメンバーであった。重商主義政策で知られるコルベールもアシェリ・グループの一員であった。

こうした知的環境の中に、アシェリの収集した未公刊の文書を整理し刊行するのを助けるために、マビヨンはサン・ジェルマン・デ・プレ修道院に招かれて来たのである。マビヨンは尊敬するこの指導者の助言に絶えず耳を傾けた。師が長い間床についていた診療室で毎朝ミサを執行し、一日に何度も面会に行き、手紙を代筆し、あくまで従順に自らの任務を遂行した。マビヨンの大著『聖ベネディクト修道会聖人伝』九巻（一六六八―一七〇一）のすべての巻に彼自身の名前に先立ってアシェリの名前を掲げたのは、師への尊敬の念からであった。

さて、マビヨンがサン・ジェルマン・デ・プレにやってきてから四か月後、一六六四年の一一月末、この修道院におけるアシェリの助力者であったクロード・シャントルーが亡くなった。彼はベルナール全集の批判的新版を準備しており、一六六二年にはその第一巻を公刊していた。この刊行を継続し完結させることをマビヨンは委任された。これは上長から寄せられたマビヨンへの深い信頼を示していた。クレルヴォーのベルナールの名を冠した偽の著作が広く出回っていた中で、慎重なテキストの比較に基づいて真正の著作を確定する仕事は困難を伴ったが、マビヨンはそれを成し遂げ、これに序文、伝記、これまでの版の詳細な批評、編集上の方法、数多くの注、そして索引を付した。未公刊の書簡や論文も追加された。こうして三年後の一六六七年に、校訂版ベルナール全集は完結を見た。この偉業は、当時三五歳のマビヨンの名を一挙に高め、彼は「この世紀の大学者の一人」とみなされることになった。

マビヨンの名声をさらに高めたのは、『聖ベネディクト修道会聖人伝』（全九巻。一六六八―一七〇一）の編集であった。ベルナール全集を完成させたあと、ボランディストの『聖人伝』からも示唆を受けながら、マビヨンはただちにアシェリによって長年にわたり収集されてきたベネディクト会の聖人たちのおびただしい史料の整理に着手した。これは、創立時から一二世紀までのベネディクト修道会のあらゆる聖人の伝記を扱うものであり、まさに一千年のヨーロッパ史となるべきものであった。一年とかからずに、『聖ベネディクト修道会聖人伝』の第一巻が出版された（一六六八年。最後の第九巻は一七〇一年）。本書は、ほとんど知られていなかった膨大な数の聖人伝、崇拝史の史料の開拓であった。印刷史料が用いられている場合でも、可能な限りそれを写本とつき合わせ修正した。その際すべての異文、聖人たちの人生や働きに関する伝承された文書が加えられている。

本書でも、序文、解説、注はマビヨンの執筆になるものであった。そこでのマビヨンの著しい功績は、人びとがもっぱら敬虔な教化の史料のみを認めてきた聖人伝や奇跡の報告などに、歴史的な証言としてもすぐれた意義を認めたことである。第一巻の序文では、ベネディクト時代以前の西方修道制の起源と発展についても論じている。これ以後それぞれの巻で彼は各世紀を概観し、教皇や国王の正確な年代を確定し、教会や修道院の規律の問題を論じた。ボランディストの『聖人伝』は、典礼上の聖人暦に基づいて構成したが、マビヨンは、厳密な年代決定を試みたことで注目される。彼の卓越した批判的才能はあらためて高く評価された。これ以後第九巻まで継続されるこの史料出版と批判的解明は、やがて執筆される『聖ベネディクト修道会年代記』で試みられる修道会の一般史叙述の前提となるであろう。

ところでこうしたマビヨンの批判的な史料収集とその編纂は、一つの「冒険」を敢行することにもつながった。なぜなら、たとえば伝統的にベネディクト会の修道士として崇拝されてきた聖人を、確実にあるいはおそらく修道会とかつて少しも関係していなかったという史料上の理由から、排除したからである。これは敬虔な感情に触れ、修道会の誇りを傷つけ、反論を引き起こした。数人の同僚からマビヨンは中傷文書によって誹謗され、ベネディクト修道会の名誉を傷つけたととがめられた。修道会総会においても非難されたため、マビヨンは弁明せざるを得なかった。彼は述べる。

「人々の検閲にさらされ、多くの人々の激情をこうむることは、出版するすべての人、しかしとりわけ歴史に従事する人の運命であると心得ています。……実際、どのような道を進もうと、どのような方針をこの企てにおいて守ろうと、すべての人を満足させることは不可能です。なぜなら、すべてを無批判に受け入れるなら、知性と判断力をそなえた人々の間では笑いものになるでしょう。しかし綿密かつ明敏にふるまうならば、他の人々はそのような人を大胆不敵で高慢と呼ぶでしょう。……これら二つの道のうち私は後者を選びました。なぜなら後者は、キリスト者、修道士、聖職者にとって義務でなければならない真理への愛にもっとも叶っているからです。さらに、後者の道は修道会の名誉にも最も有益です。最後に、もはや作り話を書いたり十分に実証することなく何かを主張したりすることが許されない、われわれの世紀のようなきわめて啓蒙された世紀においては、後者の道を進むことが是非とも必要です」。

マビヨンにとって、歴史家に本質的に固有なことは「真理を愛し、これを探究すること」であった。

アシェリは長年にわたって史料収集を進めてきたが、それまでに収集されていた史料では十分ではなかった。そのためアシェリもマビヨンも、修族の諸修道院に、またベルギーではシトー会の諸修道院にも、オリジナル文書であれ認証された写本であれ、出版に必要な文書のすべてを送付してくれるように繰り返し依頼している。

マビヨン自身それ以後、収集された史料を自らの研究によって補い、また新たな史料の探索と調査のためにあらゆる機会を捉え、数多くの旅をしている。とりわけ、一六七二年から八五年にかけて、大がかりな図書館探訪の旅を行なった。ここでマビヨンの史料を求める旅について触れておこう。

4　マビヨンの調査旅行

マビヨンの時代、歴史研究に必要な重要な文書は大部分、個人の書庫や修道院など諸施設の所蔵になるものであった。したがって入手は容易ではなかった。頑固な所有者との厄介な交渉も必要とされたであろう。しかし、歴史研究には文書は是非とも必要であり、長い期間を費やして出費を覚悟で、乗合馬車に揺られあるいは徒歩で各地に史料を求める旅をしなければならなかった。

そうした研究調査旅行を組織した最初の人々はボランディストであった。その最初の試みは、一六六〇年、ヘンシウスとパーペンブレックが彼らの『聖人伝』（一六四三年以降）刊行を継続するために必要な史料を求めてローマに旅立った時になされた。

ところで、修道士の旅には多くの利点があった。当時のフランスには多くの修道院が存在し、そこでは宿泊の場が確保されていた。修道院に到着すると彼らは図書館で調べ物をする許可を求め、許可が下りた場合には、注意深く写本や設立許可状を調査した。重要点をメモし、また貴重な文書は時間が許せば書き写した。

マビヨンは、一六七二年にはエスティエノーを同伴してフランドルへ、一六八〇年には『古文書学』執筆に必要とされた史料を収集するためにロレーヌへ旅立つ。一六八二年にはジェルマンを同伴してブルゴーニュの図書館と文書館を訪ねる。コルベールはその調査旅行の成果を大いに喜び、マビヨンの能力を称賛した。そしてマビヨンにドイツへ同様の旅をするように勧めた。

当時ドイツとフランスとの関係は良好ではなかった。一六八三年の六月末に旅行の準備の際に一抹の不安を抱えていたマビヨンであったが、しかし彼の『古文書学』（一六八一）はドイツの学者たちの間にも感動を呼び起こしており、その著者はフランスにおける現存のもっとも偉大な学者とみなされていた。今回は修道士としてだけではなく、国王の名とその経済的な援助による調査旅行であった。一六八三年六月三〇日から一一月初めにいたる四ヶ月あまりの旅となった。

マビヨンとジェルマンはアルザスを経て、ズントガウからブライスガウに入り、スイスではアインジーデルンやザンクト・ガレンの修道院を訪ね、シュヴァーベン地方に向かう。ケンプテン、オットーボイレン、そしてアウクスブルクではザンクト・ウルリヒ・ウント・アフラ修道院を訪ねた。その優雅さと修道院の規律にマビヨンは感銘をうけた。バイエルン選帝侯国では、レーゲンスブルクのザンクト・エメラムをはじめ多くの修道院を訪ね、図書館の充実ぶりに感嘆している。それらの一部はサン・ジェルマン・デ・プレの図書館をはるかにしのぐものと思われた。マビヨンは、ほとんどの土地で温情を持って迎えられ（ベネディクトボイレンは例外であったようだ）、文書館と図書館を自由に利用でき、必要とするすべての写本を自由に写し取ることができた。

ドイツでの調査旅行からの帰路、マビヨンは、コルベールの死の知らせを受けた。よき理解者であり調査旅行の後援者でもあった人物を失ったマビヨンは、深い悲しみに暮れた。

一六八五年にはマビヨンは大部の二冊の書物を出版した。一つは、『古文書集』第四巻であり、ここに彼のドイツ旅行に関する詳細な記録を収めた。もう一つは、『ガリア典礼』である。ドイツに向かう旅の途上、マビヨンはコルンバヌスゆかりのリュクスィーユで驚くべき発見をした。七世紀の、あるいは六世紀に遡るかもしれない美しいメロヴィングの小文字で書かれた古いガリア典礼の古写本を発見した。このことにより、シャルルマーニュ（カール大帝）以前にフランスの教会で行なわれていた古ガリア典礼の再構成が可能になったのである。マビヨンはこの古写本を注釈、論文を付して一六八五年に刊行し、この『ガリア典礼』をコルベールの死後マビヨンの保護者となったランスの大司教ル・テリエに献呈した。

ル・テリエはマビヨンのドイツへの調査旅行の成果を称賛し、さらに同様の任務を帯びたイタリアへの派遣を決意した。彼がこの計画をルイ一四世に伝えると、国王は喜んでこれに賛同し、マビヨンとの会見を希望した。数日後この会見が実現することになった。「陛下に王国においてもっとも学識に富む人物を拝謁させる栄誉をわたくしは賜りました」とランスの大司教はルイ一四世に告げた。その場に居合わせたモーの司教で高名なボシュエは、ル・テリエが彼の自尊心を傷つけるためにそう言ったと考えて、付け加えた。「陛下、ランスの大司教は『そしてもっとも謙遜な人物である』と付け加えるべきでした」。

マビヨンはすでに五二歳であり、健康がすぐれず、イタリア旅行に気乗りがしなかった。しかし健康の回復とともについにイタリア旅行を決意する。この旅は彼の生涯の中でももっとも長く、もっとも重要なものとなった。しかも、王立図書館のために書物や写本を手に入れるという、国王の名による公的な任務でもあった。しかし当時、フランス宮廷とローマとの関係は、とうてい友好的とはいえなかった。教皇の任命に関してルイ一四世と教皇インノケンティウス一一世との反目が強まっていた。

そのような情勢の中で、マビヨンとジェルマンは一六八五年四月一日、パリをたった。ヴェネツィアに滞在中、四月一九日にアシェリが亡くなったとの知らせが届いた。敬愛してやまない師の逝去はマビヨンにとっても衝撃であった。マビヨンはローマで熱狂的な歓迎を受け、卓越したイタリアの学者たちは喜んで援助を申し出た。ローマでのほとんどの時間は、図書館と文書館で費やされた。一〇月半ばにはナポリ、そして彼の修道会の発祥の地であるモンテ・カッシノとスビアコの図書館を訪問するためにローマを離れたが、一二月には帰ってきた。二人の修道士は、二月初めにローマをたち、フィレンツェをへて、七月初めにパリに帰還した。一五ヶ月の旅で貴重な写本や書物を数多くパリへ送り、また持ち帰った。その数三〇〇〇以上と推定される。建設中の王立図書館はこれにより貴重な蔵書を確保することができた。サン・ジェルマン・デ・プレ修道院では調査旅行の成果について聞くことをデュ・カンジュたちが待ちわびていた。

帰還して数日後、マビヨンは報告のためにランスにル・テリエを訪ねた。大司教はその成果に大いに満足した。イタリアから帰ってまもなく、マビヨンはイタリア調査旅行の成果を含む『イタリアの図書館』の第一巻を出版した。その最初の部分はイタリア旅行の記述である。本書には、ボッビオ修道院で発見された七〇〇年頃と推定される古ガリアのミサ典礼書をはじめ、数多くの発見が含まれていた。

さらにマビヨンは、一六九六年にロレーヌとアルザスへ、一六九八年にトゥーレーヌおよびアンジェへ、一六九九年にシャンパーニュへ、一七〇〇年にはノルマンディーへ旅をする。これらは主に『聖ベネディクト修道会年代記』執筆のためになされたものであった。一七〇三年にはさらにシャンパーニュとブルゴーニュへ調査の旅を行ない、翌年に、マビヨンは『古文書学』の補遺を出版している。ここにも新たな史料と新しい研究成果が収められているが、それらもこうした旅行の実りであった。こうした数多くの調査旅行を通じて、初めて史料の刊行と著述の仕事がなされえたのである。いずれも、「真理と学問の前進」というただ一つの目的を目指す旅であった。

5 『古文書学』の成立

『ベルナール全集』と『聖ベネディクト修道会聖人伝』によって得たマビヨンの名声は、『古文書学』により一層大きなものとなった。

一七世紀以前には中世の古文書について真偽を判定する基準をもたなかった。そのような学問がなかったのである。しかし、ドイツでは、三〇年戦争とヴェストファーレン条約ののち、諸都市や諸修道院の主権や併合をめぐる問題が生じた。リンダウ市と女子修道院との間の主権をめぐる法律上の紛争(一六七二年)がその例である。それは、カロリング期の皇帝古文書の真偽をめぐる争いであった(『古文書学』四二五ページも参照)。フランスでも、家系に関する同様の紛争が生じた。

こうして、一七世紀になってようやく、中世初期の特許状や古文書の批判的吟味が始まった。しかもその多くが、全面的にあるいは一部、信頼できないものであることが判明した。あるものは中世の偽造であり、他のものは、多かれ少なかれ不正確で改竄された今では失われた本物の原本の写しであったし、またいくつかのいわゆる中世の文書は、実際は近代の偽造であった。最後の事例に関しては、所有権をめぐる紛争の際、中世の文書をよりどころとした論証に用いられたものであったり、あるいはもっと多くの場合、フランスの高貴な家系やドイツの古い大修道院の優先権、威信、権利を立証する努力によるものであった。これまで叙述史料――年代記や編年史など――を優先しながら研究をすすめてきた歴史家たちの中にも歴史の史料としての「古文書」を重視する気運が高まってきた。

しかし、これらを吟味する適切な訓練や広い経験が欠けていたために、これらの文書の批判は、まったく五里霧中であった。あるいはせいぜい主観的な印象か当てずっぽうによるものであった。

文書批判の規則を練り上げる最初の試みは、イエズス会士でボランディストの指導的な学者であったダニエル・パーペンブレック（Daniel Papenbroeck あるいはパーペブロッホ Papebroch。一六二八―一七一四）によってなされた。

ボランディストによって編纂されてきた『聖人伝』の一六七五年四月の第二巻に、パーペンブレックは編集者の序文として、「古文書序説」と題する論文を載せた。真偽判定の原則の必要性を久しく感じていた彼は、一六六八年、ドイツへの旅の途上で請われてトリーアのザンクト・イルミーネン修道院に所蔵されているダゴベール一世（六〇五／一〇―六三九）のものとみなされていた古文書を調査し、これをトリーアの聖マクシミーン修道院のいくつかの古文書と比較した。この経験が、彼に古文書の真正さを解明するための一般的な原則を性急に仕上げさせるきっかけとなった。その研究の成果が論文「古文書序説」となったのである。

調査に基づいてパーペンブレックは主張した。六世紀の文書はすべて偽造されている、と。彼によれば、フランク人の間で、荘園を譲渡したり特権を付与したりする場合に証書が使用された事実をトゥールの司教グレゴワール（グレゴリウス）の書からも確認できず、フランク王国の全域で、ダゴベール一世以前には真正の文書はひとつも見出されなかったし、ダゴベール一世の時代以後もカロリング期まで、原本ないし忠実な写しの形での真正の文書はごく僅かしか伝えられていない（『古文書学』六七ページ、四一九ページも参照）。パーペンブレックは、国王文書について言えることは、この初期の時代の教皇大勅書にも当てはまるとし、文書偽造をとりわけ一一世紀の修道士によるものとした（八六ページも参照）。

特許状の批判の規則を作成した最初の論文の結論は極端な内容であった。彼は初期の特許状や古文書のすべてに疑いを懐き、いたるところに偽造を見た。文書は古ければ古いほど疑わしいとしたのであった。

このようなパーペンブレックの主張は、ベネディクト修道会にとって挑戦を意味した。なぜなら、サン・ドニ修道院においても、サン・ジェルマン・デ・プレ修道院においても、メロヴィング時代の国王文書が保管されていたからである。サン・ジェルマン・デ・プレ修道院に有利な、五五八年のシルドベール一世の文書もあった。これらの修道院の所蔵する特許状や公文書集の多くをパーペンブレックは偽造文書として退けたのであった。彼らの名誉、名声は危険にさらされ、彼らの誇り高い歴史は評判を汚される恐れがあった。さらに、彼らの学問的努力とその諸基礎に疑念がはさまれたように思われた。

この挑戦をはねのけうるのは、『ベネディクト修道会聖人伝』の編纂者をおいて他にはいなかった。本書においてマビヨンは、多くのきわめて古い文書を編集し解説していた。このような中で一六七七年、マビヨンはパーペンブレックの挑戦に応える委託を受けとったのである。

これまですすめてきた広範な彼の史料収集と調査はそのさいのゆるぎない前提となっている。しかし挑戦を真に受け止めるために、マビヨンはさらに徹底した検討を行なった。すでに利用していた文書にふたたび目を通すことも必要であった。そればかりではない。マビヨン自身が書いている。「敵対者たちの主たる攻撃が特にサン・ドニ修道院の文書庫に向けられていたので、私は私の修友、ミシェル・ジェルマンと共に同文書庫にあるすべての文書箱を丹念に調べ上げた」（二七ページ）。こうして、彼は豊富な宝であるメロヴィング時代の国王文書、教皇特権、カロリング王朝の公文書、古い史的文書を調べた。さらにシャンパーニュやロレーヌを旅行し、その地の古文書の所蔵状況を精査した。こうして、特許状や古文書を検討し、主要な修道院を訪問しては厖大な文書を集めた。

同僚であり助手でもあったリュイナールは『古文書学』第二版の序文でマビヨンについて記している。「彼は無限に近いあらゆる種類の古史料と古写本を各地の文書館や図書館において、非常に長い年月を費やして閲覧してきた」（一三ページ）。そのほか、マビヨンはコルベールの司書であったバリューズをはじめ友人や後援者たちによって重要な史料を手に入れることができた（二九ページ）。

マビヨンの任務が知られるようになると、サン・モール修族の会士たちからさまざまな協力が寄せられた。卓越した学者であったデュ・カンジュも快く助言し指導を惜しまなかった（三〇ページ）。

こうして一六八一年に『古文書学』という堂々たる書物が公にされたのである。

6　『古文書学』と真偽の判断

『古文書学』は「文学と芸術への熱意と愛着」（五ページ）をもつコルベールに献呈されている。まず著者が記しているのは、古文書の現状である。すなわち、古文書に関する知識は、「準則を欠いたまま、規律を欠いたままの未開の状態にとどまってきました。ここから大きな混乱が生じているのでありますす。真正の記録に関して誤った判断がしばしば下され、偽文書に関する根拠のない推論があちこちで試みられてきました。……崇高なる王文書に対する敬意は殆どなく、それらの権威も殆ど認められなくなっています。良識ある人であれば誰もがこのような悪弊が取り除かれるべきである、そしてこの混乱を避けるためには何よりも選別が不可欠であることを十分に理解したでしょう。その混乱が排除されれば、古い史料に本来の信用と権威とが容易に取り戻されるでありましょう」（五ページ）。

マビヨンは本書において、パーペンブレックの挑戦をはるかに越えて、広く古文書の真偽の確定を学問的に、また組織的に基礎づけたのである。史料に現われている明らかに非常に古いならわしの事実や、六世紀に非難の余地なく立証された修道院のための国王や教皇の特権（国王の特権はすでに五世紀に確認しうる）から出発して、マビヨンは強調する。文書それ自体が大変古いからといって、それを疑う理由とはならない、と。

マビヨンは記している。いつの時代にもどこでも偽造は存在するし、文書の改竄は否定しえない。世の中が平穏になるとすぐに、圧制者の侵害から解放されて、教会は一息ついた。やがて、各地に教会堂が建設され、そこで仕える人々を養うために必要な莫大な財貨が奉納された。「このために寄進文書が作成され、その後人々は盗難から所有を守るためにそれらを利用した。同じことは、修道院においてもその創建のときから起きている。それらにおいて世俗財産が増加すると同時に、……所有に関する文書が後世の人々の安心と所有している者たちの砦として作成された。

さらに、古人の本や書いたもの、国家の貨幣、またその他においても、あちこちで偽造が行なわれている。それは王文書でも起きている。そのあるものは捏造され、またあるものは改竄され、更に多くは大胆な欺瞞によって作成されている。教会が誕生するとき以上に神聖な時はない。しかし、……この時代は偽文書というかくも大きな怪物を生み出した。この怪物は使徒やその他の有名な人々の名を騙ってそれらに成りすましたのである。……しかし、少なくない箇所で偽造や欠陥が明らかになっていることを理由に、我々はすべての真正な書物、教父たちの真正な作品、すべての貨幣を排除することはしない。ましてや、真正文書を部分的歪曲を理由に排除することはよくないことである」（八五ページ）。

パーペンブレックは、偽造が浸透したのを「教会全体の平和を至るところでシスマと内紛が撹乱し、風紀の退廃が蔓延した」（八六ページ）一一世紀およびそれ以降としている。しかも、それをとくに修道士に帰した。「彼（パーペンブレック）が言うところによれば、彼らは至るところで世俗権力によって彼らの不輸不入権と財産が侵害されているのをみて、自分たちの財産を守るために偽造することを重大な罪であるとは思わなかった。それはいかなる人の不利にもならず、ただ公正を維持することにつながると考えられた。しかしその後、悪い習慣の自由気儘さは、更に在俗聖職者にも広がっていったと彼は付言する」（八六ページ）。

しかしマビヨンによれば、一一世紀よりずっと以前から偽の王文書、捏造され改竄された文書が蔓延しており、それは真正文書とほぼ同時代まで遡る。

また修道士が作成したのではない偽文書の存在を一一世紀よりもずっと前から確認することができるし、一一世紀はむしろ修道士の信仰が高まりを見せた時代であった、とマビヨンは主張する。そしてこの世紀は、修道院長ギヨームが名声を博し、クリュニー修道院の信仰が高揚した時代であった、と反論する。

したがって重要なことは、古い文書をただ無批判に受容することと古い文書を原本に手が加えられたとの理由で偽文書として排除するという両極端を避けることであり（五三ページ）、「真正の文書を偽文書から区別すること」（六ページ）である。

『古文書学』は前半、つまり一巻から三巻は、古文書の真偽を見分ける準則の確立を目指し、後半の四巻から六巻は、その準則による立証を試みている。その内容は多岐に渡るが、マビヨンにとって重要なことは古文書の真正性は、形而上学的な議論や先験的な議論によっては立証されえないということであった。使用された素材、印章、署名、文法、正書法、宛先の様式、日付の蓋然性、文書全体の固有の一貫性、これらが慎重に吟味されなければならない。しかもそれらすべての特徴から考察される必要がある。

リュイナールは、『古文書学』第二版の序文で述べている。「彼（マビヨン）のすべての準則は主としていかなる文書も、よい文言であれ悪い文言であれ入念に考察され精査されない限り、受け入れられことも拒絶されることもあってはならないことを目的としていた」（二三ページ）。

ここではマビヨンによるパーペンブレック批判を紹介することにより、「古文書学の父」の厳密な史料批判の姿勢を考察したい。

「サン・ドニ修道院の文書庫に誤って向けられた、恰もそれがローマ教皇や国王の偽文書の製作所であったかの如き中傷が私の心を苦しめている」（四一九ページ）。このようにマビヨンが率直に心情を吐露しているように、パーペンブレックはサン・ドニ修道院の文書館をあたかも全フランスの代表格のようにみなし、一つにおいて全体を攻撃するかのように、論述の焦点をこの修道院にしぼっていた。したがってマビヨンの反論もサン・ドニ文書に比重が置かれることになる。

さて、マビヨンによれば、パーペンブレックの考察は至るところで偽り、疑惑、不明瞭に依拠している。事実、ダゴベール一世以前、フランク王国全体を通じて真にして正しい文書は一通も見出されないというのは間違っている。クローヴィスがミシ修道院に宛てた文書、王クロテールの統治九年にクロテール一世の名で交付されたアンセムンドスとアンスレウバナがヴィエンヌのサン・タンドレ司教座教会に宛てた文書、トゥール司教ペルペチュとアターヌ修道院長アレードの文書、聖女ラドゴンドの遺言書、王クロテールの統治の四三年に作成された婦人テオデトルドの文書、非常に古い記録から収集されたマルキュルフやその他の古い書式はいずれも真正である（四一九ページ）。

また、ダゴベール一世と彼の子孫の真正文書は非常に多く存在するという。サン・ドニ修道院文書館だけでも、少なくともダゴベール一世、クローヴィス二世、クローヴィス三世、シルドベール三世、シルペリック二世、ティエリ三世、メロヴィング朝最後の王シルデリックの手稿文書が三〇通も保管されている（四二〇ページ）。したがって、パーペンブレックの結論には根拠がないのである。

さらにマビヨンは、「古文書序説」の著者に見られる個々の論証の不正確さも指摘する。まず第一に、パーペンブレックはキリストの誕生以来ずっと羊皮紙だけが文書の作成に使用されており、サン・ドニ修道院の文書庫に保管されている樹皮に記された文書は偽文書であると主張した。これはまったくの誤解である。

マビヨンは、まず樹皮紙と樹皮紙の特徴をもつエジプト・パピルスを区別する。用紙として使用されていた樹皮紙は、樹木の本体と樹皮の外皮との間にある非常に薄い皮であった。これに対してパピルス紙は、ナイル川流域に産するエジプト草の皮で出来たものであった。パピルスの皮から出来ているからこのパピルス紙自身は樹皮紙の一つとみなすことが出来るが、それは木の皮で作られた紙よりはるかに手間がかかっていた（一〇二―〇三ページ）。

このようなエジプト産の紙がキリスト生誕後もずっと存在し、古い国王文書に使用されていたことをマビヨンは論証する。まずヒエロニムスやカシオドーロの書簡が示すように、エジプト・パピルス紙の使用は彼らの時代においても普通のことであった。また匿名の作家の編んだ『聖オジャン伝』（六世紀末）から明らかなようにアレクサンドリアの用紙であるエジプト・パピルス紙は六世紀のガリアにおいても使用されていた。さらにトゥールのグレゴアール（グレゴリウス）の指摘からも、エジプト産の草の根がガリアにあり、パピルスも持ち込まれていたことが確認され、ガリアにおいてそれらの使用がこの時代に廃れていなかったことが分かる、というのである。さらにエジプト・パピルスの使用は、九世紀のサン・タマン修道院の修道士ミロンが『聖アマン伝』の付録で証言しているように、七世紀においても続いていた。また、一〇世紀の詩人フリスゴットはヨークの司教、聖ウィルフリド二世の事績を記した歌の中で、ローマから帰還したこの聖者が樹皮紙に書かれた文書を手渡したことに言及している。最後に、クリュニーの修道院長ピエール・モリスは樹皮紙の本の使用は彼が生きていた時代まで続いていたことを、ユダヤ教徒への反駁の中で伝えている。尊者ピエールの時代、つまり一二世紀においても書物は至るところでエジプト・パピルスで出来た文書（カルタ）やその他のものに記されたものとして、キリスト生誕以来ずっと読まれていたことになる（一〇二—一〇六ページ）。

またこうした文書は、サン・ドニ修道院だけでなく、ディジョンのサン・ベニーニ修道院や、コルビ修道院にも保存されている。すなわち、前者には樹皮紙に書かれた二通の教皇文書が、後者にはパピルス紙に書かれた二通の特権文書が存在する。

マビヨンは述べる。「これらすべてのことから、キリスト生誕後も長い間ヨーロッパ、そして特にガリアとイタリアにおいてパピルス紙の使用が続いていたことが明らかとなった。このことを古い作家たちの証言、今日まで伝来する樹皮紙の写本、そしてこれらのパピルス紙にまず記された疑う余地のない王文書がはっきりと証明している。従って、樹皮紙に書き記されたものとして言及されていることを理由に、サン・ドニ修道院文書が偽物であると主張するのは正しくない」（一〇八—一〇九ページ）。

ちなみにマビヨンは、文書におけるパピルス紙の使用が一一世紀までヨーロッパ人の間で続けられていたことは確実であると指摘する。

第二にマビヨンは、パーペンブレックが、ローマ教皇が七世紀およびそれ以前に特権文書を使用しなかったと指摘する（六七ページも参照）ことに対して反論する。すなわち、七世紀以前にローマ教皇によって特権文書が修道院または教会に発給されたという事実をマビヨンは強調する（六八ページ）。「六世紀及びそれに続く世紀に修道院に発給された、最初はもちろん司教によって、そして時を経てローマ教皇によって確認された少なくない特権文書」が存在した（六九ページ）。

六世紀の例として、マビヨンは教皇ヴィジル（在位、五三八—五五五）の特許文書をあげる（七〇ページ）。また六世紀末から七世紀初めにかけて在位したグレゴワール（グレゴリウス）大教皇がリミニのサン・トマーゾ修道院長ルミノーソに下付した特権文書、オータン郊外にあるサン・マルタン修道院や神の婢修道院、同じくオータンのサン・タンドーシュ施療院に発給した特権文書も存在する。これらの特権文書はいずれも、修道院長の叙任を除けば、修道士たちを司教の裁治権から完全に免れさせるものであった。

加えて、グレゴアール大教皇によって女子修道院に下付された特権文書も存在する。聖女ラドゴンドやアルル司教セゼールの例がそれである。大教皇以後もこの種の特権文書は二通ある。一通は教皇ジャン四世（在位、六四〇—四二）が王クローヴィス二世の要請に応えて、聖母マリアと聖コロンバンの修道士に付与した文書、もう一通は教皇アデオダ（在位、六七二—七六）がトゥールのサン・マルタン修道院のために発給したものである（七二ページ）。

さらに七世紀には、不輸不入権に関する文書がローマ教皇によってボッビオ修道院に下付されている。教皇ホノリウス一世（在位、六二五—三八）は、ボッビオ修道院長ベルトルフォに、修道院の不輸不入権に関してトルトナ司教から介入されることのないよう特権文書を付与した。「いかなる司教も、いかなる権利に基づこうとも、上述の（ボッビオ）修道院に支配権を導入しようとしてはならない」。すなわち、修道院の特権に関することで、懲戒を口実に修道院内で権力を行使する権限はいかなる司教にもなく、使徒の座、つまり教皇にあるとされている（七〇ページ、七三ページ）。また、教皇テオドール一世（在位、六四二—四九）も同修道院に特権文書を下付しているし、マルタン一世（在位、六四九—五五）やセルジュ一世（在位、六八七—七〇一）も特権文書を出している。

このようにマビヨンは、六世紀と七世紀に記された教皇の特権文書の存在を指摘し、パーペンブレックの見解に反論するのである。

第三にマビヨンは、教皇文書においてキリストの受肉の年が使用され始めたのはウジェーヌ（エウゲニウス）四世の治世（一四三一—四七）からであるとするパーペンブレックの主張を疑問視する。この点に関してパーペンブレックは、教皇による受肉の年の使用は比較的新しいものであると一六世紀初頭に記したミドルズブラ司教の見解を引き合いに出している。「教皇ウジェーヌ四世の臨席のもと、教皇の親密な書記フォルリのブロンドが奨励し、教皇の勅書と答書にキリストの受肉からの年の計算を最初に記載するようになった。但し、それはずっと以前から復活祭の蝋燭には彫られていたのであるが」と記すミドルズブラの見解にパーペンブレックは賛同し、この時代以前において、受肉の年を採用していた勅書を偽文書または改竄文書とみなしている（三五八ページ）。この主張が正しいとするなら、無数の教皇文書が誤りとされなければならなくなる、とマビヨンは述べ、「実際はその反対で、それらのすべて、または殆どが合法的と認められねばならないもの」（三五九ページ）であると指摘する。『古文書学』の著者はその論証に取りかかるのである。

マビヨンによれば、一一世紀のローマ教皇のもとで、受肉の年から暦を数える慣習が完全に定着し始めていた。「受肉の一〇五五年に」発給されたヴィクトール二世の二通の文書、「受肉の一〇五七年、会計年度の一一年に」発給されたエティエンヌ九世の重要な勅書、一〇八四年のグレゴアール七世の勅書、主の受肉の一〇七〇年に発給されたアレクザンドル二世のザルツブルク司教ゲベハルトに宛てた勅書、一〇八八年に発給されたヴィクトール三世の教書、ユルバン二世の多くの文書、パスカル二世の一文書、カリスト二世やその後の諸教皇の非常に多くの勅書、ジェラーズ二世の一文書、ウジェーヌ三世の文書、受肉の年の文言をもつイノサン三世の非常に多くの書簡、発給された無数のその他の書簡、手で書かれたもの、さらに自署のもの、これらがマビヨンの確認しえた例証である（三五九ページ）。したがって、受肉の年がローマ教皇文書に記されるのは、教皇ウジェーヌ四世の時代よりもずっと以前からである。

それではパーペンブレックによって論拠として提示されている、受肉の年の記載に関するウジェーヌ四世の教令は、どのような位置にあるのであろうか。マビヨンによれば、それは「新しい慣習の導入ではなくて、古い習慣の定着と関係している」（三六〇ページ）のである。このことは、このために公布されたウジェーヌ自身の勅書から明らかであった。この勅書には、「写字生たちは格好よく字を書くことに熱心で、句点を打ったり、文書局の古くて称賛に値する書式を継承し、すべてにおいてそれらを遵守しようとしている。……ローマのサン・ピエトロ教会において、主の受肉の一四四五年、六月一三日、朕の教皇在位一五年に公布された」と記されている。教皇の目的は従って、新しい形式と新しいスタイルを導入することではなく、文書局の古くて称賛に値するスタイルをすべてにおいて遵守することを命じることにあったのである。「このことから、受肉の年から始まる暦の算定法はウジェーヌ四世によって開始されたのではなくて、強化また復活させられたのである」（三六〇ページ）。

こうして、マビヨンは史料の徹底した調査と綿密な考証を通じて、パーペンブレックの挑戦に応え、疑問の余地のない反論を繰り広げたのであった。それにより、このイエズス会士によって偽書とされ排除されかかったサン・ドニ修道院所蔵の文書をはじめ多くの文書はその真正性を確認された。

それでは、パーペンブレックにより真正文書とされ、他の多くの文書の真偽を確定する判断基準ともなっていた王ダゴベール一世がトリーアのザンクト・マクシミーン修道院に宛てたとされる文書に対しては、マビヨンはどのような判断をくだすのか。マビヨンはこの文書を偽造とするが、それを以下の一〇の理由によって論証している。

偽文書であると考えられる第一の理由は、「主と子と聖霊の御名において」という神への呼びかけに求められる。マビヨンは第一王朝（メロヴィング王朝）の真正王文書の中にこの呼びかけを見出すことができなかった。ましてやダゴベール王の文書において自分の名前の記載から必ず始まることが慣習になっていたことから、このような呼びかけが先行することはない、と判断されたのである。

第二は、「いかにして朕、いと力強い王ダゴベールは……」の書き出しである。メロヴィング諸王は必ず「気高き人、フランク人の王ダゴベールは……」で始まる書式をつねに用いていたからである。次に、文書の冒頭で代名詞エゴー（私）はどの文章にも使用されていなかったし、自分自身を単数で表現することもなかった。

第三は、「朕の司教と伯の意見が一致し、朕の方から使者を修道院長メミリアヌスの許へ派遣した」という文章である。「朕の司教たち」と「朕の方から」という表現はこの時代にはなかった、とマビヨンは指摘する。

第四は、すぐ後に続く「朕が彼にいかなる創建者によってこのザンクト・マクシミーン修道院が建立されたか、また古くは誰の支配権に従属させられていたのかを丹念に調べ、朕に直接報告するように命じた」という文章である。マビヨンはこの文章も文書形式にはほとんど馴染まないように思われると述べ、文書よりも歴史書を想起させると指摘する。

第五は、「朕の諸侯たちの意見と要求によって」という表現であり、それは諸皇帝がときどき「朕の諸侯たち」と呼んでいる一〇、一一世紀以前では使用されていない。「ただし、永遠に継承される諸皇帝や諸君主の所領や国庫への好意が膨らんだ場合は、それにあらず」という表現も一〇、一一世紀の皇帝たちに特有のものである、とされる。

第六は、ダゴベールの時代には「そしてこの文書の確認が永遠に確かなものであり続けるために、朕はそれが記されるよう命じ、そして朕の印章でそれを強めた」の文句は知られていなかった。すなわち、提供された例と印影が証明しているように、メロヴィングの書式から完全に外れている書式に加えて、「朕の印章」という言葉をダゴベールは決して用いなかったし、諸王も一〇世紀以前においてはほとんど使用していないのである。

第七は、「四月四日、朕の統治の一一年に行なわれた。幸せに」という書式はメロヴィング時代の慣習と一致していなかったのみならず、サインと名前を日付の前に置いているメロヴィング時代およびカロリング時代の慣習と異なって、ダゴベールのサインを後続させていることである。

第八は、文書の日付にその場所が付与されていないことで、これはメロヴィングとカロリングの諸王において非常に稀なことである。

第九は、ダゴベールが花押を使用していることである。メロヴィング王朝下において王文書で花押が使用されているのは稀であり、書き方を知らない諸王の文書は別としても、ダゴベール王は書き方を習得していたのである。

第一〇は、「文書官へリヴェゥスが礼拝堂付き主任司祭リコルフスに代わって承認した」という文書官の下署も異常である。すなわち、文書長を意味する礼拝堂付き主任司祭の名称は、一〇世紀以前においてドイツ諸皇帝の間では使用されていなかったように思われる、とマビヨンは指摘する。

このように一〇の理由を列挙しながら、マビヨンはこのダゴベールの文書が偽造であること、また真正な文書としての権威を備えてはいないことを論証しているのである（『古文書学』四一一—一三ページ）。

このようにマビヨンは、パーペンブレックによって偽造文書とされた史料の多くを真正文書とし、彼によって真正文書とされた史料を偽造書とした。そうした判断を支えたのは膨大な史料を実際にその目で見（四二〇ページ他、多数の箇所）、吟味したその長い年月にわたる研究の蓄積であり、そこからおのずから獲得された見識であった。

7　晩年の論争

『古文書学』の出版によって、マビヨンは一層ヨーロッパの学問世界から注目を集め、その声望がいよいよ高まった。彼は祈りのうちに死を迎える準備に専心したいという願いを強く懐いた。しかし『古文書学』の著者は、なお学問と信仰にかかわる難問と格闘しなければならなかった。

『古文書学』の出版後まもなく、マビヨンは新たな挑戦を受けることになった。一六八三年、改革トラピスト会の創始者であるラ・トラップ修道院長のランセ（一六二六—一七〇〇）が『修道生活の神聖と義務に関する論考』を公刊したことがその発端となった。著者はその中で、修道士の学問を断固拒否し、そうした努力は修道制の本来の精神とは相容れないとしたのである。修道士は祈り、詩編詠唱、手仕事に専心しなければならないのであって学問研究はそれを妨げるものであるというのである。「修道士は学問研究にではなく、懺悔に定められている。彼らの任務は自らの罪に泣くことであって、授業をすることではない。教会において修道士に天職を授ける神が求めるのは、学者ではなく懺悔者である」。ボシュエと並ぶ高名な指導者の著作だけに多大のセンセーションを呼び起こした。

学問を重んじてきたサン・モール修族にとって、また修道士としての勤めに励むとともに学問を深く追究してきたマビヨンにとって、これは受け止めなければならない挑戦であった。

当時の修道生活を代表する両雄は互いに尊敬し合っていた

時期があり、この時も表立った争いを望まなかったマビヨンであったが、ついに一六九一年、『修道士の研究について』と題する書物で自らの立場を明確にした。本書は三部からなっている。

第一部は、学問研究は修道精神にまったく反しておらず、それどころかある意味では、修道会の宗教的水準を維持するために必要でもあることを論じている。

第二部では、どのような研究が修道院生活にとりわけふさわしく、どのような仕方で修道士はこの研究を習得しうるかが詳細に論じられる。修道士はとりわけ聖書と教父を学ばなければならない。歴史を学ぶこともきわめて重要である。「歴史を熟知していない神学者は神学者の名に値しない」のである。神学に関しては、トマスの『神学大全』が勧められる。

第三部では、修道院での研究の目的が問題となっている。研究が結果として有益になり、さらに進展するものになるために修道士は、どのような手段を用いなければならないかが論じられる。

ランセの主張との関連で言えば、第一部がとりわけ注目されるであろう。修道院は学問の学校としてではなく、徳の学校として創設された。この点で、マビヨンも修道院の第一義的な存在理由を確認する。そして学問は修道院では、それが宗教的教養に寄与する限りにおいて営まれた。一方、マビヨンは学問研究はベネディクト修道会、つまりベネディクト戒律の精神に基づく伝統であるとし、数多くの修道士の学者たちに言及する。バジリウス、クリュソストモス、グレゴアール、ビード、ランフランクもベルナールも偉大な修道士であり学者であった。学問は宗教生活にふさわしい一要素であり、その妨げにはならない。さらにマビヨンは一歩進んで、徳を高めることにはならない修道士の無教養は修道院にとってむしろ危険である、というのである。

こうしたマビヨンの弁明に対し、一六九二年、ランセは激しい論駁書を公にし、マビヨンとサン・モール修族を攻撃した。マビヨンはもう一度、丁寧に彼の論拠を明確に示し、ベネディクト修道会の伝統に基づいて、修道制の本質と課題を考慮しながら、論争の収束を願うしかなかった。「厳密に学問的な議論の限界に留まろうではありませんか」と。

論争の第二は、マビヨンが出版した『エウセビウスのローマ書簡』（一六九八）がもたらした波紋であった。一七世紀に聖遺物崇拝は民衆のなかに広く浸透していた。マビヨンはローマ滞在中に、カタコンベの発掘が不注意になされ、そこで発見された遺体は聖人のものとされ、それらは真正さを十分に吟味されずに諸外国に送られていたことを知った。

本書のねらいは、殉教者の遺骨を他の信仰者のそれと区別するにあたって適用されるべき準則を定めることであった。しかし本書がローマでも読まれるようになったとき、マビヨンの見解に嫌疑がかけられ、ついに一七〇一年、禁書聖省の審査にかけられることになった。マビヨンは、本書の第二版（一七〇五）でやむなく修正せざるをえなくなり、改訂版は聖省の満場一致で是認された。マビヨンの学者としての歩みの中でも最も不快なエピソードであったが、この書物の波紋にも彼の批判精神、真実の探究の志のあらわれを見ることができるであろう。

マビヨンに困難を引き起こさせたもうひとつの出来事は、サン・モール会士によって一六八七年以来刊行されてきたアウグスティヌス著作集であった。しかしこの出版事業の進行とともに、この著作集の編集にジャンセニストの考えに沿ったアウグスティヌスの恩恵論の理解が現れているという疑いがかけられた。そのため仕事の継続が何度も妨げられ、完結が危ぶまれる事態となった。恩恵論をめぐってジャンセニストと対立するイエズス会が神経を尖らせていたのである。そうした中で一六九九年八月、最終巻の第一一巻に、全巻を念頭におく一般的序文を書いて、編集者たちの意図を説明することがマビヨンに求められた。草稿はボシュエから徹底した修正を求められた。マビヨンは困惑したが、恩恵論においてトマス的な理解を支持し、正統信仰の内部に留まるために和らげられたアウグスティヌス主義を示した。一七〇一年、教皇クレメンス一一世は、この刊行事業に祝福を送ったが、それは全著作への間接的な承認を意味するものであった。

時代のこうした困難な神学論争に巻き込まれた晩年の時期に、マビヨンはこれらと平行して記念碑的な歴史著作に従事していた。『聖ベネディクト修道会年代記』がそれである。親しい友人たちの強い懇願に屈し、一六九三年七月に執筆を開始する。一〇年後ついに『年代記』の第一巻（一七〇三）が出版された。マビヨンの生存中に一〇六六年までの修道会史を叙述した第四巻までが刊行された。『聖ベネディクト修道会聖人伝』の綿密な史料編纂を前提とした記念碑的な歴史叙述がなされたのである。

一七世紀後半、中世古文書をめぐる真偽の判定が課題として意識される中で、広範な史料探索と収集、編集と刊行をすすめ、さらにそれに基づく歴史叙述を行ったマビヨンの歩みは、こうして近代歴史学の基礎を形作ることに大きく貢献したのである。「真理の探究」に一生を捧げたマビヨンの批判精神が、どの局面にも鮮やかに表れている。

四　啓蒙の世紀と救済史観の排除

――ヴォルテール――

1　フランスの絶対王政と狂信に対する批判

すでに、悲劇『エディプ』や『ザイール』の公演の大成功によって、名声を博していたヴォルテール（Voltaire 本名フランソワ・マリー・アルエ、一六九四―一七七八）は、『哲学書簡』の英訳版を一七三三年夏にロンドンで出版し、フランス語版を翌年四月にルーアンで刊行した。一八世紀のフランス啓蒙思想を代表する文人・思想家となる彼は、一七二六年から二八年にいたるイギリス滞在でうけた深い印象をこの書物で記している。

ヴォルテールは、イギリスの政治について述べる。

「イギリス国民は国王に抗争し続けて国王の権力を抑制するのに成功し、また努力を重ねてついにあの賢明な政治を確立した、地上で唯一の国民である。その政治のもとでは、君主は善を行なうには全能であるが、悪事を働くにはがんじがらめであり、貴族諸侯は力を持っているが尊大でもなければ家臣も持たず、国民は政治に関与しているが、そのために混乱に陥ることもない」（ヴォルテール『哲学書簡』中川信訳、『世界の名著』二九、中央公論社、一九七〇年、所収、九四ページ）。

「もちろん、イギリス国内で自由を確立するまでには多大の犠牲が払われた。専制権力の偶像が沈められたのは、血潮の海にであった。……ほかの諸国民も、イギリス人に劣らぬほどの内乱を重ね、劣らぬほどの血を流している。だが、彼らが自分たちの自由のために流した血は、彼らの奴隷状態をかえって固めただけであった」（同、九五ページ）。

このように述べて、著者はフランスの歴史をふりかえる。

「フランスの内乱は、イギリスの場合よりもはるかに長く、もっと残酷で罪悪の数もずっと多かった。しかし、これら数々の内乱のどれ一つとして、賢明な自由を目標に置いたものはなかった。……わが国での内乱は、シャルル六世のもとでは残酷でありカトリック同盟の際には身の毛もよだつほどであったが、フロンドの乱は茶番に過ぎなかった」（同、九六ページ）。

こうして、フランスの現状と対比して、イギリス政治の優位が語られている。

「ある人間が、貴族である、あるいは聖職者であるからといって、種々の税金が免除されるようなことも、この国（イギリス）ではありえない」（同、一〇一ページ）。

イギリスの宗教については、どのような観察がなされているのだろうか。宗教問題は、この『哲学書簡』の中で、ヴォルテールが最も力をこめて書いているテーマである。

「当地は諸宗派分立の国である。自由人としてイギリス人は、自分の気に入った道を通って天国へ行く」（同、八四ページ）。

イングランドでもアイルランドでも、イギリス国教の信徒でなければ公職につけないという面を確認しつつも、これがヴォルテールのイギリスの宗教事情についての基本的見解である。

「もしイギリスに宗派が一つしかなかったならば、その専制は恐るべきものになるだろう。もし宗派が二つならば、互いに喉を切り合うだろう。しかしイギリスには宗派が三十もあるので、みんな仲良く幸福に暮らしている」（同、九〇ページ）。

ここにヴォルテールは、信仰の自由に支えられた寛容の風土を見ている。歴史的にこの「信仰の自由をイギリスの諸宗派はウィリアム三世とその議会とから受けとった。クエーカー教徒が今日持っているいっさいの特権を法律の力で獲得するに至ったのは、このときのことである」（同、八二ページ）。

クエーカー教徒は、ヴォルテールがとりわけイギリスで注目した宗派の人々であった。彼らは心のこもった礼儀正しさをそなえ、上下を問わず誰に対しても「君」と話しかけ、神にかけて誓約をしない。また戦争に反対し、聖職者をもたず、洗礼を行なわない。こうした点において、彼らは他宗派の人びとと異なっていた（同、六五―八三ページ）。ヴォルテールは、「私たちは洗礼の儀式を行なうからといって誰も責めたりしません」（同、六六ページ）というクエーカー教徒の言葉を紹介し、その寛容な精神を指摘している。

このようにイギリスにおける政治や宗教の紹介は、そのままフランスの現状、つまり絶対王政や狂信・堕落への批判を意味していた。

「フランスでは、放蕩三昧で世間に知られ、色事を利用して司教の地位に登った若造が、公然と恋唄をつくって浮かれ興じ、毎日のようにごちそうの並んだ晩餐会を延々と続け、そしてその席から聖霊の光を祈願しに出かけたり、厚かましくも使徒の後継者であると名のったりするという話を聞いては、イギリスの聖職者たちも自分らがプロテスタントであるのを神に感謝することであろう。しかし、この手合いはフランソワ・ラブレー先生が言っておられる、火あぶりにして悪魔にくれてやるべき異端の徒である」（同、八六―八七ページ）。

イギリス便りに見られたこのようなアンシャン・レジーム下のフランスに対する鋭い批判は、生涯にわたって深められていった。晩年の『哲学辞典』（初版は『携帯用哲学辞典』という題名で、一七六四年に公刊される。それ以後たびたび大幅に改訂増補）においても、それは明瞭である。ヴォルテールは狂信と無神論を比較しながら論じる。

「狂信のほうが千倍も有害である。なぜならば、無神論は血なまぐさい情念を吹き込まないが、狂信はそれを吹き込むし、無神論は罪悪に反対しないが、狂信はそれを犯させるからである。……聖バルテルミーの殺戮を犯したのは狂信者たちである。ホッブスは無神論者とみなされたが、穏和で清潔な生活を送った。彼と同時代の狂信者たちはイングランドやスコットランドを血で溢れさせた」（『哲学辞典』高橋安光訳、法政大学出版局、一九八八年、四五ページ）。

狂信こそが、社会に害悪をもたらしているというのである。

「フランソワ・ドゥ・ギーズ公やオレンジ公ウィリアムやアンリ三世およびアンリ四世その他多くを暗殺した人びともディアツと同じ狂熱にとりつかれた病人であった。もっとも憎むべき狂信の例は、聖バルテルミーの夜、ミサに行かなかった同胞を殺し、窓から放りだし、八つ裂きにしてまわったパリの町民たちのそれである」（同、一九三ページ）。

ヴォルテールはこの聖（サン・）バルテルミーの虐殺に、狂信がひきおこす悲惨さの極みを見ている。

「自分の兄弟である人間を自分と同意見でないという理由で迫害する者は明らかにすべて怪物である。しかし政府や法官や君主が自分たちとちがった宗教をもつ人びとにいかなる行動をとってきたであろうか。それらの人びとが外国の権勢家であれば、君主はきっと彼らと同盟を結ぶであろう。偉大なキリスト教徒フランソワ一世は偉大なカトリック教徒カール五世に対抗して回教徒と連合した。フランソワ一世はドイツのルター派に金を与えて皇帝にたいする反抗を援助した。だが、彼は慣習どおり自国のルター派を焼き殺しはじめたのだ。彼はザクセンでは政略上から金を与え、パリでは政略上から焼き殺したのである。だが、結果はどうであったか。迫害は改宗者をつくるものである。やがてフランスは新たなプロテスタントで充満する。初めは彼らが絞首されていたが、やがて彼らが絞首するようになる。こうして多くの内乱が起こり、つづいて聖バルテルミーの祭日がやってくる。この世界の一角が古代人および近代人がかつて語った地獄のすべてより悲惨なものとなるのである」（同、三八八ページ）。

長い宗派争いの歴史の中で、ヴォルテールはニカイア公会議にとりわけ重要な位置を与えている。

「ニカイア公会議が召集され、ローマ帝国に三百年にわたる内戦が生じた。この内戦がつぎの内戦を惹起し、世紀から世紀をへて現代まで人びとはたがいに迫害しあってきたのである」（三九ページ）。

ヴォルテールによれば、神学的宗教が「想像しうるかぎりの愚行と混乱の源泉であり、狂信と内乱の母であり、人類の敵である」（同、三五六ページ）。

『哲学辞典』の著者は問う。

「わが国には信仰家はいるが、どこに賢者がいるか、どこに不屈公正かつ寛大な人びとがいるであろうか」（同、三三二ページ）。

著者の目は一転して東洋に向けられる。

「狂信に汚されなかった宗教は世界でただ一つ、それはシナの文人たちの宗教である」（同、一九四ページ）。

ヴォルテールによれば、寛容こそが「唯一の治療薬」（同、三九〇ページ）なのである。

「あらゆる宗教のうちでキリスト教がおそらくもっとも寛容を鼓吹すべきであろうに、今日までのキリスト教徒はあらゆる人間のうちでもっとも不寛容であった」（同、三八九ページ）。

このように、ヴォルテールは狂信に社会の悲惨を見ており、狂信と不寛容に対して闘いを挑むのである。こうした思想傾向をもつ『哲学辞典』の初版（『携帯用哲学辞典』）を、一七六五年にパリ高等法院は発禁処分にし、ローマ教皇庁も禁書目録に入れた。本書はヴォルテールの書物の中でも最も反発を買ったといわれる。とりわけイエズス会の流れを汲む陣営からの攻撃は激しかった。

しかしヴォルテールは、生涯を通じて狂信を強く批判し、寛容のための闘いを推し進める。それはただ書物をつうじてばかりでなく、「カラス事件」（一七六一年）「シルヴァン事件」（一七六二年）、「ラ・バール事件」（一七六六年）に対する彼の関与によっても示されている。

一七六一年、トゥールーズのプロテスタント商人であったジャン・カラスの長男、マルク・アントワーヌが自殺をした。この時、民衆の一人が、マルクは家族にカトリックに改宗すると告げたので殺されたのだと叫んだ。このような主張の根拠はまったくなかったが、町役人によって、家族は法的手続きなしに逮捕された。翌年三月には、裁判官による多数決で、ジャン・カラスは長男殺害のかどで有罪の判決を受け、車刑に処せられた。この事件を知らされたヴォルテールは、やがてカラスの無罪を確信するに至る。彼は、一七六二年三月末の手紙の中で、「これは最も開けた世紀の最も怖るべき狂信です」と語り、さらに一週間後のダミラヴィルに宛てた手紙では次のように記している。

「わが親愛なる兄弟よ、トゥールーズの裁判官たちが最も罪なき人間を車刑に処したことが判明しました。ほとんどすべてのラングドック人が恐ろしい呻き声をあげています。われわれを憎みわれわれと戦っている外国人も憤激を感じています。サン・バルテルミー以来、かつて人間性がこれほど汚名に被せられたことはありません。非難の叫びをあげなさい。叫ばねばなりません」（高橋安光訳）。

ヴォルテールの果敢な闘いによって、ジャン・カラスの名誉が法的に回復されたのは、ようやく一七六五年三月になってからであった。一七六三年に出版された彼の『寛容論』は、カラス事件を機縁として執筆されたものである。

こうしたカラス事件に類する出来事がその後も続いた。一七六二年一月四日、カストルの土地監督官であったシルヴァン（同じくプロテスタント）の娘エリザベートが、古井戸から死体で発見された。一家は殺害の嫌疑を受ける。裁判所は一七六四年、シルヴァン夫妻に絞首刑の判決を下した。シルヴァン事件にもヴォルテールは積極的に関与し、そのかいあって、一七六五年暮れ、シルヴァンは法的に名誉を回復した。

しかしさらに深刻な事件が生じた。ラ・バール事件である。一七六五年の夏、アブヴィルでポン・ヌフ橋の上の十字架が傷つけられ、教会墓地の十字架も汚されているのが見つかった。疑いをかけられた者のうち、ラ・バール騎士は不敬罪と宣告された。一七六六年七月一日、ラ・バールは、舌を抜かれ、右腕を切断されるという残忍な仕方で処刑された。しかも、彼の死体とともに、ヴォルテールの『携帯用哲学辞典』もともに焼かれたのである。著者として、この事件に注目せざるをえないのは当然であった。彼はただちに『ラ・バール騎士の死についての報告』を書き上げた。その翌日（七月一六日）ヴォルテールは、ロシュフォール伯爵に宛てて次のように書いている。

「このわずかな年月の間にカラス一家、シルヴァン一家、アブヴィルの不幸な青年たちの異常な災難が三つも起こっているのです。人間の本性はなんという恐ろしい罠を仕掛けられているのでしょう」（高橋安光訳）。

不寛容にもとづく一連の迫害の犠牲者に対して、彼はこのように精力的に援助活動を展開した。そしてこの闘いを支えたものが、「恥知らずを粉砕せよ」というスローガンであった。

そして、こうした彼の闘いの精神は、われわれが問題にしている歴史叙述の面にも及んでいった。ここに史学史上の新しい時期が訪れる。

2　歴史家ヴォルテール――『カール十二世の歴史』と『ルイ十四世の世紀』

詩人として、また劇作家として世に知られるようになった青年ヴォルテールには、歴史家となろうとする意志はなかった。『ラ・アンリアード』（一七二三年）において、ナントの勅令（一五九八年）によって寛容政策を実施したアンリ四世を賛美した彼であったが、この作品はあくまで叙事詩であった。彼が歴史を書くことを思い立ったのは、イギリスにおいてであり、『カール十二世の歴史』（一七三一年）が、彼の最初の歴史書となる。ヴォルテールは一七四二年に記している。

「私は一七二七年（イギリスの）田舎でファブリス氏と一緒にすごした。氏はカール十二世のもとに七年間いた人である。彼があまりにも驚くべき事柄を語ってくれたので、私はそれらを書き留めておきたいという気持に抵抗できなかったのだ」（安斎和雄訳）。

こうして『カール十二世の歴史』が生まれることになる。著者は、摂理史観を排し、当時通例であった古代史ではなく、ほぼ同時代の君主であるスウェーデン王カール十二世（一六八二―一七一八。一六九七年に即位、一七一八年に戦死）の活動を目撃者の証言によりながら劇的に描いた。

エイヤーは、本書の内容を次のように伝えている。

「カールの治世は、彼が飽くことを知らない情熱を燃やし、けた外れの才能を発揮した戦争の遂行に全面的に費やされたという事実ゆえに注目に値した。九年間の軍事行動の間、ほとんど常に数では相手の兵力よりも劣った軍勢を率いて、王はデンマーク、バルト諸国、ポーランド、ドイツ北部に対してスウェーデンの影響力を広げたのである。スウェーデンの支配権というよりはむしろ影響力と私が言う理由は、領土を併合するよりは彼自身の意向に従順な統治者を王座に就かせるというのが彼のやり方であったからである。他の好戦的冒険家と同じように、王はロシアで悲運に遭遇した。深くウクライナ地方まで攻め込んだあげく、一七〇九年にポルタヴァの闘いでピョートル大帝によって敗北を喫し、トルコの領内にやむなく逃れ、ここでロシアに対し戦う軍勢を与えるようトルコ皇帝の説得を試みたが成功しなかった。一七一四年にわずか二名の将校を供につれ、十六日間でハンガリー、オーストリア、ドイツの広大な地域を通り抜け、当時まだバルト海のスウェーデンの前哨地であったストラルズントに再び姿を見せた。王の不在の間、軍事的敗北を味わっていた祖国の繁栄を取り戻そうと彼は続く四年間を費やしたが、その企ては概して不成功に終わり、ノルウェー軍の要塞の攻囲を指揮している最中に大砲からの流れ弾で落命した。影響力においても国土においても、カール十二世は十八歳の年に征服者の生涯の第一歩を踏み出した時よりスウェーデンを恵まれない状態にしてしまったのである」（エイヤー『ヴォルテール』中川信・吉岡真弓訳、法政大学出版局、一九九一年、一一五―一六ページ）。

筆を進めるにあたってヴォルテールは、現代史を執筆する困難を味わった。一七三六年の八月に文通を始めた王太子時代のフリードリヒ二世に宛てて、彼は翌年の六月に書き送っている。

「これらの人びと（『カール十二世史』の史料を提供した人びと）とて間違っていた可能性は十分あります。現代史を書くことがどれほどむずかしいか、私は痛感致しました。同じ事件を目撃した人びとも皆その事件を別々の目で見ているのです。証人たちは互いに矛盾した発言をしています」（安斎和雄訳）。

本書はよく読まれた。しかし、批判も数多く受けた。そのことにより、彼はより厳密な歴史研究へとみちびかれ、卓越した個人や政治・軍事だけでなく社会や文化への新たな視野も開かれていった。そして本書公刊の翌年、一七三二年五月には、すでにイギリス滞在中に構想を練っていた『ルイ十四世の世紀』の執筆を開始したのである。このヴォルテールの主著の一つは、これ以後二〇年の歳月を費やして書き上げられることになるのである（一七五一年に刊行。その後、改訂増補。一七五六年には補遺［岩波文庫の第四分冊］も加わる）。その間、一七三九年には同じくフリードリヒに宛てて、次のように執筆中の書物について述べている。

「私の目標は政治史・軍事史ではなく、学芸・商業・治安の歴史、ひとことで言えば人間精神の歴史なのであります」（安斎和雄訳）。

ここには、『カール十二世の歴史』とは異なる執筆意図が明らかである。このような意図をもって長年にわたって書かれた『ルイ十四世の世紀』はどのような内容をもつものとなったのであろうか。

本書の冒頭でヴォルテールは、芸術の完成を見、人智の偉大さを遺憾なく発揮した時代として世界史上の四つの世紀をあげている（『ルイ十四世の世紀』丸山熊雄訳、岩波文庫、第一分冊、七―九ページ。岩波文庫では四分冊となっているが、以下一、二、三、四と略記する）。第一はペリクレスからアレクサンドロス大王の時代、第二はカエサルとアウグストゥスの時代、第三はイタリア・ルネサンスの時代、第四はルイ十四世の世紀である。このように指摘したあと、ヴォルテールは第四の世紀について述べる。

「第四は、人呼んでルイ十四世の世紀という、恐らく四時代中最も完全に近いものである。前三者の所産を受けつぎ、分野によっては、これを合わせた以上の進歩さえ示した。勿論、あらゆる芸術が、メヂィチや、アウグスツスや、アレクサンダーの時代より、発達したわけではない。が、一般に、理知そのものが、完璧に近づいたのである。健全な思索が行われだしたのは、この時以来の現象だ。事実、枢機官リシュリューの晩年から、ルイ十四世の歿後までに、フランスでは、芸術も、思想も、風俗も、政治も面目を一新したが、この全面的な変革こそ、フランスの光栄を永遠に記念するものである。輝かしい事業の影響は、更に国境を越えて四方に伝播。イギリスへ入ると、大胆で機知に富むこの国の住民に、折よく競争の機会を与える。ドイツでは趣味が洗練され、ロシアにあっては学問が勃興する有様。お蔭でイタリアさえ、無気力から立ち直ろうとした。ルイ十四世の宮廷に、全欧が、優雅と社交の精神を学んだのである」(一、八―九ページ。三、一〇三ページにも同様の指摘)。

「ルイ十四世の世紀」の時代的な範囲は、次のように考えられている。

「この時代を、ルイ十四世の世紀と呼んだのは、ほかでもない、この国王が、同時代の他の君主たちを全部集めたより、遥かによく芸術を保護するばかりか、ヨーロッパ各国の元首が、三代も入れ替わる間、ずっと生きていたからだ。そして、その期間を、ルイ十四世の数年前から数年後まで、ということにした。事実、この年月の間に、人智が、この上なく進歩したのである。」(三、九四ページ)。

本書の課題は、次の点にある。

「ルイ十四世の生涯を記すのも、さることながら、本書の目的は更に大きい。一個人の行跡でなく、文化史上最も栄ある世紀に、生を享けた人々の精神の歴史を、後世に語り伝えるのが筆者の希望だ」(一、七ページ)。

フランス人が「ルイ十四世の治下に何をしたか」(一、一二ページ)が問題となるのである。しかも、戦争や条約の詳細の記述は省略し、この歴史では、「永遠に語り継ぐべきこと、すなわち、人性と風俗の種々相を髣髴たらしめて、道徳や芸術や祖国に対する愛を深めさせ、真に教養の具となる事柄だけを記載するつもりである」(一、二一ページ)、と記されている。そして、本書の構成が紹介される。

「ここではまず、王の治下の戦争と外交に関し、主な事件を述べることにする。内政上の問題は、民衆には特に重要なので、別個の取扱いをしよう。ルイ十四世の私生活や、宮廷内外の特異な事件にも、充分に頁をさく予定だ。学問や芸術を中心に、この世紀に人智の進歩した跡を詳かにするために、さらに数章を設ける。最後に宗教問題を検討するが、教会は夙に国家と密接な交渉を持ち、その存立をおびやかすかと思うと、却って基礎を固めるといった有様、道徳の普及を目的にしながら、往々政治にたずさわり俗事にかかずらう以上、これを等閑に附するわけにはゆくまい」（一、一二―一三ページ）。

本書には、古代ギリシア以来の歴史叙述の主流である戦争の記述ももちろん含まれてはいるが、著者自身が述べているように新しい分野に光が当てられている。たとえば、内政、司法、商業、公安、立法、軍規、海軍についての具体的な記述も見られる。これらの分野において、さまざまな新しい事業や試みがルイ十四世の指導と後押しによって推し進められたことが記される。決闘の廃止にまで、ヴォルテールの筆は及んでいる。

「決闘をなくしたのも、国に施した恩恵の最たるものの一つである。こういうことが、昔は、国王ばかりか、驚いたことに、高等法院、否、教会にも認められていた。そして、この忌まわしい習慣は、アンリ四世以来、禁止されたにもかかわらず、かえって根強くなる一方。一六六三年、有名なラ・フレットの四人対四人の決闘が行われ、王は、これに決断を促されて、もうこれ以上許さぬことにする。しかも、王が、さいわい、厳しい態度で終始したので、国民の気風も徐々に改まり、ついに、近隣諸国まで――フランスのよくない習慣を真似たあげく――賢明な仕来りにならうようになった。現在、ヨーロッパで行われる決闘の数は、ルイ十三世時代の一パーセントにすぎぬ」（三、一九ページ）。

一パーセントという細かい数字が示されているのも、注目される。そして、ヴォルテールは述べる。

「こう概観しただけで、もう、ルイ十四世の国家改革が、どんなものだったかよく分る。成果が依然として残っているのは、改革の有益だった証拠だ。大臣たちは、競って王を助けた。細かいことや実施は、みな、こういう人々の手で、行われただろう。が、統括したのは王だ。もし、一人の君主が、大局に意を用い、数々の遠大な計画を立てる一方、これを達成しようという、不屈の意志を持っていなかったら、役人たちは、きっと、法の改正を行わず、財政は乱れ放題、軍隊に規律などなく、国内の治安も怪しいものだし、海軍の兵力はゼロ、芸術の奨励に至っては、覚束ない限りだったのに、これがみな、大臣が変わろうが変るまいが、同時に、相呼応するようにして、しかも徹底的に実行されたのである」（三、二五―二六ページ）。

ルイ十四世は、自らの名誉をフランスの国益と一つにした。この国王の存在なしに、輝かしい国家改革の成果はなかったというのである。それゆえ、次のような評価がなされる。

「フロンド時代のフランスと、今日のフランスを比べてみるがよい。ルイ十四世は、それまでの国王を二十人あわせても及ばぬほど、国のためによいことをしている」（三、二七ページ）。

太陽王にたいする否定的なイメージが強かった時代に本書

が書かれたことを考え合わせると、こうしたヴォルテールの指摘は注目に値する。そしてヴォルテールは、さらに古代のギリシア・ローマのあの輝かしい時代とも対比して述べる。

「アウグストゥスの時代には、国は一つしかなかったが、今では、その数が殖え、それがまた、文化は進み、兵力を備え、知的水準も高く、ギリシャ人やローマ人の知らなかった技術を、持っているのである。そして、こういう国々のうち、一つとして、ここ一世紀来、いわば、ルイ十四世の作り上げた国ほど、あらゆる分野で、輝かしい光芒を放ったものはない」(三、三四ページ)。

ヴォルテールは、たびたび「人智の進歩」という言葉を使うものの、チュルゴー(一七二七―八一)やコンドルセ(一七四三―九四)に見られるような明確な進歩史観は抱いていないように思われる。しかし、この一節にはそれに近い意味合いが含まれている。啓蒙史学に特徴的な進歩の歴史観の萌芽と言えるのではないだろうか。

さて、ヴォルテールはさらに芸術の分野に目を向け、この時代のフランスは、雄弁、詩、文学、道徳や娯楽の本で、全ヨーロッパの模範となったという(三、六二ページ)。「散文で書かれたもので、最初の天才的な作品」であるパスカルの『田舎人への手紙』(一六五六年)には、雄弁のあらゆる種類が含まれているという(三、六五ページ)。歴史叙述とみごとな雄弁を結びつけたボシュエにとっても、この書物は手本であった(三、六五、六八ページ)。雄弁と論理的思考をあわせ持っていたのは、とりわけピエール・ベールであり、彼はその『歴史的批判的辞典』という新しい試みをつうじて、思考の方法をはじめて教えた(三、七二、八五ページ)。

音楽については、リュリを取り上げる。

「リュリの趣味と造詣に、人々は目を見張った。フランスの音楽に、低音部や中声部やフーガを取入れたのは、この人をもって嚆矢とする。その作曲は、今でこそ、誰しも、実に単純でやさしいと思うだろうが、最初は、演奏に、いささか骨が折れたものだ。楽譜の読める人間が、ルイ十三世時代に一人だったとすれば、今ではそれが千人になっている。音楽そのものも、この割合で発達した。現在、大都市で、公開の音楽会のないところなど、皆無だが、当時は、パリでさえ、それがなかった。王室のヴァイオリン奏者二十四人、これがフランスで唯一の楽団だったのである」(三、八七ページ)。

ヴォルテールの博識を思わせる一文である。

さらに、信仰問題と経済事情が関連する事柄について触れておきたい。ヴォルテールは、ナントの勅令の廃止(一六八五年)について、かなり多くのページを割いている。彼はこの出来事を、「偉大なアンリ四世の思い出に、取り返しのつかぬ侮辱を加えた」(三、一三三ページ)ものと見なし、これを「フランスの大きな不幸の一つ」に数えている(三、一四三ページ）。このことは、ヴォルテールの不寛容との果敢な闘いを思い起こすなら、当然のことと思われる。しかし、ナントの勅令の廃止が、ヨーロッパ全体にとって、思いがけない影響をもたらしたことに、彼は注目している。

「三年間に五万世帯近くが出国、さらにこれにならうものが出る。一同、工芸や、工場や、財産を、国外に持ち出す。ドイツは、北部のほぼ全域が、まだ、未開発の状態で、産業など見られなかったが、そこへ、多数の人間が移ったので、面目を一新した。都市がいくつもできた、といってもよいくらい。切地、打紐、帽子など、今までフランスから買っていたものが、移民の手で作られる」（三、一四三ページ）。

このように述べる時、ヴォルテールはブランデンブルクの大選帝侯フリードリヒ・ヴィルヘルムによるユグノー（カルヴァンの流れを汲むフランスのプロテスタント）の受け入れと、それによるブランデンブルク・プロイセンの商工業のめざましい発展を思い浮かべていたことであろう。

さらに、叙述は続く。

「ロンドンでは、郊外の一角が、すみからすみまで、絹を扱うフランスの職人の居住地になった。精巧なガラス器具を作る技術も、同じロンドンへ移り、フランスからは失われる。いまだに、ドイツへ行くと、亡命者のばらまいた金貨が、ごく普通に見つかるというありさま。フランスがこうしてなくしたのは、約五十万の住民と、巨額の正貨と、工芸の技術だが、この最後のものは、敵がこれを財源にしたので、特に注意しなければならぬ。オランダは、おかげで、優秀な士官や兵士を手に入れた。オレンジ公とサヴォイ公の軍隊は、亡命者ばかりの連隊を持つ。サヴォイとピエモンテの君主は、自国の新教徒は、散々迫害しておきながら、フランスから来たものには金を出す。また、オレンジ公が、これを軍隊に入れたのも、たしかに、信仰熱心のせいではない。中には、喜望峰の近くまで行って、住みついた人間もある」（三、一四三―四四ページ）。

ヴォルテールの視野の広さを感じさせる一節である。ここにも、軍事史や政治史に限定されない広がりが見られる。しかも、君主にとって軍事や政治の歴史は役立つものであるが、アンシャン・レジーム下のフランスのブルジョワにとっては社会や文化についての歴史的展望が有用である、というのがヴォルテールの確信であった。

3　『風俗試論』

ところで、『ルイ十四世の世紀』の執筆の時期と重なり合いながら、もう一つの主著が並行して準備されていた。『諸国民の風俗および精神についての試論』（初版、一七五六年。以下『風俗試論』と略記する）がそれである。ガルニエ古典叢書で、二巻、本文一六五〇ページに及ぶこの大部の書物は、どのような意図を持って執筆されたのであろうか。またどのような意味で、啓蒙史学の古典となっているのであろうか。

時代的にだいぶ遡るが、一七三四年の五月には、『哲学書簡』の内容のゆえに逮捕状が出された。そのため、ヴォルテールは前年に知り合い相思相愛の間柄となった愛人シャトレ侯爵夫人（一七〇六—四九）のシレーの城館に逃れ、そこに移り住むことになる。これ以後夫人の死にいたるまで、一六年にわたる親密な交流がつづくのである。

シャトレ夫人は「フランスの女性のうち、あらゆる科学に対して最も豊かな天分を備えている婦人」（『ヴォルテール回想録』福鎌忠恕訳、大修館書店、三ページ）であり、その主要な興味は数学と形而上学に向けられていた。ヴォルテールによれば、「彼女ほどの公正な見方や趣味と、彼女ほどの激しい向学心とを兼ね備えて」いた女性は稀であった（同、四ページ）。『ルイ一四世の世紀』の人名録においてもシャトレ夫人に対する賞賛の言葉が見られる。四、一七九—一八〇ページ）。二人はひたすら学問に沈潜し、特にライプニッツとニュートンに取り組んだ。もっぱら自然科学に関心を抱いていたこのシャトレ夫人に、歴史の手ほどきをし、「主要な民族の精神・風俗・習慣といった知られる価値のあるもの」（安斎和雄訳）を示そうとして書き始めたのが、『風俗試論』であった。一七四〇年ごろのことといわれる。

シャトレ夫人は、それまでの歴史書には大いに不満であった。退屈な瑣事と作り話にみちていたからである。その彼女が、ボシュエの『世界史論』（一六八一年）を読み、著者の雄弁には魅了された。しかし、ヴォルテールがのちに（一七六三年）記すところによれば、夫人は本書の内容が、「世界史」という表題にふさわしくないと感じた。なぜなら、ユダヤ民族の歴史が本書の多くの部分をしめ、また大きな歴史的役割を担っているイスラム教徒や、世界で最古・最高の文化国家であった中国に触れられていなかったからである。「夫人はシャルルマーニュで終わっているこの本の補足を望んだ。それでこの夫人に教えるために、この作品を企てた」（前川貞次郎訳）。

このような経緯から、ヴォルテールは当初、時代的にはボシュエの『世界史論』を継続する形で、すなわちシャルルマーニュ（カール大帝）の時期から執筆することを考えた。しかし、ボシュエの世界史の狭さを克服して東洋を含む本来の世界史を叙述し、またボシュエの摂理史観を克服するために、ヨーロッパや中近東以外の歴史についても、またボシュエが考察した古代史についても言及しなければならなくなった。むろん『ルイ一四世の世紀』に見られたような社会・風俗の歴史、人びとの歴史が前面に置かれることになる。こうして、時代的にも地域的にも、着眼点においても、きわめて広い範囲を扱うことになっていくのである。

それでは、『風俗試論』の構成と内容はどのようなものであったのだろうか。次にこの点を概観しておこう（前川貞次郎『歴史を考える』ミネルヴァ書房、一九八八年、五一―六一ページ、参照）。

「まえがき」には、本書のねらいが記されている。それによれば、本書が提示するのは、「ローマ帝国衰退以後の『近代史』の諸民族についての全般的な見解」であり、しかも「主な民族の精神・習俗・慣習などを、無視しえない事実にもとづいて」示すことであった。

そしてヴォルテールは、ボシュエの『世界史論』の記述がシャルルマーニュで終わっていることに触れたうえで、「本書（『風俗試論』）の企図はこの時期から始まって世界の画を描くにあるが、この時期以前に遡る必要も、しばしばある」と述べる。ついで、「ボシュエは、もっぱら、この世界の中のすべてのことが、ユダヤ民族のために作られたことを、ほのめかすために、書いたように思われる」と、『世界史論』の著者を批判している。ヴォルテールが、ボシュエの書物を、「世界史の一部についての論」と皮肉を交えて語るのも、この理由であった。

さらにヴォルテールは、すべての学芸発生の地であり、すべてを西洋に与えた東洋に目を向けさせ、本書でまず最初に記述するのは、「われわれが、まだ書く慣習を持っていなかった時に、すでに定まった言語で一貫した歴史を書いていた」一つの民族、すなわち中国人についてであると指摘している。

「本文」は、一九七章からなっている。シャルルマーニュ以前についての章が最初の一四章をしめる。第一・二章が古代中国に関して。ここではその国力、法、風習、学問、宗教について記され、本書全体の特徴がすでに現われている。第三・四章は古代インド、第五章はマホメット時代のペルシア、第六・七章はアラビア・マホメット・コーランについて。第八―一〇章はシャルルマーニュ以前のイタリア・キリスト教の成立と発展、第一一・一二章はローマ帝国の没落、第一三章が教皇権の起源、第一四章がシャルルマーニュ以前の東方教会の叙述となっている。

シャルルマーニュ時代を扱った第一五―二二章においては、政治・軍事に関することははじめの二章のみで、つづく六章は、習俗・商業・学問・宗教儀礼・裁判・慣習などの文化的事象である。

シャルルマーニュ以後は、ほぼ世紀順に、しかも時代が進むとともに詳しく叙述され、西ヨーロッパばかりでなく、東ヨーロッパについても言及されている。さらに一三世紀以後は、モンゴル、トルコ、さらに時代を下ってはアメリカ、アフリカについてもページが割かれるようになる。

終わりの数章では、ロシア（第一九〇章）、オスマン＝トルコ帝国（第一九一、一九二章）、ペルシア（第一九三章）、ムガール帝国（第一九四章）について簡潔に触れたあと、第一九五章では一七世紀および一八世紀はじめの中国、第一九六章では一七世紀の日本についての記述がなされている。

　このような本書の構成と内容の素描からだけでも、ヴォルテールの歴史叙述の独自性が明らかになるであろう。軍事・政治よりも社会や文化の諸相への注目、中国や日本にまでおよぶヨーロッパ以外の諸国家・諸民族に対するまなざし。従来のキリスト教世界史において通例であった創世記に基づいて天地創造から始めるのではなく、最古の文化発生地と考えられた中国から叙述を始めている点にも、ヴォルテールの歴史叙述の新しさが見られる。このような特徴は、ボシュエの『世界史論』と対比すると、その独自性が浮き彫りになる。シャトレ夫人がボシュエの書物の中に感じていた不満も、まさにこうした点に関わるものであった。

　ところで、伝統的なキリスト教的世界史叙述は、神が歴史を支配し導くものと見做し、創世記が語る天地創造から世界史の記述を始める。こうした摂理史観に立つボシュエの『世界史論』を一層鋭く批判するためには、旧約聖書と古代ユダヤ人の歴史を考察し、ボシュエと同じ土俵に立ちながら、これを攻撃する必要をヴォルテールは感じ取った。一七六五年に『歴史哲学』という表題で独立の書物として出版され、四年後には改訂のうえ『風俗試論』の「序論」として組み入れられ、その後も修正を施された論考（『歴史哲学』安斎和雄訳、法政大学出版局、一九八九年）こそ、こうした目的を持って執筆された書物であった。

　『歴史哲学』の論争的な性格は、カラス事件をはじめ一連の不寛容をめぐる闘いのただ中で執筆されたことと関連する。当時のフランスにおける狂信と不寛容は、ヴォルテールのキリスト教批判を一層強めさせ、キリスト教がその信仰を受容し、その基礎としている旧約聖書とユダヤ人の伝統に対する攻撃に彼を向かわせることになった。

　ヴォルテールによれば、人類は旧約聖書が語るよりもはるかに古い。ユダヤ民族は古代の中でも最も新しい部類に属し、「ユダヤ人が近隣諸国から注視されるようになったと思われるのは、やっとソロモンの時代になってからのことにすぎず、それはほぼヘシオドスやホメロスの時代、またアテナイの最初の執政官（アルコン）たちの時代に相当する」（『歴史哲学』安斎和雄訳、二二六ページ）。しかも、ユダヤ民族の記述には超自然的な奇跡が充ち満ちている（同、二二五、二二九ページ）。これに対して、中国人は、確実さを備えた年代記を残している。中国人は、他の諸民族のように世界の起源にまで遡ることをせず、人を欺きうる未開時代を叙述するという「愚行」を犯さない。彼らは歴史時代のみを書いたのである（同、一一二ページ）。世界で最古の年代記は中国のものであり、それらはいずれも聡明で英知に満ち「いささかも超自然的驚異を混えていない」（同、三〇五ページ）。

ヴォルテールは、旧約聖書とユダヤ人の残虐性も強調する。「モーセは、一二〇歳近くにもなって、指揮をするのは自分自身だけというときに、レビ人に二万三千人にも上る彼らの同胞を無差別に虐殺するように命じた〔『出エジプト記』第三二章、二七―二九〕。それも彼自身の兄（アロン）の背信行為が原因だったので、この兄は崇拝の対象となる（金の）子牛など作るよりは、むしろ死ぬべきだったのだ。それなのにモーセが、あのように無情で、殺戮に対し無関心であった、などということがありうるのだろうか？　とんでもない話だ！　この恥ずべき行為のあとで彼の兄は大祭司となり、二万三千の人が殺されているのだ！

モーセはそれ以前、ミデアンの大祭司エテロの娘であるミデアン女と、岩山のアラビアで結婚していた〔『出エジプト記』第二章、二一。第三章、一〕。エテロは彼に多くの恩恵を与えた。彼はモーセに、荒野の中を行く案内人として自分の息子を提供しているほどだ。それなのに、モーセはあのような上策とは言い難い残虐さをもって（われわれの無力な考えによって押しはかるにすぎぬのだが）、かの国の人を二万四千人も犠牲にした。それも一ユダヤ人が一人のミデアンの女と寝たからというのだ。どうすればそのようなことができたというのだろう？〔『民数記』第二五章、六―九、一四―一八〕　そして、このような驚くべき大虐殺のあとで、「モーセはすべての人間の中でもっとも優しい人であった」などと、どうして言えるのだろうか？　人間の平均的考えから言えば、こういった恐ろしい事態は理性と自然に反するものだ、ということを認めようではないか」（同、二三一―二三二ページ）。

ヴォルテールが用いたポール・ロワイヤルのジャンセニスト、サシ訳の『旧約聖書』（一六七二）には、虐殺の人数が「二万三千人」とあり、オステルヴァルトによる仏訳『聖書』（一七四四）では「三千人」とある（現行聖書では三千人）ようだ。相違は大きいが、いずれにせよ、ヴォルテールが旧約聖書の殺戮記事に憤っており、ユダヤ人の残虐性を非難していることは明らかである（その他、二三三、二四一―四三、二四八、二六〇、二六三ページも参照）。不寛容と闘う闘士が、ユダヤ人に対して寛容な理解をやや欠いているのではないかという印象もぬぐえない。

次のヴォルテールの指摘は、旧約聖書の信仰を前提として継承するキリスト教徒の立場を示すものとして注目される。

「しかし、信仰の光により啓発されたキリスト教徒の目には、彼らは自分たちの先駆者と見えたし、自分たちのために道を拓いてくれもし、摂理を告げる使者でもあったのだ」（同、二四八ページ）。

このようにヴォルテールは、古代に遡り、ユダヤ民族の古さとその道徳性に異論を唱え、旧約聖書に基づく世界史叙述や摂理史観を攻撃するのである。こうして、伝統的なキリスト教的歴史理解は批判され、歴史叙述の世俗化が推し進められた。信仰に基づく歴史の理解と経験的内在的な歴史叙述の分離がここに見られるのである。近代歴史学の成立のためには、こうしたプロセスを経過する必要があったであろう。

4　ヴォルテールの歴史研究

「恥知らずを粉砕せよ」。これが晩年のヴォルテールのスローガンであった。しかし、彼の歩みを辿ってみるならば、時代の専制や狂信にたいする闘いは青年時代以来のものであったということができる。彼の生涯を特徴づけるこの闘いの精神にとって、歴史研究は自己目的ではありえなかった。むしろ闘いを支える知識としての役割を担うことになった。この意味で、ヴォルテールにとっての歴史は、社会の変革という実践活動を支えるものであり、役に立つべきものであった。「歴史の有用性」が語られ、またヴォルテールにおける実用的、教訓的歴史が論じられるのもこの理由からである。

「過去の大きな誤謬はあらゆる領域で大いに役立ち、罪悪や不幸は眼前にいくら送り込んでもすぎることはないであろう」（『哲学辞典』、四八七ページ）。

「教皇の簒奪、教会分裂による醜悪な確執、対立論争の狂気、迫害、この狂気から生まれた戦争、戦争が生みだした恐怖をひんぱんに眼前にもち出す必要がある。もし青年たちをこの知識に親しませなければ、またこの事実を知っているのが少数の学者だけとすれば、民衆はグレゴリウス七世時代と同様に愚昧であろう。……歴史の研究をやめてみたまえ、そうすれば、おそらくフランスには聖バルテルミーの殺戮、イギリスにはクロムウェルの同類が現われるであろう」（同、四八八ページ）。

歴史は、ヴォルテールにあって、このように実践的な任務を課せられているのである。しかしこのことは、歴史を研究するにあたって、過去の事実の探究と吟味が蔑にされていたとか、批判精神をもっていなかったということを意味してはいない。ヴォルテールは『カール十二世の歴史』の新版（一七四八年）に寄せた序文の冒頭で、次のように記している。

「アリストテレスによれば、容易に信じないことこそあらゆる知恵の基盤である。この格言は、歴史を――とくに古代史を読む者にとって非常に良いものだ」（安斎和雄訳）。

ここに見られるヴォルテールの懐疑の精神は、可能な限り歴史的文献にあたること、目撃者の証言を重んじることにも現われている。彼は、ヨーロッパ各地の蔵書を利用し修道院の付属図書館にも足を運んで調査をしているし（『ヴォルテール回想録』七ページ、高橋安光「解説」、『哲学辞典』所収、六〇〇ページ、も参照）目撃者に直接あって話を聞くことをしている。ヴォルテールは「真実を知るため、二十年間、国の最高位を占める人々の意見を質し」、たとえばオーストリア継承戦争下の一七四一年の戦争については、「大勢の将軍たちに説明を求めた」と記す。そして、さらに続ける。

「私はフランスの修史官に任命され（一七四五年）、著述家には実に名誉なこの地位につきながら、それを捨て去ったが、在任中、六箇月間、始終、大臣たちの官房で仕事をした……。……何事によらず、自分の目で確かめ、何も彼も、自分の手で探し出し収集した……」（『ルイ十四世の世紀』四、三八ページ）。

歴史家ヴォルテールの正確さを求めるこうした姿勢は、古代以来の歴史家たちに対する評価にも反映している。『哲学辞典』の中で彼は、具体例を示しながら、「ヘロドトスは旅先の蛮族から聞かされた話はばかげたことでも語っている」と指摘する（一二三ページ）。

「おしゃべり材料にはもってこいの何百というお伽噺である。だが、自分で見たことや確かめた民族の習慣とか自分であたってみた史跡について語るときのヘロドトスは大人に向かって語りかけるのである」（同）。ヘロドトスの「物語的」叙述についての指摘である。

「詩における虚構も厳密に言えば歴史家にとっては虚言である。二、三の古代の歴史家はこの方法をとった。それは彼らが真実を犠牲にして自分の雄弁をひけらかそうとした以外を証するものではない」（同、四九二ページ）。

ここで「真実を犠牲にし」と語るとき、ヴォルテールはツキディデスのヘロドトス批判を思い浮かべてはいないだろうか。リヴィウスに対しても、次のような疑問を投げかける。

「ティトゥス・リヴィウスが言うように、ポルセナ王は狂信者による暗殺計画を恐れ、ローマ人に感嘆しつつ逃亡した、とたやすく信じられるであろうか。ティトゥス・リヴィウスより二百年前のポリビウスをむしろ信じたくならないであろうか。ポリビウスは述べている、ポルセナはローマ人を征服した、と。そのほうが誤謬を犯した手を焼き切ったスカエヴォラの冒険よりはるかにありそうなことである」（同、四九〇ページ）。

「博識の時代」のベネディクト派の歴史家たちについても ヴォルテールは注目している。マビヨン（一六三二―一七〇七）が真実と虚偽を区別したこと、モンフォコン（一六五五―一七四一）がヨーロッパ随一の博学であったことに触れている（『ルイ十四世の世紀』四、二六〇、二七三ページ）。

このように、批判的歴史叙述の伝統をヴォルテールは継承しようとしているのである。そして、彼はそれを前提として、次のように語る。

「近代の歴史家たちは、より多くの記録、より確かめられた事実、的確な年代、権威を要求され、また習慣、法律、習俗、交易、財政、農業、人口へのいっそうの注意を要求されている」(『哲学辞典』四九五ページ)。

しかし、その厳密な歴史研究を進めていく余裕をもちえなかったのではないだろうか。故国を離れて暮らさなければならない日々も多く、狂信との闘いに力を注がねばならず、またその闘いのための支えとして歴史を探究するという面が強かったことは、すでに指摘したとおりである。むろん彼の闘いが歴史研究に不利に働いたと、単純に言うことはできない。むしろそうした実践の中から見えてきた事柄も多くあったことであろうし、それが彼の歴史叙述をゆたかにしていることは事実である。しかし、史料に沈潜することはできなかった。彼の利用したものが主に第二次史料であったことも、彼の歴史研究の弱点となっている。

それにもかかわらず、作り話や逸話が安易に信じられ、ロランの『古代史』のような当時のすぐれた歴史書にも虚偽が多く見られるという時代背景の中で、ヴォルテールは批判的な精神で歴史をより厳密に考察しようとした。また、伝統的な政治史、軍事史をこえて、社会、文化の諸分野への新たな展望をひらき、東洋を含む世界史を探究し、キリスト教的な救済史観とその世界史叙述を排して、学としての近代歴史学への準備をなした。ここにわれわれは、史学史におけるヴォルテールの意義を見ることができるであろう。

五　近代歴史学の基礎づけ
——ランケ——

1　ランケの成長

「近代歴史学の父」と呼ばれるレーオポルト・フォン・ランケ（Leopold von Ranke, 1795-1886）が、どのようなプロセスを経て歴史家となったのか。それはどのような意味においてであるのか。このことは、近代歴史学の成立を考える際に、避けることのできないテーマであろう。

その際あらかじめ考慮しておきたいことは、ランケは初めから歴史家をめざしていたのではない、ということである。ライプツィヒ大学の学生時代、彼が専攻したのは神学と文献学であった。その彼が歴史学の意義に目覚め、研鑽を積み、歴史家としての自覚をもつに至るのは、フランクフルト・アン・デア・オーダーのギムナジウムの上級教員時代（一八一八—二五）である。本章では、とくにこの点に注目しながら、ランケの足跡を辿っていきたい。

ランケは、一七九五年一二月二一日にザクセン選帝侯国の小都市ヴィーへに、弁護士で帝国の公証人でもあるゴットロープ・イスラエル・ランケとその妻フリーデリケの長男として生まれた。代々ルター派の牧師を務める家系に生まれた父は、法律家になったとはいえ、ライプツィヒで最初に学んだのは神学であった。彼は厳格なルター主義者であったが、合理主義とも無縁ではなかった。このようなプロテスタンティズムの信仰という家庭環境は、歴史家ランケの人格と学問に刻印をしるすことになる。

故郷ヴィーへには、ウンシュトルート川の川筋になだらかに広がる「黄金の沃野」の一角を占め、中世ドイツの由緒ある輝きの名残をとどめていた。ランケはこの地で、両親に守られたなごやかな家庭において幼年時代をすごす。一八〇七年四月、彼はヴィーへに近いドンドルフの修道院学校に入学し、二年後の一八〇九年には名門ギムナジウムとして名高いシュールプフォルタに転校する。この学校は、もともと一二世紀前半に建てられたシトー会の修道院であったが、宗教改革ののち世俗化されてギムナジウムとなった。古典古代の教養を重視し、プロテスタンティズムの精神に支えられた教育施設である。生徒一人一人の「精神の可能なかぎりの自由」がその理念であった。ここでランケは徹底した人文主義教育を受け、古典に沈潜する。四歳年少の弟ハインリヒもやがて、ドンドルフの学校に通うことになるが、この時期にトロヤ戦争で活躍する古代の英雄について生き生きと語ってくれたのは、兄レーオポルトであった。兄は、ハインリヒにラテン語の手紙を出すこともあった。ハインリヒは、一八一一年にこれまた同じく、シュールプフォルタに入学する。この学校では、年長の生徒が年少の生徒に古典語の手ほどきをするのが慣わしであった。ハインリヒに対してその任を負ったのは、レーオポルトであった。弟とともにクセノフォンの『アナバシス』を読んだのも兄であった。レーオポルトはプフォルタで、とりわけタキトゥスに沈潜した。こうした事実のなかに、ランケの歴史への関心の芽生えを見ることができるであろう。

一方、シュールプフォルタ入学以前にも、神聖ローマ帝国の崩壊やイェーナ・アウエルシュテットの敗戦（一八〇六年）があり、入学後もナポレオンのロシア遠征とその失敗（一八一二年）や解放戦争（一八一三年以後）という世界史的事件が続くが、この時期のランケは、まだこうした出来事に多くの関心を寄せてはいなかった。フィヒテの『ドイツ国民に告ぐ』（一八〇七／八）にこの上なく深い感銘を受けるのは、ライプツィヒの学生になってからであった。

2 神学・文献学専攻の学生ランケ

ランケは一八一四年五月二五日にライプツィヒ大学の入学手続きをするが、入学後まもなく受講した歴史の講義は、彼に感銘を与えなかった。「私の理解している意味での歴史研究は、当時ライプツィヒには存在しなかった」と、ランケは一八六七年、博士号取得五〇周年祝賀会の席上、挨拶をして語っている。また九〇歳の折の回顧によれば、学生時代の彼は歴史に「まだかなり疎遠」であり、「手引書のなかに、不明瞭と無味乾燥によって嫌悪を抱かせる無数の注釈を見たにすぎない」のである。

ランケが専攻することになったのは、神学と文献学であった。当時、神学はなお「あらゆる学問の中で最も偉大なもの」とみなされていた。代々ルター派教会の牧師をしていた家系に育ったランケにとって、神学を学ぶことに違和感はなかったはずである。しかし、ライプツィヒの合理主義的神学は、彼には馴染まなかった。そのため、彼は教義学には深入りしなかった。神学の分野で彼をひきつけたのは、教会史と聖書の諸文書の文献学的考察および解釈であった。教会史に関しては、チルナーの講義がランケの関心をそそった。ランケは、概して教会史の分野では一般史よりもすぐれた書物があった、と語っている。

聖書の諸文書に関しては、ランケはまず一八一五年、旧約聖書の詩編の一編から三四編までと六一、六二編をドイツ語に翻訳しつつ、比較的新しい研究成果であるデ・ヴェッテの研究書などとも批判的に取り組みながら注解を試みている。ついで、翌年（一八一六年）には、「テサロニケの信徒への手紙」および「エフェソの信徒への手紙」に沈潜している。こうしたランケの研究は、ライプツィヒの合理主義的神学に対する彼なりの歴史的考察による抵抗であった。

主たる専門となったのは、古典文献学であり、ランケの学問はそこから出発したのである。この専門分野では、ライプツィヒ大学が誇るゴットフリート・ヘルマンとクリスティアン・ダニエル・ベックの両教授がいた。この二人の学者のどちらに就くかを考えたランケは、ヘルマンを選び、彼の主宰していたゼミナール「ギリシア会」に出席した。しかし同時に、ベックのゼミナール「文献学の会」にも参加している。ランケはヘルマンから古代のテキストを判読する喜びを学び、とくに彼のもとで、ホメロスとピンダロスについての知識を深めた。そのさい注目に値するのは、ヘルマンが文献学と歴史学の相違を主張していたことであり、今日失われているランケのツキディデスに関する博士論文も、歴史研究というよりも、むしろ文献学的研究であったと考えられる。一方、ランケはベックからも示唆を受けている。彼が、ベックは「とくに歴史と文学に広い学識を備えていた」と指摘していることは注意を引く。ランケにツキディデスに対する関心を呼び起こしてくれたのはむしろベックであった、とググリアは推定する。ランケは語っている。

「散文家の中では、今や私はツキディデスに向かい、それをもっとも根本的に通読した。私は彼の政治的教説を抜き書きした。彼は力強い大きな精神の持ち主で、ピンダロスの場合と同じく翻訳しようとする考えは起こらず、ただ頭が下がった。原書を心に刻みつけ、それをできるかぎり理解することが、私の考えた精一杯であったのである」（『ランケ自伝』林健太郎訳、岩波文庫、四五ページ）。

この段階では、おもに文献学的な関心が強かったとはいえ、ツキディデスの批判的歴史がランケに深い影響を与えることになったであろうことは、推測に難くない。

さらに、ニーブーアの『ローマ史』（一八一一／一二）が、ランケの歴史研究に多大の刺激を与えた。ランケにつよい印象を引き起こした最初のドイツ語の歴史書は、ニーブーアのこの書物である。後にランケは、ニーブーア宛ての書簡において記している。「閣下ご自身の『ローマ史』は、私が真に研究した最初のドイツ語による歴史書のひとつであります。すでに学生時代、あなたの御著書を抜き書きし、何とかして我が物にしようとしました」（一八二四年一二月一四日付）。ランケは「近代にも歴史家が存在しうるのではないか」（『ランケ自伝』八一ページ）という確信を抱いたのである。ランケはニーブーアの書物の意義について、時代背景にも触れながら次のように語っている。

「旧体制の復活がその後ひき続き優位を占めたことは、思想、生活、そして学問の上にも、もっとも大きな影響を与えた。歴史の研究は本来、ナポレオン的理念の独占支配に対する反抗から生じたものである。ニーブーアの『ローマ史』が学問の世界の内外に惹き起こした大きな影響は、この基礎の上に立つものであった。普遍的支配に対立する特殊な生活、一つの大きな国家発展の内的諸条件が学問的文献の中においても一般的な熱意を惹き起こした」（『ランケ自伝』六七ページ）。

こうしたもろもろの影響に加えて、ルターに対する深い関心とその伝記を書こうという試みは、歴史家ランケの形成にとって重要な意義をもつことになる。ルター伝を書こうという決意は、一八一六年一二月、すなわち二一歳の誕生日の直前に、どんなに遅く見積もっても博士の学位を授与された（一八一七年二月）あと数週間以内になされた、と推定されている。ここに始められ、秋のライン旅行の中断をのぞけば、ほとんど一八一七年全部を費やしたとされるこのルター研究は、あくまで史料に即した徹底したものであった。ルターの著作のアルテンベルク版、イエーナ版、ハレ版を読み、卓上語録のアウリファーバー版、アウリファーバー版の書簡集、卓上談話の参加者であったヨーハン・マテジウスの説教集の一七三四年版など、ランケはひたすら史料を読み、史料にのみ就こうとしたのである。

もう一つランケにとって重要であったことは、ルターを時代との関連で考察することであった。ルターのような偉大な歴史的存在は、孤立した個人として理解するのではなく、周辺世界と関連づけて考察しなければならない。これがランケの確信であった。こうして、ルターについての研究は、それが進むにつれて、ドイツ宗教改革の研究に拡大していく。政治史がランケを魅了することになる。しかし、研究はあまりに広がりすぎて、ランケはルター伝を書くことを断念するにいたる。ルターの死（一五四六年）、一般史では一五四八年のアウクスブルク仮信条協定（インテリム）にまで到達したところで、研究は打ち切られる。自分の力に余るという認識があったのかもしれない。しかし、「ルター断章」と名付けられるこうした、大きく構想された歴史叙述の試みは、これ以後のランケの研究にとって貴重な財産となる。さまざまな研究のはざまで迷う学生ランケは、自らの課題を見出し、ルターの生涯を記述しようという決心とともに、彼は歴史家への道を力づよく踏み出したのである。

これに先立つ一八一五年、ランケとともに中世の歴史家の著作を読んだ先輩グスタフ・アドルフ・シュテンツェルが、「歴史にも打ち込んでみるつもりはないか」と尋ねたとき、ランケはこれに同意しなかった。しかしそれは、歴史に対するランケの無関心を意味するものではなかった。「歴史への願望」以上のものではなかったものの、歴史に対する愛着を秘めていたとランケ自身が語っている。そしてそれから数年、すでに触れたような研究が進んでいたのである。しかも、ライプツィヒで学業を終える頃には、知人のあいだで、彼は歴史家としての評判を得ていたといわれる。一八一八年に、ランケはフランクフルト・アン・デア・オーダーのギムナジウムに招聘されるが、それは歴史と古典語の専門教員としてであった。このとき彼は、歴史学をまだ生涯にわたる学問的な課題として選び取っていなかったとはいえ、すでに歴史研究の基礎は築かれていたと言ってよいであろう。

3　フランクフルト時代における歴史家ランケの形成

一八一八年秋、ランケはフランクフルト・アン・デア・オーダーのフリードリヒス・ギムナジウムに上級教員として着任する。このギムナジウムの前身であるフリードリヒ学校は、改革派の教区学校として一六九四年に創設された。校名は、ブランデンブルク選帝侯フリードリヒ三世に由来する。この学校が一八一三年にフランクフルトの市立高等中学校の上級二学年と合併して、フリードリヒス・ギムナジウムが発足した。

これに先立つ一八一一年、フランクフルト大学がブレスラウに移転したことは、フランクフルト市にとって大きな痛手であった。ベルリン当局からこのギムナジウムが特別な愛顧を受けたのは、失われた大学の埋め合わせをしなければならないという配慮によるものであった。それは、解放戦争後の数年間に、古いギムナジウムの形態に、新しい時代にふさわしい形態を与えようとする意欲とも結びついていた。

フランクフルトのギムナジウムは、一八一三年の学校の拡充いらい存在する第二の上級教員職に、歴史家を招聘することを望んでいた。そして校長ポポの提案に基づき、理事会は全員一致でライプツィヒの若き博士ランケを選出したのである。ポポは、ライプツィヒのヘルマン教授の愛弟子であり、若くしてツキディデスの研究家として知られるようになった古典文献学者であった。一歳年下のランケとは、ライプツィヒのヘルマンおよびベックのゼミナールで知り合ったのである。ポポは、一八一六年の一一月にこのギムナジウムに招聘を受け、翌年一八一七年九月末には、校長に就任する。彼は教育の充実を目指して、校長に就任する直前に、来るべき冬学期のために新たなカリキュラムを作成する。これを、一八一一年のカリキュラムと比較してみると、ポポの意欲を読み取ることができる。すなわち、一八一一年にラテン語は週三三時間であったが、一八一七年には四二時間、ギリシア語は一〇時間から二五時間、歴史は五時間から一二時間へといずれも大幅に増加している。

ポポにとって残念であったことは、この学校がシュールプフォルタのような学術学校ではなかったことである。彼は少なくとも、古代の言語の授業に関して、シュールプフォルタを模範として努力していたが、ランケを招くことによって、彼の目標に近づけようとしたのであった。そしてこれまで、とくに上級クラスで歴史は、「包括的な計画によっても、ふさわしい広がり……をもっても講じられてこなかった」のである。ポポによれば、歴史は二つの古代語、および数学と並んで、主要教科に高められるべきであった。校長ポポはこうした目標の実現のために、ランケを推薦し、ランケの就任を実現させたのであった。

ランケは歴史の主任とされた。このことによって、生徒のあいだに歴史に対する愛着が高まることを、ポポは期待したのである。「というのは、われわれは今や、この学問のために生き、彼自身が深く体得しているこの学問に対する熱意を生徒たちにも伝えてくれる教師をもっているからである」。ポポはこのように、一八一八年の年次報告で記している。

着任後まもない一八一八年一〇月一二日、ランケは創立記念日の講演をしている。その題目は、「教育の理想についてのギリシア人、ローマ人、ドイツ人の観念」であった。ランケによれば、青年教育、つまり青年を今日「彼自身の主人に、自分自身に納得のいくように、また異質な刺激に左右されずに」形成するものは、さしあたり三つある。第一に宗教、第二に学問・芸術における精神的習熟、第三に身体の訓練であった。こうした新人文主義の諸原則に、ランケはさらに第四のこと、すなわち「歴史の研究」を付け加えている。その際、知識の詰め込みではなく、生き生きとした観察に重きをおいている。一瞥しただけでも、ドイツ人は過去の数世紀に同一であり続けたことはなかった。こうした絶えざる変化のなかで、また隣国の影響を受けながら、国民の特質であったものを認識し、異質なものから区別すること、内面的な精神が生み出したもの、模倣から生じたものを知ることをランケは、「ドイツ人にとってきわめて願わしい認識」とみなす。ロマン主義精神と新人文主義の精神がここで結びついている。ランケは語っている。「こうした研究を促進するために、私はこちらに赴任してきました。よき意志と喜ばしい意欲をもって」と。歴史を学ぶ意義を当時ランケがどのように考えていたかが、この講演に示されている。

さてランケはこのギムナジウムで、週二〇時間を担当した。一八一五年までは四学年のクラス編成であったが、この年にクヴィンタ（上から数えて第五学年クラス）が新設され、一八一八年の六月にはゼクスタ（上から数えて第六学年クラス）が開設された。テルティア（上から数えて第三学年クラス）からプリマ（最上級学年クラス）までの生徒に、ギリシア語、ラテン語、ドイツ語を教え、歴史の授業では、ギリシア史、ローマ史、中世史、近世史を講義した。すでに触れたように、ギリシア語とラテン語はきわめて重んじられていた。ゼクンダで古代語は必修科目の半分を占め、プリマでは半分以上であった。校長のポポは、ギリシア語にギムナジウムの授業の核心と輝きを見ていた。

一方、フランクフルトのこのギムナジウムでは、歴史の授業は、下級と上級とからなっており、二度にわたって全分野が概観されるようになっていた。すなわち、ゼクスタとクヴィンタでは世界史を学び、クヴァルタではドイツ史、テルティアではふたたび世界史、ゼクンダでは古代・中世史、プリマでは近世史となっていた。

保存されている授業一覧表から読み取られるように、ランケは次第に校長のポポが担当していたプリマの授業をも引き受けることになり、ついにはこの学校の歴史の授業すべてを担当することになった。

さてここで、ランケが担当していた授業の具体例を挙げておきたい。最初の学期の歴史に関するランケの予定表は、次のようになっている。

「オリエントの諸民族とギリシア人の歴史」。ゼクンダで二時間。

「西洋帝国の没落にいたる古代世界の世界史」。テルティアで二時間。

「ドイツ史」。クヴァルタで二時間、およびプリマで朝七時の特別授業二時間。

ランケの遺稿のなかに、授業準備の草稿が残されているが、その中でもっとも詳細なのは、最初の年のギリシア史に関するものである。これは、歴史家ランケの形成過程にとって重要である。ランケはここでも一般的な手引書を退け、あくまで史料研究と取り組んでいる。

ギリシア史に関するメモは、おおよそ一八一八年の一〇月に始まり、一八一九年の四月半ばで終わっており、内容の面では、ギリシアの先住民であるペラスゴイからアレクサンドロスの後継者たちまで及んでいる。ランケが拠りどころとしているのは、もっぱら文書として伝えられた報告であった。

準備がペルシア戦争まできたとき、広い範囲にわたる史料研究は中断され、ヘロドトスとツキディデスの叙述に依存することになる。注目されることは、一八一八年から一九年への変わり目ごろ、彼がヘロドトスに惹きつけられ、その「広大無辺の世界把握」に深い印象を受けたことである。ヘロドトスを通読したのも、この機会においてであった。

ペルシア戦争以来のギリシア史は、大きな広がりのなかで、ヘロドトス、ツキディデスばかりでなく、プルタルコス、クセノフォン、ポリュビオス、シチリアのディオドールなどにもランケを導いた。

一八一九年に、ランケはローマ史の講義を開始するが、その準備にあたっての遺稿は乏しい。最初のギリシア史講義のためになされたほど入念な準備はなされなかったと思われる。ローマ史のメモは、ニーブーア、リヴィウス、タキトゥス、その他からの抜粋からなっている。講義準備にあたって、とりわけニーブーアの『ローマ史』が役立ったとランケはのちにニーブーア宛ての手紙で述べている。「七年半（正確には六年半であろう——筆者）におよぶ私の教職において、ローマ史の講義を繰り返してきましたが、あなたの『ローマ史』はもっとも役立ちました」。ニーブーアの記述が不十分な場合には、彼はギリシア語で書いている歴史家を優先している。

さて、歴史家ランケの形成にとって決定的となったのは、一八一九年秋（ミカエル祭）から始まった「古代文学史」の授業のための準備であった。これは、プリマでなされた通年、週二時間の特別授業であった。ランケは回顧して語っている。

「歴史研究をすでにその内に含む文献学研究や一般的な学問研究から、本来の歴史研究への移行は、きわめて容易になされる。こうした移行は、私にとって、とりわけ最上級生に古代文学史を講義するという課題を与えられたことによって、さらに促された」（『ランケ自伝』、五六ページ）。

さて、ここでの「文学」は、きわめて広い意味で理解されており、古代が文字で伝えているものの全体を意味した。これらのメモで重要なことは、ここで歴史家の著作が大きな位置を占めていることである。歴史書が今やランケを、すでに学生時代に取り組んでいた文芸作品よりも魅了していた。とくにローマ文学を考察するにあたって、歴史家の著作はその中心であった。授業準備に促されたこれらのメモは、自由な研究へと深まっていく。学校によって委ねられている課題と真剣にとりくみ、多くの歴史叙述を精読することによって、ランケは今や授業準備の枠を越えでていく。ランケはヘロドトスやツキディデスに沈潜したばかりでなく、短期間に重要な歴史家たちの多くの著作を読んだ。ダマスカスのニコラウス、ハリカルナッソスのディオニシウス、ポリュビオス、プルタルコス、アッピアノス、リヴィウス、サルスティウス、タキトゥス、ディオ・カッシウスといった歴史家たちであった。こうしてランケは、ギリシア・ローマの多くの重要な歴史家たちを十分に研究し、それらと関連して、古代人の歴史と著作に関する最近の文献を熟読したのである。

さて、ランケは同時にこうした研究から、歴史家の課題を学んでいる。出来事と出来事についての報告とのあいだにどのような根本的な相違があるかを、ランケはここで理解したのである。良心的な研究者が報告されたものを正しく理解し、評価しようとするなら、歴史家の個性、彼の前提、意図がよく分かっていなければならない。歴史叙述の偉大さと限界が、ランケにはっきりしてきた。これらのメモのなかに集められた彼の史料についての洞察は、方法的には、画期的な『近世歴史家批判』（一八二四年）につながっていく。

比較、保存されていない原本の探索、生活状況、気質、文体における個々の著者における独特なものの強調による説話伝承の批判的な解明において、ランケの天分が明らかになる。こうして、ギリシアおよびローマの歴史家に照らして、ランケの批判的な立場が確立していく。

フランクフルトでの最初の二年間は、古代史と古代文学史に専念していたため、ゼクンダにおける中世史には多くの余力が残っていなかった。しかしやがて、ランケは古代の歴史家の研究から中世の歴史家の考察へと歩みを進めることになる。そうしたなかで、ルイ一一世とシャルル八世時代に関するコミーヌのメモワールがランケに特別な意義を持つことになり、それがランケの『ローマ的ゲルマン的諸民族の歴史』（一八二四年）を生み出す着想を提供することになる。この書物の註のなかに、コミーヌのメモワールからの引用が最も多いことも、うなずけるところである。一八二一年以後ランケは、授業準備と並行して、この最初の著作のための研究に努めることになる。

授業準備にあたってもランケは概説書を避け、つねに原典に立ち返るという姿勢を貫いてきたが、彼自身の研究においては一層、こうした根本姿勢を堅持した。そのために、フランクフルトのヴェスターマン文庫は、研究を導く宝庫となった。

この文庫は、フランクフルト大学の文献学の教授であったヴェスターマンによって一七四八年に設立されたものであった。これはかつてのフランクフルト大学の建物の中になお残されており、ここには、この教授によって寄贈された六〇〇冊におよぶ貴重な書物が所蔵されていたのである。このヴェスターマン文庫は、ランケにとってフランクフルト赴任がもたらしたこの上なく喜ばしいものであった。彼は、この地での研究について、きわめて簡潔に回想している。

「図書館にはまとまった『ゲルマンの著述家たち』が収められており、ここで私はドイツ皇帝権について知るに至った。中世後期に関しては、古フランスの史料を見出した。一五世紀と一六世紀の初期が、私をすっかり魅了した。私はここに私の最初の書物を書く立脚点を定めた。私はすでに二六歳になっていた」（『ランケ自伝』四七ページ）。

ランケは、コミーヌの書物もこの文庫で手にすることができた。

こうしてランケ自身の研究テーマも、少しずつ明瞭になっていく。一八二〇年三月末の手紙で、彼は「一五世紀の諸国民の生活について少し学びたい」と記している。さらに一八二二年四月末には、「私の生涯の研究は、ゲルマン諸民族の歴史である」と書いている。半年後には、弟のハインリヒに宛てた手紙のなかで、「日毎に世界史に関する知識と見通しが拡大している」、と喜びをあらわしている。

ところで、一八二一年七月七日付のベルリン文部省宛てのランケの書簡によれば、このころには、ヴェスターマン文庫で利用できる書物は、ほぼ利用し尽くしていた。これ以後、最初の書物（一八二四年）の完成に至るまで、最も重要になってくるのは、ベルリンの王立図書館から送られてくる数多くの文献であった。一八二一年八月二五日付の宮廷顧問官で主任司書のヴィルケン宛ての書簡には、すでになされた王立図書館の利用に関する依頼について言及され、さらに一六、七世紀の歴史、ヨーロッパにおける政治史・教会史に関する著作を貸し出してもらえるよう依頼がなされている。ついで、ムラトーリの史料集成やイタリア論集を入手したいので、中世史の分野にも、許可を広げていただきたいと記されている。加えて、一般に手にしうるカタログがないので、自ら赴き書庫で文献を探す許可を要望している。その後も、ヴィルケンにマキァヴェッリやヴァザーリの著作のうち、なお入手できない巻をはじめ、必要な書物の貸し出しが依頼されている。こうして、度重なる申請が図書館員を煩わせていることを気にかけながらも、王立図書館の利用が進められていく。一八二四年二月一八日付のハインリヒ宛ての手紙には、「ベルリンから、二つ折り判の二冊の書物、四つ折判の七冊の書物、八つ折判の三冊の書物が届いた」と記されている。

ランケは最初の著作が間もなく印刷に付される段階で、ヴィルケンに宛てて、もっぱら王立図書館の援助によってのみ、この歴史研究が実現したことを、感謝の念とともに書き送っている。また、一八二四年の末に『ローマ的ゲルマン的諸民族の歴史』と『近世歴史家批判』が出版されてまもなく、ランケは文相アルテンシュタインに「閣下は数年前、王立図書館の貴重な蔵書を利用する許可を与えて下さいました。……その蔵書なしにこの二著が完成することはなかったでしょう」と、お礼の言葉を述べている。

さらにランケの史料収集は、その他の国内外の図書館などにも及んだ。必要とする史料・文献を求めて、ランケはプロイセン文部省や、有力者、知人、友人、弟にも助力を依頼している。

このように、ランケの史料収集とその原典研究は徹底している。このことは、ランケが研究のために充実した図書館の近くにありたいという姿勢にも反映していた。すでにフランクフルトへの就職の話が出る前に、一八一八年の初め、メルゼブルクのギムナジウムへの就職の可能性があった。すなわち、シュールプフォルタ時代のランケの恩師であったヴィークがメルゼブルクのギムナジウムの副校長職の地位からシュールプフォルタに呼び戻されることになった。彼は自分の後任に、忠実で学問的にも信頼のおけるランケを推したのである。この時、ヴィークが尊敬すべき師であること、故郷に近く、両親を援助し、弟や妹たちとのつながりが保てることが、彼の心を動かした。そしてとりわけ、ライプツィヒ、ハレ、イエーナという三つの大学に近いということが大きな理由であった。学問的に整備された図書館なしには、研究ができないからであった。

またフランクフルトの教師時代の一八二二年四月一二日、プロイセンにおいて、聖職者と青年教師の解任手続きに関する勅令が発せられたとき、ランケは、授業と教師に対する抑圧政策につよく反発し、プロイセンはもとはと言えば自分の祖国ではなく、この国家にに対して義務はないと述べた。その際、ランケが目を向けたのはバイエルンであり、しかも充実した図書館のあるミュンヒェンであった。そのような環境で、上級クラスを担当する古典語と歴史の教師になる希望を、ランケは一時的にせよ抱いたのである。

赴任当初、ランケを喜ばせたヴェスターマン文庫も、時とともに「汲み尽くされ」、最初の著書が出版されるころには、フランクフルトではもはや「研究の続行は不可能」と思われるほどになった。今や、「印刷されていない」史料の利用が切実なものとなった。

一八二四年の末にベルリン大学への招聘の可能性が開けてきたとき、ランケは一八二二年以来プロイセン文部省の授業部局長であったフォン・カンプツに「最大の図書館のあるそこ（ベルリン――筆者）は、私にとって最も喜ばしい」と語ったという。このようにランケにとっては、研究を支えてくれる充実した図書館こそつねに重要であった。

フランクフルトでの教師としての生活自体は、決して悲観すべきものではなかった。むしろ、授業には大きな喜びを見出していた。また、生徒たちもランケを慕い、たとえばクリスマスにはランケを訪ね、クリスマスの歌をうたってくれたのである。しかし、ランケにとって最も重要な研究に関しては、フランクフルトはすでに狭い世界になっていたのである。

さて、こうした徹底した史料研究による事実の探究の姿勢は、当時広く読まれランケ自身も心を動かされたウォルター・スコットの歴史小説に対する批判にもつながっていく。すでに言及したコミーヌにもふれて、ランケはスコットの歴史小説の問題点を指摘している。

「イギリスでは、きわめて注目すべき現象が生じた。それは、ウォルター・スコットの作品によって文学界を魅了した歴史小説である。人が切に求めたこと、すなわち数世紀を余すところなく観察すること、そのことがここで成し遂げられているように思われた。私は当時、まさにローマ的ゲルマン的諸民族の歴史に関する研究をはじめたところであった。私はコミーヌのメモワールを研究した。――ちなみにコミーヌは私に深い感銘を与えた――。そしてコミーヌの周辺に分類されるもろもろの比較的小さな著作のなかに、コミーヌを補う信頼できる記録を見出した。そのような時に、ウォルター・スコットの『クウェンティン・ダーワード』——だったと思うが——が出版された。口をついて出たのはこんな言葉であった。『何ということだ。コミーヌとコミーヌのメモワールを補足している別の報告は、それとまったく異なっているではないか！』私はさながら、かつての君主を代表して侮辱されているようであった。スコットがつねに彼らの名前を挙げながら、彼らが抱いていたのとは別の考え方を彼らに帰しているからである。私は歴史小説、とくに出来事へのこうした接近に嫌悪を感じ、事実についての確証された伝承から本質的に離れているすべてのものを、歴史においては避けねばならないと心に決めた。こうした熟考が、批判的方法に関して私の確信を強めたことを否定しない。この批判的方法は、その後、私の書物の特徴とみなされたものである。つまり、言葉によって伝承されているものに、あるいはそこからある確実さを持って発展しているものにとどまることである」（九〇歳の誕生日の謝辞）。

すなわち、スコットの叙述に見られる虚構にランケは嫌悪を抱き、自らは想像や創作を避けて、厳密に事実に即することを決意したのである（『ランケ自伝』、八三—八四ページ）。

こうして、文学との対比で歴史学の立場を確認したランケは、救済史的展望に立つ神学研究にたいしても、歴史学の学問的方法を区別するようになっていた。

一八二〇年の三月末、ランケは弟のハインリヒに有名な手紙を書いている。

「すべての歴史のなかには神が宿り、生き、また認められる。いかなる行為も神を証し、あらゆる瞬間に、とりわけ大きな歴史的連関が神の御名を説いているように思われる。そこで神は神聖な象形文字のように、ことによると将来のよりよく見て取ることのできる諸世紀のために、失われないように、可能な限り把握され、保たれて存在する。さてどうなろうとも、われわれとしてはこの神聖な象形文字を解読するだけである。このようなやりかたでもわれわれは神に仕えるのであり、このような仕方でも、われわれは聖職者であり、教師でもあるのだ」。

ここには、ランケの歴史家としての自覚と、自己の課題についての明確な使命感が現れている。一八二〇年三月といえば、まさに「古代文学史」の講義準備が続けられているさなかであり、ランケが感銘を受けながら古代の歴史家たちの作品に沈潜し、歴史家への大きな一歩を踏み出していた時期にあたっている。また同時に、この時期が弟のハインリヒにとって、大きな転機となった一八一九年の翌年であったことも注目に値する。

ハインリヒの青年期は、迷いと挫折に彩られていた。すでにシュールプフォルタの生徒であったとき、雪の中を逃亡し、中途退学をしている。一八一五年にイエーナ大学に入学したものの、当時の神学上の議論に信仰が動揺し、神学を学び続けることを断念するに至る。このイエーナ時代いらい彼の心を捉えたブルシェンシャフトやヤーンの体操運動とのつながりは、やがて就職の面で多大な不利をもたらし、彼はくりかえし失意を味わうことになる。ついでハレ大学で哲学を学ぼうとするが、難解な哲学書を前に不安定な日々を送る。こうした中にあって、レーオポルトはつねに弟を励まし支えつづけた。フランクフルト赴任直後に弟を呼び寄せて、経済的に援助したこともその一例である。

そのような動揺の多いハインリヒの歩みの中で、大きな転機は、一八一九年夏のリューゲンにおけるバイアー牧師との出会いであった。これを機にハインリヒは素朴な信仰に立ち返り、さらには敬虔主義的な色彩のつよいキリスト教徒になっていく。それまで迷いに満ち、たえず兄に慰めを見出していたハインリヒは、これ以降、兄よりもキリスト教信仰を言動において前面に押し出すような青年へと変貌していく。それはこれ以後に兄弟のあいだに交わされる手紙に反映しているる。一八二三年から二四年にかけての数篇の手紙においてランケは、弟の「あまりに敬虔主義的な」教育指導に心を痛めているばかりでなく、弟との学問的方法の違いにも触れている。「われわれの考察方法が、どうしてこれほどまでに違ってしまったのか分からない。あなたが選びとった別の方向が聖書的正統主義に向かっていることを私は知っていますし、そのことは確かです」。レーオポルトはそこに、「根本的な相違」を見ざるを得なかったし、「私の推論はすべて経験に基づいて進む」と述べるのであった。そして今問題にしている一八二〇年三月の手紙は、レーオポルトが歴史家の道を進む決意をした時期に書かれたものであった。このような背景を考えに入れると、ランケの言葉は、単にキリスト教信仰に満ちた敬虔な言葉であるというにとどまらず、むしろ、強い信仰に生きる弟に対して、弟の心情に添った仕方で、歴史学の道を選びとった自己の任務を確認するものと捉えることができるのではないだろうか。歴史学の学問的な基礎を確立しつつあったランケは、ここに自らの学問の意義を見出したのである。

さて、このような研鑽と歴史家としての自覚をへて、一八二四年一一月に『ローマ的・ゲルマン的諸民族の歴史』、およびこの書物の付録としてその直後に『近世歴史家批判』が出版された。ランケは前者の推敲と補筆をおこなう心づもりでいたのに対し、印刷所がランケの意向を汲まずに出版をすすめてしまったため、やむを得ず史料批判の問題を後者において別個に論じるという形をとることになったのである。

ランケの処女作の原題は、『一四九四年から一五三五年にいたるローマ的・ゲルマン的諸民族の歴史』（第一巻）であった。しかし、ここで扱われている時代は、一四九四年から一五一四年までであり、その後一五三五年までが第二巻として扱われるはずであったが、史料の状況からついに公刊されるには至らなかった。本書においてランケは、ヨーロッパ中世の普遍教会と普遍支配が崩壊して、近代の国民国家体系が形成されていく過程を考察している。すなわち、ルイ一一世治下のフランスの状況から、シャルル八世のイタリア遠征、マクシミリアン一世のイタリア遠征、ナポリ戦争、ヴェネツィア戦争をへて、スペイン・ハプスブルク家がヨーロッパの最強の勢力に台頭した時期までを扱っている。ここで注目されることは、ランケがローマ的・ゲルマン的諸国民の歴史を統一体として捉えようとしていることである。

さて、処女作の序文においてランケは書いている。

「ひとは歴史に、過去を裁き、未来の益になるよう同時代人を教え導くという任務を負わせてきた。しかし本書の試みは、そのような高尚な任務を引き受けるものではなく、ただ事実は本来どうであったかを語ろう（一八七四年の全集版では、「示そう」――筆者）とするにすぎない」。

この一見控えめな言葉をもって、自己を滅却しようとするランケの客観主義を示すものであるといった、消極的な評価にとどまることはできない。むしろ、啓蒙主義の教訓的・実用的な歴史観に対する明確な批判と、自らの学問的立場の積極的な表明を読み取るべきであろう。

また本書の付録である『近世歴史家批判』において、ランケは自らの批判的方法を明確に基礎づけた。ここでは、数多くの歴史家が取り上げられているが、とりわけグイッチャルディーニの『イタリア史』における史料批判の不徹底が指摘されている。

さて、フランクフルト時代の学問的成果である処女作は、一般に好評をもって迎えられ、そのことのゆえに、ランケはベルリン大学に招聘されることになった。

4 ベルリン大学教授としてのランケ

一八二五年の春、ランケはベルリン大学の員外教授（一八三四年以降、正教授）に就任する。このことにより、ランケは恵まれた環境に身を置くことになる。すなわち、ベルリンの王立図書館所蔵の史料を十分に利用できるようになったのである。こうして彼は、一六、七世紀の南ヨーロッパに関するヴェネツィア公使の報告書類に沈潜する機会を得た。これまではもっぱら公刊されたものを研究してきたランケであったが、これ以後は原史料の利用が始まる。その成果が、第二の著作『一六、七世紀における南ヨーロッパの諸君主・諸民族』第一巻（一八二七年）として実を結ぶのである。

一方、ベルリンでランケは新たな知的刺激を受けることになった。ロマン派の作家アルニムとその妻で詩人のベッティーナとの交流をはじめ、ベルリンならではの経験を享受することになった。また大学においては、当時の各分野を代表する錚々たる学者と出会った。ランケによれば、学者たちには二つのグループがあり、相対立していた。一つは、ヘーゲルに率いられた哲学派のグループであり、もう一方は、ザヴィーニ（法学）、シュライアーマッハー（神学）、アウグスト・ベック（文献学）たちであり、ランケもこの歴史学派のグループに属していた。こうした学問的な環境が、ランケの思想に深い影響を及ぼしたことは想像に難くない。

ついで一八二七年に彼は、史料の探索と研究のため、南方研究旅行に出発し、一八三一年にベルリンに帰るまで、ヴィーン、ヴェネツィア、フィレンツェ、ローマを訪ね、各地の文書館や図書館で膨大な原史料に触れ、これ以後の研究の基礎を築いた。

また、ヴィーンやイタリア諸都市での史料研究の途上で、ヴィーン体制下の現実政治に触れる機会を得たことも、これ以後のランケにとって貴重な経験であった。保守派の指導的存在であったゲンツとの交流、カラジッチのような革命派詩人から受けた知遇も、ランケの現実認識を深めた。

一八三一年の三月に、ランケは三年半に及ぶゆたかな実りを携えて南方研究旅行から帰国した。フランス七月革命の余波に見舞われて騒然としたベルリンで再開した講義の聴講者のなかに、バイエルンの若き皇太子マクシミリアンの姿があった。これがランケとマクシミリアン二世の交流の発端であった。ランケは求められてマクシミリアンのために特別講義を試み、それが彼に感銘を与えた。その後、皇太子は師の著書を精読し、熱心に研究をつづけた。

ランケの『近世史の諸時代について』と題する講義は、このマクシミリアンに対して、時を経てなされたものであった。この講義録を取り上げることによって、ランケの歴史に対する見解を次に考察しよう。

5　マクシミリアン二世と『近世史の諸時代について』

『近世史の諸時代について』（邦訳『世界史の流れ』村岡哲訳、ちくま学芸文庫）は、五八歳の円熟したランケが、一八五四年の秋にバイエルン国王マクシミリアン二世（Maximilian II. 1811–1864）のためにベルヒテスガーデンで行なった進講録である。この一九回にわたる連続講義がなされるに至った経緯と内容の概略について簡単に述べておくことは、本書を理解するのに有益であろう。

マクシミリアンは、一八四八年三月二〇日、三月革命後の騒然としたなかに王位につく。彼の治世においては、外交面ではオーストリア、プロイセンと並ぶ、バイエルンが率いるドイツ中小邦による第三極の形成への努力がなされ、さまざまな面での内政改革が実施された。しかし何よりも、彼は学問・芸術の育成に力を尽くした。

ランケは、一八六四年九月の演説で述べている。

「私が近づくことができたすべての君公の中で、歴史の学問的研究を通してこれほどまでに結びつけられた人は、おそらく王（マクシミリアン）のほかにはなかったといわなければならない」（村岡哲訳）。

また、一八八五年に回顧して語っている。

「天才的な素質と予備的教養の広さという点においては、マクシミリアン二世はフリードリヒ・ヴィルヘルム四世に遠く及ばなかった。しかしながら王は穏やかな性質で静思を好み、しかも毅然たるところがあった。彼の努力は、すべて、バイエルンを高度の文化段階に高めるということに向けられていた。彼は学問を学問として愛すると同時に、またそれを彼の国土と関係づけて重んじていた」（村岡哲訳）。

マクシミリアンのランケに対する敬愛の念は、一八五三年になされたランケに対するミュンヒェン大学への転任の交渉や、バイエルン王立科学アカデミー歴史学委員会の委員長委嘱（一八五八年に就任。一八七三年まで）にも表われている。ランケをミュンヒェン大学に招聘するという希望は満たされなかったが、王は一八五四年の秋に師をベルヒテスガーデンの山荘に招待し、ランケはこれに喜んで従った。滞在は九月末から一〇月半ばに及び、ランケはアルプスの風光を心ゆくまで味わった。すでに七月に、マクシミリアンは世界史の大きな流れを講義してくれるよう師に求めていた。ランケは快くこの依頼に応じ、九月二五日から一〇月一三日に至る講義がなされたのである。

ランケは序説を述べたあと、彼の具体的な歴史の講義を、ローマ帝国から始めている。その最初の箇所に、次のような有名な一節がある。

「すべての古代史は、ちょうど多くの河流が一つに合して湖に注ぎ込むようにローマ史のなかに流れ入り、そうして全近代史は再びこのローマ史から流れ出ている、といえる。私は、もしローマ人が存在しなかったならば、歴史はまったくなんの価値もないものとなっていただろう、とさえ主張したい」（『世界史の流れ』二四ページ）。

ギリシア文化と比較して、法と土木事業をのぞけば独創性が乏しく、ギリシア文化の模倣をこととしていたとされるローマ帝国の世界史的意義が、このように語られていることは示唆深い。

ところで、古代のローマ帝国から一九世紀に至る講義内容が、「近世史」の諸時代といわれていることに、人は違和感を抱くのではないだろうか。この場合に、「近世」とはどのように把握されているのであろうか。村岡晢氏の考察によれば、ランケの用いている「近世」(die neuere Zeit) という概念には必ずしも明快とはいえない点が残るが、論述の全体から推定して、「近世」とは一五世紀後半から一八世紀一杯を意味し、一九世紀は「現代」(Gegenwart) と考えられている。講義の章分けからいえば、第六、七の両章が大体この「近世」にあたり、第八章を加えて「近・現代」ということになる。そして、「現代」の解明を主要な目的とした本講義の題名における「近世の」という二格は、文法で説く「説明的二格」にあたり、「この近世をもたらしたところの」、あるいは「近現代を生んだところの」という意味に解するほかない、とされる。

こうしてランケの講義は、一九世紀半ばという地点に立って大きくヨーロッパ世界史を展望する。ローマ帝国の諸基礎から始まり、世界宗教としてのキリスト教の成立、ゲルマン民族の大移動とアラビア人の支配の拡大、カロリング時代、皇帝権との関連でみた中世教会の全盛時代、宗教改革とそれにつづく宗教戦争の時代、列強の成立と発展、大革命と復古、君主制と人民主権の理念の闘いへと、講義はすすんでいく。三五年にわたる精力的な歴史研究に支えられた、ヨーロッパ世界史の大きな道筋がくっきりと示された印象的な概観である。この概観は、長い年月にわたって胸にあたためられ晩年の最大の課題ともなった「世界史」の簡潔な素描であった。

その際、ランケにとっての世界史は、個々の民族・国家の歴史の総和ではない。諸民族、諸国家の発展を、相互の「関連」のなかで考察することであった。

さて、マクシミリアン二世がこの講義を通じて何よりも知ろうとしたことは、その時代（一九世紀）の支配的傾向であり、そこに生きるドイツの君主の使命であった。前者に関してランケは、「君主制と人民主権の二原理の対立」ならびに「物質的諸力の限りない発展と自然科学のきわめて多方面にわたる発達」(『世界史の流れ』二四七ページ) を挙げている。とくに、君主制と人民主権の二原理の対立は、三月革命を体験していたマクシミリアンにとって切実な問題であったに違いない。一方、一八四八年のこの革命は、政治的に保守的なランケをも動揺させ、彼に時代を動かす力を体験させる機会となった。ランケは、この年以後、立憲制を支持することによって革命を抑制しようとし、そこに危機の克服の可能性をみていた。その際、国王の権力は堅持されなければならない。したがって、彼は穏健な立憲君主制の立場を追求することになる。ベルヒテスガーデンの講義には、両者共通の時代体験と、このようなランケの政治的基本姿勢が反映している。歴史から現在を理解し、同時に現在から歴史を問おうとした歴史家ランケの姿勢は、この講義においても貫かれているのである。

ところで、ランケの講義において注目されることは、その序説で彼が「進歩」の概念や「歴史における指導理念」を取り上げて、彼の歴史観を述べていることである。ランケはその歴史観を理論として論じることはなく、あくまで歴史叙述の形をとって間接的に語ったにすぎない。彼にとって、真の理論は事実の認識のうちにあるものであった。ところで、この序説は、ランケとしては珍しく彼の歴史観が論じられているという意味で貴重である。マクシミリアンが「歴史哲学」に関心を寄せていたことによって、ランケが抱いていた歴史理論を引き出したのである。ランケは長女の誕生に際して（一八四六年）名付親になってもらい、マクシミリアーネ・マリー・ヘレーネと命名したほど、マクシミリアンに親愛の情を抱いていた。しかし、このバイエルン国王の歴史観には、一抹の危惧を感じていた。

すでに三〇年前に出版した処女作の序文において、啓蒙主義の歴史把握に対して批判を加えていたランケであったが、ここで歴史における進歩、とくに人類の精神的進歩について詳しく説き及んでいる。一八世紀の合理主義は、歴史を進歩の観念によって理解し、市民階級の台頭を背景にして、自らの世紀をこれまでで最も進歩した時代であるとみなしていた。そして、歴史の目的を人類の精神的完成にあるとしていた。これは輝かしい未来を予測する楽観的な歴史観である。こうした歴史の捉え方にマクシミリアンも、親近感を抱いている。

これに対してランケは、物質的・技術的な面における進歩は認めるものの、精神の面での進歩は否定する。後世の人々のほうが前代の人々よりも精神的に高いということは考えられないのである。また、進歩の概念を各時代間に適用することも拒否する。ある時代が次の時代の踏台になるという考えは退けられる。ここに、有名な言葉が語られる。

「私は主張したい。おのおのの時代はどれも神に直接するものであり、時代の価値はそれから生まれてくるものにもとづくのではなく、時代の存在そのもの、そのもの自体のなかに存する、と。このゆえにこそ歴史の考察、しかも歴史における個体的生命の考察がまったく独自の魅力をもつ。けだし、どの時代もそれ自身価値あるものと見られなければならず、絶対に考察に値するものとなるからである」(『世界史の流れ』一五ページ)。

ランケは具体的な歴史叙述のなかに信仰を直接に持ち込むことはないが、代々にわたってルター派の牧師を輩出した家系のなかに成長し、みずから敬虔なプロテスタントであったランケのこのような言葉が、啓蒙主義の歴史観を超えていく梃子の役割を担っていることは注目に値する。ここに「進歩」ではなく、「発展」という見方が生じてくる。そして、それぞれの世紀における支配的な傾向こそ、ランケのいう「指導理念」なのである。

ランケの歴史叙述に見られる個性に対する感受性と発展についての洞察は、史学思想史的に重要な意義をもっている。

「個性」と「発展」に対する新しい感覚は、マイネッケによって「歴史主義」と名付けられている。「歴史主義の台頭こそは、西欧の思考が経験した最大の精神革命の一つであった。……歴史主義とはとりあえず、ライプニッツからゲーテの死にいたる、大規模なドイツの運動の中で得られた新しい生の原理を、歴史的生の上に適用することである、といえるであろう。……ドイツ精神はここで、宗教改革につぐ第二の偉業をなしとげたのである」（マイネッケ『歴史主義の成立』上、菊盛英夫、麻生建訳、筑摩書房、一九六八年、四―五ページ）。

ヨーロッパの史学史において、啓蒙主義が果たした役割は小さくない。歴史学が近代の学問として成立するためには、オロシウス、フライジンクのオットーをへてボシュエにまで至るアウグスティヌス的な救済史観とそれに基づく歴史叙述を、いったん離脱しなければならなかった。なぜなら、近代の学問はそれ自体、超越的なものとの関連で人間と歴史を捉えることを、直接の課題としてはいないからである。それは、神学ないし宗教哲学の任務であろう。ヴォルテールを初めとする啓蒙主義者の思想は、人間を歴史の主体とみなし、歴史叙述の世俗化を推進したのである。その限りにおいて、近代の歴史学は、啓蒙主義の前提の上に立っている。しかし、啓蒙主義の「進歩」の史観には、過去をそれ自体として固有の価値があるものと受けとるという点に関して、不十分な面があることを否定できない。過去は克服されるべきであり、過去が生み出した因習的なもの、不合理なものは排除されるべきであったからである。彼らにとっての現代である一八世紀こそ進歩の頂点であり、理性に基づく社会変革は、輝かしい未来を約束するものであった。これに対し「発展」という概念は、十八世紀の啓蒙主義の人間観・歴史観に対する反対を意味している。

「個性」に対する感覚とは、人間と社会を一般化して考えるという自然法的な思考方法に対立するものであり、ゲーテの「個性は筆舌につくしがたし」という言葉に典型的に現われている（マイネッケ、同書、下、一八九ページ、参照）。『近世歴史家批判』におけるランケの方法の独自性は、彼があらゆる史料のなかに人間の個性を理解しようとした点にあった。これは、それ以後の著作においてはっきり現われている。ランケは普遍に目を閉ざしてはいないが、あくまで個別に即することを堅持しているのである。個別から普遍へというのが、彼にとって歴史家のとるべき道であった。この点に、普遍から個別へ向かうようにランケに感じ取られた、ヘーゲルとの相違が存在するのである。

このように、救済史観に基づく歴史叙述と歴史学との区別、厳密な史料批判、そして「個性」と「発展」という新しい歴史意識が結びつくことによって、近代歴史学は確立したのである。ランケは、すでに『セルビア革命史』（一八二九年）、『歴史・政治雑誌』に寄稿「ドン・カルロス」（一八二九年）、した「列強論」や「政治対談」をはじめとする多数の論文、『ローマ教皇史』（一八三四―三六年）、『宗教改革時代のドイツ史』（一八三九―四七年）、『プロイセン史』（一八四七―四八年）を著わしていたし、ベルヒテスガーデン講義のあとも『一六、七世紀を中心とするフランス史』（一八五二―六一年）、『十七世紀を中心とするイギリス史』（一八五九―六八年）、『ヴァレンシュタイン史』（一八六九年）、『七年戦争の起源について』（一八七一年）、『プロイセン国家の発生』（一八七四年）、『ドイツ諸国と君侯同盟』（一八七一―七二）、『一七九一―九二年の革命戦争の起源について』（一八七五年）、『世界史』（一八八〇―八八年、未完）といった書物や論文が精力的に執筆されてゆくのである。

「働くこと自体が喜び」（Labor ipse voluptas）という言葉をランケは愛したが、このモットーをそのまま生きた学問的生涯であった。その歩みを支えたのが、すでに触れた近代歴史学を支える三つの基礎だったのである。

Ⅳ　第一次世界大戦後の歴史学

概観

第一次世界大戦はヨーロッパの歴史における大きな節目である。戦争自体が、これまでのあり方とは異なる性格を備えていた。マルヌの戦いの結果、戦争は長期持久戦の様相を呈することになり、それにより軍需物資の補給が重要な課題となる総力戦となった。また、飛行船や戦車、潜水艦といった新たな戦争手段に訴える大量殺戮がなされるようになった。しかも毒ガスという、人体に深刻な被害を与える兵器の使用も導入された。大戦が終結したとき、大都市の破壊をはじめヨーロッパがこうむった損害は甚大であった。その状況は、人々の中に暗黙のうちに存在していたヨーロッパの優越感情を動揺させることになった。シュペングラーの『西洋の没落』と題する書物が、ひろく読まれたのは、そのような状況においてである。ヨーロッパも冬の時代を迎え、衰退するであろう。このメッセージが人々の心に深く訴えかけたのである。

第一次世界大戦後の歴史学は、さまざまな新しい潮流を生み出すことになり、現代の歴史学を方向づけることになった。第一に、厳密な史料研究に支えられながら新しい歴史像を提示した研究があげられるであろう。大戦による破局と断絶のなかで、古代と中世の連続性を実証的に論証したドープシュ、イスラムによる地中海世界の断絶が封建的中世を誕生させたことを描くことにより、ヨーロッパとは何かを歴史学に即して考察したピレンヌがその例である。第二に、一九世紀というナショナリズムの時代の中で重視されなくなった、ヨーロッパの共通の精神的基盤であるキリスト教に着目しつつ、文化史を書いたクリストファー・ドーソンの研究も一つのあり方を示している。第三に、ヨーロッパ中心史観を越えて、広く世界に目を開き、諸文明の「挑戦と応答」を地球規模で叙述したトインビーの研究も注目される。その学問的な緻密さには多くの批判がなされたが、そのような歴史叙述が登場する必然性は、理解しておく必要があろう。

以上は大戦後の歴史学の新しい傾向のいくつかの例であるが、第四部では、マイネッケとマルク・ブロックという二人の歴史家を取り上げてみたい。

資本主義の爛熟にともなう帝国主義的対立によって始まったこの戦争は、両陣営、とりわけドイツの世論のなかに年とともに国粋主義的な論調を高揚させた。一九一七年には、「ドイツ祖国党」と「自由と祖国のための国民同盟」の結成により、世論は両極化していった。一方は戦意をあおって併合論を唱え、他方は、「協調の平和」と内政改革とを訴えた。そうした中で少数派の国民同盟の立場に立って、戦争の経過を憂慮の念をいだきながら観察していたのがマイネッケであった。国粋主義的な主張が高まっていく中で、マイネッケは近代国家の影の面を認識せざるを得なかった。一九世紀初頭の健全なナショナリズムが、退化してしまったのではないか。政治と道徳を結びつける道はないのだろうか。こうした問いが、大著『近代史における国家理性の理念』（一九二四）の背景にある。これは、大戦がもたらした問いへの一つの学問的応答であったのである。第一章では、マイネッケの学問を考察する。

ブロックも大戦期を生きた歴史家であった。一九世紀から二〇世紀への転換期は、フランスの学問に新しい息吹がさまざまな形で見られたが、青年期にそうした学問動向を受け止め、さらに大戦下の軍隊における経験を経て、歴史家としての感受性を深めた。一九一九年にドイツから返還されたばかりのストラスブールに招かれ、二〇年代のストラスブールの輝かしい学際的環境の中で、一九世紀的な政治史とは大きく異なる「心性史」を開拓した。一九二九年には同僚のフェーヴルとともに、「アナール学派」の活動の舞台となる『経済社会史年報』を創刊し、二〇世紀のヨーロッパ史学の重要な拠点を築き上げた。アナール学派の研究は、日本史学にも影響を及ぼしている。第二章では、ブロックの『奇跡を行なう国王』（一九二四）を中心に新しい歴史学の潮流を考察してみよう。

一　第一次世界大戦と国家理性の行方

――マイネッケ――

1　マイネッケの三大主著

ヴァルター・ホーファーはフリードリヒ・マイネッケ(Friedrich Meinecke 一八六二―一九五四)の三つの主著に触れながら、それらの特徴を印象深く指摘している。「たとえいかにテーマ的には同根の統一的なものと見られるにしても、それぞれの労作を支配している気分はまったく相異る。ほとんど華麗なまでに燦然と光り輝き、楽観的な生への期待に支えられているのが第一の労作『世界市民主義と国民国家』であり、悲劇的でしかも英雄的、不協和音にみちながらしかも自己主張の意志にあふれているのが第二の労作『国家理性の理念』、澄みきった、いや死の前の光にも似た光明をたたえた老年の智慧の労作、そしてそこには不可知論と諦念の色合をもまじえている、それが第三の労作『歴史主義の成立』である」(マイネッケ『近代史における国家理性の理念』菊盛英夫・生松敬三訳、みすず書房、一九七六年、刊行者の序文、三ページ)。

九〇年余にわたるマイネッケの生涯は、ドイツ史の激動の時代と重なっている。ビスマルクによるドイツ帝国の建設、ヴィルヘルム二世の内政・外交の「新航路」、第一次世界大戦での敗北と革命、ヴァイマル共和国とナチズムの台頭、第二次世界大戦による崩壊を彼は経験した。マイネッケはヴィンデルバント、ヴェーバー、トレルチ、ナウマン、デルブリュックといった俊敏で卓越した個性との違いを自覚しつつ、変動する時代の問題をあくまで真摯に見つめそれを歴史研究に即して解明しようとした。その成果が、三つの主著をはじめとする数多くの論文、著作として公にされた。

本章では、第一次世界大戦後五年あまりをへて出版された第二の主著『近代史における国家理性の理念』(一九二四)を中心に大戦前後におけるマイネッケの歴史理解の変化を辿り、彼の歴史研究の時代史的意義を考察したい。それは同時に現代歴史学のひとつの方向を示すものとなるであろう。ホーファーは第一次大戦期のマイネッケの具体的な経験や著作には触れていないが、その点を考慮することが必要である。そのさいの重要な手がかりとなるのは彼自身の回顧『シュトラスブルク／フライブルク／ベルリン　一九〇一―一九一九年　回想録』一九四九年（以下、『回想』と略記する）である。

2　「八月の日々の高揚」と戦争目的論争

第一次世界大戦が勃発した時期のドイツの精神状況について、マイネッケは次のように回顧している。

「一九一四年八月の日々の高揚は、それをいっしょに経験したすべてのものにとって――その一時的な性格にもかかわらず――いつまでもなくならない、きわめて崇高な、追憶に値するものの一つである。ドイツの人間性のうちに――市民階級の内部にまた市民階級と労働者階級のあいだに――これまで存在した一切の裂け目は、われわれに襲いかかってこれまで享受してきた物質的繁栄の保証をわれわれから奪いとった共通の危険のために、とつぜんおおいかくされてしまった」（マイネッケ『ドイツの悲劇』矢田俊隆訳、中公文庫、一九七四年、四八ページ）。

この「八月の日々の高揚」は当時、多くのドイツ人に共有された経験であり、マイネッケ自身が感慨をもって繰り返し回想するところでもある。ザルツヴェーデルの郵便局長というプロイセン官吏を父に、プロテスタンティズムの家庭環境の中に成長し保守的な政治的立場から出発したマイネッケであったが、九〇年代の社会問題にめざめ、やがて労働者階級をドイツ帝国に適応させることを時代の課題と考えた彼にとって、皇帝ヴィルヘルム二世が「余はいかなる党派も知らない」と語り、社会民主党も戦時予算を承認し、ともに携えて「防衛戦争」に参与することになったことは、まことに喜ばしい事態であった。

この一九一四年の「八月の日々」を、マイネッケは彼の「人生のもっとも幸福な歳月」（『回想』六七ページ）を過ごしたフライブルクで迎えた。彼はすでにこの年の二月半ばにベルリン大学に招聘されていた（同、一三二ページ）が、夏学期をフライブルクで過ごすことを招聘に応ずる条件としていたのであった。六月二八日、サライェヴォでオーストリア皇太子フランツ・フェルディナント大公夫妻がセルビアの青年に暗殺されたニュースに「目の前が真っ暗になった」マイネッケであったが（同、六七ページ）、一か月後セルビアに対してオーストリアが宣戦布告したとき、マイネッケは次のような感情を抱いた。「今われわれの目前にあるのは、かつて一八七〇年七月に燃え上がったものよりもはるかに暗く予測のつかないものであった。しかし力強く決然としつづけるという意志にわれわれは満たされていた」（同、一三六―三七ページ)。

八月三日、マイネッケは「人生の最も美しい瞬間の一つ」を経験した。「それは私に今やふたたびまったく突然、わが国民への非常に深い信頼とこの上ない喜びを魂に注ぎ込んだ。われわれはマルティン門のカイザー通りに群れをなして、フライブルク新聞のニュース告知板の前に立ち、帝国議会が戦時国債を一致して可決したという電報を読んだ。……したがって社会民主党は祖国を見捨てないであろう！　このことによって今や二〇年間ずっと私の憂慮、憧れ、希望であったものが確認されたのだった」(同、一三七ページ)。

マイネッケは八月の日々の高揚をフライブルクで体験しえたことを幸運な偶然とみなしている。なぜなら、さまざまな国民層との接触が、のちに大都市ベルリンで体験したよりも一層直接であったからである。当時はまだ戦争目的、つまり併合などをめぐる論争は存在しなかった(同、一四〇ページ)。八月最初の数週間は、エルザスからの大砲の轟きを聞きながら過ごすことになった。マイネッケの人生の転機は、こうして時代の大きな転換の中で生じたのであった。

八月末、マイネッケがベルリンに到着した日、ポツダム広場ではタンネンベルク近郊でのヒンデンブルクの輝かしい勝利(八月二六―三〇日)についての号外が売られていた。すでにフライブルクにおいて、西部で始まりつつある一連の勝利に大きな希望で満たされていた彼は、東部での戦況にも安堵したのであった。しかしその後、西部戦線ではマルヌの戦い(九月五―一二日)によりドイツ軍の進撃は阻止され、これ以後戦争は長期持久戦の様相を呈することになる。マルヌの戦いの致命的な結末を司令部の戦況報告ははじめ覆い隠していた。こうした状況のなかで、マイネッケはなお楽観的な見通しを抱いて戦争本『一九一四年のドイツの高揚』を書いた(同、一九七ページ)。

さて戦争当初の「高揚」は早くも一年後には衰え、国内の協調は崩壊した。一九一五年に生じた戦争目的をめぐる論争により、人々の間に分裂が生じたのである。この年、帝国宰相に宛てていくつかの重要な請願書が提出された。それらには、開戦時の一致感情の減退とともに生じてきた、戦争目的をめぐる意見の相違が反映している。全ドイツ主義的な要請を支持した三月と五月の経済団体の請願書と並んで、七月、知識人グループの二つの請願書が現れた。その一つは、ベルリン大学教授ディートリヒ・シェーファーとラインホルト・ゼーベルクを発起人とする、七月八日のいわゆる「知識人請願書」である。これは、一三四七名の署名を添えて帝国宰相に提出された。署名者たちにとって重要であったことは、単なる防衛にとどまらず、領土の可能なかぎり堅固で広範な確保と拡大である。すなわち、ドイツの「文化的・戦闘的な力の偉大さにふさわしい十全な世界的威信」であり、ドイツは自己の精神的職務を自由に遂行しうるに先立って、政治・経済の面で安全な生活をなしえなければならない。各方面に向かってのきわめて具体的な領土要求をともなうこの請願書からは、明瞭に併合をめざす意図が読み取れる。

この請願書に反対して、七月九日の請願書を起草したのが、同じくベルリン大学のハンス・デルブリュックであった。その冒頭には次のように記されている。「ドイツが参戦したのは、征服の意図をもってではなく、敵の連合によって脅かされたドイツの生存、国民的統一、一層の発展を維持するためでありました。この目的に役立つものだけを、ドイツは講和条約の締結においても追求してよいのであります。閣下のお手元に届いた諸請願書はこのような目的に抵触しています。それゆえ私共が義務とみなしているのは、これらの企てに断固として反対することであり（ます）。……政治的に独立し、また独立に慣れている諸国民の併合や編入は退けるべきであります」。

こうして戦争目的論争が燃え上がった一九一五年夏以来、マイネッケのベルリン大学での同僚であったシェーファーとデルブリュックは真っ向から対立する立場に立ったのである。マイネッケはこのようななかで、自らのベルリン招聘を擁護してくれたシェーファーとは疎遠になり、招聘に際して反対していたデルブリュックとははるかに親密になったのである（同、一六七―六八ページ）。すでに一九一五年の初めに、デルブリュックがマイネッケを「水曜夜会」に招いたとき、彼は喜んでそれに応じていた。ベルリン大学の哲学部の著名な古代史家エドゥアルト・マイヤーとも、その断固たる粗野なナショナリズムのゆえにマイネッケは不和になった。シェーファーやマイヤーにたいし、ヒンツェ、トレルチ、ヘルクナー、マイネッケの「四人組」が結成された（同、一八〇ページ）。彼らは一九一五年の末以来、第二日曜日の午前中、ともにグルーネヴァルトを散策し意見を交わしあった（同、一五九ページ）。

一九一五年秋に、戦争論集『ドイツと世界大戦』が出版された。マイネッケは「文化、権力政治と軍国主義」と題する論文を寄稿している。彼によれば、ゲーテの時代でもあった解放戦争の時代はそれまで別々に発展してきた精神と権力、世界に開かれたドイツ精神と閉鎖的なプロイセン国家との提携に至った。そしてこの提携は当時なお効力をもっており、ドイツの権力政治と軍備との目標を思慮深く限界づけており、ドイツにとって経済的に見て生活に必要な植民地領域の獲得に限定している、とマイネッケは主張した（『回想』、一九九ページ）。

すでにボイエン研究（『ボイエン元帥伝』一八九六―九九年）以来、マイネッケはプロイセンにおいて精神と権力とがたびたび適切に結びついてこなかったこと、プロイセンの軍国主義が道義的に価値の高い特質をもつばかりでなく、敵意をいだく気遣わしい特徴をもそなえていたことを認識していた。

しかし、マイネッケは言う。「一九世紀の経過とともに精神ならびに国家を形成する真に健全な諸力が相互にくりかえし求めあい実り豊かにしあってきており、ついには、われわれに奇跡のように贈られた八月の日々の高揚においてもそれが見られたという事実は、私に次のことを確信させた。いわゆる二つのドイツが実際ともにかの一段と高次の歴史的統一のひとつを形成したにすぎないのであって、それらの統一は活力を余すところなく育てるためには、対立するものの正反対の緊張をそれ自身のうちにもち、またもたねばならない」（同、一九九―二〇〇ページ）。

この世界の、とりわけプロイセン・ドイツ世界の不完全さを熟慮したにもかかわらず、マイネッケはプロイセン・ドイツ的本質も、あまりに退化することはないであろうと考えて自らを慰めていた（同、二〇〇ページ）。古き権力の魔力と一九世紀の深みに由来するナショナリズムの新しいもろもろの魔力は、まだ十分にマイネッケの念頭には浮かんではいなかった。

確かにマイネッケは、すでに論文「ナショナリズムと国民的理念」（大戦勃発の直前の七月に執筆）において、全ドイツ主義者たちに見られるような退化したナショナリズムを警告し（『一九一四年のドイツの高揚』八七―八九ページ）、それを世界市民主義の要素をもそのうちに含む純粋な国民的精神から区別しようとしていた（同、八四―八五ページ）。

したがってマイネッケはこれまでは、世界市民主義から国民国家への道を探究し、前者を後者の中でまったくかき消されないようにしようとした（『回想』二〇〇ページ）。

しかし彼は、いまや逆の道を探究し始めた。すなわち彼にとって故郷であり続けた国民国家から再びそれを目指して獲得することが重要な、深刻に脅かされている世界市民主義へと少しずつ遡っていくことになるのである。しかし時代の諸経験は、それが絶え間なく生じたことを示したのである（同、二〇一ページ）。

このことは、自分だけに見られたことではないとマイネッケは指摘する。ドイツ市民階級の権力政治的思考を増大させ、ついには極端に高めることに貢献したトライチュケは、晩年、ナショナリズムと国粋主義の高まりを憂慮すべきものと感じ、『政治学』講義において「世界市民主義はあまりに影が薄くなってしまった」（第一巻、一八九七年、三一ページ）と述べている。

さて、マイネッケは戦争目的論争が始まった一九一五年を回顧して記している。世界の二大強国であるロシアとイギリスをドイツは同時に敵に回していた。こうした事態に直面してドイツの世界政策上の利益を押し通すことは、能力を超えていた、と。したがってマイネッケにとって期待されたことは、いったん始まった戦争から控え目な利益を引き出すことだけであった。七年戦争の終結にあたって結ばれた「フベルトゥスブルクの講和」のような自己の地位を維持するだけのものでも、勝利と見なされたのである。しかしこのような冷静な洞察をもちえたのは、マイネッケによれば市民階級の指導層のごくわずかな者にすぎなかった。これらの人々の中には、古典的な人間性の理想、西洋の文化共同体に対する感覚、勝利にあたって節度を守ろうとする気持ちが生きていた。しかし財産と教養をもつ市民階級の大多数の中に支配していたのは、世紀の変わり目頃に芽生えていた衝動、すなわち無分別な国民的利己主義、政治的手段を選ぶさいの思慮のなさ、ヨーロッパ的共同生活の諸要求に対する無関心であって、これらはすべて自己の権力手段についての無批判な過大評価と結びついていた。

こうして戦争目的をめぐる論争において、両者はぶつかり合ったのである。しかしここで注目すべきことはマイネッケによれば、双方は教養の基礎を共有していたために、権力を志向する者も文化に配慮し、文化を重視する者も権力を考慮に入れていたことである。それぞれの側で権力と文化の調合が違っていただけであった。しかしそれぞれの立場は、ベルギーやポーランド、バルト海沿岸諸国をめぐる特定の諸問題について対立の深さが意識されるようになると、大きく隔たることになった（『ドイツの悲劇』五一―五二ページ）。

一九一六年一月、マイネッケは学士院での公開会議で「ドイツの歴史理解の変遷におけるゲルマン的ロマン的精神」と題する祝祭講演を行なった。激戦の中にあっても尊重されるべき、敵たちとの文化共同体をマイネッケが強調したことは、少なからぬ人々にとっては度を越していた。この講演でマイネッケは、ヨーロッパ諸民族の統一とその共同の発展に関するランケの信念についても言及している（『創造する鏡』一一一ページ）

一九一六年春、ヴェルダン要塞への突撃によって戦争終結を加速させようとする試みがなされる（二―七月）とともに、海軍が徹底した潜水艦戦を要求するという噂が流れはじめた。海軍の期待は、イギリスをそれによって四―六ヶ月で屈服させることであった。「海軍は妄想にふけっている」とマイネッケはみなした。もし無制限潜水艦戦が遂行されるならば、ほぼ確実に北アメリカを戦争に駆り立てるに違いなく、深刻な事態になりうるからである（『回想』二二三ページ）。

マイネッケはこのような印象のもとで、『新評論』に「世界大戦の諸問題」についての論文を書き、それは一九一六年六月初めに公刊された。この論文は、海軍の願望に真っ向から反対する宰相ベートマン＝ホルヴェークの政治を支持するものであった。マイネッケはここで「宰相がアメリカとの戦争を回避させるなら、国民から栄誉を受けるであろう」と書いた（『回想』、二二三ページ）。マイネッケが翌年の一九一七年にふたたび小論集『世界大戦の諸問題』にこの論文を収録したとき、この文章を削除しなければならなかった。なぜなら、その間に無制限潜水艦戦がなされ、またアメリカの参戦が過酷で悪しき現実となったからである。この論文は大きな反響を呼ぶことはなかったが、ベートマンとの個人的な交流をもたらした。マイネッケは宰相の求めに応じて、一九一六年六月八日に内閣官房に彼を訪問した（同、二一四ページ）。

マイネッケがはじめて新聞に寄稿したのは一九一〇年であるが、その論説はベートマンの「黒・青ブロック」（中央党と両保守党の連合政府）に反対するものであった。しかし今ではマイネッケは戦争目的に関して宰相と一致していた。二人の間には和やかな会話が交わされ、マイネッケは高い教養を持った愛国者と話しているという印象を受けた。両者は、ドイツの教養層内部に国粋主義的・全ドイツ主義的信念が蔓延していることに対して深い憂慮を共有した。ベートマンはその傾向をとりわけつよくベルリン大学に見、ディートリヒ・シェーファーとの会話からそう感じ取っていたようである。国民自由党員の大部分もまた残念ながらそうした信念のとりこになっている、と宰相は述べた（同、二一四ページ）。マイネッケによれば、全ドイツ主義の力の政治はドイツの実際の能力を超えており、冒険の政治となり、すでに戦前にも外国においてドイツ人に対して多くの反感と不信をひきおこしていた。

戦争目的についてマイネッケが「私は初めから常にフベルトゥスブルクの講和のような可能性を考えてきた」と語ると、ベートマンは次のように述べて同意した。「われわれは独力で必ずや力強い、また名誉ある自己主張によって勝利を戦いとるであろう、と私はいつも考えた。ところが人々はそれ以上を望んでいる」。しかし宰相が「人々はそれ以上を望んでいる」と語ったとき、マイネッケは、併合論を唱える敵を打倒しようという、ビスマルクのような断固たる意志を感じ取ることはできなかった。宰相はさらに語った。「本来われわれが東部と西部で解決すべき諸問題はそもそも解決不可能なのである。最小の悪を選ぶしかないのだ」。マイネッケはこれもまたそれ自体は極めて正しいとしても、この注目に値する人物の内面的弱さを示していると感じた。すなわち、この人物の政治家としての洞察はきわめて明敏で健全であったが、意志を貫く資質に欠けている、と見たのである（同、二一七ページ）。

一九一六年の八月末、ルーマニアの宣戦布告がなされ、情勢がふたたび緊迫してきた。マイネッケは回顧する。「併合論者はたしかに引き続き無制限潜水艦戦とフランドル沿岸の永続的な占有について夢中になって語った。しかしわれわれ異なった考えをする者は控えめな戦争目的によって、また内政改革、とりわけ社会民主主義者が望むプロイセン選挙法改革によって国内の戦線を強化することがはるかに緊急のことと感じた」（同、二二〇ページ）。ここには外交・内政をめぐるマイネッケの二つの明確な目標が明らかになっている。とはいえ、マイネッケは決して初めから帝国議会選挙法をプロイセンに容認する覚悟があったわけではない。むしろ平均化していく社会へのささやかな貴族的歯止めとして、ティムメが当時提案したような複数選挙権をもって折り合うことができると信じていた（同、二二〇ページ）。

しかし、帝国議会選挙法の問題を根本的に考慮し、プロイセンと帝国のあいだの緊張関係に関する考察の末、今やマイネッケに新たな洞察が生まれる。帝国議会選挙法をプロイセンにたいして今日あえて適用しうるし、またそうしなければならない、と。マイネッケの複数選挙権の願望はなくなったわけではないが、背後に退いたのだった。ベートマンもまた同様の確信に至った（同、二二二ページ）。

3　一九一七年の経過と国民意志の両極化

一九一七年の新年ごろ公けにされ、新聞で注目を浴びたマイネッケの論説「世界大戦の律動」（『フランクフルト新聞』、一九一六年一二月三一日、『世界大戦の諸問題』一九一七年に再録）の数部をベートマンは買い集め配布した。しかし彼は今や海軍の意志にも屈服し、一九一七年一月九日、最高軍司令部の会議において無制限潜水艦戦に踏み切ることを阻止しなかった（『回想』二二一ページ）。「一九一七年初め、決定された容赦のない潜水艦戦のニュースを聞いたとき、われわれはどんなに衝撃を受け、意気消沈したことか」（同、一六八ページ）。マイネッケは深い失望を記している。

翌一九一八年の五月三日と四日、マイネッケはホーエンフィノーにベートマンを訪ねた。暗澹とした思いを抱いてベートマンも語った。この戦争はポエニ戦争とではなく、ペロポネソス戦争と比較されなければならない、と。ベートマンはこの点について、ランケの『世界史』を読んでいた。そして彼はさらに語った。「われわれの無制限潜水艦戦の決断はわれわれの『シチリア遠征』である、戦争を際限のないもの、終わりないものにした。しかし――と彼は主張した――この決断は理解されなければならなかった。なぜなら最高軍司令部が陸戦だけでは決着をつけられない、と宣言したからである、と」（同、二四七ページ）。

さて、一九一七年三月には、ロシア革命が生じた。それはマイネッケに一瞬、かつて七年戦争末期にフリードリヒ大王を窮地から救った「ブランデンブルク家の奇跡」のように映った。ロシア革命の実例は、しかし彼に労働者を満足させるために国内改革を急ぐよう警告するものであった（同、二二三ページ）。マイネッケによれば、「ドイツにおいて予想される社会主義の洪水を、すばやい改革によって未然に防がなければならない」（同、二二四ページ）。

一九一七年四月七日には、皇帝の復活祭教書が公けにされた。これは新しい道の第一歩として、戦後のプロイセンにたいする選挙改革を確実に見通していたが、その際まだ平等選挙法を約束してはいなかった（同）。この教書は、確かに扉を開けたが、ルビコンは最終的に越えられなければならなかった。要するにプロイセン選挙法の改革が急がれなければならないとマイネッケは確信した。しかし、これにたいする一般の疑念も大きかった。人々は保守主義者の圧倒的な抵抗力をも恐れ、戦争中の選挙をめぐる論戦を不可能であると宣言した。それどころか帝国にならってプロイセンでの改革を強行することをまったく不適当と宣言する者もいた。改革事業をやりぬくことに宰相が成功するかどうかという憂慮と希望が交錯する時期であった（同、二二五ページ）。

しかし、状況はつづく数週間に悪化していった。潜水艦戦が当初の華々しさにもかかわらず、その後さしたる成果を挙げ得ないでいることに対する国民の失望がひろがった。六月二六日に、マイネッケはふたたび宰相に招かれた。選挙改革の問題については、ベートマンは強調した。選挙改革を戦争中に行ない塹壕の中で国制闘争をすることがいかに危険か、と。これにたいしてマイネッケは答えた。「確かにこの振る舞いは危険です。しかし何もしないことはもっと危険です。なぜなら革命のわずかな兆しもまた、われわれを非常に損なうことになるからです」。ベートマンは、自分が倒れたら全ドイツ派の軍刀による統治が始まり、ドイツを三週間で奈落に引きずり込むであろうと気遣っていた。この気遣いはやがて現実のものとなった。七月一二日、ベートマンはヒンデンブルクとルーデンドルフの介入によって失脚した。彼らの広い影は、これ以後崩壊に至るまであらゆる内政上の諸問題を覆った（同、二二七ページ）。マイネッケはベートマンが全力で軍司令部に対して政治指導の優位を闘いとるべきであったし、右翼政党に対して一層断固として闘わなければならなかったと感じていた（同、二三三―三四ページ）。

第一次世界大戦が勃発してからほぼ三年になろうとする一九一七年七月一九日、ドイツ帝国議会は無併合・無賠償の講和を求める平和決議を可決した。これは、あらゆる併合論的な要求を阻止し、それによって協調の平和のための道を拓く試みであった。

マイネッケの回顧によれば、彼も属する水曜夜会で参加メンバーに決議の準備をさせ、決議の最初の草案を朗読したのは、国民自由党の議員ユンクであった。ドイツで併合主義に決定的な打撃を加えることは必要不可欠である、と彼は述べた。

こうした協調の平和とこれを擁護する帝国議会多数派に反対し、右翼の超党派連合として同年九月二日にケーニヒスベルクに結成されたのが、「ドイツ祖国党」であった。祖国党の創設者はカップであり、議長には、無制限潜水艦戦を唱えたティルピッツが就任した。九月二日に公にされた「呼びかけ」によれば、「戦前に選出された帝国議会は、事実上もはや国民意志の代表ではなく」、また「神経の細い平和声明は平和を遅らせるにすぎず、ドイツの絶滅を考えているわれわれの敵は、そうした声明にドイツの力の崩壊を見るだけである」。このような見解のもとに祖国党は、「勝利の意志の強化」を旗印として闘いを展開したのである。

一九一七年九月二四日に、祖国党の第一回大会がベルリンで開催されたが、カップが大会を締めくくって語っている。「祖国党が望んでいることはただ一つ、国政問題や内政上の対立の解決が、ドイツ国民の注意を今重要な唯一の目標からそらさないことである。敵の打倒がこれである。……勝利と権力は、われわれに真のドイツの自由をもたらすであろう」（『ドイツの目標』一九一七年）。祖国党の中核をなしたのは、「ドイツの平和のための独立委員会」のメンバーであり、彼らはディートリヒ・シェーファーの指導のもとに祖国党に加入した。祖国党はまたたくまに帝国全域に支持者を見出し、組織の面で急速な成果を収めた。二五〇〇を超える地方支部には、約一二五万の党員が参集した。

マイネッケによれば、祖国党の創設と飛躍的な躍進によって、いかに深く国民主義的で併合論的な諸理念がしばしば反動的な欲求と結びついて、ドイツの有産・教養市民階級へ浸透していったかが示されている（『回想』二二八—二九ページ）。

さらにマイネッケは、祖国党を次のように捉えている。「全ドイツ主義的な征服欲と、重工業およびドイツ東部の大土地所有の内政支配とが、自分たちの真の意図をまぶしくおおいかくすひとつの機関を、祖国党という形でつくりだしたのである。……祖国党は、一九一四年八月の日々に架橋されたかに見えた市民階級と労働者階級との間の、また旧来の君主政体と新しい大衆との間の裂け目を、ふたたび拡大したのである。外に向かってはしかし、戦争は祖国党の影響のもとに、結果を和らげるのではなく悪化させるにすぎないような仕方で継続された。なぜなら、祖国党の、またその背後に立つ全ドイツ主義者の精神がドイツを支配しているかぎり、北アメリカの参戦によって強大になった敵が、平和を承諾するとは考えられなかったからである」（『ドイツの悲劇』、五四—五五ページ）。マイネッケは過去を展望して、全ドイツ主義者と祖国党とがヒトラーの出現のための完全な前段階であったとみなすのである。

さて、平和決議を支持するマイネッケであったが、なお西部戦線における毅然とした忍耐の効果と有利な戦争の展開を期待していた。当時、状況を最も明確に見ていたのはデルブリュックだったかもしれない、とマイネッケは記している。「今まさに適切なベルギーの全面返還にかんする公式声明だけが、イギリスの政治家たちのもとではただちにではないにせよ、イギリス国民のあいだには交渉の席へ私たちを導くような雰囲気を生み出す可能性があるというのが、彼の見解であった。声明が出されたとして、そうしたことがうまくいったであろうか。きわめて疑わしい。いずれにせよ、もし可能であったとしても、このような仕方によってだけであった」(『回想』二三〇—二三一ページ)。

アメリカの参戦によってドイツの状況が禍に満ちたものになるであろうという、前の年に抱いたマイネッケの予感は今や的中した。

すでに一九一七年の五月(一八、二二、二五日)に、ベルリンの下院でハルナック、ゼーリンク、トレルチ、ヒンツェとマイネッケによって、連続講演会が催された。提唱者であるゼーリンクの求めに従い、マイネッケは基調講演「ドイツの自由」を行った。民主主義的な制度を組みこむことによってのみ、文化と国家における古き貴族的な諸価値が長い間保持されえたであろうという信念を、マイネッケはここで表明していた。そのさいプロイセンのユンカー身分を批判した。「ユンカーは頑固な利己主義と仮借ない権勢欲によって、われわれに極めて深刻な危急を引き起こした。……われわれはプロイセンにおいて、もはやユンカーや学生組合員に統治されることを望まない」(『ドイツの自由。五つの講演』三二ページ)、と。そのため保守主義グループは、それ以後数年にわたってマイネッケに対して反感を抱いた。文脈を読む人は、憎悪ではなく憂慮がその批判の言葉に込められていることがわかるであろう、とマイネッケは記している(『回想』二三四ページ)。

さて、一九一七年秋、著述家のグラボフスキーが祖国党にたいする対抗組織を提唱した。一二月四日に結成された「自由と祖国のための国民同盟」である。この国民同盟の担い手は、主として中央党の左派、進歩人民党、多数派社会主義者の右派であった。その中核をなしたのは三大労働組合連盟であり、さらに「ドイツ国民委員会」のナウマンの影響下にあった社会自由主義グループであった。

マイネッケによれば、国民同盟の目指したのはベートマン・ホルヴェークが主張した内政・外交のプログラムであった(「国民同盟と祖国党」一九一八年)。ベルリンの同僚であり、マイネッケとともに国民同盟の理事であったトレルチは、一九一八年早春のラーデ宛ての手紙の中で、この国民同盟の結成は「特に外国を考慮に入れて道徳的・政治的原則を持つ宣伝活動協会を創設したいという、グラボフスキー、マイネッケ、および自分の願いが、国民の鼓舞と慰めを必要とみなすキリスト教系労働組合の願いと一致したところに由来している」と書いている。国民同盟の支持者たちは、祖国党の併合論に基づく目標追求や危険な権力思想に危惧の念を抱いていた。

マイネッケは記している。「そのさい重要で将来性のあったことは、この同盟の中ではじめてキリスト教的な、とりわけカトリック系の労働組合が、社会主義系労働組合や自由労働組合と緊密な政治的接触をもつに至ったことである。戦後のヴァイマル連合はすでに七月一九日の帝国議会決議によって生じたと同様に、国民同盟によって準備された。名声の高い高貴な人格である社会政策家フランケ教授が議長を引き受けた。三グループの労働組合指導者たち、ギースベルト、シュテーガーヴァルト、バウアーその他が、若干の学者たち、すなわちトレルチや私とともに理事会を組織した。会員数は書類上はかなり堂々とした印象を与える。というのも、すべての労働組合のメンバーがこの同盟におのずから属したからである。しかし扇動的な宣伝力については、国民同盟は祖国党に当時張り合うことはできなかった。国民同盟が催した集会や広めた著作は、それ自体によっては多くの作用を及ぼさなかったように思う」（『回想』二三五ページ）。

しかし、祖国党に比べ影響力の少なかった国民同盟の味方をし、国民同盟の理念の実現を促すことになるのは、翌一九一八年の末にドイツを襲った不幸であった、とマイネッケは記している（同）。

マイネッケは回顧して言う。自分たちも、併合論に傾いたことがなかったわけではない。しかしその場合にも繰り返しそれを断ち切ろうとした。自分たちの政治の背後に、西洋諸国民・文化共同体の古き理想があったからである。すなわち、隣接諸国民の諸権利に対する尊重、およびドイツの権力要求と隣国の自由の要求とは、慎重になされる場合にのみ調整されるであろうという確信である。そして外面的な併合の代わりに、自分たちは、国内の充実、「八月の日々」の成果の強化、ドイツ労働者階級の最終的な獲得のために闘ったというのである（同、二八〇ページ）。

一九一七年のクリスマス前には、待望されていたソヴィエト・ロシアとの講和交渉の動きが始まっていた。「ブレスト・リトフスクでキュールマンは、トロツキーとの外交において前代未聞のあの論争を世界が注視するなかで耐え抜かねばならなかった。われわれにとっていかに厄介で、不幸な結果になってしまったかはよく知られている。キュールマンは自ら望んでいたようにはトロツキーに語ることはできなかった。なぜならわれわれの軍部の併合論的な諸要求が彼を過度に束縛したからである。……このように憂慮と希望が独自に入り混じったなかで一九一七年は終わった」（同、二三八―二三九ページ）。

4　一九一八年。敗北と革命

一九一八年三月三日、ブレスト・リトフスク条約が結ばれ、「強制された講和状態」が生じた。東部戦線の重圧から解放されたドイツ軍は春季大攻勢を開始する。三月の最初の攻勢（三月二一日に開始）は、期待をふたたび燃えたたせた（同、二四〇―四一ページ）。

当時のマイネッケの考えは次のようなものであった。三月攻勢が印象深い成果をもたらした後、ロンウィとブリエをいくぶん仰々しく要求すべきである。そのねらいは、今すばやく講和を結ばないならばそれを失いうるという恐怖をフランス人たちに抱かせることであった（同、二四八ページ）。

しかし、五月一日のマイネッケの日記は重苦しい気分で記されている。この戦争はペロポネソス戦争や三十年戦争に比せられるものになりうる。すなわち、ドイツ国民とヨーロッパ文化の没落の始まりとなりうる、と。「キュールマンがブレストで軍国主義とボルシェヴィズムという二つの石臼のあいだで身をすり減らしたように、われわれがそもそもそうなのだ。軍国主義の粗野な力は切り抜けるために目下必要である。それは確かだ。しかし、われわれの内なる精神的なものは、その際すり減らされる。……トレルチの精神的な混乱と悲観的な考えに関して、私はかつて極めて辛らつな判断をくだし、彼をしばしば幾分不安定であるとみなした。しかし今では私のよりどころが揺らいでいた。歴史研究も私にもはや喜びを与えない。具体的に歴史的なものはすべて私にとってどうでもよく、時折私にほとんど嫌悪の念を引き起こす」（同、二四四―四五ページ）。

ドイツ軍の西部戦線での攻勢は停止するであろう。これがマイネッケの見通しであった。また同じ日記に記している。「私は自分のかつての国民的な国家・文化理想が権力政治家によって歪められ、汚されているのを見る。権力思想の不遜はさらに今後も荒れ狂うであろう。それにともなって極端な急進主義、社会主義、平和主義も高まるであろう。私がいつも強調しているように、大衆なしには近代国家は存在し得ないし、近代の戦争はなされえない。しかし、今なお大衆は、なんと未熟であることだろう。平等選挙権は必要である。他方で軍国主義が高まれば、それだけ必要である。しかし両者の綜合にはひょっとすると成功しないであろう。そして行過ぎた反動と、ついには反撃としての革命が起こるかもしれない。……」（同、二四六ページ）。

マイネッケは問う。攻勢は避けられなかったが、西部での大攻勢によってなお「協調の平和」を獲得することは不可能だったのではないか、と（同、二四〇―四一）。

一九一八年の五月、第二の攻勢が生じた。これも本来のねらいを達成することはなく、ベルリンにおけるマイネッケの気分はふたたび一層不安定となった（同、二五〇ページ）。散歩にはラーテナウが加わり、グルーネヴァルトのケーニヒスアレーの邸宅へマイネッケたちを丁重に案内した。彼は問うた。これ以上の攻勢によって何を達成しうるだろうか。マイネッケもこれに答えられなかった（同、二五〇―五一ページ）。

一九一八年の七月半ばに第三の攻勢が始まったが、失敗に終わった。打倒戦略によって講和を勝ち取る可能性は終わりを告げた、とマイネッケは感じた。この攻勢の直前の七月九日、ベートマンの予測どおり、今度は外相キュールマンもルーデンドルフによって失脚させられた。キュールマンは失脚直後の夕方に事務次官の邸宅に来てくれるようにマイネッケに頼み、不吉な言葉を述べた。「諸革命が外交政策の失敗によって生じる。国家の指導のために任命された階層が彼らの任務を理解せず、講和への道を見出すすべを心得ないならば、彼らはその権威を失い、すべてが崩壊する」。したがって思慮ある人々にとって、戦争は今や敗れたのであった（同、二五一ページ）。

しかし一九一八年の七月末、マイネッケは、エルザスとロートリンゲンを維持するためにドイツは無条件になお激しく戦わねばならない、とまだ考えていた（同、二五二ページ）。

ところで、八月を迎えるとドイツ軍の敗色は濃くなった。そのような状況のなかで、君主制についての考察が緊急のものとなっていく。

当時のマイネッケには一つのことが明白になった。すなわち、予測された崩壊に際して、皇帝と皇太子が退位し、未成年の孫のための摂政政治がなされる場合にのみ、君主制は救出されるであろう（同、二五三ページ。二七二ページも参照）、ということであった。皇帝の退位という手段によって君主制を救出するという考えは、ヒンデンブルクに強い反発をもたらしただけではなく、デルブリュックのような人物にも不安を引き起こした（同、二五六ページ）マイネッケのこうした考えは、ヴィルヘルム二世がオランダに逃亡したのちには、強力な中央権力としての「代用帝制」、すなわち国民投票による大統領制の提案となっていく。マイネッケには、一八四九年憲法がたどりついた純然たる議会主義は共和国ドイツにとって望ましくないものと映ったのである（同、二五八―五九ページ。二七七ページの一二月九日の日記も参照）。

さて、時期は前後したが、一九一八年九月二七日の日記にマイネッケは次のように記している。「われわれは今、軍事的に強力にまた不屈であり続けなければならない。しかし同時に肥大し政治化した反動的な軍国主義を根本から打ち砕かなければならない――しかしわれわれの軍国主義のなかの良きものと悪しきものとは、いかに分離されるべきかわからないほど相互に結びついている」（同、二六四ページ）。

一〇月三日、バーデン公マックスがヘルトリンク伯の後任として宰相となった。すでに前年の一九一七年、デルブリュックはプロイセン選挙改革問題について語り合うために、トレルチ、マイネッケ、そしてマックス公を自宅に招いた。「そこに彼（マックス公）は、親しげにまた興味深げにわれわれを見やりながら座り、われわれ三人はそれぞれできる限り的確にこの問題に関する賛否を引き出すように努めた。彼自身は発言しなかったが、受け取った情報に対しわれわれに感謝した」（同、二三六ページ）。

一九一七年末ごろ、マックス公は、マイネッケの親しい友人たちのなかで、深刻な状況が生じた場合は、自分たちにとってもう一度重要になりうる人物と受け取られていた。やがてマイネッケたちは、マックス公の「私的参事官」の役割を担うことになる。「終始われわれは、まさしく保守的な改革者であった」（同、一六九ページ）。

さてマックス公のもとで一〇月に休戦交渉が始まったとき、マイネッケは考えた。今になっては最も荒々しい併合論者たちも次のことを洞察しなければならないのではないか。彼らが初めから真の勢力関係に関する恐るべき幻想の中に生きていたということを（同、二五四ページ）。一〇月七日の日記でマイネッケはドイツ市民階級の過剰な権力政治やドイツの世界政策上の野心を批判し、「われわれにとって致命的であった」と記している（同、二六八ページ）。

さて、純然たる祖国党系の新聞の一〇月初めか半ばの号は、ドイツの軍事的状況に本来責任があるのは、国内の弱気な人々や敗北主義者である、と論じていた。マイネッケは驚きを禁じえなかった。したがって、「短刀伝説」（「背後からの一突き」伝説）は一一月九日以前に存在していたことをマイネッケは回顧する（同、二五四ページ）。

その直後、新しい学長ゼーベルクが祖国の苦境に関して協議するために、大学の教員たちを古い大講堂に招集した。トレルチは自分たちが今救わなければならないドイツ精神に関して熱弁を振るい、彼によって提案された決議も採用された。しかしその前に、ヴィルヘルム・シュルツェが弱気な人びとに激しい非難を浴びせた。ここでも短刀伝説がすでに姿を現していた。マイネッケはしかし自負していた。「われわれいわゆる弱気な者たちにとって、戦闘のエネルギーはこの絶望的な時点においても欠けてはいなかった」、と（同、二五五ページ）。

一一月八日、ベルリンで人々はすでに翌日革命が起こるであろうという確かな感情を抱いていた。この日の夜、マイネッケ夫妻はオペラハウスで交響曲のコンサートに出かけ、ベートーヴェンの第五番を聴いた。「われわれは没落しつつあるより美しい世界の最後の響きをまさに聴いたという気分であった」（同、二五七ページ）。翌一一月九日、キール軍港での水兵の反乱に端を発した革命の波はベルリンにも及んだ。

一週間後、ラーテナウとトレルチが小集会を招集した。そのねらいは、ドイツの市民階級の人々に、今後、労働者の手をとり、労働者とともに、ボルシェヴィズムを防止して、新しいドイツ共和国を創設するよう勧告する呼びかけについて協議することであった。すでに起こった革命的変革を「是認」すべきであるという、方針転換が生じた。集会ではしばらくの沈黙の後、マイネッケが発言した。自分は確かに取り消しのきかない歴史的事実に屈し、それを許容する用意はある。しかしそれを断じて「是認」することはできない、と。しかしその後トレルチは興奮して吐き捨てるように言った。ドイツ市民階級がこの困難なときに結束することを心得ないならば悲惨である、と。心に痛みを覚えながら、マイネッケもそのとき呼びかけに署名したのである（同、二五七―五八ページ）。

マイネッケによれば、革命後、祖国党の支持者たちは錯覚に基づいた併合主義をとり内政改革を押しのけることによって、革命を防ぐかわりにむしろ革命に至らしめる誤った道を歩んだということを認めようとはしなかった。彼らは、軍事的な失敗という原因から革命が生じたとはせず、逆に革命による国内戦線の解体のゆえに勝利が奪い去られたという「短刀伝説」を生み出したのである。しかも、すでに触れたように、一一月革命以前にすでにそうした主張がなされたのである。「短刀伝説」の主張者たちは、いわゆる敗北主義者たち、すなわち国民同盟の人々をも、節度ある戦争目的を説き、その完全な人間的な態度を示したことによって戦意を弱めたといって大いに非難したのである（『ドイツの悲劇』五七―五八ページ）。

一二月九日の日記でマイネッケは書いている。「今なお私の同僚たちやかつての祖国党員たちがいかに恐ろしく分別を失っており、硬直していることか。彼らはどのような原因から、いかに深い原因から、古い体制が倒れなければならなかったのかを歴史的に把握しようとはまったくしない。ただ弱気な者を革命の源と非難するだけである。すなわち革命がなければ前線はさらに持ちこたえたであろうし、堕落した銃後の気分が瓦解を引き起こしたのである、と」（『回想』二七五ページ）。

マイネッケはこうした祖国党や短刀伝説を一層広いドイツ史の展開のなかに位置づけて指摘する。「祖国党と短刀伝説は、ともにドイツ市民階級の発展における宿命的な転回点を示すものである。決定的なことは、この市民階級の多くの重要な部分がこれ以後、なおいっそう民主主義的な理念に目をつむったということである」（『ドイツの悲劇』、五八ページ）。こうして、祖国党に結集した人々は、ヴァイマル憲法に対して闘いを挑んだ。マイネッケによれば、むろん健全な民主主義的理念の立場から眺めても、ヴァイマル憲法は欠陥に悩まされていた。ヴァイマル憲法は、最高行政組織に強固な継続的権力を与えることが乏しかったし、ヴァイマル連合を形成する諸政党の内部に、近視眼的な権力欲や政権を担当する際の不慣れも見られた。

さらにヴェルサイユ条約は二〇年代のドイツに重くのしかかり、インフレーションはドイツ国民の暮らしを苦しめた。こうした状況の中で、短刀伝説の心理的効果が現われてきた。人々は問うた。われわれは世界大戦において、ほんらい勝利者だったのではないか。ただ自分の側からの裏切りによって最後の勝利を失ったにすぎないのではないか。こうした中から一九二〇年のカップ一揆が生じ、また一九二三年にヒトラーによってミュンヒェン一揆が試みられた、とマイネッケは指摘するのである。

併合論や国粋主義的な主張が声高に語られる激動の時代を経験することによって、マイネッケはどのように問題意識を深めていったのだろうか。その結果彼の歴史学にはどのような変化が生ずるのであろうか。

5 『国家理性の理念』の成立

一九一四年にベルリンの学士院会員になってまもなく、マイネッケはこれまでの研究経過と今後の研究計画を、学士院で報告しなければならなかった。そこで彼は、とりわけ『世界市民主義と国民国家』（一九〇八）から生じ、これから専念しようとしている二つの研究課題を挙げた。第一は、「近代の国政術と権力政治の歴史」を、発展しどの時代にも新しい色彩を帯びるものとして考察すること。第二は、「われわれすべての精神科学研究を導いた一八世紀以来の歴史的感覚の成立」を解明することであった（『回想』一九一ページ）。

当時マイネッケはこれら二つの研究を一つに結びつけ、『国政術と歴史観』といった表題で一書にまとめることを考えていた。これら両者を一つに結びつけるものを、マイネッケは個々の国家のきわめて個性的で具体的な利害に対するマキァヴェッリに端を発する感覚のなかに見た。すでに『世界市民主義と国民国家』の執筆中に、生や歴史一般における個性的なものにたいする感覚が、近代の歴史意識の本来の源泉であると思われたのである（同、一九一ページ）。大戦中のマイネッケの諸論文はほとんどすべて、主要テーマである「国政術と歴史観」に関連していた（同、一九五ページ）。

ところで、マイネッケ自身の回顧によれば、当時、そしてそれに続く数年、彼は近代の国政術から近代の歴史的感覚にいたる経過をあまりに単純に考えていた。彼は、マキァヴェッリに由来し、『キリスト教世界の君主の利害』についてのロアン公の著作をへて、最後にはランケの古典的な『強国論』にいたる系譜を思い描いていた（同、一九一ページ）。

このランケの『強国論』のなかに、実際、近代の国政術の成果が存在したのである。その成果というのは、諸国家の具体的な利害を個々に感じ取り、それぞれの場合に応じて好意あるいは敵意をもって扱い、近代の歴史的見方の中に完全に溶かし込まれて至る所に個性的な実体を認めたのであった（同、一九一―九二ページ）。

さてマイネッケは、この系譜の確認において誤りを犯したと自ら記している。「一つの興味深い傍流から新しい歴史的感覚の成立のための本流が作りあげられたのである。この新しい歴史的感覚自体は、政治的利害論よりもはるかにふかく精神的世界観的な変化のまったく非政治的な領域に根ざしていた。このことは私に実際はようやく戦後になってまったく明瞭になり、それから私を『歴史主義の成立』へと導いていったのである。私が最初一つにまとめようとした二つのテーマ、『国政術』と『歴史観』は、したがってそれぞれがふさわしい権利を認められるために分離されなければならなかった」（同、一九二ページ）。

マイネッケが大戦のさなかにまず取り組んでいたテーマである「国政術」に関しても変化が生じた。この変化はマイネッケにおいて確かに戦争終結の衝撃的な印象のもとで、はじめて十分に影響を及ぼした（同、一九二―九三ページ）。戦前の歴史的・政治的思考についてマイネッケは述べる。「われわれは今日そうであるよりも権力政策と諸国民の軍事衝突の然るべき意義と価値をもっと信頼し、もっと信用していた。確かに恐ろしいことは常にそれらのなかで生じたが、しかしそれらは繰り返し新しい生命の芽生えに実り豊かであることも判明した。こうした風潮のなかで、私は『世界市民主義と国民国家』において、純粋に国家的な思考と行動とが普遍主義的で世界市民的な動機から解放されたことを一九世紀半ばの大きな成果として叙述した。これはまったく正当であったと私は今日なお主張する。なぜなら、ビスマルクのドイツ帝国はこの解放の行為によって可能になったからである」（同、一九三ページ）。

しかしその際、この発展の裏面とでもいうべきものについての洞察が不足していた。普遍主義的な、すなわち根本は倫理的な動機から解放された権力＝現実政治は、あまりに容易に不遜な暴力政治に退化する可能性があった。確かにこのことをもちろんすでに当時も知っていた、とマイネッケは言う（同）。

けれども世界大戦を通じて、また大戦後に着眼点が変化し始めた。マイネッケはこれまでドイツ文化の担い手であったドイツ市民階級の権力政策的努力の恐るべき退化を体験した。敗北が彼らに教えるであろうという望みは失われた。

マイネッケは記している。「私は今や失望を味わいつつも、ブルクハルトがなしているように、権力それ自体を悪しきものと断言するという別の極端に陥ることもまったくなかった。権力は悪への誘惑者に過ぎない。しかし権力の魔力は、これ以後私にとって戦前とはまったく別のものとして、また一層不快なものと感じられた」（同、一九四ページ）。

計画されていた国政術の歴史は、こうして「国家理性の理念」の歴史に姿を変えた。『近代史における国家理性の理念』は一九二四年に出版された。

ところで、「国家理性」とは何か。マイネッケ自身は次のように記している。「国家理性とは、国家行動の基本原則、国家の運動法則である。それは、政治家に、国家を健全に力強く維持するために彼がなさねばならぬことを告げる」（『近代史における国家理性の理念』『世界の名著』版、岸田達也訳、四九ページ）。国家理性の本質は、「国家自身とその環境とを認識し、そしてこの認識から行動の基本原則を得ることにある」（同）。マイネッケは国家理性を一つの橋とみなす。「力と道徳、つまり権力衝動による行動と道徳的責任による行動とのあいだには、国家生活の高所において一つの橋、まさしく国家理性――すなわち、合目的にして有用かつ有益であるものに対する考慮、つまり、国家がその存在の最適条件をそのつど達成するためになされねばならぬものに対する考慮――が存在する」（同、五四ページ）。「国家理性は、最高の二重性と分裂性をもつ行動の基本原則であり、それは、自然のほうを向いている一面と精神のほうを向いている一面とを持ち、また、こういってよければ、自然的なものと精神的なものとが相互にまじりあう一つの中間帯をもっているのである」（同）。したがって、「国家理性による行動は、光と闇との間をたえず動揺しつづけるのである」（同、五五ページ）。

さて第一次世界大戦の体験は、国家権力の問題を否応なくマイネッケに課した。この『近代史における国家理性の理念』において、彼はマキァヴェッリとその教説、すなわち一般に「目的のためには手段を選ばない政策」とみなされ、悪の勧めとして人々を刺激したマキァヴェッリズムにたいする反駁と賛同の歴史をたどっている。多くの政治家、政治思想家がとりあげられているが、とりわけボーダン、ボッカリーニ、カンパネラ、さらにリシュリューの同時代人で「君主は国民に命令し、利害は君主に命令する」（『世界の名著』版、一七二ページ）と記したロアン公、国家を神学的思考の拘束から解放することに貢献し一般化的国家考察と個性化的国家考察とを同時に示すことのできた（同、二〇七ページ、三一九ページ）プーフェンドルフ、人道的な国家思想と権力国家思想を自らのうちに並存させた（同、二四四ページ）フリードリヒ大王、そして最後に一九世紀のドイツ国家思想を代表するヘーゲル、フィヒテ、ランケ、トライチュケが詳細に考察された。

現実の国家は理性的な国家であるというのがヘーゲルの主張であった。その理解によれば、一切の事物が進展する神的理性の自己実現に役立つのであり、悪さえも自己のために働かせるのが「理性の狡智」であった（同、三三三、三四一、三四七ページ）。こうしてマキァヴェッリズムが一九世紀の初頭、本来はマキァヴェッリズムの傾向がなかったドイツ（同、三六九ページ）において名誉を回復したのである（同、三三五ページ）。国家の自己維持の義務は国家の最高の義務であると明言され、国家の利己的打算と利益とが倫理的に是認された（同、三三三ページ）。このように理性の狡智というヘーゲルの思想は、国家理性の自然面や暗黒面をも是認しえたのである。このような楽観主義は、道徳的感情を薄め、権力政策の行きすぎを軽視する危険をもっていた（同、三四七ページ）ヘーゲルのこうした国家思想は、とりわけ一九世紀の後半にドイツ統一がさしせまった課題となるに従い、多大な影響を及ぼすことになった（同）。

ヘーゲルにつぐドイツで第二の同一性哲学者のフィヒテは、理想主義とマキァヴェッリズムとの同盟をヘーゲルのように恒久的にではなく、一時的に結んだにすぎない（みすず書房版『国家理性の理念』五〇五ページ）。それはプロイセンの崩壊、ナポレオンの支配という巨大な時代経験や時代の要求によるものであった。すでに『ドイツ国民に告ぐ』（一八〇七／八）では、フィヒテはマキァヴェッリズムの承認を放棄し、権力政策を原理的に非難するにいたった（同、五〇九ページ）。

外国からドイツを権力や国家理性の崇拝にふけらせた張本人と非難されたトライチュケはどうか。彼はくりかえし国家の本質はあくまで権力であると明言し、そのことによって国家の本質を狭め、生存競争のなかで単純で簡潔な指針を求める無数の人々を、単なる権力を過大評価し尊敬するようにまどわし、それによって国家の根本問題を粗雑化させるようそそのかした（『世界の名著』版、三七八ページ）。

それではランケの国家観については、マイネッケはどのように見ているのであろうか。

以下では、第一次世界大戦を経過してマイネッケの歴史の理解にどのような変化が生じたのかを、マイネッケのランケ観に焦点を絞って考察してゆきたい。

6　ランケの「楽観主義」とマイネッケ

久しくみずからの歴史研究の導きの星としていたランケに対する評価に変化が生じたことは、マイネッケの歴史学にとって注目すべき事態である。そしてそれは、ランケの楽観的な国家観の強調、ランケにおける国家と道徳との矛盾についての指摘に明瞭に読み取ることができるのである。大戦前の『世界市民主義と国民国家』では、そうした指摘は見られない。このことは、国家理性についての書物を貫いているマイネッケの憂慮の反映であった。

『世界市民主義と国民国家』では、ランケの一八三〇年代の政治的諸論考を通じて、ランケの「ドイツ精神に養われた個別国家に満足する保守的な国民国家思想」（矢田俊隆訳、一巻、岩波書店、一九六八年、三二七ページ）を考察したが、『国家理性の理念』では、ランケの生涯にわたる多くの著作を取り上げながらランケのマキァヴェッリ観、ランケの楽観的な国家観を検討するのである。

マイネッケはランケの最初期の著作『近世歴史家批判』

（一八二四）においてすでにマキァヴェッリおよびマキァヴェッリズムと取り組んでいることに注目する。「ランケの歴史的天才はマキァヴェッリとその忠告という事例を、歴史的個性化の最高の技術をもって把握しえた」（『世界の名著』版、三五三ページ）とマイネッケは述べ、ランケの説明によって『君主論』がマキァヴェッリの個性的な精神と彼を取り巻く特殊状況からまさに必然性をもって生まれ出てきたことがわかるという。マキァヴェッリがどうして善悪に無頓着な態度をとることができたかが、完全にかつ歴史的にまったく適切に説明されているのである。というのは、彼が祖国の絶望的な状態の中で、「祖国に毒を処方するほど大胆であった」からであった（同、三五三―五四ページ）。こうしてランケはマキァヴェッリとその教えを歴史的に理解する方法を見事に適用したのである。その際ランケは、マキァヴェッリの教説の「恐ろしさ」について述べることによって、道徳的判断をほのめかしたにすぎなかった（同、三五三ページ）。

しかしちょうど五〇年後の一八七四年に、『近世歴史家批判』が全集に収録された際には、ランケはマキァヴェッリズムにたいする道徳的判断を明確にした加筆を行なった。これは、マキァヴェッリという個性的な人間が独自な状況の中で特定の目的のために指示したものを普遍的に有効なものとみなす傾向をランケが見て取り、危惧を感じたからであった。そしてランケは「マキァヴェッリに従ったり、わずかでも弁護したりせずに道徳的世界秩序の永遠の法則を堅持すること」を勧めている（『世界の名著』版、三五四―五五ページ）。この永遠の法則があくまで厳密に適用されるべきであるならば、ランケは本来マキァヴェッリを告発すべきであったのではないか、とマイネッケは問う。しかしそれをすると自己の歴史化して考察する認識とあからさまに衝突するのでランケはそれを避けた（同、三五五ページ）。

マイネッケによれば、ランケは人間生活の中には変化するもののほかに不変のものが存在するという告白をたびたび行なっている。ベルヒテスガーデン講義の序説（ランケ『世界史の流れ』村岡訳、ちくま学芸文庫、一九九八年、一五ページ）や『フランス史』第一巻において不変のものについて語っているばかりでなく、一八五九年一一月二六日付のバイエルンのマックス王宛書簡で変化するもの（政治）と不変のもの（道徳）とが衝突した場合にふれて、純粋な道徳的立場を主張した。「だれかある人が、世界史的使命のために、第三者に不法なことをする権利があると主張するのは、きわめて危険である、と私は思っている。それはまったく、次のように言うのと同様である――『目的がよければ手段を選ばない。〈神のより大いなる栄光〉の中においては、一切のことが許される』と」（『世界の名著』版、三五五―五六ページ）。

しかしそれにもかかわらず、ランケはこのような危険な原則が世界史において繰り返して適用されたことを熟知していた。しかも、ヘンリー八世やフランソア一世、ヴァレンシュタインといった偉大な現実政治家たちをしばしば感嘆の念をもって描写した。このような洞察からヘーゲルは「理性の狡智」の説を発展させ、それによって彼の超越的楽観主義を基礎づけていた（『世界の名著』版、三五六ページ）。しかしその際、ランケはヘーゲルにくらべ「道徳的世界秩序の永遠の法則」にたいするはるかに深い感覚を抱いていた。ここに政治と道徳というランケの歴史的思考における基準の二元論が現われている。マイネッケは指摘する。「もしランケがこのような二元論を十分に悟って、ほんとうに徹底的に考えたならば、のちのヤーコプ・ブルクハルトのように悲劇的な悲観主義に到達できたであろう」（『世界の名著』版、三五七ページ。）。

しかし、ランケの歴史観全体は楽観主義の性格をもち、しかもその楽観主義はヘーゲルのそれよりもはるかに明るく歴史を照らしたのであった。すなわちヘーゲルがその楽観主義を合理的抽象化の方法でもつにいたったが、これに対してランケは合理化や抽象化の方法の一切と関係を断って、その代わりに事物と理念とを融合させて、「生けるもの」という統一にもたらしたのである。これはドイツの歴史的思考の発展における決定的な行為であった（『世界の名著』版、三五八ページ）。

『政治問答』のなかでランケは次のように語らせている。「思いもよらない独特な姿で突然汝の眼前に立つ、現実的で精神的なものは、どんな高次の原理からも導きだされることはできない」（ランケ『政治問答』相原信作訳、岩波文庫、一九五三年、三〇ページ）。この言葉を取り上げてマイネッケは言う。歴史における個々の生は、普遍的な理念からは導きだされないけれども、しかしその生を形成する特殊な理念によって満たされており、またその際、理念と生命、精神と肉体とは本質的に一致し、しかもこれらのすべてが根源的な神の創造者としての力の息吹によって取り巻かれている（『世界の名著』版、三五八ページ）。これがランケによる個性思想と同一性思想――これらは、一九世紀初めにおけるドイツ精神のもっとも実り多い二つの理念であった（同、三四八ページ）――の総合であった。したがって彼の歴史哲学も一種の同一性哲学であったが、ただ彼は神的自然と神との同一性だけは否定した。しかし、歴史的世界の神的自然、神の似姿、および分割されておらずそれ自身において一つなるものを、彼は信仰と幸福感をもって観照した。

こうしてランケの歴史叙述のすべてを貫いている権力問題および国家理性の深淵にかんする楽観的な見解の説明がつく、とマイネッケは指摘するのである。ランケは権力闘争のなかに、歴史においてつねに新しい大いに価値のある個々の生をうみだした原動力を見た（『世界の名著』版、三五九ページ）。

この点でランケはふたたびヘーゲルに著しく接近する。

マイネッケは、『世界史』第三巻の序文に見られるランケの言葉を引用する。「諸国家および諸民族の相互の利害において生ずる闘争のなかに、なんといってもますます高次の力が上昇し、そしてその力が自らに応じて普遍的なものを変形して、それに新たに別の性格を与えるというところに、人は人類一般の歴史の理想的核心を見ることができるであろう」。さらにマイネッケは、『強国論』の有名な箇所を引き合いに出す。「世界史が示しているのは、一見するとたしかにそう見えるような、諸国家および諸民族の偶然的な狂奔、角逐、継起ではない。……われわれが世界史の発展において認めるのは、もろもろの力、しかも生命を生みだす精神的な創造力であり、生命そのものである。つまり道徳的エネルギーなのである」（ランケ『強国論』岩波文庫、七八ページ）。マイネッケはここでの「道徳的」という言葉をほぼ「精神的」というはるかに広い意味でうけとめている（『世界の名著』版、三六〇ページ）。

このような考え方に立ってランケは『政治問答』の中で、あえて次のように楽観的に記すことができたのである。「君はわたしに、真の道徳的エネルギーが勝利をおさめたということが指摘されないような重要な戦争を挙げることは、ほとんどできないであろう」（『政治問答』三四ページ）。

7　政治と道徳

マイネッケの課題は、国家理性の限界についてあらためて問うことであり、政治と道徳との望ましい関係を歴史研究と時代経験との協力によって明らかにすることであった。国家理性の限界を問うという古い問題については、すでに大戦中に新たな検討がなされていた。とりわけ、トレルチの「個人道徳と国家道徳」（一九一六）およびフィアカント『権力状況と権力道徳』（一九一六）が重要であった（『世界の名著』版、五三〇ページ）。大戦中にこの問題に対してまったく自由に態度決定をすることは許されなかったが、今やドイツの権力政策の伝統や権力の理想主義的な是認について検討されなければならないのである。

近代の国家理性に関する徹底した考察の結果マイネッケは指摘する。「探求しがたいものにたいする畏敬の念と胸中の道徳律とは、ランケの導きの星であったが、また依然として、近代の思惟の導きの星でもあらねばならない。しかし、ランケがそれに頼って生の暗黒面をおおいかくしてしまった、おおわれた二元論は、そのおおいが取りさられねばならない」（『世界の名著』版、四一四ページ）。さらにまた別の視点からも、マイネッケは今後の指針を明らかにする。「諸国家の家族的な共同体においてのみ、個々の国家も永続的に繁栄することができる。……あのヨーロッパの共同感情がふたたび取り戻されねばならないこの共同感情は、ヨーロッパの権力闘争にたいするランケの評価の前提であり、また『キリスト教世界』という中世的理念が後世に残した祝福にみちたすばらしい影響であった。トレルチが一九二二年のその講演で述べたように、『世界史的な思考と生活感情への復帰』が、必要なのである」(『世界の名著』版、四一九ページ)。

第一次世界大戦という未曾有の戦争の経過のなかで時とともに、ドイツにおいて併合論、国粋主義の荒波が世論を捉えることになった。そのなかでマイネッケは基本的にはベートマン・ホルヴェークの路線を支持し、協調の平和を唱え、祖国党の宣伝と闘った。この経験はマイネッケのなかに深く根を下ろし、国家権力の暗黒面に対する憂慮を強く意識させることになった。そうした問題意識に支えられた書物が『近代史における国家理性の理念』であった。ここでマキァヴェッリ以降、とりわけロアン公、フリードリヒ大王、そして一九世紀の四人のドイツの国家思想家、ヘーゲル、フィヒテ、ランケ、トライチュケが取り上げられその国家観が考察されたのである。彼らにおいて国家と道徳とがどのように捉えられていたか、そこにおいて国家権力の影の側面についての認識が認められるのか、楽観的な国家把握が何を根拠にしているのかが詳細に論じられていた。

マイネッケによれば、ルター、カント、シュタインの国家理想が示すように、本来のドイツの国家観にはマキァヴェッリズムの傾向はなかった。ドイツ的思考をマキァヴェッリズムに導くためには、マイネッケによれば、二つのことが起こらねばならなかった。その第一は、国民的統一と独立とに対するますます増大する渇望であり、これが権力に対する要求を強調しなければならなかった。第二は、ドイツにおいて一八世紀から一九世紀への転換期に生じた精神革命であり、これは一層広範な影響を及ぼした。このことはドイツ精神が歩み始めた独自な道であり、西欧諸国との間に内面的な溝をつくることになった。

同一性の理念と個性の理念がその新しい発酵素であった。これらは、一九世紀初頭のドイツ精神がもたらした最高の最も実り多い二つの理念であった。ドイツにおいては、倫理的規範と政治的行動との二元論を克服し、政治と道徳との葛藤を何らかの一段と高次の総合によって解決しようとする要求が強かった。「理性の狡智」論に象徴される同一性の理念は歴史的生の原初的な暗黒面の光景を和らげ、道徳的感情を鈍らせ権力政策の行き過ぎを軽く考える危険をもっていた。一方、個性の理念は個性としての国家にも国家理性に基づく自由な活動の権利を承認した新しい個性化的倫理と歴史考察とをもたらした。しかし、個性の理念も同一性理念と同じ危険をもっていた。すなわち、個性論は、国家という超個人的な個性に適用されると、国家の権力政策の一切の行き過ぎをも国家の本質のやむをえない有機的な流出として合法化する可能性があった（『世界の名著』版、三四七、三六九—七〇ページ）。ランケは個性の理念に基づき豊かな歴史的世界の探求に沈潜したが、一方において同一性の理念とも無縁ではなかった。彼のキリスト教信仰と道徳感情によって国家の絶対視は避けられてはいたものの、時代のこうした大きな流れのなかで国家を精神化し、その暗黒面を覆ったのである。

ランケはマイネッケにとって、学問の導きの星であった。しかし、ランケにおける国家を精神化し楽観視する姿勢に、マイネッケは第一次大戦を経て注目をせざるをえなかった。ここにわれわれは時代の課題を見据えながら、自らの歴史考察を深化してやまない一人の歴史家の姿を見るのである。

二　アナール学派と「心性史」
――マルク・ブロック――

1　「アナール学派」と歴史学の革新

フランス東部の小都市ミュルーズで一九二四年になされた講演のなかで、リュシアン・フェーヴル（Lucien Febvre 一八七八―一九五六）は一六世紀の城館の暮らしを次のように描いている。

「どこといって豪勢なところのない一般の貴族にとっては、館が棲家であり、起きている時間の大部分をたった一つの部屋、すなわち調理場で過ごす。十八世紀に至るまで、フランスの民家にはとくに食堂というものがない。ルゥイ十四世にしても、普段の日は自分の寝室の四角いテーブルで、窓に向かって食事をしている。十六世紀の領主たちはもっと慎しいもので、日常的には調理場で、地方によっては《暖房部屋》と呼ばれているあの台所で食事をする。暖房とはまた大袈裟な言葉が飛び出したものだが、台所は暖かい、というか、もっと正確には他の部屋ほど寒くないわけである。そこでは火の絶えることがないし、鍋から立ちのぼる良い匂いのする湯気が、少しばかりむっとするような、しかし生暖くて、けっきょくのところ愛想の良い空気をかもしだしている。床はその年の麦藁が足許を保温してくれる。それに、台所には人が集まり、肘と肘とがぶつかる毎日。十六世紀の人間は目白押しが大好きなのである。農民がすべてそうであるように、彼らは孤独を毛嫌いする。十六世紀はわれわれのような羞恥心を持っていないし、一人になりたいという現代人の欲求をまったく知らないのである。その証拠は、当時のベッドの大きさを考えるだけで他に何もいらない。それはまさしく記念碑的な代物で、時には数人が一緒に、何の当惑もためらいもなしに寝たのである。各自に個室を、などというのはつい最近の考えかたで、われわれの先祖だったら、何のために、と反問したことだろう。用途別の部屋、などというのも最近の考えかたである。全員が台所で顔を合わせ、何でもそこでやってしまったといっても過言ではない。

そこにはまず領主とその妻が、暖炉に近いところに木の椅子を占めている。長いベンチにはその子供、男の子や女の子たちが坐る。折に触れてお客や教区司祭や供回りなども坐る。女主人の一瞬も隙を見せない目の下で、召使いの女たちが慌しく食卓の用意をしたり、片づけたりする。農夫や作男たちは、夕方の食事の時間になると、泥にまみれ疲労困憊して畑から戻り、がっくりと腰掛けに倒れこんで食事の出てくるのを待つ。こうした人びとの足許を、もの馴れた動物たちが盲滅法に走り回る。鶏や家鴨はテーブルの下こそわが家だし、鷹は狩猟係の肩に止まっている。犬どもは主人の足許の敷藁にひっくりかえったり、女たちのスカートの裾にもぐりこんで蚤を追いかけたり、かっかと燃える炭火の脇に寝そべって毛を焦がしたりしている」（フェーヴル『フランス・ルネサンスの文明』二宮敬訳、ちくま学芸文庫、一九九六年、三四―三六ページ）。

生き生きとした描写である。さらに当時の食事の様子についてフェーヴルは語る。

「粗末な食物を、人びとは畏まって、ゆっくりと、整然と、食べたものだった。パンといっても、上等の小麦粉などは滅多に使われない。それに、どろりとした麦粉の粥か、牛乳で煮たひきわり麦や粟の大皿。これが、まだ知られていない馬鈴薯や手に入らないパスタの代りだった。たいてい銘々自分の前に、《受け皿》を置いた。実はすごく厚くて固い円形のパンである。そのパン切れの上に、大皿から直かに三本の指で料理をつまんで乗せる……料理といっても、牛や仔牛や羊はほとんどない。それは結婚披露宴やお祭りだけのものだ。豚の脂肉はもっとちょくちょく食膳に上がった。といっても、脂肉断ちの日が多かったし、肉食禁断の禁欲日も多かった。長い四旬節は別にしてもである。この四旬節は、依然きわめて厳格に守られたので、終わった時には皆ふらふらになるのが常だった。当時普通の肉といえば鹿や猪や兎や野鳥など狩の獲物か家禽だった。……唯一やたらと使われたのは香辛料だった。財布の続くかぎり買おうというのだが、香辛料はリスボンやアントウェルペンの市場で、決して二束三文で叩き売られていたわけではないのだ。しかし、煙草もコーヒーも紅茶もアルコール飲料も知らず、赤身肉（牛・馬・羊）にもろくに馴染みのない彼らにとって、自分に一鞭くれて景気をつけるには、胡椒や生姜や肉豆蔲や手のこんだ辛子……などで、からだをかっかと燃え立たせるしかなかったのである」（同、三六―三八ページ）。

領主の暮らしぶりについても触れられている。

「時々は、夜も更け皆が寝静まってから、領主様が家事日記をその日の分までまとめあげたり、テーブルに数え札を並べて、丹念に収支を計算したり予算を立てたりするのである……。

実際この人物にとっても、同類の誰にとっても、ほんとうの生活とは畑や葡萄畑や牧草地や森を馳せめぐり、狩をしがてら領地を見回ったり、領地を見回りがてら狩をしたりすることなのだ。あるいはまた、定期的に開かれる大小の市に行ったり、農民たちと、もっぱら彼らが興味を持っていることについて彼らの言葉で気さくにお喋りをしたりすることだ。話題が政治や形而上学と関係ないことは、容易に察せられる。日曜とか祝日になると、ある面では高等農民にほかならぬこのくだけた領主様は、奥方と共同でダンス・パーティーを開いて娘たちを踊らせ、必要とあれば球遊びに打ち興じ、弓を射たり鳥を射落としたり、素手の組討を楽しんだりするのだった……」（同、三八―三九ページ）。

一九世紀に支配的であった政治史、軍事史の叙述とはずいぶん異なった描写ではないだろうか。

一九二九年秋、このフェーブルに宛てて、ストラスブール大学の同僚であったマルク・ブロック（Marc Bloch 一八八六―一九四四）は、八か月前に共同で創刊した新しい学術誌『経済社会史年報』に込めた思いを述べた。「私たちが始めたのは、ささやかではありますが一種の知的革命に他なりません」（一九二九年九月二〇日付、二宮宏之訳）。この思いは、二人の創刊者たちの意欲と熱意に支えられて、フランスの歴史学界に、いやそれどころか世界の学問世界に大きな波紋を投げかけることになった。「アナール学派」として知られる現代の歴史学革新の潮流である。本章では、ブロックの苦難に彩られた生涯と学問をとおして、この重要な歴史学の新たな方向づけをたどっていこう（とくに、フィンク『マルク・ブロック』河原温訳、平凡社、一九九四年、および二宮宏之『マルク・ブロックを読む』岩波書店、二〇〇五年、を参照）。

2　ブロックの生涯と学問状況

マルク・ブロックは、一八八六年七月六日、リヨンに生まれた。そのさい彼がアルザスに定着したユダヤ系フランス人の家庭の出であることは注目しておかねばならない。父のギュスターヴは、当時リヨン大学の教授であり、フュステル・ド・クーランジュを尊敬する古代ローマ史の研究者（とくに行政学、碑銘学の専門）であった。ギュスターヴは、一八八八年には、自らの母校である高等師範学校（エコール・ノルマル・シュペリウール）の教授職に招かれ、家族とともにパリに移ることになった。ブロックはこうした知的環境の中で、物心ついてから青年期までをパリで過ごすことになる。父からは、歴史について多くを学んだ。「父に対しては、私は歴史教育の大部分を負うている。幼時この方絶えることのなかった父のレッスンは胸に刻みつけられている」（ブロック『王の奇跡』井上泰男・渡邊昌美共訳、刀水書房、一九九九年、五ページ）。

名門校リセ・ルイ＝ル＝グランをへて、一九〇四年、彼はエリートを輩出しているエコール・ノルマル・シュペリウールに入学する。この年以降一四年にわたって校長をつとめたのはエルネスト・ラヴィスであり、彼はモノー、ギュスターヴ・ブロックらとともに、フランス歴史学の代表者であった。一年の兵役期間（一九〇五―〇六）をはさむエコール時代に指導を受けた教師の一人に、中世史家プフィステール（一八五七―一九三三）がいる。第二学年の終わりに、この師の指導をうけて、パリ南部地域の社会経済史に関する論文によって上級研究資格の学位を得た。

さて、ブロックの学生時代（一九〇四―〇八）に、フランスにおいて歴史学が変革期を迎えていたことに注目したい。一九世紀の後半、フランスの歴史学はドイツを模範としながら、ルナン、ラヴィス、モノー、フュステル・ド・クーランジュらによって、批判的な歴史研究を確立していった。しかし、一九世紀末に近づき、フランス史学は文書史料の厳密な吟味をもっぱらとするような史料万能主義におちいり、またいちじるしい専門化の傾向を見せ、さまざまな歴史分野の関連に留意しない傾向がつよくなっていった。

そのような学問の状況に対する懐疑と新たな機運が様々なかたちで生じてきた。第一は、デュルケムによる挑戦であった。この社会学者は一八九八年に『社会学年報』を創刊し、学問的綜合の第一の領域こそ社会学であるという主張を展開した。彼にとって当時の歴史学は、単なる事実の集積に甘んじているに過ぎなかった。一九〇三年から八年にかけて、歴史学と社会学との論争が、セニョボスとデュルケムとの間に激しく展開される。デュルケムは、歴史学に補助的な役割を与えているに過ぎない。デュルケム学派の経済学者シミアンは、一九〇三年の論文「歴史的方法と社会科学」でセニョボスを批判し、歴史家の抱く三つの「偶像」を挙げた。第一は、政治史に限定する「政治の偶像」、第二は、歴史上著名な人物に注目する「個人の偶像」、第三は、起源を追及することに関心を奪われている「年代学の偶像」であった。ブロックは個別的なものを軽視し、法則の追究を重視する社会学には距離をおくが、しかし彼は『社会学年報』から大きな示唆を受けたのである。ブロックの第一の主著である『王の奇跡』に見られる「集合表象」という概念も、デュルケムの影響なしには考えられないであろう。

第二は、人間と自然環境の相互関係と相互依存を主張するブラーシュの人文地理学である。人間が自然から影響を受けるだけでなく、人間も自然に働きかけるのである。ここに歴史と結びついた新しい地理学が登場する。この新たな刺激も、ブロックに大きな示唆となっていく。第二の主著『フランス農村史の基本性格』の中にその影響を読み取ることができるであろう。

第三は、学問の専門化に対し「綜合」のもとに諸科学を統一しようとしたアンリ・ベールの試みである。彼は、一九〇〇年に『歴史綜合評論』を創刊する。この学術誌は、様々な分野の学者たちに開かれていた。ブロックの最初の書物となる『イル・ド・フランス』はもともと『歴史綜合評論』に連載されたものであった。さらに第三の主著である『封建社会』は、ベールの編纂する『人類の発展』叢書に収められたものであった。「綜合」の意欲が『封建社会』のなかに貫かれていることは、この点からも明らかである。

一九世紀末から二〇世紀初頭にかけてのこうした学問の新たな潮流の中で、ブロックは自らの学問形成を進めていったのである。

またこのエコール時代には、ドレフュス事件がなお第三共和政の世論を沸騰させており、ブロックもこの事件の影響を強く受けることになった。一八九四年秋、フランス参謀本部のユダヤ系軍人ドレフュス大尉はドイツのスパイという嫌疑で逮捕され、有罪判決を受け流刑に処せられた。その後一八九七年には、真犯人であったエステラジー少佐がドレフュスの兄弟によって告発された。こうしてこれ以後、自らの威信を守るためドレフュス裁判の正当性を主張する軍の上層部は、右翼、反ユダヤ主義者とともに、ゾラの「私は弾劾する」と題する一文に力を得た左翼、共和派に激しく対立することになった。一八九九年、ドレフュスは特赦によって釈放され、一九〇六年には復権を承認された。ブロックの同期生のあいだではドレフュス支持が優勢で、ブロックも共和主義と自由主義の中で自己形成をとげる。「早くから私は、ほとんどすぐ下の学年より先輩たちの学年と多くの点で自分が近いことに気づいた。われわれ同級生と私は、ドレフュス事件の世代と呼べるように思われるものの突端にいた。人生の経験はこの印象をくつがえすことはなかった」（ブロック、『新版・歴史のための弁明。歴史家の仕事』松村剛訳、岩波書店、二〇〇四年、一六四ページ）。

一九〇八年、エコール・ノルマル・シュペリウールを卒業し、高等・大学教授資格（アグレガシオン）をも取得したブロックは、一年間ドイツに留学する。冬学期にはベルリンでカール・ビュッヒャーやハルナックに学び、つづく夏学期にはライプツィヒでシュモラーやランプレヒトの講義を受講した。のちにブロックはゲオルク・フォン・ベーロに見られるようなドイツ史学の国粋主義的な面に嫌悪をいだくようになるが、このドイツ留学は彼に大きな収穫をもたらした。

帰国後ブロックは、ティエール財団の研究員として、一九〇九年から三年間、経済的な心配をせずに研究に専心することができた。テーマは、中世イル・ド・フランスにおける農奴制の研究であった。この時期の研究は一九一三年に、最初の書物『イル・ド・フランス』として実を結ぶことになる。

一九一二年、彼は南フランス、モンプリエのリセ（高等学校）に赴任する。これはパリで成長したブロックにとって、初めて経験するフランスの「地方」であった。さらに翌一九一三年には、アミアンのリセに移る。ここでの教師時代に、第一次世界大戦が勃発する。

一九一四年八月三日、ドイツはフランスに宣戦布告し、翌四日には中立国ベルギーに侵攻した。ブロックは召集され、ほぼ四年間にわたって西部戦線で従軍する。

砲撃にさらされながらの行軍、戦闘による消耗、泥だらけの運河と化す塹壕、砲声がとどろくなかでの眠れぬ夜と長引く寒さ。一九一五年初めには腸チフスにかかり、危うく一命を取り留めた。第一次世界大戦ではじめて投入された毒ガスや飛行機による攻撃に見舞われることもあった。そうしたなかでブロックは沈着冷静に職務を果たし、戦時下に四つの勲章を授与された。

こうした戦争経験は、彼の学問に、とりわけ歴史研究とその意義についての省察を促すことになる。ブロックの研究に刻印を残す一つのエピソードをフィンクが伝えている。一九一七年の夏の後半、ブロックの部隊はパリの東北方に位置する小村ブレーヌの近くにいた。ブロックはブレーメン出身の一人のドイツ人捕虜を取り調べた。このドイツ人兵士はただちに後方に送られたが、部隊の内部にまちがった噂が広まったのである。すなわち、ブレーメン（フランス語でブレーム）が近くのブレーヌ村と取り違えられ、この捕虜が戦争前からフランスにすでに入り込んでいたスパイだと口々に伝えられたのである。こうした虚報がやすやすと信じ込まれたことは、ブロックにとって、怖れと疑念に満ちた「集合的意識」を反映するものであった。すでに大戦前にこうしたテーマに関心を抱いていた彼にとって、この経験は、一つの「実験室」となったのだった（フィンク著、九〇―九二ページ）。ブロックの第一の主著は、これと深く関連している。

一九一九年一〇月一日付で、ブロックは、ストラスブール大学に招聘される。アルザスは、ルイ一四世以来、フランスとドイツとのあいだでその領有を何度も変えてきた地域である。第一次大戦後アルザスは再びフランス領となり、フランス政府はストラスブールをフランスの学術の拠点としようと力を注いだのである。文学部の再編を担ったのは、ブロックが高等師範学校で教えを受けた中世史家プフィステールであった。彼は、将来のフランスの学問を支える俊英をストラスブールに集めた。歴史学の分野では、近代史のリュシアン・フェーヴル、中世史ではブロックのほかにペラン、古代史のピガニオル、少し後にフランス革命史のルフェーヴルが招かれた。そのほか、ブロンデル（心理学）、ル＝ブラ（宗教社会学者）、アルブバックス（社会学）といったそれぞれの分野を代表する若手の研究者がやってきた。彼らは、狭い専門意識をこえて対話をし、親密な交流のなかで、学問の新しい展開を力強く推進していくのである。ブロックの学問はこうした学際的な開かれた学問環境の中で、豊かな実りを結んでいくことになる。

「マルク・ブロックとストラスブール――ある偉大な歴史の思い出」と題するフェーヴルの文章は、このストラスブール時代の思い出にささげられている。フェーブルは書いている。

「ストラスブールのあの三〇年代は、実に美しい時代であった。熱がこもり無私無欲でしかも多産的な勤労の、美しい時代であった。だがまた最良の仕事のために、なんと多くの素晴らしい条件が重なっていたことだろう！真摯さのゆえに心が暖まるばかりか質の高さのゆえに刺激的な、何と多くの友情があったことか！　この頃、我々の親愛なるシャルル・ブロンデルが我々の時代の偉大な書物の一冊、あの傑作『集合心理学序説』を書いていた。この小品の内容と、例のごとく高雅な形式とがブロンデル独自のものであったとしても、その精神は我々のものだった。彼ばかりか、（とくに故人を挙げよう、そのリストはすでに長大だ）古いアルザスの慣習、習俗、民間伝承、家具、骨董品に関して無尽蔵の知識を持っていたあの好人物のエルネスト・レヴィからドイツ語学者、英語学者、スラブ語学者の方陣に至るまで多彩な言語学者も控えていた。中世の古文書に文献学上の難問があると、エルネスト・オップフネールが解決してくれる。考古学の難問があれば、P・ペルドリゼが彼の好奇心の無尽蔵の宝庫を開いてくれる。典礼、神学、教義史は、ストラスブールの神学部が力を貸してくれる。教会法の問題の解決には、ガブリエル・ルブラがその生きた知識をもってこころよく参加してくれる。ブロックにしても我々にしても皆、我々の学部の富が何であれ、アンドレ・ピガニオル、E・ペラン、さらにパリゼの死後学部に迎えられたのをブロックと私が大喜びしたジョルジュ・ルフェーヴル、これら歴史家グループの生活と活動が何であれ、学部に閉じこもらなかったのである」（『歴史のための闘い』長谷川輝夫訳、平凡社ライブラリー、一九九九年、一四六―四七ページ）

ブロック自身も語っている。「とりわけストラスブール大学の文学部において、私は刺激に満ちた共感に取り巻かれていると感じることができたのである。その制度と生活習慣は、共同生活にとってこの上なく好意的だった」（『王の奇跡』、四ページ）。

ストラスブールに赴任してきた時には、ブロックはまだそれほど明確にテーマを定めていなかったようだ。しかし関心の方向だけは、明らかであった。同じく、フェーヴルは述べている。

「彼（ブロック）は今や歴史家として大偉業を成し遂げる能力を十分身につけていたが、どの方面に進むべきかを依然として決めかねていたのである。さしあたり彼は、一九二〇年に刊行されることになる短い学位論文『王と農奴――カペー史の一章』を完成させ、ソルボンヌに行って公開審査を受け、もちろん「優」をもらって帰ってきた。こうして何といっても選択である以上に義務であるものから解放されて、今や学者として自己の運命に自由に関心を寄せることができた。

本能的にマルク・ブロックは、この学位論文において心理社会史の途方もなく大きな問題を提起した。……すでに「歴史家の仕事」について反省し、日付の問題や、法制史家として、またデュルケム社会学に傾倒した社会学者として制度の問題を気にかけていた。歴史において集合信仰に関するものに対し、強い関心を抱いていた」

（同、二二三―二四ページ）。

こうしてブロックは、カペー朝の王たちのもとでなされた農奴解放の問題に取り組み、学位を取得した。これ以後は、伝統的な枠組みに縛られないで、自由にテーマを発展させることができるようになった。しかし、この学位論文においても、彼の独自の問題意識はすでに読み取れることを、フェーヴルは指摘しているのである。それが、「集合信仰」の問題であった。

3 『奇跡を行なう国王』

一九二四年、ブロックの明敏な問題意識に支えられた研究書が出版された。第一の主著『奇跡を行なう国王』（邦訳、前掲『王の奇跡』）がそれである。副題は「王権の超自然的性格に関する研究。特にフランスとイギリスの場合」というものである。すでに表題からして、斬新な内容を予測させるこの書物は、何をどのように問題としているのであろうか。本書はブロックの三主著の中でも最も視野が広く、鋭い推論で際立っているが、最も難解な書物でもあるので、やや立ち入って考察してみよう。

ブロックの問題意識は、次のような指摘によく表れている。

「私は、特にフランスとイギリスについて、長い間、王権がもっているとされた超自然的性格、社会学者が本来の意味からいささか逸脱させてしまった言葉を借用するなら、いわゆる「神秘的」王権を研究するための導きの糸として治癒儀式を利用したのだ。王権！その歴史は、ヨーロッパの諸制度の発展に君臨している。ほとんどすべての西ヨーロッパ諸民族は、今日にいたるまで王によって支配されてきた。我々の諸国における人間社会の政治的発展は、長期にわたって、大王朝の勢力の変遷という一事にほぼ要約される。ところで、往時の王政がいかなるものだったかを理解するためには、なかんずく長期にわたって王政が人心を把握したことを理解するためには、王政が臣民に押しつけた行政、司法、財政の組織のメカニズムを徹底的に解明しても、まだ決して十分ではない。さらにまた、絶対主義ないし神授王権の観念を抽象的に分析、あるいはもろもろの大理論家の思想のなかに探り求めても、不十分なのは同じである。王家をめぐって花開いた信仰と寓話の奥を探ることが不可欠なのだ。多くの点で、こういう民俗そのものが、いかなる教説の書物にもまして雄弁なのだ」(同、一一—一二ページ)。

　王権については多くの研究が積み重ねられてきた。これに対して、ブロックはまったく新しい視点からこの王権を考察しようとするのである。一九世紀ヨーロッパの歴史研究の主流は政治・軍事史であり、ブロックは新しい歴史学を追究した、とされる。それは正しいであろう。しかし、彼のめざしたのは、「広い意味における、そして真の意味におけるヨーロッパの政治史への寄与」であったのである(一四ページ)。

　ところで、本書の主題は王の奇跡、すなわち「王による瘰《るい》癧《れき》さわり」であり、ヨーロッパではフランスとイギリスにのみ見出されるものであった。ここで瘰癧とされているのは、中世および近世に広く見られた「結核菌によるリンパ腺の炎症」(二〇ページ)であった。「この病は死病とまでは行かないが、適切な治療が施されない場合、不快きわまりなく顔もゆがんでしまう。しばしば化膿して人に嫌悪を催させる。瘰癧の恐怖は、多くの古い物語に素直に述べられている。すなわち、顔は「ゆがみ」、傷口は「悪臭を」まき散らしたのだ。数え切れないほどの患者は、治癒を切望するあまり、何であれ療法の噂を聞けばとびついた。王の奇跡を論じようとする歴史家が目にする情景の背景は、まさしくここにある」(二一ページ)。

　こうしたテーマで研究を進めるにあたっては、「前書き」に記されているように医者であった兄の影響もあった。

　さて、きわめて斬新な問題関心のもと、ブロックはどのような史料に基づいて考察を進めていくのであろうか。いかにも困難な史料探索を予想させるテーマである。事実、本書において取り上げられている史料は実に多様で膨大なものである。著者が挙げているものを大きく分類すると、財政帳簿、あらゆる種類の行政文書、文学作品、政治的ないし宗教的文書、医学図書、典礼書、図像資料などである。その一例をとおして、著者のこの問題に迫る困難さを確認しておこう。

　ブロックにとって重要な史料群の一つは英仏とも財政帳簿であった。王が「瘰癧さわり」によって治癒行為をなす場合に、王から病人たちに若干の施与がなされたからである。しかし、こうした帳簿が網羅的に残されているわけではない。ある時期には豊富な記録があり、別の時期についてはまったく何の記録もない。

フランス王政時代の財政記録はきわめて少ない。一七三七年一〇月にシテ島に発生した火災によって、王宮内に保管されていた多くの帳簿が焼失したからである。瘰癧さわりの儀式についての手がかりとなる現存の最古の勘定書きは、フィリップ四世（端麗王、在位（一二八五—一三一四）の治世まで遡る。すなわち、一三〇七年と一三〇八年の一時期、几帳面な会計担当者によって「王の病い（瘰癧）に苦しむ」者たちへの支出が記入されている。そこには、支出ごとに施与にあずかった者の名前と出身地が丹念に記載されている。しかし、それ以後シャルル八世（在位、一四八三—一四九八）までは、会計記録は散逸してしまっており存在しない。一四八五年になりようやく、施与の帳簿を見出すことができる。しかし、それらの帳簿、帳簿断片、勘定書きに、瘰癧さわりに関する注記はあるものの、多くは単に数字が挙げてあるだけで、例外的に病人の名前が記されているに過ぎない。一五三九年一二月三一日からフランス王政終末まで、施与を記載する記録はまったく発見できない、という（四八三—八七ページ）。

これに対し、イギリスの旧王朝は豊富な財政記録を残した。王宮が火災に見舞われ貴重な史料が灰燼に帰すこともなかったからである。ところが、イギリス史家たちは輝かしい議会史に目を奪われ、地味な財政記録に注目することはほとんどなかった。しかし、治癒の儀式を知るための不可欠な手がかりがそこにはある。ブロックはとくに王室の会計に注目する。イギリスでは、エドワード一世（在位、一二七二—一三〇七）以後、行政はより組織化され、書類を注意深く保管するようになった。王によって治癒の儀式を受けた病人は、王室付きの司祭をつうじて施与を受けたが、三種類の史料によってこの時の支出を跡づけることができる。第一は、王室付き司祭の簡単な備忘録である「記録（ロール）」。多くの場合、年単位で司祭が支払った金額が記載され、支出額は日、週、まれに半月ごとに記入されている。第二は、国王治世年度ごとに納戸役が作成する要約清算書。第三は、納戸取締役の計算書。対比帳簿と呼ばれるこの書類は、資金運用の検査のためのものだったと考えられる。これらの財政書類には人名が記載されておらず、ここから明らかになるのは、ある日、ある週にエドワード一世が手を触れた病人の数だけである。したがって、彼らがどこから来たのかは不明である。つづくエドワード二世の治世（一三〇七—一二七）に帳簿（ロール）は突然、しかもその後まったく姿を消す。納戸役や納戸取締役の要約計算書は残っているが、病人たちに支払った総額だけが記載され、細目は省略されるようになった。リチャード二世（在位、一三七七—九九）以後は、おそらく何らかの官僚機構改革のために、会計年度末の計算書から瘰癧さわりに関する記事は完全に消失する。ヘンリ七世（在位、一四八五―一五〇九）とヘンリ八世（在位、一五〇九―四七）の治世には、宮廷支出の日誌が若干残っており、王により「癒された病者」に支払った金額が幾度も出てくる。

一七世紀になると、王室の会計帳簿からは何も読み取れない。一五世紀ごろから、イギリス王は触った病人に本物の銀貨や小銭にではなく、必ず一枚の金貨（「エンジェル金貨」）を授けるのが慣例となった。この金貨は次第に本来の貨幣としての性格を失い、もっぱら治癒儀式のために鋳造されるようになり、チャールズ二世（在位、一六六〇―八五）のもとでは、金額表示のないメダル（「お手触れ銭」）となる。これらはロンドン塔の造幣所で鋳造された。この件に関して政府諸部局から造幣所役人にあてた指令書や、鋳造数量をある程度知る手がかりとなる計算書が残っている。またブロックは、王が手を触れた際作らせた証明書一五通を史料として確認している。そこには、その任にあたる医師二人が署名したうえに、儀式を統括した教会関係の役人が副署している。この書類が会計監査院に随時提出された。貴重な史料であるが、保存状態がたいへん悪かった（四九〇―九八ページ）。

ブロックは指摘する。「要するに、治癒儀礼、そのなかでも瘰癧さわりについて、イギリス旧王朝の財政史料から得られる知識は断片的、それもたいていは不正確なものに過ぎない。全体としてははるかに貧弱なフランスの史料の方が、特定の事項に関するかぎりより有用である」（五〇二ページ）。

さてブロックが史料を考察するに際して示している次のような見解は、注目に値する。時代の実情を知る際に、二流の著作家たちの記述に、当時の民衆の心情がより強く反映していることを述べているくだりである。

「思想界の大立者を絶えず参照するのもさることながら、二流の著述家たちをよく調べる方が、歴史家にはかえって有益だと思われる。たとえば、十六、十七世紀フランスで大量に作り出された王政の公法概説ないし王政奉賛の書――王の尊厳に関する論考、王の起源や権威に関する論集、百合花紋の賛美、等々――である。もちろん、そんなものを読んでも大きな知的満足などは期待できない。思想的次元からいえば概して低いからである。ジャン・フェロー、クロード・ダルボン、ピエール・ポワッソン・ド・ラ・ボディニエール、H・デュ・ボワ、ルイ・ロラン、イポリット・ローラン、バルタザール・ド・リエス、その他いくらでも名を挙げることができるが、いずれも社会思想史上に栄誉ある地位を占める資格はない。同様にシャルル・グラッサイユ、アンドレ・デュシェーヌ、ジェローム・ビニョンなどは、いま少し高い評価を受けるかも知れないが、忘れ去られたままになっているのも止むを得ない人々である。しかしこの種の文献には、凡庸で、さらには粗野であるという、まさしくそのことによって、共通観念の間近かに存在したという利点がある。金で雇われた小冊子書きの手になるもので、筆者が面白くもない思考の糸を紡ぐよりも金を稼ぐことに気を取られていたのではないかと疑われる場合には、民衆の感情を生きた姿で把握したいと思う我々にとって、なおさら好都合なのだ。というのも、職業的宣伝屋が好んで展開する議論なるものは、読者大衆の反応が期待できると自信をもった議論だからである」（三八六―八七ページ）。

こうした指摘には、ブロックの歴史家としてのセンスが感じられる。

さて、それではフランスとイギリスにおいてだけ、瘰癧さわりの儀式が出現したのはなぜか。それはブロックによれば、これら西欧の二国の王が久しい以前から神聖な人間であったからである（五〇ページ）。したがって、まず王権の聖性が承認された由来が考察される。フランク、アングル、サクソンなどのゲルマン諸族の首長から一二世紀のフランスやイギリスの諸君主に至るまで、その家系は直接連続の系譜である（五一ページ）。したがってまず古ゲルマンの王政が考察されなければならない。ゲルマンの王たちは神的な存在であった。こうした王の超自然的性格についての信仰から忠誠心が生まれた。キリスト教はこうした聖なる王権についての観念に打撃を与えた。八世紀末まで、フランクやイギリスの王たちは、公的には俗人に過ぎない。

ところが、西欧の君主たちは教会による祝別、とりわけ「塗油」によって再び聖なる者となった。塗油の儀式は、ゲルマン国家に七、八世紀に出現した。その際、旧約聖書が古き時代の聖なる王権を取り込む手段を提供した。創世記の一四章に登場してくる、祭司にして王であるメルキゼデクの範例が王権の擁護者たちの注意を引いた。王は聖なる人間として超自然的性格を備えていたのである。塗油は、人を聖なる領域に移すための手続きであった。こうして古代イスラエルの慣習が受容され、洗礼を授け叙階をする際の塗油を王の塗油にも適用することは自然に行なわれるようになった。ダヴィデやソロモンの手本により、王たちは神聖な性格を取り戻すことができた。この新しい制度はまずスペインの西ゴートに七世紀に現れる。ついで、フランクにおいてこれが導入された。ただし、メロヴィング期においては、王が王として塗油された例はない。クローヴィスの場合も彼がうけた塗油はガリア式典礼によって洗礼志願者に施される塗油だけであり、王としての塗油ではない。

七五一年、ピピンが王権の簒奪を企てた。その際、それを宗教的に正当化させようとした彼は、旧約聖書の慣例に倣って、司祭の手から塗油を受けた。こうしてピピンは王として塗油を受けた最初のフランス王となった。後継者たちはその例を踏襲した。八世紀末には、イギリスでも同じ儀式が成立し、まもなく全西欧に普及した。しかも同時に起源を異にするもう一つの儀典が塗油に結びつけられた。それが「加冠」であった。西暦八〇〇年のクリスマスに聖ペトロ教会において、教皇レオ三世はシャルルマーニュ（カール大帝）を皇帝と宣言し、その頭上に冠を置いた。シャルルマーニュはすでに王として塗油されていたので、皇帝としてあらためて塗油されることはなかった。皇帝としては、その子ルイ敬虔王が初めて八一六年ランスで教皇ステファヌス四世から加冠と同時に塗油の聖別を受けた。以後この二つは切り離せなくなり、皇帝ばかりでなく王の聖別にも両方が行なわれるようになった。フランスではシャルル禿頭王の時代以後、イギリスでは九世紀以後、王は塗油にひきつづき加冠された。このようにして聖別式が成立した。王は、「主の油注がれた者」となった（六九ページ）。「こうして決定的に、そうでなくとも遙かな過去から人々の崇敬を引き継いでいた西欧の王政は、神聖な刻印を受けたのだ。以後、王は永遠に神聖であり続けるだろう。カペー朝のフランスやノルマン朝のイギリスはもちろんのこと、ザクセン朝やザリエル朝皇帝たちのドイツも、この点に関するかぎりカロリング朝の伝統と無縁ではない。……王が聖なるものと見なされ続けたこと、我々が問題にする英仏二国で特にそうだった……」（七四―七五ページ）。ピエール・ド・ブロワ（一二〇四年没）は、塗油こそ王の「聖性」の起源だと言った。多くの人々も同じ考えだった。しかし、彼はさらにすすんで、我が主君は聖なる人であるがゆえに、病人を癒すことができる、と述べた。

人びとは、聖なるものは恩恵をもたらすと考えた。健康よりも大きな恩恵はない。そこで、聖別を受けた者は、病気を癒す力があると思い込んだ（七七ページ）。聖なるものとは、治癒するものと同義であった。しかし、塗油が西欧諸国に導入されると同時に、王は治癒者となったのでもなく、またすべての国で治癒者となったのでもない。「特定の時期、特定の状況のなかで瘰癧さわりが成立したことを説明するには、別次元の諸事実、より偶然的と規程できるような諸事実を検討することが不可欠である」（七九ページ）。

さて、王による「瘰癧さわり」の慣行は、両国においてどのように生じたのだろうか。ブロックによれば、それはカペー朝フランスとノルマン朝イギリスにおいて出現した（九〇ページ）。フランスの最初の二王朝である、メロヴィング朝とカロリング朝においては、瘰癧を癒す王の存在は確認されない（二九ページ）。その後、病人を癒すことができるとみなされた最初のフランス王が登場する。カペー朝第二代のロベール二世（敬虔王、在位、九九六―一〇三一）である。九八七年、カペー朝は成立したが、それ以後もカロリング朝の威信は大きく、カペー家の権力は不安定であった。したがって、その前途は安泰ではなかった。シルヴェステル二世が書いたように、共同の王となったカペー父子は、「臨時の王」であった。したがって、カペー家の緊急課題は危うい王位の正統性を作り直すこと、何か前代未聞の示威を用いて、家名の威光を高めることであった。カペー家が王位を簒奪した年である九八七年に王位と塗油を受けたロベール二世は、聖別を受けた者は病気治癒の力をもつとする一般の通念に応えて、病の治癒を始めた。西暦一〇〇〇年頃のことである。こうして彼は、奇跡を行なう最初の王となった。臣下たちは王の治癒能力を信じた。宮廷では病人を呼び集め、治療の評判を広める努力をしたであろう。ロベールは、さまざまな病気の治癒者であった。もちろん、王のもとにやって来た者のなかに、瘰癧患者もいたのである。

彼の後継者たちはその能力を相続した。しかし、時とともに特定の病気、つまり瘰癧の専門家になっていった。そして、瘰癧という特定された病を治す最初の王が、フィリップ一世(在位、一〇六〇―一一〇八)であった。ブロックは指摘している。

「初期のカペー朝の王たちは、例えばロベール敬虔以来、奇跡の評判に引き寄せられて駆けつけたさまざまの病に苦しむ哀れな者たちに「触って」、「十字の印をつけた」。群衆の中に瘰癧患者が含まれていたのは確かである。というのも、瘰癧は当時のヨーロッパで極度に多発しました恐れられた病気だったからだ。しかし、実際には瘰癧は比較的軽微な病気、真に危険というよりむしろ見た目に不快な病気なので、少なくとも外見的ないし一時的には容易に恢服する余地があったのである。国王の聖なる手によって軽く触れられた瘰癧患者のうちに、ある者は実際に治り、さらに多くの者は治ったように見えた。今日ならば自然の効力というはずのものを、十一世紀には国王の霊験と言ったのである。何らかの理由でこの種のケースが度重なれば、想像力をかきたてるのにふさわしい条件のもとでは――例えば、快癒した瘰癧患者と、国王が触れても効果のなかった他の病気の患者を見比べるなどするうちに――カペー朝の君主を瘰癧の専門家とみなす心理傾向を生じるのに十分だった」(三四ページ)。

一方イギリスの場合は、ブロックによればこれより一世紀ほど遅れる。すなわち、一一〇〇年頃のことである。すでに七八七年、チェルシーの教会会議は、おそらくフランクの例に倣って、イギリス最初の国王塗油式を行なった。これはまもなく全西欧に普及する。九世紀以降には、王は塗油に引きつづき加冠された。イギリスにおいても、王の瘰癧治癒を受け容れる土壌が存在した。「治癒儀礼の源泉でその成功を可能ならしめた集合信仰は、全西欧共通の政治的宗教的状況の所産で、フランスと同じようにイギリスでも自生的に開花していた」(八三ページ)。

しかもイギリス王の場合は初めから瘰癧の治癒者であった。

「王の奇跡の歴史において、フィリップ一世がフランスにおいて占めていたのと同じ位置を、イギリスではヘンリ二世（在位、一一五四―八九）が占めている。彼は瘰癧患者に触れたイギリス最初の君主だと、断定してよい」、とブロックは述べる（三七ページ）。その際、彼は多くの史料に対する徹底的な吟味によって、エドワード懺悔王まで治癒の儀式を遡らせる伝承を否定し、ヘンリ一世（在位、一一〇〇―三五）が瘰癧に触れた十分な可能性を指摘する（四三―四四、八三ページ）。

「エドワード懺悔王といわずその先行者といわず、アングロ・サクソン諸王が、王たるが故に瘰癧を治癒すると称したことを信ずるに足る理由は、まったくない。ヘンリ二世がこの能力を行使したのは確実である。おそらくヘンリ一世もすでにこの能力を我が物とし、それを正当化するために偉大なる名、すなわち聖なるエドワードの名の蔭にかくれたのだ。我々の知る限り、これがイギリスにおける治癒儀礼の開始であった」（四六ページ）。

ヘンリ一世による瘰癧さわりの儀式の開始を考察する際、危うい正統性に対する彼の不安とともに、グレゴリウス改革が当時真っ盛りであったことを考慮に入れなければならない。グレゴリウス七世は、世俗の君主に奇跡の力を認めることを公然と拒否し、聖なる王権という観念を打破しようとした（一三一ページ）。グレゴリウス主義の立場にたつウィリアム・オブ・マームズベリは、治癒儀式を王に忠義な一派が企てる「偽りの仕業」と非難した。他方、ヨーク大聖堂付きの一聖職者の反グレゴリウス的な思想の精髄である「三五か条」では、王の祭司的で半ば神的な性格が強調されている（八四ページ）。この時期に王の奇跡が導入されたイギリスでは、儀式上もフランスと相違する。グレゴリウス改革をめぐる論争のなかで、王権の聖なる任務という観念は著しく高揚したのである。

英仏における王による瘰癧さわりの発端は、このようなものであった。これ以後この慣行は、ブロックによればフランスでは八〇〇年以上にわたって、イギリスの場合は六〇〇年余り続けられていくのである。

それではなぜ他の国々ではこうした儀礼は生じなかったのか。王権の超自然的性格についての信仰は、西ヨーロッパ全体に共通していた。したがって両国以外の諸国に欠けていたのは、特殊な状況だけであった。

「ドイツの場合、ザクセン朝やシュヴァーベン朝は、帝冠から余りにも偉大な栄誉を得ていたため、医師の役を演じようなどとは思いもしなかったと推測してよいだろう。他の国々では、疑いもなくどの君主もこのような計画を着想するだけの機転、あるいはそれを実行に移すに足る大胆さ、持続力、ひいては個人的信望が欠けていた。フランスとイギリスの儀式の系譜には、偶然、あるいは個人的天分といってもよいが、その種のものが役割を果たしたのだ」（一六六ページ）。

こうして、神聖にして奇跡を行なう王権という観念は、英仏において、いくつかの偶発的な状況に助けられて、瘰癧さわりを誕生させたのである（一六七ページ）。

以上のことを念頭におきつつ、次に英仏における王による瘰癧さわりの展開の大筋を見ておこう。十三世紀頃、カペー朝とプランタジネット朝の諸王が行なう治療の名声は、全カトリック世界にあまねく知れ渡っていた。フィリップ四世（端麗王、在位、一二八五―一三一四）の治世になって初めて、フランス王は世俗権力の防衛者たる役割を引き受け、論客たちも、治癒奇跡にふれることになる。教皇庁との大紛争の渦中ではじめてフランス王政の弁明者たちが王の治癒奇跡を持ち出した。十四世紀後半および十五世紀は、フランス王室の危機の時代であった。ヴァロワ対プランタジネットの抗争、外国勢力の侵入、あらゆる種類の政治的・社会的混乱が国家を動揺させた（一一六ページ）。こうした百年戦争やばら戦争の時代を通じて、王の瘰癧さわりは続けられ、王の奇跡は王権擁護者によって広く利用された（一五一ページ）。とくに、シャルル五世の治下（一三六四―八〇）、宗教的、超自然的な威信を強化しようとする精力的な努力がなされた。危機の脱出に際して国王派の宣伝に好んで取り上げられたのが王の奇跡であった。こうして、フィリップ四世およびシャルル五世の側近によって弾みをつけられて以来、奇跡の治療は、常にフランス王権賛美に欠かせないものとなった（一四九ページ）。一五〇〇年前後、王の奇跡は全盛をきわめる（三四一ページ）。

さて、十五世紀末以降、一つの新しい展開が生れる。「次第に王の奇跡の守護聖者となってきたメロヴィング時代の敬虔な修道院長、聖マルクールの聖遺物匣のもとへ王が巡礼するという慣例が、戴冠式に追加されていた。新君主が初めて奇跡治癒者の役を試みるのは、ランスで聖なる油を注がれた直後ではなく、そのすこし後、マルクールの遺骨礼拝のために来たコルブニーでのことであった。奇跡能力を行使しようとするに先立って、王は聖別でなく、一聖者の取りなしに期待したのだ」（一三八ページ）。そして、聖マルクール信仰が王の奇跡の信仰に混入して区別がつかなくなった。聖マルクールの名前は瘰癧の治療儀礼に結びついて離れなくなった（二八四ページ）。一六五四年、ルイ十四世が王に聖別された時、コルブニーの町は戦乱で荒廃していたので、ランス市内のサン・レミ修道院まで聖マルクールの聖遺物匣をもって来させ、王の参詣は滞りなく完了した（三〇九ページ）。

十七世紀には、フランス王政で瘰癧さわりは君主の栄光の荘厳な式典となった（四〇三ページ）。一方、王の奇跡を信じない者もいた。プロテスタントの大半はその一派だった。

十八世紀になっても、治癒の儀式は厳かに執り行われた。ルイ十五世が聖別式の翌日、一七二二年一〇月二九日にランスのサン・レミ公園で行なった儀式には、二〇〇〇〇人を超える瘰癧患者が参集した。民衆が殺到する情景には変わりがなかった（四四六ページ）。しかし、その治世に、王政の威信は凋落する。王の不身持のために少なくとも三回、儀式が執行できないことがあった。そこには、民衆の奇跡依存の習慣を失わせる危険があった。加えて、教養人の間に懐疑主義が顕著になってくる。モンテスキューの『ペルシア人の手紙』（一七二一）には、からかった調子で「魔法使いの王」が扱われている。ヴォルテールになると、『書簡』や『百科全書に関する諸問題』で王朝の奇跡霊力を嘲笑し、『風俗試論』では、この特権を放棄したオレンジ公ウィリアムを見習うようフランス王に勧め、理性がやがてこの風習を廃絶するに至るであろうと書いている（四四七ページ）。啓蒙思想が古来の信仰に打撃を与えたのである。ルイ十五世の時代に、病人に手を触れる際に唱える唱句が微妙に変化したことも象徴的である。つまり、「神、汝を癒したまう」が「神、汝を癒したまわんことを」に変わったのである（四四九ページ）。次第に確信が薄れていったことが読み取れる。

それでも、ルイ十六世は古き慣例に忠実で、聖別式の翌日、瘰癧患者二四〇〇人に手を触れた。一七八九年、王は神授権と奇跡の力を放棄しなければならなくなる。フランスにおいて瘰癧さわりを消滅させたのは、イギリスにおいてと同様、政治革命であった（四二八ページ）。とはいえもう一度、奇跡復活の試みがなされる。ナポレオンの帝政が崩壊した後、ルイ十八世の治世を経て、シャルル十世（在位、一八二四—三〇）が即位した。一八二五年、彼は聖別された。「その時繰り広げられたいささか時代錯誤の盛儀は、神聖にして半聖職的なる王権の最後の輝きであった」（四五二ページ）。聖別された後、王はコルブニーには赴かず、ランスのサン・マルクール施療院に瘰癧患者を呼び集めた。五月三一日、施療院に集まった病人は、一二〇ないし一三〇人に過ぎなかった。国王聖別式の前夜、シャトーブリアンは、「もはや、瘰癧患者を癒すだけの霊力をそなえた手は存在しない」と日記に書きつけていた（四五三ページ）。一八二五年五月三一日から後、ヨーロッパではいかなる王も瘰癧患者の傷に手を触れることはなかった（四五五ページ）。旧王朝信仰は没落したのである。治癒儀式が実行されなくなった時、あれほど長く儀式を支えてきた信仰そのものがほとんど消滅する寸前であった。

それでは、イギリスにおける経過はどのようなものであったのだろうか。十二世紀末頃、瘰癧を専門としたヘンリ二世の宮廷にいたフランス出身の聖職者ピエール・ド・ブロワは主君について「神聖にして主の油を注がれた者」と、王の奇跡能力を正当化すべく語った。すなわちこのヘンリ二世の側近は、塗油こそ王の「聖性」の起源であるとしたのである。十三世紀に、プランタジネット朝の諸王が行なう治療の名声は、同じ時期のカペー朝の王たちのそれと同じく、全カトリック世界に明らかであった。
一四、一五世紀に、王の奇跡は王権擁護者によって広く利用された（一五一ページ）。ところでこの二世紀間、イギリスでは旧来のものとはまったく別の二次的な塗油儀式が出現する。君主の癩癇に対する治療とみなされた、治癒の指輪の祝別である（一六七ページ）。毎年の聖金曜日（キリスト受難の日）、イギリス王は十字架を礼拝した。その際、王はひれ伏し、起き上がらないまま、十字架へ少しずつにじり寄った。しかし、「十字架への匍匐」がなされたのである（一六八ページ）。しかし、プランタジネット朝期、遅くともエドワード二世以後、聖金曜日の典礼は、王にとって微妙に複雑な行事となる。ひとまず拝礼が終ると、王は祭壇の前に進み、奉献の品として若干の貴金属貨幣を供える。つぎに王は、これらの金銀貨を取り下げ、代わりに同額の普通の通貨を置く。そして、この回収された貴金属をもって指輪を造らせた。この指輪を指にはめれば、何らかの病いに悩む者を癒すとされたのである。一五世紀には、この護符が筋肉の苦痛や痙攣、特に癲癇の発作を和らげると信じられた。そのため、その頃から痙攣指輪の名が生じた（一六九ページ）。この奇妙な儀式は、ある程度瘰癧さわりの儀式の補足となっている。これはイギリス王室だけに見られ、フランスには類似のものすらなかった（一七〇ページ）。
エドワード三世（在位、一三二七—七七）の後、一世紀たって初めて、痙攣指輪が王の超自然的能力の一つに数えられた。一四世紀初頭に始まり、エドワード二世の利害にからむ政策によって促進されたこの発展はついに完了した。一五〇〇年の直前、かつての呪術的手続きが、国王固有の奇跡に変わった（一九三ページ）。痙攣指輪は、奇跡王権の圏内に編入された（一九四ページ）。一四世紀後半から一五世紀は、イギリス王室の危機の時代であり、王朝の革命、内乱が生じたが、王は瘰癧さわりを続けている。王族分家間の死闘は、しかし、民族感情に混乱を惹き起こし、治癒信仰の低下を招いた。

ばら戦争（一四五五—八五）後、ヘンリ七世（在位、一四八五—一五〇九）の時代に奇跡にあずかった者は、一律に六シリング八ペンスを受け取った。この施しは、エドワード一世やエドワード三世の時代よりはるかに高額であった。つまり、エドワード三世からヘンリ七世までの間に、瘰癧患者への施しは銀貨から金貨に変わり、同時にその経済的価値がいちじるしく増大したのである。この結果、病人に対する施与が事実上の褒美となり、瘰癧さわりをためらいかねない者たちを惹きつけることになった。そうした変化は、危機の時代、すなわち敵対する君主たちがたがいに王冠を争い、たがいに相手の奇跡の機能を否定しあった時代に生じた（一一九ページ）。どちらの王位主張者もあらゆる手段を尽くして、治癒を求める瘰癧患者を自分の側に引き寄せようと務めた。奇跡の能力ほど明確な王の資格の輝かしい確証はなかったからである。

こうした抗争のなかったフランスでは、瘰癧さわりを受ける者への施しは、依然として低額のままであった（一一九ページ）。イギリスの施与が驚くほど高額化したのは、敵対する二つの王家が競ってせり上げた結果と考えるほかはない（一二〇ページ）。いずれにせよ、王の奇跡に対する信仰は動乱の政治を見事に生き抜いた。この時代、医学、神学、政治哲学などがこの信仰を取り上げ、文献でもってそれを認証した（一二一ページ）。

イギリスにおいて二つの儀式は、教皇庁と袂をわかった後も依然として続けられた。ヘンリ八世（在位、一五〇九―四七）はもちろんのこと、「迷信」の痕跡をすべて拭い去ろうとしたエドワード六世（在位、一五四七―五三）ですらそうであった。彼は、主の受難の祭日に治療の指輪の祝福を続けたし、瘰癧さわりも、旧来の慣例をプロテスタント風に修正して行なったと推測される（三六七ページ）。メアリ一世（在位、一五五三―五八）の治世は、古来の慣習が守られていた最後の時期である。この女王は旧時代の信仰に忠実であり、直前二代のプロテスタント国王が導入した改革を維持することはなかった。

メアリのもとで規則的に続けられた聖金曜日の儀式も、エリザベス一世（在位、一五五八―一六〇三）の即位によって一新されたプロテスタント宮廷では、行なわれていない。民衆たちもやがて、単なる金属の指輪に興味を失っていった。エリザベスは、こうして古来の儀典に終止符を打ったのである。改革という点では、兄のエドワードよりはるかに温和であったエリザベスがなぜ廃止すべきだと考えたのか。「おそらく、メアリ治下に力を得たカトリック反動のせいで、神経質になっていたのであろう。また、瘰癧さわりだけは万難を排して守りぬこうと決意した女王が、旧弊な信仰の敵たちをある程度宥めるため、二つの治癒儀礼のうち一つを犠牲にしたとも、考えられる」（三七一ページ）。事実、エリザベスは瘰癧さわりを廃止しなかった。儀式の中の祈祷文と式辞の若干の変更はしたが、伝統の典礼を忠実に守った。それによって、女王は奇跡能力を発揮することに成功した。

しかし、エリザベスの奇跡能力を認めようとしない有力な集団が二つあった。女王を異端者とするカトリックと、教理上この慣行を迷信とする急進派プロテスタント、すなわちピューリタンである。したがって彼らから、イギリス王朝古来の特権を防衛する必要があったのである。瘰癧さわりを論じた最初の書物であり、王の奇跡を讃えたタッカーの『治癒の賜物に関する総論』（一五九七）が出版されたのもエリザベスの治世である。この種の擁護論の出現は、王の奇跡を起こす霊力がもはや万人の認めるものではなくなっていたことを示すものであった（三七二ページ）。

政治上では、絶対王政と王権神授説を奉じたジェームス一世は、国王権力の超人間的な性格を余すところなく表現する瘰癧さわりの儀式の実行をためらった（三七三、三七五ページ）。スコットランドで厳格なカルヴァン派の環境に成長し、迷信に他ならないと教えられた奇跡的なるものを実行することに嫌悪を感じたからである。彼は旧来の信仰をまざまざと連想させる象徴的な仕草を一切しなかった。また、それまで「エンジェル金貨」についていた十字の印もなくなったし、刻銘も「奇跡」の語を削って短縮された。こうした修正もあり、結局ジェームズ一世は定期的に治療者の役を果たすことを受け容れた（三七六ページ）。シェークスピアの『マクベス』が上演されたのはこの王の治世の初めである。この悲劇の中に、奇跡能力を讃える句が挿入されている。「この善き王なればこそ、いと大いなる奇跡のわざがあるのだ」（第四幕、第三場）。ブロックは指摘する。「この点に関して、シェークスピアは民衆の意識を忠実に伝えている。国民大多数は未だ、『治癒の祝福』の恩寵のない王など真の王とは思わなかった。王政に忠実な者たちの意見は、王自身の狐疑逡巡など圧倒し去るだけの力を持っていたのだ」（『王の奇跡』三七七―八ページ）。

チャールズ一世（在位、一六二五―四九）も瘰癧さわりを盛んに行なった。国教会の中で成長した彼は、父王のような内心の不安を感じることはなかった（三七八ページ）。儀式は、エリザベスとジェームズ一世がイギリス国教会の慣例にあわせて採択した形式に従って進められ、大盛況であった。彼の治下に、この儀式が一国の正規の宗教生活に組み込まれた。チャールズ一世は国王特権の競争者に対して仮借ない戦いを挑んだ。王でもない者が瘰癧患者に手を触れるのは、大逆罪とされた。こうした過敏さは、絶対権力が不安定であったことに由来するであろう（四一五―六ページ）。回復して、それを王の手のお蔭だと考える病人は、王政にとって確実な忠臣であった（四一六ページ）。一六三三年の改革以後は、治癒のための宗教儀式が、国教会が全員に持たせた「一般祈祷書」に表れる。王の奇跡がそっくりそのまま、秩序正しい王政国家の制度の一つとなったのである（四一四ページ）。王の奇跡の信仰は、国王「特権」と体制教会の支持者たち、すなわちこの国の大多数が奉じる半宗教・半政治的教説の一部をなしていた。熱心な宗教的少数者だけが、王の奇跡を排撃した。そこに古来の迷信の唾棄すべき遺産と厭うべき絶対王政の示威を見たからである（三七八ページ）。

いよいよ内乱の時代を迎える（四一七ページ）。奇跡の霊力は王党の信仰にもとづく独断として、長期議会を支持する人々の排撃の的となる。しかし、大衆の心には常に生き続ける（四一七ページ）。一六四二年、ロンドンの市民と職人が議会派に加担したため、チャールズ一世は首都を離れた。ロンドン住民は、絶対君主としての王の帰還を認めなかった。共和政と護民官制下ではもはや誰も瘰癧さわりはしていない。

しかし、古き信仰は死んではいなかった。チャールズ二世

（在位、一六六〇―八五）は亡命先で父祖伝来の奇跡を実行した。ただ財政上の理由から、金貨ではなく銀貨を配った。それでも人は集まった。奇跡を行なう天与の力にたいする信仰は執拗に持続している（四二〇ページ）。王政復古を企てた者たちも、王権の宗教の活性化を決意していたので、奇跡のもつ威信を忘れるようなことはなかった。一六六〇年五月三〇日、議会が王を承認した直後、チャールズ二世は異国のブレダで、荘厳な治療の儀式を行なった。イギリスに帰還するやただちに何度も病人に手を触れ、その都度病人の大群が押しかけた。王権の擁護者たちは民衆の熱狂を煽り立てた。サンクロフトの説教（一六六〇）、バードの少々狂気じみた小冊子『チャールズの奇跡』（一六六一）、瘰癧そのものを論じた匿名の小品『クセイレゾケ』（一六六五）、推論と実例をふんだんに盛り込んだ王の侍従ブラウンの『内分泌腺疾患学』（一六八四）などがそれである。チャールズは酷暑の季節は別として、原則として毎週金曜日には、病人に触った。式次第は父王や祖父王の頃と同じだったが、病人に授ける貨幣は廃止され、もはや通貨としては流通しないメダルに代わった（四二一ページ）。チャールズ二世が統治していた二五年間に約一〇万人の瘰癧患者が王に触ってもらったと推定される。「チャールズ二世ほど、奇跡の王として成功した者はいない。長期議会とクロムウェル時代の長期にわたる奇跡の中断は、かえって民衆信仰の火の手を煽る結果になった。長い間超自然の救済を奪われていた病人が、至尊の治療者めがけて狂ったように殺到したのだ。しかも、これは藁を燃やしたような一時のものでなく、……治世の間中続いた。一六四七年の下院があれほど軽蔑して迷信と決めつけた、奇跡の王権という観念は、およそ死滅するどころではなかったのだ」（四二四ページ）。

しかしまもなくイギリスで、古来の瘰癧さわりの儀式に終止符が打たれる時がくる。もちろんジェームズ二世（在位、一六八五―八八）は、王の奇跡を強化し、頻繁に病人に手を触れた。一日に四五〇人に触れたこともあった。時とともに彼はカトリック聖職者団に頼るようになり、ジェームズ一世以来の典礼を廃止し、旧式の典礼を復活した。すなわちラテン語祈祷文、聖母や諸聖者への祈願、十字を切る仕草などを採用した。こうした行動は、一部プロテスタント民衆のあいだに、奇跡に対する不信感をひきおこした（四三六―七ページ）。

一六八八年の名誉革命によって王位についたオレンジ公ウィリアム（在位、一六八九―一七〇二）は、ジェームズ一世と同じく、カルヴァン派の教育を受けて育っており、治癒の儀式を迷信としか考えなかった。しかもジェームズ一世より信念がつよく病人に手を触れるのを拒んで譲らなかった（四三八―九ページ）。トーリー党はむろん不満であった。

しかし一七〇二年、アン女王（在位、一七〇二―一四）が即位する。トーリー党の人々は女王に伝統の奇跡を再開させるよう求め、それに成功した（四三八ページ）。女王のもとには多くの瘰癧患者が集まった。良きトーリー党員たらんとする者は、王の手の効果を信じることを表明しなければならなかった。女王が最後に瘰癧患者に触れたのは、逝去から三か月ほど前の一七一四年四月二七日であったようだ（四三九ページ）。これを最後に、イギリスで瘰癧さわりは行われなくなった。

一七一四年に王位についたジョージ一世は病人を癒そうとはしない（四四〇ページ）。この年以降、ハノーヴァー朝の君主たちは瘰癧の奇跡を引き受けようとはしなかった。なぜか。新王朝を支えたホイッグ党が旧王政を連想させる者を忌避したこと、プロテスタントに特有な感情を刺激したくないという思い（四四〇ページ）に加えて、ハノーヴァー朝が聖なる血統の後継者ではなかったこと、先祖代々の奇跡を継承するにふさわしいとは自分でも思っていなかったためと考えられる（四四一ページ）。

民衆の心は、古き信仰を簡単に棄てたわけではなかった（四四四ページ）。ハノーヴァー家の者たちが拒否したぐらいでは完全に途絶えたとはいえない。メダルは大衆のもとで、依然として護符の価値を持っていた（四四四ページ）。しかしながら、「一七一四年、神授権にも人望にも依拠できない外国生れの君主の即位によって、大英帝国は、その議会制度を固めることができた。同時に、旧時代の聖なる王権を完璧に体現していた古来の儀礼の廃止を通じて、フランスに先んじて政治の超自然性を脱却できたのも、おそらくその即位によるのである」（四四五ページ）。

古くからの遺産である聖なる王権という観念は、塗油の儀式によってキリスト教によって再生され、民衆の集合信仰にしみこんだ（四七九—八〇ページ参照）。王朝は、その時々の政治状況から、特に王朝の威信を強化する必要から、あるいは教皇庁との戦いの必要から、この集合信仰をたくみに利用し、自ら瘰癧の治癒者の役割を演じたのである（四八〇ページ参照）。

心性史の古典とされるブロックの書物の概要を以上のようにまとめることができるのではないだろうか。歴史学の刷新と呼ばれるにふさわしい新鮮な問題意識と独創的な研究テーマ、膨大な史料の探索と綿密な史料研究、俊敏な推論と論旨の展開、広い展望がよく表れている。

4 『フランス農村史の基本性格』と『封建社会』

ストラスブールの知的刺激に富む環境のなかで、このような堂々たる研究によって歴史家としての地位を確立したブロックは、一九二九年、同僚のフェーヴルとともに、『経済社会史年報』(Annales d'histoire économique et sociale) を創刊する。ここに新たな方向を目指す歴史学の拠点が築かれ、この学術誌の周りに集まってきた一群の研究者たちは『年報』(アナール)の名称にちなんで「アナール学派」と呼ばれるようになり、歴史学の革新に多大な影響を与えることになるのである。

『経済社会史年報』において注目される第一のことは、人間活動の全域にわたる歴史を考察するということである。ナショナリズムの進展という時代背景にも促されて、一九世紀のヨーロッパにおいて歴史学の主流は政治史であった。ドイツ、フランス、イギリスにおいてこの世紀の後半にあいついで創刊された歴史学の専門誌 (Historische Zeitschrift 1859, Revue Historique 1876, English Historical Review 1886) は、ほとんど政治史に関する論文によって構成されていた。『アナール』誌はこうした歴史学の動向に対する批判を意味していた。第二は、この点とも関連して、さまざまな学問分野の成果の積極的受容ということである。ストラスブール大学の学問的環境は、まさに格好の場であった。『アナール』の創刊から四年後の一九三三年、フェーヴルはコレージュ・ド・フランスの開講講演で語った。「他のすべての学問と新しい同盟関係を絶えずとり結び、同一の主題にさまざまな学問の光をあてる、これこそ境界と障壁に苛立つ歴史に課せられた最も重要にして緊急かつ多産的な任務だといえるでしょう」

(『歴史のための闘い』一九ページ)。

一九二九年はこうして史学史において記念すべき年になったが、ブロックにとってもう一つ重要な経験があった。それは、この年の秋にオスロの比較文明研究所に招かれ「フランス農村史の基本性格」と題する連続講演を行なったことである。その内容は、一九三一年に同名の一書にまとめられて、出版されることになった。第二の主著である。本書も、『王の奇跡』と同じく広い歴史的視野をもっている。ローマ帝政から本質的にはフランス革命まで、その後の展望まで加えればブロックの時代に至るフランスの農村生活を含んでいる。とりわけ、一一世紀半ばから始まる大開墾と一八世紀半ばに出現した農業革命に光が当てられる。史料の面では、地籍図や村落絵図(邦訳『フランス農村史の基本性格』河野健二、飯沼二郎他訳、創文社、一九七三年、の巻末に、一八葉の写真版が収録されている)といった独自の史料を利用しているところに特徴がある。とりわけ本書でブロックは「比較」の方法を強調している。「序」において、ブロックは広い展望をもつ必要を指摘し次のように記している。

「まず、フランスを一べつすることなしに、さまざまの地域に固有の発展をその特殊性においてとらえることがどうしてできるであろうか。さらにまた、フランスの動きは、ひとたび全ヨーロッパ的な平面の上で眺められてのみ、その真の意味をもつのである。ここでは、無理に同一視することが決して問題なのではなく、まさにその反対に区別をつけることが問題なのだ。……比較対照によって、共通の性格と同時に、独自性を取り出すことである。こうして、わが国民史の流れの一つに捧げられたこの研究は、やはり比較研究につながるものである」（四―五ページ）。

著者は同じ箇所で「比較研究について、私は別の機会に定義を試みた」と記しているが、それは同じオスロで、一九二八年、第六回国際歴史学会議において行なった研究報告「ヨーロッパ諸社会の比較史のために」である（邦訳『比較史の方法』高橋清徳訳、創文社、二〇〇二年）。ここでブロックは、歴史家としての独自の観点から「比較」の問題を検討している。ブロックは述べる。

「われわれの領域において比較するとはいかなることだろうか。明らかに次のようなことである。すなわち、それは、一つあるいは若干の相異なる社会状況から、一見してそれらの間に一定の類似性が存在すると思われる二つあるいはそれ以上の現象を選び出し、選び出された現象それぞれの発展の道筋をあとづけ、それらの間の類似点と相違点を確認し、そして可能な限り類似および相違の生じた理由を説明することである。したがって、歴史的に言えば、比較が行なわれるためには、二つの条件が必要である。すなわち、［まず、］観察される諸事実の間に一定の類似性が存在しなければならないこと――これは当然のことだが――、［さらに、］その諸事実が生み出された状況の間には一定の相違がなければならないこと、である」（五―六ページ）。

『フランス農村史の基本性格』に見られる具体例を見てみよう。ブロックは、輪作の二大方式を考察する。一つは二圃式である。同じ年に耕地のほとんど半分が耕作され、他の半分は、収穫にあてられないままにおかれ、それぞれの耕地は耕作の一年に休閑の一年がつづき循環を繰り返す。三圃式は、二種類の作物の区別の上に立っていた。各々の経営地および各々の土地は大体において三つに等分されていた。第一の耕区は冬麦から春麦へ、第二の耕区は春麦から休閑へ移行する。第三の耕区は丸一年間休閑され、翌年の秋には、そこに冬麦がまかれる。こうして、年々、三重の交替がくり返される。二大輪作の地理的な分布は正確には言えないものの、ある傾向は認められるという。

「二つの方式が、中世以来、大きな集団をなして対立していたことは、きわめて確実である。二圃式は、一口に南部地方と呼ぶことのできる地域、すなわちガロンヌ地方、ラングドック、ローヌ川流域の南部地方、中部山獄地方の南面の傾斜地に支配的であった。それはさらに、ポワトウにまで達していた。それより北方は、三圃式が支配的であった」（五五ページ）。

二大輪作地帯の基本的対立について著者はさらに記す。

「北部のものである三圃式は、しだいに拡がっていった。南部は、外来の要素に対するかのように、いつまでも、それに頑強に反抗した。北部では、明らかに、人口が増加するにしたがって、毎年、土地の二分の一のかわりに、その三分の一だけ休閑することを許す方法がえらばれるようになった。南部でも、同様の要求が感じられたことは疑いない。しかし、農業革命以前には、そこでは、三つの耕区を導入することによって生産を増大しようとする考えは、決してもたれなかったようである。二圃式の慣習とよびうるものが、それほど深く根をはっていたのである」（五八ページ）。

さらに、ブロックの視野はフランスの国境を越えている。

「その上、双方（二圃式と三圃式）ともに、わが国の国境を遙かに越えている。二年の循環は、古い地中海的な輪作であり、ピンダロスやヴェルギリウスによってうたわれているように、ギリシャ人やイタリア人によって、おこなわれたものである。三圃式は、イギリスの大部分の地方と、北ヨーロッパのすべての大平野とをおおっていた。これらの対立は、適当な表現ではないが、北部の文明と南部の文明と呼ぶことのできる農業文明の二大形態のわが国における衝突をあらわすものである」（五八ページ）。

このように述べて、著者は、農地制度の二大タイプの共存が、フランス農村生活の最も顕著な特性の一つであり、フランス文明の深い根となっていると指摘する。

これはほんの一例に過ぎないが、フランスの諸地域の比較、フランスと他の諸国との比較が常になされている。ブロックは次のようにも述べている。

「イギリス、ドイツ、あるいはフランスを、それぞれ別個に考察するだけでは、われわれは、イギリスのオープン・フィールド、ドイツのゲヴァンドルフ、フランスの『開放耕地』を理解することは、決してできないであろう。比較史がわれわれに与えてくれるおそらく最も明瞭で最も説得的な教訓は、われわれが社会的諸事実を閉じ込めようとしているもはや古くさくなった地誌的仕切りを、今や破壊すべき時だということである」（『比較史の方法』、四七―四八ページ）。

そして明確に比較史の意義を述べる。

「もし、地域史研究がなければ、比較史は何もなしえない……。逆に、比較史がなければ、地域史研究は、何も生み出さないであろう。一言でいえば、こういったほうがよければ、いつまでも、お互いに理解しあわずに、国民史、国民史というのをやめようということなのである」（五六ページ）。

こうして、『アナール』誌の編集を精力的にすすめながら、充実した研究成果を発表していったブロックであったが、学問的刺激に満ちたストラスブールの狭さを徐々に感じるようになっていった。一九三三年には、フェーヴルがコレージュ・ド・フランスの教授に就任し、パリに移った。ブロック自身も、コレージュ・ド・フランスの教授になることを望んだ。一九三五年に立候補し、新しい講座「ヨーロッパ諸社会の比較史」を提案したが、大差で受け容れられなかった。翌年も立候補したが、形勢不利と見て断念せざるを得なかった。その代わり、アンリ・オゼールの後任として、ソルボンヌの経済史講座の教授に選任され、パリに赴くことになった。アナール学派の創設者であり、新しい歴史学を率いてきた二人の学者がこうして相次いでパリにやってきたのである。これは、今やアナール学派が、中央において高い評価を得たことのあらわれといえよう。

さて、新たな環境での研究と教育、『アナール』の編集を精力的に続ける中で、一九三九年七月、ブロックは第三の主著『封建社会』の第一巻を、翌年には第二巻を刊行した（邦訳『封建社会』堀米庸三監訳、岩波書店、一九九六年）。名著の誉れ高い本書の冒頭で著者は記している。

「これからその分析を試みようとしている封建制は、最初にこの名称を与えられたヨーロッパの封建制である。年代的枠組についていえば、起源と遺制に関する若干の問題を除けば、ヨーロッパ史の、およそ九世紀の半ばから十三世紀の初頭までの時代に限定され、地理的な枠組においては、西部および中部ヨーロッパに限られる」（三ページ）。

時期に関しては、ブロックはさらに一一世紀半ばを一つの転機とし、二つの封建時代を区別している。転機となるこの時期に、外民族の侵入が停止し、盛んな植民活動に促された経済活動の活性化が始まり、賛嘆すべき芸術が開花したのであった（同、八〇ページ、九一—九五ページ）。またここで問題とされる地域は、イスラム圏、ビザンツ圏、スラヴ圏に囲まれたローマ・ゲルマン世界であり、この地域ではその内部においていちじるしい多様性が見られ、均質性の達成が妨げていたにもかかわらず、しかし共通の文明の色調、つまり西欧文明なるものの色調が生み出されていた。本書でブロックが「ヨーロッパ」と記すのは、この「西部および中部ヨーロッパ」のことである。そして、ブロックが考察を試みるのは、カロリング帝国の分裂の時期から始まるこの時代が、「いかなる特質によって前後の時代と区別されるに値したのか」、いいかえれば、「ひとつの社会構造をその前後の時代との関係において分析し説明することである」（五ページ）。

第一巻でブロックが考察しようとしたのは、彼自身の言葉によれば以下のことであった。

「ヨーロッパ封建制という文明にその最も特徴的な刻印を与えたのは、人間関係の織りなす階梯に上から下まで張りめぐらされている、相互依存の網の目である。かくも独特な構造が、どのようにして、どのような状況、どのような心的環境のもとで、また、封建制期以前の遠い過去からどのような遺産を借用して、発生しまた発展しえたのか」（三五〇ページ）。

何よりも注目されるのは、それまで封建制を取り上げる場合、法的な制度が考察されてきたのであるが、本書では、封建社会を生きた人々の「心性（マンタリテ）」が問題とされていることである。四世紀後半に始まったゲルマン諸部族の侵入の後、数世紀を経て、「最後の外民族の侵入」が生じた。それは三方からの同時攻撃であった。南からはイスラム教徒のアラブ人およびアラブ化された諸族、東からはハンガリー（マジャール）人、北からはスカンディナヴィア諸部族（ノルマン人）が襲来した。この混乱の真っ只中で、中世の封建制は生れたのである（一三ページ）。

ブロックはまず、この混乱が人々の身体と心にどのような影響を及ぼしたかを考察する。「最後の外民族侵入の動乱の中から、西欧は満身創痍の姿を現した」（五八ページ）。都市の多くは略奪をうけ、飢えに悩まされ、弱体化した。特に農村は壊滅的な打撃をうけ、時には不毛の地と化した。農民は窮地におちいり、略奪者たちに襲いかかった者たちも虐殺された。

被害は、物質的な面だけではなかった。心性への衝撃も見逃せない。とりわけフランク帝国に対する衝撃は深刻であった。異民族の再度の来襲は、城壁と防御柵を必要とさせ、人びとに多大の不安を呼び起こした。荒掠は日常茶飯事になった。プロヴァンスで、北ガリアで、モデナで、それぞれサラセン人やノルマン人、そしてハンガリー人の攻撃から救い給えという祈りの声があげられた。「アラブ、ハンガリー、スカンディナヴィア諸族の来襲は、人々の心に重くのしかかる暗い影についてすべての責任があったわけではないが、やはりその原因の大部分を占めていたのである」（六〇ページ）。

こうした異民族の侵入に加えて、当時の人々にとって自然そのものが脅威であった。この点についてブロックは指摘する。

「前期、後期を問わず、封建時代の人間は、われわれの場合とはくらべものにならないほど、はるかに自然に接近して暮していた。その自然はまた、人手の入ること稀で、はるかに生のままの荒々しさを保っていた。……社会生活のすべての背後に、原始の基調、打ち克ちがたい力への服従、そしてむき出しの自然の荒々しい対照があったのである。どんな手段を以てしても、このような環境が、人間の魂に及ぼした影響を測り知ることはできない。とはいえ、このような生活環境が人の心を荒々しくしたこと、これはどうしても否定するわけにはいくまい。……より歴史の名に値する歴史が書かれるとすれば、それは、人々の身体が蒙った転変に然るべき地位を与えるであろう。実際、どんな健康状態にあったかを知りもせずに、その時代の人間たちのことを理解できると主張するとは、なんとも無邪気なことである」（九六ページ）。

疫病や飢饉も早死の原因となった。「日々生命を脅かす諸種の暴力に加えて、こういった破局的な危機が、人間の生存にいわばやむことのない不安という趣を与えたのである。封建時代の心性（マンタリテ）、とりわけ第一期のそれには、感情の不安定という点が特徴的だが、そうなった主要な原因のひとつが、おそらくここにあったのだ」（九七ページ）。従来の封建制度研究の枠を超えて、ブロックは、そこに生きた人々の環境やそれに影響を受けた身体や心の状況まで理解しようとするのである。ここにブロックの封建制研究の最も独創的な面を見ることができる。

以上のような事柄を前提として、著者は、さらにこうした動乱と危機の時代の中で不安を抱きながら生きる人々が、たがいに結びついて、どのような社会的な結合体を形作っていったのかを問題とする。まず親族の絆が、ついで血の絆では不十分と考えられた際の家臣制と知行が考察される。知行は、「家臣制から生ずる諸奉仕を義務づけられたところの保有物」であった（二一三ページ）。こうして、封建的主従関係の問題が検討されることになるのである。

第二巻で論述されるテーマに関しては、ブロックは次のように述べる。

「慣習的にいつも《封建的》という形容詞が付けられている社会の中でも、個々人の運命は、直接その身におよぶ服従と支配の関係だけによってもっぱら規制されていたのでは決してなかった。そこでは人びとは、また、職務や、権力ないしは威信の程度によって区別され段階的に上下に区別された集団にわかれていた。さらにいえば、各種各様の、無数の小首長権力の上には、より大きな行動半径と異なった性格をもつ権力が常に存在していたのである。封建時代第二期以降、もろもろの社会階層が次第に厳格に組織されていくと同時に、いくつかの強力な権威、いくつかの大いなる野望の周辺に、権力の集中が進展した」（三五〇ページ）。

ブロックによれば、社会の組織化のこうした第二の局面を考察することが第二巻の課題となる。この検討がなされたならば、いかなる基本的特徴によってこの幾世紀かが封建制という名称をもつに値したのか、それらの幾世紀の遺産のうち、何がそのあとにつづくことになる時代に遺されたのかという問いに答を見出しうるであろう、というのである。具体的には、まず「諸階層」が検討される。当時広く流布した理論は、人間の社会を三つの「身分」に区別した。祈る者、戦う者、働く者という三つの身分である（三六二ページ）。ブロックはこのうち、騎士としての自負をもつ貴族を詳細に扱い、ついで聖職者、村民と都市民を扱う。その後ブロックは、「人間の支配」を考察する。

さて、本書でも「比較」が意識されていることに注目したい。ブロックは、フランス、ドイツ、イタリア、イングランドの事情を比較するだけでなく、日本の封建制をも取り上げている。

「日本の家臣制は、ヨーロッパのそれとくらべて、はるかに多く服従の行為であり、契約としての性格は乏しかった。それは、複数の主君を認めなかったのだから、はるかに厳格でもあった。この戦士たちを給養する必要からして、ヨーロッパの知行ときわめてよく似た保有地が授与された」（五四八―四九ページ）。

日本の封建制と対比して、ヨーロッパの封建制の特質が浮き彫りにされているくだりは示唆深い。

「家臣の従属がはるかに片務的であり、その上、封建的主従関係の枠組の外に皇帝［天皇］という神的権力を残していた日本においては、多くの点でわれわれの封建制ときわめて近似した制度があったにもかかわらず、そこから代議制的なものが生れなかったということも、単なる偶然ではなかった。われわれヨーロッパの封建制の独自性は、権力を拘束することを可能にしたこの契約の観念に力点がおかれていた、という点にある。そのことによって、たとえこの制度が下層の人々によってどんなに過酷なものであったにせよ、封建制はわれわれの文明に、われわれが今日なおそれを糧として生きることを望むなにものかを、まさしく遺贈してくれたのである」（五五五ページ）。

ヨーロッパの封建的主従関係は双務契約であり、主君もその約束をたがえたならば、彼の権利を失った。「家臣は彼の国王または彼の裁判官に対し、後者が法に反して行動するとき、反抗することができ、しかも彼らに対して戦いを挑むのを助けることさえできる……。それによって家臣は誠実の義務に反することにはならない」と、「ザクセンシュピーゲル」は述べている（五五四ページ）。こうした抵抗権は、萌芽的にはすでに九世紀のストラスブールの誓約やシャルル禿頭王が大官たちと締結した協約のなかに見られたが、一三・一四世紀には西欧世界にあまねく反響を呼び起こした。「マグナカルタ」（一二一五）はその一例である（五五五ページ）。

第一次世界大戦を通じて、ヨーロッパの存在そのものが相対化された中にあって、封建制の時代を取り上げたブロックは、厳密な歴史研究を通じてヨーロッパの伝統とその遺産を見定めようとしていたのではなかろうか。そして、純然たる学究であったブロックがやがてレジスタンス運動に立ち上がるとき、こうしたヨーロッパの精神的遺産が彼の心をよぎっていたのではなかろうか。

5 銃弾に倒れた歴史家

ソルボンヌに赴任して以降、ブロックは暗雲が垂れ込めるヨーロッパの国際情勢に一段と憂慮を抱くようになった。とりわけミュンヘン会談（一九三八）によって、ズデーテン地方がヒトラーの要求どおりドイツに割譲されたことに、ブロックは危機感をつよめた。情勢が悪化するなかで『封建社会』の第一巻が公刊されてまもなく、独ソ不可侵条約が締結され（一九三九年八月二三日）、世界の世論に衝撃を与えた。その翌日、ブロックは再び召集をうける。九月一日、ナチス・ドイツのポーランド侵攻が始まった。これに対して、九月三日、英仏はドイツに宣戦を布告した。第二次世界大戦の開始である。

「私はフランスに生まれ、フランス文化の泉を飲み、フランスの過去をわが過去と考えた。私はフランスの空の下でのみ安らかに息づく。だから今度は、私がフランス防衛のために全力をそそいだのだ」（ブロック『奇妙な敗北』井上幸治訳、東京大学出版会、一九七〇年、一九ページ）。これは、第一次大戦、第二次大戦を通じて変わらないブロックの心情であった。歩兵大尉として従軍したブロックは、初めアルザスに配属されたが、やがて、ベルギー国境に近い北部戦線に移った。情報収集や燃料補給が彼の任務であった。

当初ドイツ軍はポーランドに対する作戦に力を集中していたが、一〇月にソ連とともにポーランド分割を行なった後、一九四〇年五月一〇日には、突如、西部戦線で大攻勢を展開する。これはブロックにとっても「青天の霹靂」であった（二六ページ）。「奇妙な戦争」と名づけられる長い倦怠の期間は終わった。フランスに対する爆撃が始まった。とくに五月二二日にはブロックは激しい空爆を経験し、生命の危険と深刻な恐怖にさらされた。ブロックの部隊も退却を強いられ、五月末には、ドーヴァー海峡に面したダンケルクに追い詰められる。粉々に破壊されたダンケルクには、噴煙がただよい、人間の体の破片がとびちっていた。「爆弾の破裂、砲弾の破裂、機関銃の響き、高射砲の射撃」がとどろいた（三七ページ）。このとき、約三三万の英仏軍はかろうじてイギリスに撤退した。五月三一日、ブロックもドーヴァー海峡を渡り、イギリスに逃れた。その後ただちにイギリス南部を丸一日の旅程で横断し、プリマスから再び海峡を渡り、フランスに帰還する。ブロックはノルマンディーまで撤退していた残存部隊に合流するが、ドイツ軍の進撃はつづき、ブロックの部隊が撤退したブルターニュ地方をも占領した。

一九四〇年六月一四日にはついにパリが陥落し、一七日、フランスは降伏した。六月二二日の休戦協定により、フランスは国土の半分以上を占める北部と西部がドイツの管理下におかれ、残りの南部はヴィシーに移ったフランス政府の自治に委ねられることになった（さらにこの南部の「自由地区」は、一九四二年一一月以降は、ドイツとイタリアの占領地区に分かれていく）。こうして第三共和政は終わりを告げる。ユダヤ人であるブロックは、ドイツ占領下のソルボンヌに復帰することはできず、家族が疎開していたフージェールに向かう。そこで、七月から九月にかけて、自らの従軍体験にもとづく回顧と展望を執筆する。これが『奇妙な敗北』である。

本書においてブロックは、敗戦の直接の原因は、指揮の無能であると指摘する（四五ページ）。しかも、非難さるべきは個人ではなく、あらゆる知的訓練の欠陥であった。フランス軍を敗北に導いたのは、多様な誤謬の結果の集積であった。ドイツ軍の勝利はまったく「知性の勝利」であると言うのである（五七ページ）。ブロックは第二次大戦を、「速度の戦争」とみなし（七六ページ）、その点ではドイツの明確な優位を見ている。フランスは敵の速やかな前進を予測できなかった。戦争のリズムが変化したのである。一九四〇年に、フランス軍は、第一次大戦の戦闘を復活させようとし、一方ドイツ軍は一九四〇年の戦争を遂行したのである。ブロックは歴史学を「変化の科学」と捉えているが、そうした歴史家の目で見ると、二度の大戦の中間期に社会構造、技術、心理が変貌した以上、同一の戦争にはならないのである。ナポレオン戦争、第一次、第二次大戦は、それぞれ状況と性格を異にしている。戦略を考える時、新しい要素を考慮しなければならなかったのである（一五一―三ページ）。ここにわれわれは、推移する事態に対する歴史家の眼差しを感じ取ることができる。

一九四〇年一〇月三日、ナチス・ドイツに追随するヴィシー政府は「ユダヤ人公職追放令」を発布する。病気の母と妻、および六人の子どもを抱え、ブロックはいよいよ苦境に立たされた。彼は「追放令」の第八条に基づく適用免除を申請する一方で、アメリカ合衆国への脱出を計画し、ニューヨークのニュー・スクール・フォー・ソーシャル・リサーチと交渉を進める。一一月にアメリカ側は受け入れを約し、ヴィシー政府から出国許可を取得することができたが、母の病気のため、結局アメリカ行きを断念せざるを得なかった。しかし翌一九四一年の初め、良心の呵責に苦しみつつも申請していた公職追放免除許可がおり、クレルモン・フェランに疎開中のストラスブール大学で講義を開始することになった。

同じく一九四一年には、『アナール』誌の表紙から共同編集者としてのブロックの名前が消えるという事態が生じる（誌名も『社会史年報』となった）。ブロックは、この学術誌をフランスが解放される時まで非占領地域に移すか、廃刊にするかを強く主張し、フェーヴルはこの学術誌を占領地域で継続し編集者としてのブロックの名前を削除することを主張して譲らなかった。五月半ばには、ブロックはついに自らの主張を取り下げざるを得なかったのである。

さて、一九四一年秋からより気候の温暖なモンプリエ大学に移ることになった。妻の健康状態の悪化を案じてのことであった。この時期からブロックは、レジスタンス運動「コンバ」と接触するようになる。一九四二年、ドイツ軍によりパリのブロックの住居は接収され、蔵書は持ち去られた。翌年の二月には、モンプリエ大学での地位を解任される。こうした状況のなかで、ブロックは生まれ故郷であり「レジスタンスの首都」でもあったリヨンに一人移り住み、地下組織「自由射手（フラン・ティルール）」に加わることを決断する。しかし、この年の暮れにはダルナンが軍指令官に就任し、ただちにドイツ軍と全面的に協力して、レジスタンスに対する凶暴な宣伝活動にのりだした。慎重ななかにも精力的な地下活動をつづけるブロックは、いっそう危険な状況に立たされた。

一九四四年三月八日、ブロックはついにゲシュタポに逮捕され、モンリュック監獄に放り込まれた。彼は「冷血漢たちによって叩きのめされ拷問にかけられた。ゲシュタポの本部で顔中血だらけの彼を見た者がいる。しかも気管支肺炎にかかり病室に入ることを許可されたことから、恐ろしい冷水責めを受けたことが知れた」（フェーヴル、『歴史のための闘い』一六一―六二ページ）。一方、六月初めに連合軍はノルマンディーに上陸を開始し、ドイツ軍は南フランスから撤退する準備を始めた。リヨンのドイツ兵はそのために、彼らの流儀で「牢を空にする作業」に取り組んだ。パリ解放に先立つ七〇日前の夜の出来事を、フェーヴルは次のように伝えている。

「一九四四年六月十六日、モンリュックの独房から出された二十七名のフランスの愛国者は、リヨンの北約二十五キロ、トレヴーとサン・ディディエ・ド・フォルマンを結ぶ道路上に位置する通称「レ・ルシーユ」の野原に連行された。その中に眼光の鋭い、すでに髪の灰色になった一人の老人がいた。ジョルジュ・アルトマンが、『政治手帳』の感動的な記事の中でこう書いている――彼の近くで十六歳の少年が震えていた。「あれは痛いでしょうか……」。マルク・ブロックは優しく少年の腕をとっていった。「いや、君、痛くなんかないよ」。そして彼は「フランス万歳！」と叫んで一番目に倒れた。

こうして、ヨーロッパの最も偉大な精神の一人でヨーロッパを単なるレッテルではなく生きた現実とみなしていた人間は、ドイツ兵の銃弾に倒れた。こうして極めて偉大なフランス人は死んだ。彼の死を無駄にしないこと、これこそが今日、そして明日の我々の責務である」（フェーヴル、一六二―六三ページ）。

6　遺著『歴史のための弁明』

レジスタンス運動に身を捧げて生涯を閉じたブロックは、『歴史のための弁明』（松村剛訳、岩波書店、二〇〇四年）という遺著を残していった。歴史学についての新鮮な洞察に満ちたこの書物のなかで、われわれがとりわけ興味を引かれるのは、「過去と現在」についての著者の思索であろう。

「現在の無理解は運命的に過去の無知から生まれる。しかし、現在について何も知らないなら、過去を理解しようと努力してもおそらく同じように無駄であろう」（同、二五ページ）。このように指摘し、ブロックは印象的なエピソードを紹介する。それは、彼の尊敬するベルギーの歴史家とともにスウェーデンに出かけたときの思い出である。

「私はストックホルムにアンリ・ピレンヌとともに行った。到着するとすぐに、彼は私に言った。『まず何を見ましょうか。真新しい市庁舎があるそうですよ。それから始めましょう。』次いで、まるで私の驚きを前もってさえぎるかのようにつけ加えた。『もし私が好古家なら、古いものにしか目を向けないでしょう。しかし私は歴史家なのです。ですから生を好むのです。』実際、この生きたものへの理解能力こそ、歴史家の主要な特質である」（二五ページ）。

ブロックにとって、過去に無知であるなら現在を理解することはできないし、現在について知らないなら、過去も理解できないのである。今日を深く生きることなしに過去は生きたものにはならないのである。この点に関連して彼自身の経験から次のように述べている。

「私は戦争と戦闘の叙述を何度も読んできたし、何度も語ったことがある。だが、私自身でそのおぞましい嘔吐を感じるまで、軍隊にとって包囲がいかなるものか、民族にとって敗北がいかなるものか、知るという動詞の十全な意味で私は本当に知っていたであろうか。内側からそれを知っていたであろうか。一九一八年の夏から秋の間、戦勝の歓喜を私自身が吸い込むまで……私はこの戦勝という美しい単語が含むものを本当に知っていたであろうか。実のところ、意識的であれ無意識的であれ、過去を再構成するのに役立つ諸要素をわれわれが最終的に借りてくるのは、必要なところで新たな色調をそれに加えるにせよ、常にわれわれの日常の経験からなのである」（二六ページ）。

われわれは、本書において、ヨーロッパの歴史家たちの足跡をたどり、彼らがどのような時代の中で、何に関心を抱き、どのように過去に問いかけ、探究し、歴史叙述を行なっていったかを考察してきた。そこには今触れたブロックの言葉に示されているような、現在からの問いかけと過去の理解、一言でいうと現在と過去とが、深いつながりの中で意識されていたことを確認しうるのである。そのような探究の歩みの中で、過去は彼らの現在をも照らし出し、彼らの位置を彼ら自身に示したであろう。その意味で、現在と過去とは歴史家の内面において深く関連づけられていたということができる。その際彼らの過去への問いかけが深ければ深いほど、過去はその姿を明瞭に現したのである。E・H・カーは「歴史は現在と過去との対話である」と語った（『歴史とは何か』清水幾太郎訳、岩波新書、一九六二年、四〇ページ）。こうした対話は、私たちがその足跡をたどった歴史家たちのうちに生き生きと成立していたのであり、またわれわれのもとにおいても生じうるのである。

あとがき

手もとに一枚の地図がある。折りたたんであるのを拡げると、ほぼ六〇センチ四方になる。ちょうど小鳥が空から町全体を眺めたような地図で、小道や木々、それに家々の窓まで丹念に描き込まれている。見飽きることがない。中世後半に栄えたハンザ都市ゾーストの現在の地図である。

三〇年前、留学先のドルトムントに到着して初めての週末、ローカル線の列車に揺られてゾーストに出かけた。朝もやが晴れ、車窓にはヴェストファーレンののどかな風景が広がっていた。地図はこの小旅行の際に買い求めたものである。地方色ゆたかで、長く統一国家を実現できなかったドイツには、数多くの小都市がある。そのため、こんなかわいらしい市街地図も可能なのだ。

私は旅する時、三種類の地図を持ち歩く。ドイツであれば、ドイツ全図、目的地を含むテューリンゲンやバイエルンといった地域の地図、そして目的地の市街地図である。その日歩いてまわる都市の地図は欠かせない。どこに市庁舎や教会があるのか。作曲家ゆかりの家にはどう行ったらよいのか。それを知るには、愛らしい鳥瞰図ではなくとも、市街地図を持っていなければならない。それは、駅近くの観光案内所でも手に入れることができる。

しかし、その都市に出かけていく際には、そこがドイツ全体のどこに位置しているのか、またどのルートで行ったらよいのか、その周辺の諸都市やその地域の地理はどうであるかを、より広範囲な地図で確認しておく必要がある。

このことは著しく細分化した現代の学問にも当てはまるのではないだろうか。新たな専門的知見を提示するためには、細かなテーマに絞り込むことが必須である。しかし、その研究が、どのようなより大きなテーマの解明につながるのか。そうした見取り図は、つねに持っていなければならないと思う。たとえば、日本西洋史学会における研究発表のテーマを見ていても、細分化は顕著である。なかにはその細かなテーマがどこに通じていくのかが分かりにくいものもある。大きく西洋史を概観することは著しく困難になってきている。西洋史概説の書物は、ほとんど十数人の研究者の共同執筆である。史学史という限定した研究領域においても、同様であろう。本書で考察した歴史家たちも分厚い史書や多くの著作を書いている。さらにそれぞれの歴史家に関して厖大な文献の蓄積がある。一人の歴史家を取り上げても研究は容易ではない。ましてや、古代から現代まで概観するというのは、ほとんど不可能なのかもしれない。良心的に考えるならば、そうとしか言えないであろう。

しかし一方において、そうした状況だからこそ、広く展望することが必要なのではないだろうか。そうでないと個々の歴史家を論じる場合にも、大きな流れを見失い、その史学史における位置を正当に理解しえなくなるかもしれない。

一九九一年以来、私は早稲田大学第一文学部の「西洋史学発達史」、また一九九七年以降は早大政経学部の「史学概論」の授業において、ヨーロッパ史学史について講義を続けて今日に至っている。またここ数年は、本務校の国立音楽大学においても、史学史を取り上げている。これまで担当してきたどの講義も準備に苦労するが、これらの史学史講義はとりわけ重い負担であった。扱う時代の範囲においても、取り上げるテーマの広がりにおいてもそのことを痛感してきた。しかし他方で、大きな展望をもたないと、個別のテーマの意義も見失われてしまうのではないか。その意味で、概説の大切さも感じてきた。

そのような中で、これまで何度か史学史を書くことを勧めていただいた。自分自身でもそのことを考えることはあった。けれども、その度に、それは自分の力を超えるものであることを思い知らされてきた。

七年前、たとえ荒削りであれ、一書にまとめてみようと決心した。歴史はともすると無味乾燥な暗記物と考えられがちである。しかし、歴史家たちとその著作を彼らの生きた時代の中で理解することによって、歴史の豊かさを知ることができる。また、歴史の探究は現代を生きることと深く関連している。このことを伝えたいと考えたからである。

むろん、執筆の歩みは、きわめて遅かった。可能なかぎり歴史書を読み、またいくつかの文献に目を通すことだけでも、大変な時間を必要とした。高い峰々を仰ぎ、自分の無力を痛感することもしばしばであった。何とか書き上げられたのは、歴史を学ぶ喜びに後押しされたからである。

もう一五年以上も前のことである。アウクスブルクで開かれた学会に出席したあと、数日の余裕があったので、以前から是非行ってみたかった「ロマンティック街道」沿いのネルトリンゲンを訪ねることにした。これまた鈍行列車に乗って旅をし、だいぶ日が傾いてきたころ駅に到着した。安ホテルに荷物を置き、すぐに市壁をめぐっている通路を一巡することにした。典型的な中世都市の構成にならって街を美しい円を描いて囲む市壁は、以前から写真で見ていた。仕事から帰り夕餉の支度をする時間であったからであろう。市壁の通路では誰とも行きあわなかった。

途中、夕暮れの町並みを眺めていると、思いがけないことに、目に熱いものがこみ上げてきた。鋭い才知も深い学識もない自分が、いろいろな方々の好意を受けながら、迷いつつヨーロッパの歴史を学んできた。そして今、歴史の面影をとどめる町並みを目に焼き付けつつ、一人夕暮れのひと時を味わっている。

混沌とした学生時代には暗中模索であった自分が、歴史の流れのどこにいるのかが、かなり明確になってきた。数百年前の政治的事件であれ、二千年前の歴史であれ、二五〇〇年も前の文化であれ、今を生きる自分にとって、決して無関係ではない。そして歴史に生きた人物や文化をその時代背景との関係において理解することもできるようになってきている。「歴史を学んでこれてよかった」。そのことが胸に迫ってきたのだと思う。そして、この歴史を学ぶ喜びが、困難な執筆の過程のなかで、本書を書き上げる原動力となったように思う。

もちろん本書で取り上げた歴史家はわずかである。あの歴史家も、この歴史家も、考察されていない。けれども、ヨーロッパの歴史叙述がたどった歩みの大筋は浮き彫りにしえたのではないかと思う。歴史を学ぶことの意義と豊かさを共有していただければ、と願うばかりである。

本書を上梓するにあたり、まず、熱心に講義を聴いてくれた学生たちを思い浮かべている。授業のあと、さまざまな質問を受けた。すぐに答えられないものもあった。そのいくつかは本書でようやく答えられたと思う。

一九七九年から一九八一年まで、ドルトムントで研究をすることを可能にしていただいたドイツ学術交流会（DAAD）に、また一九九〇年から一年間、在外研究員としてボーフムに滞在することを許可して下さった国立音楽大学に対して厚く感謝したい。これらの経験は、本書にも生かされている。

さらに、聖学院大学の金子晴勇教授に心からお礼を申し上げたい。先生は、本書の出版のことで知泉書館にお話をして下さったばかりでなく、オロシウスの著作『歴史七巻』の翻訳七ページ分を、参考にと言ってお渡し下さった。当初、アウグスティヌスとの関連で、オロシウスについても触れたいと考えていたが、オロシウスとその著作を理解すること自体が重要で難しいことであると分かり、これ以上引き伸ばすこともできず、言及を断念せざるをえなかった。先生のご好意を生かすことのできなかったことを申し訳なく感じている。

知泉書館社長の小山光夫氏は、大幅に遅れる執筆を忍耐強く待っていて下さった。かつて、『トレルチとその時代』（創文社、一九九七年）の出版の際、大変お世話になったが、今回も折にふれて励まし、出版にあたって一方ならぬご配慮を下さった。厚くお礼を申し上げたい。

「何に惹かれて、古い本ばかり読んでいるのだろう」。そんな表情をしながらも、日々の暮らしを支えていてくれる妻・照子にも感謝の言葉をささげたいと思う。

二〇〇九年三月二四日

学生たちの演奏の聴こえてくる
国立音楽大学附属図書館・館長室にて

佐藤真一

参考文献

0　史学史概観

林健太郎／澤田昭夫『原典による歴史学入門』講談社学術文庫、一九九六年。

岸本美緒編『歴史家とその作品』（『歴史学事典』第五巻）弘文堂、一九九七年。

コリングウッド『歴史の観念』小松茂夫／三浦修訳、紀伊国屋書店、一九七〇年。
M. Ritter, *Die Entwicklung der Geschichtswissenschaft. An den führenden Werken betrachtet*, München/Berlin, 1919.
H. E. Barnes, *A History of Historical Writing*, New York 1963.
F. Wagner, *Der Historiker und die Weltgeschichte*, Freiburg/München 1965.
F. Wagner, *Geschichtswissenschaft*, Freiburg/München 1966.
R. vom Bruch und R. A. Müller (Hg.), *Historikerlexikon. Von der Antike bis zum 20. Jahrhundert*, München 1991.
V. Reinhardt (Hg.), *Hauptwerke der Geschichtsschreibung*, Stuttgart 1997.

Ⅰ　古代ギリシアの歴史叙述

ベリー『古代ギリシアの歴史家たち』高山一十訳、未来社、一九六六年。

村川堅太郎「歴史叙述の誕生」、『ヘロドトス／トゥキュディデス』（『世界の名著』五）中央公論社、一九七五年、所収。

ブルクハルト『ギリシア文化史』5、新井靖一訳、筑摩書房（ちくま学芸文庫）、一九九八年。

桜井万里子『ヘロドトスとトゥキュディデス。歴史学の始まり』山川出版社、二〇〇六年。

レィスナー『ローマの歴史家』長友栄三郎・朝倉文市訳、みすず書房、一九七八年。
J. B. Bury, *The Ancient Greek Historians*, (New York 1909) Honolulu 2002.
M. Grant, *The Ancient Historians*, London 1970.
K. Meister, *Die griechische Geschichtsschreibung. Von den Anfängen bis zum Ende des Hellenismus*, Stuttgart/Berlin/Köln 1990.

（ヘロドトス）

ヘロドトス『歴史』松平千秋訳、岩波文庫、上、中、下、一九七四年。

藤縄謙三『歴史の父　ヘロドトス』新潮社、一九九〇年。

（ツキディデス）

トゥーキュディデース『戦史』久保正彰訳、岩波文庫、上、中、下、一九七四年。

コーンフォード『トゥーキューディデース　神話的歴史家』大沼忠弘／左近司祥子訳、みすず書房、一九七〇年。

田中美知太郎『ツキュディデスの場合』筑摩書房、一九七〇年。

（ポリュビオス）

Polybius, *The Histories*, Vol. I-VI, Translated by W. R. Paton, 〈Loeb Classical Library〉, London 1922-27
Polybios, *Historien. Auswahl* , Übersetzt von K. F. Eisen, 〈Reclam〉, Stuttgart 1973.

Polybius, *The Rise of the Roman Empire*, Translated by I. Scott-Kilvert, 〈Penguin Books〉, London 1979.
F. W. Walbank, *Polybius*, Berkely, Los Angeles, London, 1990.
長谷川博隆『地中海世界の覇権をかけて・ハンニバル』清水書院、一九八四年。

Ⅱ　キリスト教の歴史観

クルマン『キリストと時』前田護郎訳、岩波書店、一九六八年。

レーヴィト『世界史と救済史』志太・長井・山本訳、創文社、一九六四年。
（ルカ）
『聖書・新共同訳』日本聖書協会、一九八九年。

『ルカ文書・ルカによる福音書、使徒行伝』佐藤研、荒井献訳、解説。岩波書店、一九九七年。

『新共同訳　新約聖書注解　一』川島、橋本、堀田編、日本基督教団出版局、一九九二年。

コンツェルマン『時の中心』田川健三訳、新教出版社、一九七六年。

トロクメ『使徒行伝と歴史』田川建三訳、新教出版社、一九九七年。

トロクメ『キリスト教の揺籃期』加藤隆訳、新教出版社、一九九八年。

タイセン『新約聖書』大貫隆訳、教文館、二〇〇三年。

佐藤研『聖書時代史・新約編』岩波書店、二〇〇三年。
H. Conzelmann/ A. Lindemann, *Arbeitsbuch zum Neuen Testament*, 4. Aufl. (UTB 52), Tübingen 1979.
（アウグスティヌス）

アウグスティヌス『告白』山田晶訳（『世界の名著』一四）中央公論社、一九六八年。

『アウグスティヌス著作集』教文館
　第一巻、『初期哲学論集（一）』清水正照訳、一九七九年。

　第六巻、『キリスト教の教え』加藤武訳、一九八八年。

　第一一巻、『神の国（一）』赤木善光・泉治典・金子晴勇訳、一九八〇年。

　第一二巻、『神の国（二）』茂泉昭男・野町啓訳、一九八二年。

　第一三巻、『神の国（三）』泉治典訳、一九八一年。

　第一四巻、『神の国（四）』大島春子・岡野昌雄訳、一九八〇年。

　第一五巻、『神の国（五）』松田禎二・岡野昌雄・泉治典訳、一九八三年。

金子晴勇編『アウグスティヌスを学ぶ人のために』世界思想社、一九九三年。

金子晴勇『アウグスティヌスとその時代』知泉書館、二〇〇四年。

金子晴勇『アウグスティヌスの恩恵論』知泉書館、二〇〇六年。

ドーソン他『アウグスティヌス』服部英次郎訳、筑摩書房、一九六九年。

マーカス『アウグスティヌス神学における歴史と社会』宮谷宣史・土井健司訳、教文館、一九九八年。

新田一郎『キリスト教とローマ帝国』教育社、一九八〇年。

兼岩正夫『西洋中世の歴史家』東海大学出版会、一九六四年。

上智大学中世思想研究所編『中世の歴史観と歴史記述』創文社、一九八六年。
H. Grundmann, *Geschichtsschreibung im Mittelalter*, 2. Aufl., Göttingen 1965.

Ⅲ　近代歴史学の形成

千代田謙『西洋近世史学史序説』三省堂、一九三五年。
E. Fueter, *Geschichte der neueren Historiographie*, 3. Aufl., München und Berlin, 1936.
佐藤真一「フューターの近代史学史把握について」『国立音楽大学研究紀要』第三八集、二〇〇四年。

（マキァヴェッリ）


『マキアヴェリ』（『世界の名著』一六）中央公論社、一九六六年。

マキアヴェッリ『君主論』河島英昭訳、岩波文庫、一九九八年。

『マキァヴェッリ全集』全六巻、筑摩書房、一九九八―二〇〇〇年。

佐々木毅『マキアヴェッリと『君主論』』講談社学術文庫、一九九四年。
F. Gilbert, *Machiavelli and Guicciardini*, Politics and History in Sixteenth Century Florence, New York 1984.

（フラキウスとバロニウス）

W. Nigg, *Die Kirchengeschichtsschreibung. Grundzüge ihrer historischen Entwicklung*, München 1934.
H. Scheible, *Die Entstehung der Magdeburger Zenturien. Ein Beitrag zur Geschichte der historiographischen Methode*, Gütersloh 1966.
H. Jedin, *Kardinal Caesar Baronius. Der Anfang der katholischen Kirchengeschichtsschreibung im 16. Jahrhundert*, Münster 1978.
K. Heussi, *Kompendium der Kirchengeschichte*, 12. Aufl., Tübingen 1960.

（マビヨン）

ジャン・マビヨン『ヨーロッパ中世古文書学』宮松浩憲訳、九州大学出版会、二〇〇〇年。
J. Mabillon, *Über das Studium der Mönche*, hg. von Cyrill Schäfer, Erzabtei St. Ottillien 2008.
今野国雄『修道院』近藤出版社、一九七一年。
R. Rosenmund, *Die Fortschritt der Diplomatik seit Mabillon vornehmlich in Deutschland-Oesterreich*, Oldenbourg 1897.
J. U. Bergkamp, *Dom Jean Mabillon and the Benedictine historical School of Saint-Maur*, Washington, D. C. 1928.
M. D. Knowles, Jean Mabillon, in: *The Journal of Ecclesiastical History*, vol. X, 1959, p. 153–173.
M. Weitlauff, Die Mauriner und ihr historisch-kritisches Werk, in: G. Schwaiger (Hrsg.), *Historische Kritik in der Theologie*, Göttingen 1980.
H. Jedin (Hrsg.), *Die Kirche im Zeitalter des Absolutismus und der Aufklärung*. (Handbuch der Kirchengescichte, Bd. V.), Freiburg 1985.

（ヴォルテール）


ヴォルテール『哲学書簡』中川信訳、『世界の名著、二九』中央公論社、一九七〇年、所収。

ヴォルテール『ルイ十四世の世紀』全四巻、丸山熊雄訳、岩波文庫、二〇〇一年。

ヴォルテール『哲学辞典』高橋安光訳、法政大学出版局、一九八八年。

ヴォルテール『歴史哲学』安斎和雄訳、法政大学出版局、一九八九年。

『ヴォルテール回想録』福鎌忠恕訳、大修館書店、一九八九年。

安斎和雄「歴史家ヴォルテール」『思想』六四九号、一九七八年。

高橋安光『ヴォルテールの世界』未来社、一九七九年。

前川貞次郎『歴史を考える』ミネルヴァ書房、一九八八年。

エイヤー『ヴォルテール』中川信・吉岡真弓訳、法政大学出版局、一九九一年。

(ランケ)

『ランケ自伝』林健太郎訳、岩波文庫、一九六六年。
ランケ『ドン・カルロス』祇園寺信彦訳、創文社、一九七五年。
ランケ『強国論』相原信作訳、岩波文庫、一九九五年。
ランケ『政治問答』相原信作訳、岩波文庫、一九五三年。
『ランケ』(『世界の名著』続一一)中央公論社、一九七四年。
ランケ『世界史概観』鈴木成高・相原信作訳、岩波文庫、一九六六年。
ランケ『世界史の流れ』村岡晢訳、ちくま学芸文庫、一九九八年。
村岡晢『レーオポルト・フォン・ランケ』創文社、一九八三年。
L. Ranke, *Geschichten der romanischen und germanischen Völker von 1494 bis 1535*. Bd. 1, Leipzig und Berlin 1824.
Ranke, *Zur Kritik neuerer Geschichtschreiber*, Leipzig und Berlin 1824.
L. v. Ranke, *Sämmtliche Werke*, Bd. 1-54., Leipzig 1867 ff.
Ranke, *Weltgeschichte*, Leipzig 1881-1888.
Ranke, *Das Briefwerk*, Hamburg 1949.
Ranke, *Neue Briefe*, Hamburg 1949.
Ranke, *Aus Werk und Nachlass*, Bd. 1-4, München 1964-1975.
佐藤真一「ランケとツキディデス」『国立音楽大学研究紀要』(以下『紀要』と略記)第三四集、二〇〇〇年。
佐藤真一「レーオポルト・フォン・ランケの弟、ハインリヒ」『紀要』第三五集、二〇〇一年。
佐藤真一「若きランケ。フランクフルト・アン・デア・オーダーのギムナジウム教師時代(一八一八―一八二五)」『紀要』第三六集、二〇〇二年。
佐藤真一「ランケ時代のフランクフルト・アン・デア・オーダーのギムナジウム」『紀要』第三七集、二〇〇三年。
佐藤真一「ランケにおける近代歴史学の確立――『近世歴史家批判』(一八二四年)を中心に」第四〇集、二〇〇六年。
佐藤真一「トレルチのランケ観について」『紀要』第四一集、二〇〇七年。
佐藤真一「ランケとヘーゲル」『紀要』第四四集、二〇一〇年。
G. G. Iggers, *Deutsche Geschichtswissenschaft*, 3. Aufl., München 1976.
E. Schulin, *Traditionskritik und Rekonstruktionsversuch*, Göttingen 1979.

S. Baur, *Versuch über die Historik des jungen Ranke*, Berlin 1998.

Ⅳ　第一次世界大戦後の歴史学

増田四郎『歴史学概論』廣文社、一九六七年。

（マイネッケ）

マイネッケ『世界市民主義と国民国家』矢田俊隆訳、岩波書店、一（一九六八年）、二（一九七二年）。

マイネッケ『近代史における国家理性の理念』菊盛英夫・生松敬三訳、みすず書房、一九七六年。

『マイネッケ』（『世界の名著』五四）中央公論社、一九六九年
マイネッケ『歴史主義の成立』菊盛英夫、麻生建訳、筑摩書房、一（一九六八年）、二（一九六八年）。

マイネッケ『ドイツの悲劇』矢田俊隆訳、中公文庫、一九七四年。
F. Meinecke, *Erlebtes 1862-1901*, Leipzig 1941.
Meinecke, *Straßburg/Freiburg/Berlin 1901-1919 Erinnerungen*, Stuttgart 1949.
Meinecke, *Die deutsche Katastrophe. Betrachtungen und Erinnerungen*, 4. Aufl. Wiesbaden 1949.
Meinecke, *Weltbürgertum und Nationalstaat*, München und Berlin, 1908.
Meinecke, *Die deutsche Erhebung von 1914. Vorträge und Aufsätze*, Stuttgart und Berlin 1914.
Meinecke, *Probleme des Weltkrieges. Aufsätze*, München und Berlin 1917.
Meinecke u. a., *Die deutsche Freiheit. Fünf Vorträge*, Gotha 1917.
Meinecke, *Schaffender Spiegel. Studien zur deutschen Geschichtsauffassung*, Stuttgart 1948.
Meinecke, Einführung, in: N. Machiavelli, *Der Fürst und Kleinere Schriften*, Übersetzung von Ernst Merian-Genast, Berlin 1923.
Meinecke, *Politsche Schriften*, (Meinecke, *Werke*, Bd. II.) 3. Aufl., Darmstadt 1968.
Meinecke, *Die Idee der Staatsräson in der neueren Geschichte*, München und Berlin, 1924.
Meinecke, *Die Entstehung des Historimus*, München u. a. 1936.
中村貞二『マイネッケ研究』一橋大学一橋会、一九六五年。
岸田達也『ドイツ史学思想史研究』ミネルヴァ書房、一九七六年。
西村貞二『マイネッケ』清水書院、一九八一年。
佐藤真一「マイネッケにおける第一次世界大戦の体験とランケ観の変化」『国立音楽大学研究紀要』第四二集、二〇〇八年。

佐藤真一「マイネッケの歴史主義論における『ゲーテとランケ』」『紀要』第四三集、二〇〇九年。

佐藤真一『トレルチとその時代』創文社、一九九七年。


（ブロック）

ブロック『王の奇跡』井上泰男・渡邊昌美共訳、刀水書房、一九九九年。

ブロック『比較史の方法』高橋清徳訳、創文社、二〇〇二年。

ブロック『フランス農村史の基本性格』河野健二・飯沼二郎他訳、創文社、一九七三年。

ブロック『封建社会』堀米庸三監訳、岩波書店、一九九六年。

ブロック『奇妙な敗北』井上幸治訳、東京大学出版会、一九七〇年。

ブロック『新版・歴史のための弁明』松村剛訳、岩波書店、二〇〇四年。

フェーヴル『フランス・ルネサンスの文明』二宮敬訳、ちくま学芸文庫、一九九六年。

フェーヴル『歴史のための闘い』長谷川輝夫訳、平凡社、一九九九年。

フィンク『マルク・ブロック』河原温訳、平凡社、一九九四年。

二宮宏之『マルク・ブロックを読む』岩波書店、二〇〇五年。

竹岡敬温『「アナール」学派と社会史』同文館、一九九五年。

バーク『フランス歴史学革命』大津信作訳、岩波書店、一九九二年。

人 名 索 引

佐藤 真一（さとう・しんいち）

1948年，東京に生まれる．1970年，早稲田大学第一文学部卒業．早稲田大学大学院文学研究科博士課程を経て，1979-81年，DAADの奨学生としてドルトムントに学ぶ．国立音楽大学教授．早稲田大学（一文，政経）非常勤講師．文学博士（早稲田大学）．ドイツ近代史，ヨーロッパ史学史，専攻．

〔著書〕『トレルチとその時代』創文社，1997年．*Die historischen Perspektiven von Ernst Troeltsch,* Waltrop 2007.

〔ヨーロッパ史学史〕　　ISBN978-4-86285-059-1

2009年 5 月25日　第1刷発行
2016年11月10日　第3刷発行

著　者　佐　藤　真　一
発行者　小　山　光　夫
印刷者　藤　原　愛　子

発行所　〒113-0033 東京都文京区本郷1-13-2
電話03(3814)6161 振替00120-6-117170
http://www.chisen.co.jp
株式会社 知泉書館

Printed in Japan　　印刷・製本／藤原印刷